献给——

我永远怀念的父亲刘秀峰

和教导我的老师们

中国青铜器修复

Restoration of Chinese Bronzes

刘彦琪——著

中原出版传媒集团
中原传媒股份公司

大象出版社
·郑州·

图书在版编目(CIP)数据
中国青铜器修复 / 刘彦琪著. -- 郑州 : 大象出版社, 2025. 8. -- ISBN 978-7-5711-2465-6
Ⅰ. G264. 3; K876. 41
中国国家版本馆 CIP 数据核字第 20246S9V38 号

中国青铜器修复
ZHONGGUO QINGTONGQI XIUFU
刘彦琪 著

出 版 人 汪林中
责任编辑 吴韶明
责任校对 安德华 李婧慧
装帧设计 王莉娟

出版发行 大象出版社(郑州市郑东新区祥盛街 27 号 邮政编码 450016)
发行科 0371-63863551 总编室 0371-65597936
网 址 www.daxiang.cn
印 刷 郑州新海岸电脑彩色制印有限公司
经 销 各地新华书店经销
开 本 890 mm×1240 mm 1/16
印 张 24.5
字 数 573 千字
版 次 2025 年 8 月第 1 版 2025 年 8 月第 1 次印刷
定 价 398.00 元

印厂地址 郑州市鼎尚街 15 号
邮政编码 450002 电话 0371-67358093

序

Preface

中国，是世界闻名的文物大国，数千年来为后人留下了极为丰富的物质文化遗产。文物是研究中国历史发展过程的真实物证，文物展示能够对广大民众起到介绍、继承、传扬中华文明的作用。但存世文物的状态也是在不断变化之中的，或因自然环境，或因人为因素，对其产生了侵蚀、破坏，乃至损毁，这种情况屡见不鲜。对文物采取种种保护措施，审慎、妥善地对被损伤的文物及时进行修复的做法，受到了国家主管部门的高度重视，并制定了严格的法律加以保障。文物保护和文物修复互为表里，相辅相成，属于技术与研究紧密相连的两个专业学科，只有那些经过长期、系统的理论学习和实践操作磨炼，且善于在工作中随机应变、不断创新的文物修复工作者，方能逐渐担当起这一重要使命。对于规模巨大、内容复杂的项目，如难度很高的文物修复工程，则需要组建一支与其相匹配的修复团队，才能取得圆满成功。

2006 年夏至 2007 年秋，我应中国科学院自然科学史研究所苏荣誉教授之约，与女儿白云燕一起参与了江苏省邳州出土东周时期青铜器的修复项目，苏教授也将自己指导下的四位研究生安排进入项目实习。此批运京修复的青铜器，有钟、鼎、豆、盘、盆、舟、炉、镜等共 40 余件。在启动修复工作不久的深秋，北京理工大学文化遗产研究与设计专业的大四学生刘彦琪加入了我们的工作项目。工作中，大家按常规，从青铜器表面清理做起，经拼对、整形、补全、焊接、做旧等程序进行操作，每人都各展所长，彼此观摩交流，都有不少收获，达到了预期效果。刘彦琪在这次实习中，理论知识扎实，动手能力极强，充分显示出在校学习中掌握的制图、雕刻、古建斗拱模型制作等技艺，展现出了过人的才华，参与了大大小小 30 余件青铜器的修复，随后撰写了本科毕业论文《中国青铜器传统修复的工艺与理念》。2007 年 9 月，他开始在中国科学院攻读硕士学位，师从苏荣誉教授，在苏教授的严格指导下刻苦学习。2009 年 4 月至 10 月，刘彦琪在另一项目的实习操作中，独立修复了江苏省东海县博物馆藏西周至汉代青铜器 64 件，从中又积累了很多经验，并撰写了题为《邳州及东海青铜器修复研究——兼论中国青铜器的修复理念》的硕士毕业论文，通过答辩后，顺利取得了理学硕士学位。2010 年，刘彦琪进入北京大学考古文博学院工作，先在文物保护教研室从事文物修复与保护，不久转至北京大学赛克勒考古与艺术博物馆，主攻文物展品预防性保护，并继续从事青铜器修复与研究，十几年来经手修复的青铜器已达300余件，积累了丰富的经验。更为可贵的是，刘彦琪在修复实践中多有创新，令人感叹。

近期，在自身扎实的理论学识和丰富实践经验的基础上，刘彦琪又撰写了这部《中国青铜器修复》。本书可谓呕心沥血之作，作者精细阐述，奉献出自己在文物修复中获得的宝贵实践经验和独到见解。在书中，作者精选了70件青铜器的修复实例，并附插图1200余幅。本人有幸作为对书稿先睹为快的朋友，读后颇有感悟，不禁为作者击节赞叹！相信《中国青铜器修复》一书的出版，无论对从事文物修复的工作人员，还是对初学文物修复的同行同志，都将是很有价值的一部参考专著。

作为老一代文物修复人员，看到刘彦琪如此年轻有为，我感到非常高兴，我们的文物研究、保护事业可谓人才辈出！希望本书作者能在漫长的文物修复与保护职业生涯中，持续开拓进取，为弘扬祖国传统文化、传承华夏文明，不断做出新的贡献。

白荣金

2025年2月9日

自序

Author's Preface

大约四五岁时，我总喜欢摆弄父亲的各种小物件，比如当他熟睡时，把他那盒有图案的红色石块当作积木，随着它们哗啦一声倒下，父亲惊醒坐起，双眼圆睁，气愤地看着我，然后用木盒把这些“玩具”收走藏起。我当时不解父亲怎么会因为这点石块磕破角而变脸，长大些才明白那是印章。再大一些，父母带我去蓟县（今天津市蓟州区）旅游，父亲特意带我去祭拜鲁班庙，我也不懂为什么，只听说鲁班是手艺人的祖师。知子莫若父，也许父亲早已看清我的禀性，期望我将来能靠手艺安身吧。中学假期时，父亲把去天津探亲时背回的三大盒陆海空航模套材给我玩耍。趁家里没人，我翻出父亲的工具箱，胡乱“加工”起来，比如用精密什锦锉磨塑料，不一会儿锉齿就被磨烫的塑料糊死，我就将它们放回工具箱小心摆回原位。父亲下班回家看到满地碎屑，检查锉刀后，面带愠色地批评我：“那是磨金属的锉刀，用来磨塑料就毁了，以后不能再买模型给你瞎祸祸了。”我不以为然，心想：“爸爸真小气，锉刀不就是磨东西的，还分啥磨铁磨塑料？”就这样，我不知不觉“祸祸”了家里不少东西。有一次，我偷用父亲的“试电笔”捅台灯，想看看它是怎样一闪一闪的，结果瞬间短路了，火花沿着电源线如同电视剧里的导火索一般烧向插线板。明知大祸将至，我却呆若木鸡，只用颤音大喊一声“妈”。母亲从院里飞速跑来，一把薅掉插线板上的插头，残留的半米电线才熄灭火花，冒出一股胶皮味。令我窃喜的是，父亲回家后竟没有因为房子差点被点着而揍我，只是指着我说：“这倒霉孩子把我的螺丝刀当试电笔乱用，再作妖就该挨死揍了。”不过这顿死揍从来没有到来。

工作后我开始从事文物修复，几百元淘到的精密钣金锤放在修复室的公用抽屉里，被拿去当作岩石锤砸石块，锤面上留下无数凹痕，再用来抛铜皮时便显出密密的麻点。那种糟心的感觉，一下子使我体会到当年父亲的珍藏和工具被我祸害以后，父亲是何感受，以及我是如何屡次冤枉父亲“小气”的。很多事情不亲身经历，是永远无法理解的。如今先父远去，我也当了父亲，拿着父亲训诫我的木尺冲着小儿咋呼时，才体悟到小时候父亲对我“象征性”的责骂，实在是表演、包容和激励远多于指责。父亲在知青选调进城后患上左侧股骨头坏死，无法治愈，但每当工休时，父亲依然用不甚便利的腿脚带着我四处学习，每次回津探亲返程时必背回重重一大包书。没有父亲引导我接触各种各样的事物，我后来的成长乃至工作都会失去根基，不知自己会走向一条怎样的路。

2006年深秋到2007年夏天，我在准备本科毕业论文期间，每天骑车26公里，往返于北京理工大学和东四孚王府内的中国科学院自然科学史研究所（现已搬迁至中关村），参加苏荣誉研究员主持的“邳州东周青铜器修复研究”项目，并跟从苏老师聘请的项目组成员白荣金、王浩天两位先生学习中国青铜器的修复技术。我的第一次修复实践是雕刻钟钮（参见本书图5.224～图5.226），因小时候向父亲学了篆刻，很轻易就上手了。白先生曾说，旧时学艺时，师父在操作“做旧”等关键工艺时，往往派徒弟出去端茶倒水，留一手“绝活”不外传。我一入行就遇到好老师，感谢白先生和王老师对我倾囊相授，使我很快学到了系统的修复技能，本书图2.6、图4.29、图4.30、图5.231～图5.237所示即为白荣金先生在2007年演示修复实践时的案例，图3.72～图3.92、图4.34～图4.36为王浩天老师在2006年演示修复实践时所留下的图像。苏老师则从学术研究方面进行指导，鼓励我在修复过程中进行器物研究。白先生也经常在我观摩修复实践时讲述传统修复的历史，并结合青铜器实物讲述铸造原理等，遇到疑难问题则请苏老师来修复室一同“会诊”，例如本书第一章东周镈钟的修复研究案例就是在那时完成的（图1.105～图1.128）。在北京理工大学读本科时，我从崔成、鲁明非、李光亮、姚健、罗琦、梁绸、王乐耕、赵斌、罗平、申华平、宫晓东、范贻光等老师那里，接受了金属、材料、工艺、结构、制图、色彩、造型、三大构成、设计理论等方面的课程训练，这使得我在接触青铜器修复后得以快速入门。

当时尚未兴起电商平台，学习设计和工科课程时经常需要四处找材料、找工厂，我们同学间有句行话叫“轧马路”，学习青铜器修复期间便时常骑行几十公里，到处寻找、购买修复材料和工具，遇到店铺里一些熟悉工艺、材料的老师傅，再向他们请教片刻，也增长了知识和经验。他们中不少人的容貌依然印在心里，可惜时过境迁，人多已退休，店铺也搬迁或关张，想必此生再难相遇了。记得北京百花美术用品公司有一位胖师傅，总是站在墙角少言寡语看着来往顾客，有一次请教他怎样选购调色油，不料等他打开了话匣子，方知他对古典油画材料、技法非常熟悉；后又请教店内其他几位老师傅不同的问题，也都是身怀绝技却深藏不露，有如“洪钟法鼓，不叩不鸣”。工作后，我“轧”了最长的一次马路，从北京大学骑到东四环的大郊亭，发现当年采购过原料的化工厂早已全部迁走，又沿着东六环边骑边问，最后从东南六环外的化工厂买到一桶用作保护材料的BA-154乳剂，天黑才犾回北大，一天轧了100多公里，正好绕五环一圈。现在想来，到处跑市场虽然辛苦，但熟悉了材料、工具和工艺，对往后的修复工作乃至博物馆展览工作都有很大的益处。

我的本科毕业论文由时任北京理工大学讲师袁永明和中国科学院的苏老师共同指导，袁老师在指导我论文期间，批改仔细，“的”“地”区分乃至标点符号的用法都一丝不苟地批注。与袁老师同为北大博士毕业生的陈悦新老师也曾为我授过课，她把马承源先生主编的《中国青铜器》推荐给我作为入门书，还常听她讲佛衣的类型和演变。这两位老师为我打开了技术、材料、工艺视野之外的另一扇窗，也使我对“考古”“考古学家”“北大考古”这几个字眼留下了深深的印象和莫名的好感。

2007年秋，我开始在中国科学院自然科学史研究所攻读硕士学位，导师苏荣誉先生指导我寻找研究方向，印象最深刻的是苏老师对于“找问题能力”的强调，有段话至今记忆犹新：“要明白前人做了什么工作，做到了什么程度，还有哪些不足。做得好的地方要学习；别人没有做充分之处，恰恰就需要你继续做下去。通过这样长期的思考和训练，将来你才有可能在茫茫人海中找到那么一点点立锥之地。如果整天迷迷糊糊，人云亦云，趋之若鹜地重复做别人已经做得很好的事情（写到这里突然明白这就是当下流行词‘卷’的实质），无异于浪费时间、浪费生命，对学术研究也不会有任何的贡献。”时任所长、医学史家廖育群也时常在周五午饭后给我无私指导，讲述前辈学者如何积累读书卡片，以及当代学者如何善用电脑积累资料，以便高效完成写作。同苏老师一样，廖老师也反复向我强调学术研究中“问题意识”的重要性。当时我初入学术研究领域，对两位导师的许多教导理解并不深，好在都牢记在心，过后十几年的时间里，每当想起这些教导都会有更深的领悟。我也会在自己教学时，把这些使自己受益的思想再传递给听讲的学生和学徒们。

硕士三年级时，我承担了江苏省东海县博物馆藏青铜器的修复保护项目，计划在完成项目的同时，再结合邳州青铜器修复项目积累的资料，完成硕士论文《邳州及东海青铜器修复研究——兼论中国青铜器的修复理念》。苏老师在谈到修复理念时，曾提出“有些破碎青铜器修复完整后，重要的工艺现象反而被掩盖了，不利于后续的观察研究，应考虑采用‘临时性的支撑结构’代替碎片的焊接或粘接”。无奈当时我的知识和技能储备不足，没能达成设想，硕士毕业论文也少了一个闪光点。

2009 年冬天，因为修复研究过程中需要给文物拍摄 X 射线成像照片以了解其内部结构，苏老师联系北京大学考古文博学院的胡东波老师帮助检测。合作之余，胡老师建议我尝试递交简历到北大求职。北大在学子心中地位神圣，我自惭形秽，不敢尝试，后来听到“文物修复尚为冷门行业，急需后辈力量，因此仍有机会”的说法，才敢一试。随后我到北大文物修复实验室修复了山西晋侯墓出土的一件破碎簋盖以应对初步考验（附录一：20），现在依然记得春节前修完器物离开雪后北大的场面和心理活动，那种令人陶醉的美景，使我对北大憧憬不已。2010 年春季学期开始，始终萦绕在心头的大事便是工作去向，每当焦虑的念头起来，便去修复室加班，后来索性白天黑夜“长”在修复室。为了方便干活儿，我换上一身军训迷彩服，困到睁不开眼时就支上行军床倒头便睡，醒来继续边干边写，饿了才去研究所附近的菜市场吃一顿“买二送一”的烧饼。那时每天的娱乐就是看一会儿“烧饼哥”的谋生手艺，再求教几句，后来我家想吃烧饼便很少去市场买了。

虽然站在人生的十字路口不免忧虑，但每当动手修复起文物来，总能回忆起从小到大动手做各种各样东西甚至玩耍的画面，想到上面写到的小时候和父亲、母亲的各种回忆，每一样修复工具似乎都很容易勾起小时候某段有趣的经历，刻刀、锉、模具、电线、螺丝刀……这些通常被认为冰冷无情的工具，我却对它们有了强烈的认同感，拿着它们，修着青铜器，外界的一切都忘记了。临近立夏，研究所的同学们陆续定下了工作去向，我只一心死等北大的消息。当时研究所分管学生工作的罗凤河老师给了我很大的支持。那时我的最坏打算是完成修复项目和论文，只当这是此生可以摸文物的最后几个月，只管好好珍惜当下时光，想着就算最后把所有的机会都错过了，最差大不了去博物馆当保洁、擦玻璃，每顿管饱还能每天继续看文物……

硕士论文答辩后，文章得到评委们的肯定，我也收到北大人事部发来的入职通知。廖育群老师建议我将本科毕业论文和硕士论文结集出版，我起初也一度动心，回去翻看两篇论文后，感觉案例仍不够丰富，内容也不够系统，尤其是以往积累的修复工艺记录图像不甚美观、不够精细，且拍摄视角不佳，成书后不便于读者学习理解。书一旦出版便如覆水难收，首部著作就留下败笔实为遗憾，因此我果断放弃了出版计划，自勉在未来工作中积累更多更好的一手资料后再考虑写作出版。不承想这一放就是十三年，不知道当时许多对我寄予厚望的老师们，是否因我的“拖延症”而失望。

2010 年 7 月，我终于如愿入职北大考古文博学院，第一学期先去河南邓州八里岗参加田野考古实习。我当“坑主”的探方，没挖多深就见到了生土，指甲大小的碎陶片都少见。无事可做，于是串到旁边的探方帮助发掘，不久便发现了规律：“我下坑挖土之处，必不出惊喜。”于是我穿上迷彩服，开始帮各个探方往外运土，最多的时候一天可以运出几方土，很快就堆成小土山。那时候，我发现自己的运气似乎不适合做发掘，还是在室内踏实配合考古学家修复他们发掘出的破碎文物更适合我。不过这段时间还是收获很大，后来做器物研究时，可以相对容易地从发掘报告中查询资料。发掘期间，赵辉老师曾下到考古工地，在一个地层丰富而“关系”明确的坑壁上，他一边用喷壶喷水，一边用手铲刮土，帮我补了一节课，我才明白“叠压关系”“打破”等说法和原理，自觉受益匪浅。过后再观察青铜器上的工艺痕迹时，我也开始有意识地用地层学原理分析器物上工艺痕迹形成的先后。

第二学期正式开始在文物保护教研室从事文物修复工作，接手的第一个项目便是甘肃礼县出土青铜器的修复。不久，刚刚毕业的吕小龙、任晓磊两位实习生开始跟我学习青铜器修复技术，文物保护实践课的本科生陈竹茵、何纳、马艳歌、陆元成、刘晟宇、张夏等也一起参与学习。我在当初学习青铜器修复时，很幸运遇到了好老师对我无私相授并鼓励我在修复中多思考、多研究；当我做了老师，也用同样的态度、同样的方式教导学生和学徒。本书中所述许多青铜器修复案例，是在当时配合教学进行实践时积累下来的。为了讲授尽量多的方法，我在修复时通常刻意采用多样化的处理手段，把简单的问题复杂化，而没有为了追求修复效率采用单一、简化的熟练技术。比如本书第五章“补全”中的铜盆（附录一：46）修复案例，仅口沿补全就采用了铜皮拼凑、模具冲压、树脂涂挂等几种不同的方法。修复过程中还进行了详细的文字和图片记录，为的是留存丰富的档案，方便日后使用一手的实践资料进行教学。随后，柏庚辰、赵路、王鑫、张烨亮、潘婷婷、张继春等实习生陆续前来学徒，我给他们演示了多样化、系统性的修复方法后，再拆分修复工艺，让他们亲自操作某些环节，我在旁边指导和拍照。在这样的教学模式下，他们用两学期便掌握了青铜器修复的基本方法，并参与了书中部分案例的修复实践。2014 年 3—4 月，就读于广西民族大学的黄献源、杜晓俊及北京大学少数民族访问学者陈东旭、李树国来到我在广西桂平的修复项目中学习，并进行了部分环节的修复实践。吕小龙、任晓磊、张烨亮已出徒成为修复行业的后继人才。我除了和他们一起修复，还要借桂平博物馆的灶台给众人做饭，以节省经费开支。书中图2.25、图2.26、图3.15～图3.17、图3.19、图3.42、图3.43、图4.64 操作者为柏庚辰，图2.29、图5.352～图5.355、图5.440 操作者为黄献源，图2.31、图2.32、图8.86 操作者为任晓磊，图3.47 操作者为何纳，图3.98～图3.100、图4.43、图5.22、图5.206、图5.221、图6.7～图6.9、图6.23～图6.25、图8.125、图8.126 操作者为吕小龙，图4.58、图4.59 操作者为王鑫，图5.344～图5.348 操作者为陈东旭和李树国，图6.17 操作者为陈竹茵，图8.44、图8.45 操作者为张烨亮，图8.67、图8.68 操作者为杜晓俊，图8.19 拓片操作者为张烨亮，图8.97 拓片操作者为张继春和张烨亮。

在广西桂平开展修复项目期间，当地没有条件进行文物样品的检测分析，中国科学院自然科学史研究所的关晓武和吴世磊两位老师带着沉重的检测仪器千里迢迢赶到桂平助阵。桂平博物馆的馆长朱丽彬和副馆长卢影帮助联系当地医院，用当地最好的 DR 设备为文物拍摄了内部结构照片（图4.101）。修复桂平铜鼓（参见本书第八章第一节）时，因试验新材料和新工艺而延长了工期，为了按时完成项目，离开桂平前，我和几位同来参加项目的学生连续三天两夜加班修复，困了就轮流躺在地上小睡片刻，那时几人同吃同住一起奋战结下的情谊真如战友般亲密。上高铁离开桂平前聚餐时，我实在困得睁不开眼，又怕在众人面前失礼，就不时用食指推起上眼皮。现在想来，这些艰苦的往事留下的都是有趣而美好的回忆。在广西文物修复项目中，广西文物保护与考古研究所的林强、黄槐武两位前辈给予我很大的支持和包容，使我得以在修复项目进行中穿插进器物研究的内容，并有机会实践我的修复理念，尝试新的修复方法。

工作后，学院新石器商周考古教研室的刘绪老师很认可我在硕士阶段将青铜器修复与研究相结合的方式，鼓励我在今后工作中继续保持这种做法，下班回家后要“多自修”，工作之余写一些研究文章。于是我将关于甘肃礼县出土青铜方壶制作技术研究（参见第八章第二节）的文章草稿交给刘老师指导，令我意想不到且感动的是，刘老师就像我小时候父亲为我修改作文一般耐心，在草稿上批注得密密麻麻，下班后再来我办公室对着批注一条条给我讲。谈到铸造工艺的部分，刘老师很谦虚地说：“铸造我了解得不够深，还要再请高人好好把关。”于是，我又请华觉明先生帮助审阅。华先生除了修订使用不当的铸造术语，还教导我用更简洁的方式表达，多余的废字一个一个往下减，语病也一一纠正。经过刘老师和华先生的几番耐心指导，我才感觉自己的论文写作找到点感觉，自那之后，我陆续发表了40篇文章并出版了1本专著。

按照北大考古的惯例，文物保护教研室需有一名工作人员在完成本职工作之外，参与博物馆展览业务，辅助博物馆展览中的文物修复、保护及展品预防性保护的工作。因此，入职后我同时做文物保护教研室和赛克勒考古与艺术博物馆的工作，直至2015年9月才开始在博物馆全职工作。我在博物馆展览业务中接触到新兴的3D扫描和打印技术，起初只将其用于制作文物复制品，后来又了解到“逆向工程”这一方法在工业领域中的应用，于是将二者结合，设计制作了3D打印的文物展具，以提升展览中甲骨文物的展示效果并兼顾展览中文物安全和预防性保护（详参拙著《文物展具与装具》）。由于当时没有合适设备可用，北京朝日三维科技有限公司的焦志平先生给我提供了设备和技术支持。受此启发，回首当年读硕士时留下的未能解决的破碎文物“临时性支撑”问题，再查阅同行们在这些方面所做的尝试和有待改进之处，于是有了本书第七章“可拆解式修复”的尝试。

在《文物展具与装具》出版时，结识了河南大象出版社的诸位前辈，吴韶明老师为拙作掌舵，担任责任编辑。我也是头一次深入接触图书编辑这样一个神奇的群体。吴老师在很短时间内就通读完了书稿，并提出很多专业而细致入微的意见。我也是头一次知道出版社也有质检员，书中图片上一平方厘米范围内一处虚线和实线的误用都被质检员发现，提醒我修正，这种敬业精神令我心里为之一震。此书呈现的效果如果使人愉悦，那一定是吴老师、美编王莉娟与众多校对员、排版员的功劳。

这一路走来，无论是我的父亲、母亲还是给予我教育、指导、帮助的诸位老师，少去其中哪一位在我身上的作用，我如今的道路和处境可能都会截然不同。这本书虽然由我著成，但是，少去他们中任何一位的隐性贡献，这本书都不一定能得以面世，因此要将这本书献给他们，也让他们的姓名被更多人知晓和记忆。

在我写下这篇自序时，父亲那把被我当成试电笔误用的螺丝刀（附录二：38）就摆在手边的文具盒里，每当拿起它，就像拿起一把打开一段尘封历史之门的钥匙，总会想起和它关联的少年时的诸多“趣事”，也提醒我“没学明白的事情不要急于尝试”。再后来读到遗产保护理论，也才更深刻地体会到为什么要保存遗物及遗产的物质“真实性”的含义。然而，遗产的价值似乎很难脱离相对性，这么一件不起眼的工具，对我而言内涵价值颇深，对于和它没有关联的人来说，它也许只是待扔的旧物。把它丢弃掉，对于他人并无大碍，但对于我就是丢掉了自己的一段历史的物质载体。随着记忆的衰退，那段和它相关的父亲的往事也将烟消云散，犹如从未发生过一般。慢慢地，当许许多多像这样承载着某段历史的小物件被丢弃，我可能再也想不起自己是从哪里来，又是如何一步步走到今天的，这将多么可悲。这些冲击过心灵的感受，也使我在后来接触文物的工作中始终坚持认为，“美观”和“艺术效果”不应是修复行为的唯一追求，修复文物不应忽视文物上承载的历史内涵的挖掘和阐释。

刘彦琪

2025 年 3 月于北京大学考古文博学院

目录

Catalogue

第一章　中国青铜器的修复理念与原则 —— 一

第一节　修复理念的演变简史 —— 二

第二节　器物研究与修复的关系 —— 一三

第三节　青铜器的修复原则与修复档案的建立 —— 三七

第四节　修复是器物研究的最佳时机 —— 四四

第二章　修复前的整理、清理与除锈 —— 五九

第一节　修复前的整理与拼对 —— 六〇

第二节　原先不当修复的拆除与清理 —— 六二

第三节　除锈 —— 六六

第三章　碎片连接 —— 七七

第一节　焊接的概念与传统焊接 —— 七八

第二节　锡焊 —— 七九

第三节　加强连接 —— 八八

第四节　铜焊与银焊 —— 九八

第五节　粘接 —— 九八

第四章　整形 —— 一〇三

第一节　轻度矫形后配合焊接或粘接固定 —— 一〇四

第二节　锤打整形 —— 一〇七

第三节　模具与工具整形 —— 一〇九

第四节　加温矫形 —— 一一八

第五节　锯解整形 —— 一一八

第六节　传统修复工艺的整形综合处理案例 —— 一二〇

第七节　随形修复 —— 一二六

第五章　补全 —— 一三三

第一节　自由锻造铜皮补配 —— 一三四

第二节　冲压与钣金成形 —— 一四七

第三节　冲压与钣金配合焊接 —— 一五三

第四节　铜皮补配件上錾刻花纹 —— 一五七

第五节　棒材弯曲成形 —— 一五九
第六节　翻模铸造补配 —— 一六〇
第七节　雕塑模具后铸造补配 —— 一七九
第八节　熔模精密铸造补配 —— 一八三
第九节　PSI 胶棒快速修补 —— 一九四
第十节　瞬干胶配合颜料粉的简易补全法 —— 二〇〇
第十一节　环氧树脂补全 —— 二〇二

第六章　保护与表面着色 —— 二三三

第一节　保护处理 —— 二三四
第二节　传统的做旧方法 —— 二三七
第三节　使用丙烯颜料的表面着色 —— 二四六

第七章　可拆解式修复 —— 二五三

第一节　封闭型容器的可拆解式修复 —— 二五四
第二节　开放性碎片的可拆解式修复 —— 二七七

第八章　修复与研究的综合案例 —— 三〇七

第一节　汉代铜鼓的纹饰模印技术研究与修复工艺改进 —— 三〇八
第二节　春秋方壶的制作技术研究与修复工艺改进 —— 三二九

附录 —— 三五三

附录一：本书所涉及 70 件青铜器修复前后效果图 —— 三五四
附录二：文物修复常用工具和材料 —— 三六二

参考文献 —— 三七一

第一章

中国青铜器的修复理念与原则

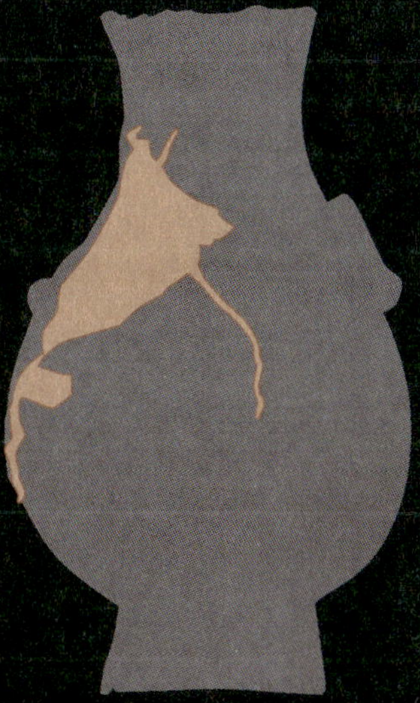

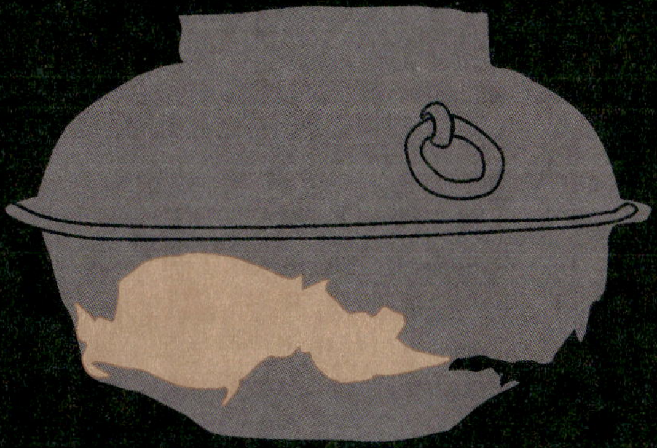

第一节

修复理念的演变简史

第二节

器物研究与修复的关系

第三节

青铜器的修复原则与修复档案的建立

第四节

修复是器物研究的最佳时机

第一节　修复理念的演变简史

一、中国青铜器传统修复技术简史

三代青铜器上，即已有铸工的修补痕迹。青铜器制作完成后，器表会有气孔等铸造缺陷，铸工采用“补铸”工艺，修补器物上的漏洞，以便残次器物得以继续使用，这即是早期的、带有实用目的之青铜器“修复”行为。图 1.1 为一件春秋中晚期秦国贵族墓出土瓦楞纹簋的底部，可见边缘不规则的若干金属补块，补块中央有一凸起的残留金属柱状物。图 1.2 为该器物的 X 射线成像照片，其中 1 为器底，2 为补铸区域，3 为补铸金属时残留的浇道，4 为底部铸造缺陷所致孔洞的边缘。器物底部因有较多浇不足或气孔缺陷，铸工用熔融的金属液对残缺处进行了补铸。有学者认为，补铸的工艺和结构与“后铸法”[1]之“铆接式铸接”[2]相同，铸工受补铸工艺启发而发明了分铸法[3]，相比于整体铸造，采用分铸法可以制作造型更复杂多变的青铜器。

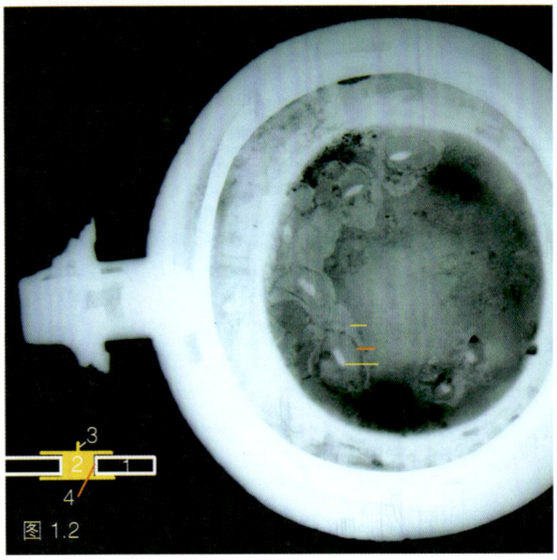

中国在宋、元、明、清历代都有复制、仿制三代铜器的传统，使用原器翻模铸造或根据图录仿制，即便所得器形逼真，但锈色难似古锈，大多容易分辨，而且制作出来的假锈非常不结实，容易脱落。清代中期，宫廷崇古好古，设立了官办的青铜器修复作坊，真正意义上的青铜器修复才在过去的青铜器作伪技术基础上发展起来。青铜器修复最初形成比较成熟的方法，是在清末皇宫的造办处，当时利

左页
图 1.1　铜簋底部补铸痕迹
图 1.2　铜簋 X 射线成像照片所见补铸结构

右页
图 1.3　日本泉屋博古馆所藏青铜器
图 1.4　X-CT 成像所见修复痕迹

1　后铸法，即先铸器体再于其上接铸附件。后铸法有“榫卯式铸接”和“铆接式铸接”。

2　铆接式铸接，即在器壁预铸孔洞，然后于器壁合模、制范与浇注金属液，依靠金属液的凝固收缩使连接构件紧贴器壁。

3　“分铸法”是相对于“浑铸法”即一体成形的整体铸造而言。用分铸法制作的青铜器，通过两次或更多的浇铸行为来连接主体和附件，又称铸接。

用火烙铁将破碎铜器焊接起来，然后再用天然黏合剂调和黄土或黑烟灰等材料在器物上进行涂抹，以掩盖修复痕迹，这时的做旧技术仍没有太大发展。清末的一些文人和收藏家喜爱有铭文的青铜器，古董商人认为新铸之器难以逼真，不易欺人，索性把真器刻上假铭。当时伪刻方法有增刻铭文、伪造铭文、拼凑铭文、摹刻铭文等[1]。辛亥革命后，许多古墓被盗掘，出土青铜器日渐增多，成为古玩行业谋取利益的商品。破碎变形的青铜器难以卖出高价，利益驱使下，青铜器修复技术有了进步，整形、焊接、补配、锤揲等工艺基本成熟，然而做旧方法依然不能在修复过的部位制作出逼真的假锈。

20 世纪 20 年代前后，一些修复匠人受到木器家具行业中“榆木擦漆”工艺的启发，开始使用天然漆片和酒精作为着色材料，并发明出“漆地磨光”“点土喷锈”等制作假锈的技法[2]。这两种技法使得假锈仿制得更加逼真。做旧技术的进步在青铜器修复发展史上是一次重大的革新，使得青铜器修复技术趋于成熟。然而，采用这种新技术所制作出来的假锈虽然看似逼真，但依然存在缺陷，因其并非天然的锈蚀物，并不结实，用针扎之可留下针眼，用指甲抠之甚至成片脱落。20 世纪 30 年代，修复匠人开始使用化学腐蚀的做旧工艺，用化学试剂在青铜表面做出多种氧化层，生成的假锈漂亮而结实，这是青铜器传统修复技术的又一次大的进步。经过数代匠人的发展，民国时，青铜器的传统修复已经形成了一套完整而独特的工艺技术，并有“苏州派”“潍坊派”“西安派”“北京派”等民间四派。北京的青铜器修复、复制行业中，影响较大的是“古铜张派”。中华人民共和国成立前，青铜器的修复没有统一的理念和原则，多依据藏品所有者、古董商人或其雇佣的修复匠人的审美意趣及需要进行修复，有时为了迎合收藏者或古董商追求青铜器造型新奇和铜锈美感等喜好，修复匠人常采用拼凑、改造、增刻、做旧等手法改变文物的形状、色彩、纹饰、铭文等，以牟取暴利。

图 1.3

图 1.4

图 1.3、图 1.4 所示日本住友家族泉屋博古馆藏中国青铜器（图片引自日本泉屋博古馆、日本九州国立博物馆编《泉屋透赏：泉屋博古馆青铜器透射扫描解析》），原先认为其为清代光绪年间出土的西周早期器物，后经 X-CT 调查分析发现这件器物在中国流出之前经过修复作伪，器物上半部分除刻有铭文处为真器残片，余部大多是经修复作伪所得[3]。故宫博物院藏有一件商代双鸮形卣，提梁上纹饰精致，而器身、器盖却是鸮形粗纹饰，从外观看具有安阳出土商代铜器的特征。后经故宫博物院文物鉴定专家王文昶先生走访，发现此器系河北省博物馆修复师刘增坤在民国时期拼凑而成，提梁原为一件瓶形卣的梁，因梁过高，从两端、中段各截下一部分再焊接起来，拼凑到这件卣上[4-5]。作伪手法还有用旧器残片拼凑别型器，故宫博物院的赵同仁就曾在民国时期用唐代铜镜改造成两件兵器，使其造型、纹饰近似商周兵器风格。这两件器物现藏故宫博物院。又如，故宫博物院藏有一件商代方罍，1946 年收入故宫，曾被定为一级品并著

录于《商周金文录遗》和《金文著录简目》。1981年故宫博物院邀请陈鉴堂、王鲁、傅大卣、程长新、高英等人鉴定青铜器，高英辨认出此器是他二十多岁时修补的，盖钮、器口、底部及圈足均为后配，器腹纹饰多半为后刻，器口文字系仿盖内铭文伪刻，修补处用漆片做锈。此器修复技术高超，真伪难辨[5]。

二、中国近现代文物修复理念的形成

中国现代意义上的文物修复保护理念，始于古迹的保护修复实践。20世纪二三十年代，“古建筑”首次被明确列入文物保护的对象。一些专业建筑师主持整修了一批古代建筑，并在修复实践和吸收当时国际思潮的基础上，提出了一些修复保护的理念和思路，在一定程度上奠定了中国建筑保护的基本框架。例如强调修复之前调查工作的重要性，追求将古建筑修复到“原状”。1935年，著名建筑学家梁思成先生在《杭州六和塔复原状计划》一文中，指出六和塔对于杭州之风景古迹至关重要，所以，“不修六和塔则已，若修则必须恢复塔初建时的原状，方对得住这钱塘江上的名迹”，并提出，“我们所要恢复的，就是绍兴二十三年重修的原状”[6]。这一理念和流行于19世纪欧洲的“风格式修复”类似。如今，这一提法也被广泛使用于青铜器等可移动文物的修复原则，通常提法是“不改变原状”，如《中华人民共和国文物保护法》第四章第四十六条的提法是“修复馆藏文物，不得改变馆藏文物的原状”。

20世纪60年代，梁思成先生提出了“整旧如旧”的建筑修复理念。“整旧如旧”最初的出处是1963年梁思成先生在扬州关于古建筑保护的报告中所举的例子：“我的牙齿没有了，在美国装这副假牙时，因为我上了年纪，所以大夫选用了这副略带黄色，而不是纯白的，排列也略稀松的牙，因此看不出是假牙，这就叫做‘整旧如旧’。”[7]从这四字理念的原话语境看，其本意是想强调一个旧的建筑修缮后，应该还像个旧的。随后，这一影响广泛的表述，逐渐扩展到对所有文物的修复理念，正如当今被广泛提及的“修旧如旧”。

1986年，建筑学家陈志华先生在《世界建筑》译介了《威尼斯宪章》[8]，同年他又在《建筑学报》发表文章，比较了梁思成先生的建筑保护思想和《威尼斯宪章》[9]。陈先生将西方的保护理论系统介绍到中国，并开启了对“整旧如旧”原则的反思。2000年前后，对“整旧如旧”原则的讨论开始升温，同时，《威尼斯宪章》与中国的建筑修复实践产生了许多冲突，许多学者参与了相关的讨论。随后，建筑学家主导的修复理念之争，逐渐扩展到遗产保护思想乃至文物修复理念的争论。

三、中国的修复理念之争

“修旧如旧”的四字概括提法，脱离了原本的语境后，常常被误解，不同修复者对其存在着理解上的巨大差异。关于什么状况是“旧”，可以有多种解释。如果将四字中第二个“旧”字理解为文物“旧时”的状态，那么这个“旧时”又该是哪个时间点的“旧时”？是刚刚制作出来的旧貌，还是刚刚出土时破碎生锈的状态？如果将第二个“旧”字理解为“古旧的”，那就是追求修复后整体效果的协调，要看起来“老旧”。时至如今，对于这条原则内涵的争论从未中断。

“不改变文物原状”的提法，因缺乏对这一原则性法规的专业性解释，在青铜器修复实践中，也导致不同的修复者之间存在很大的认识差异，修复的结果也大相径庭。例如关于青铜器锈蚀物的处理，对“不改变文物原状”的原则就有着两种截然不同的理解：“一种认为青铜器在制造出来时是没有铜锈的，保护时应将铜锈全部除去，即保持它原有的面貌，要焕然一新。另一种观点认为铜锈是铜器基体腐蚀后的产物，应将其视为青铜器的一部分而完全保护。”[10]

在21世纪初，还有许多学者对相关问题进行过讨论。例如中央美术学院李军教授在其《文化遗产保护与修复：理论模式的比较研究》一文中对“修旧如旧”原则进行了讨论，认为：“只要把‘修旧如旧’当作一项价值标准，我们可能还会进入更深的误区，给修复实践带来更多的麻烦，因为‘修旧如旧’还可以被理解是修复最终欲达到的一种效果：通过对所使用的新材料的‘做旧’，使之接近原作之‘旧’，甚至达到难以区别的程度。在这种意义上，我们面临着如何使这种‘修旧如旧’与有意‘作假’相区别的困境。”[11]

2004年，由意大利外交部合作发展司发起，中国文物研究所参与并提供支持的“中国文化遗产保护修复培训”项目，促使了“中意合作文物保护修复培训班”的诞生，为来自全国23个省、区、市的各文物保护机构67名学员进行了培训，并出版了多卷本的《文物保护与修复的问题》。意大利文物与艺术品保护专家、艺术评论家切萨雷·布兰迪（Cesare Brandi，1906—1988）于1963年出版的《修复理论》（*Teoria del Restauro*）一书，从此也在中国的文物修复保护行业内被广泛认识。

欧洲现代文物修复理念被介绍、引进到中国，和中国传统文物修复存在许多不同之处，引起文物修复保护行业内对我国传统文物修复的理念和实践问题的反思，如潘路[12]、郭宏[10]、侯卫东[13]、马艺蓉[14]、王赴朝[15]等学者发表的研究，再如万俐[16]、戴建国[17]、杨军昌[18]、楼署红[19]等学者结合某件具体的修复案例，讨论科学分析方法与现代修复理念在青铜器修复及保护过程中的重要作用。这些学者有意识地将国际上的现代修复理念引入中国的文物修复实践中，具有开创意义，并且对文物修复提出了新的要求，大致可以归纳为：由于过去认识手段有限、修复目的及理念片面，以及时代局限性等原因，修复者对器物上的信息认识和利用有限，仅凭传统修复技术和感官经验的方法已远远不够，需要引进新的文物修复理念和认识文物的新方法。文物修复应该成为一门将考古、历史、艺术与理工互相交叉融合的行业，现代科技手段可以为修复者准确而深入地认识器物提供有效的新方法。

经过一段时间的热烈讨论，对文物修复理念的争论戛然而止，对传统修复工艺的反思沉寂了，似乎之前的激烈讨论从未发生过。新的文物修复范式并没有形成，文物的“传统修复”与“科技保护”并没有真正融合，二者似乎渐行渐远，仿佛又回到20世纪60年代“传统工艺人员不易接受现代科技”，而“现代科技人员对传统工艺不予肯定”的“互相对立”的状态[20]。传统修复工艺更侧重于对手工技艺的传承，文物保护更加偏重于科技分析。

究其缘由，可能在于修复理念的讨论和进展，远远超前于修复工艺的发展。修复者以这种新引进来的修复理念指导修复实践时，原有修复工艺中那些不符合新的修复理念的环节，往往使得修复者不知所措，甚至动手实践便担心被批判，使修复行为无从继续。于是，修复者不得不扔掉新的修复理念和原则，依然利用旧有的修复理念及应手的工艺进行修复。为了避免这种修复理念与修复实践严重脱节的现象，应对修复工艺进行梳理、积累和研究，并对现有修复工艺进行改进和发展。修复者积累的修复技术与材料越多样，在当前修复理论框架下与诸多修复原则限制下进行修复实践时，才越容易做到“从心所欲不逾矩”。

2012年，中国文物保护技术协会第七次学术年会上，陆寿麟先生提出“科学化研究视野下传统工艺与现代科技的结合与创新”的观点，并指出，许多大型博物馆普遍是设置一个修复室、一个实验室，“一边是师傅带徒弟、沿袭师承方式，一边是科班出身、采用现代科技手段，相互之间的矛盾在所难免”。李化元先生指出：“要实现传统工艺与现代科技真正的结合，目前的难度比较大，因为两方面人员的积极性都还不是很高。”周宝中先生指出，行业内长期有一种习惯的概念，“将传统文物修复工艺，称为修复；而将用现代科学技术对已损文物进行技术处理，运用化学和物理的方法消除病患，控制劣化变质，维护文物原状的工作，称为保护或科技保护。其实，不论其采用的是新技术，还是传统工艺，凡对已损文物进行技术处理者，都是文物修复工艺”。杜晓帆认为：“对文物价值的评估和当代社会的保护理念才是决定修复技术的关键所在。无论是现代科技还是传统工艺，或者是二者的结合，只要是以保护和传承文物本身的价值为前提，就是我们的最佳选择。”杨军昌认为：“贯穿在考古发掘工作和文物保护修复过程中，以原真信息完整提取、记录和保存为目标的多学科研究，将最新科技成果有效应用于考古发掘工作和现场文物保护修复工作，推动了传统考古学和现代科技研究的有效结合，不仅满足了考古学本身对资料完整性的基本需要，而且拓展了研究领域、开阔了研究视野，同时也为公众能够欣赏到珍贵的古代艺术品提供了机会。”万俐认为：“目前较多单位仍将侧重于传统工艺的修复部门和侧重于现代科技的保护部门分设，这是一种人为的、按知识结构的区分，有其历史原因，也有一些狭隘的理念。”“国家将青铜器修复、传统书画装裱等列为非物质文化遗产，要求以传统工艺、传统技能为主，但这并不妨碍与现代科技相结合。”“文保工作者必须要兼有科学知识和传统技能，单强调其中的一项对文物保护都是片面的。”[20]

近年来，业界对文物修复的认识有所更新，认为文物修复具有一定的专业性，但通常依然认为它是一项手工艺技能，靠的是“心灵手巧”。例如在2014年出版的《中国考古学大辞典》中，将“器物修复”划分在“考古学方法”下的“田野考古基本概念”中，对其定义为：“把发掘出土的有破损的器物以及拼对起来的较完整器物，根据器物形制、纹饰等特征修补复原成完整器物的室内整理工作。器物修复具有一定的技术含量，一般由专门的技术工人操作完成。”[21]

四、国际上的修复理念演变简史

如今，文物修复通常被认为是一项综合性强的行为，涉及材料、文物保护、工艺、美术、文物研究等诸多学科。而百年以前，对文物修复的认识和如今截然不同，有别于艺术家、木匠、石匠且极具专业特征的修复保护行业甚至还不存在。许多残破雕像的修复，成为艺术家的工作之一。大多数人希望将残破的雕像修复完整，使之更加赏心悦目，诸如米开朗琪罗等知名艺术家都曾参与雕像的修复。少数人崇尚原始名作的品质，不愿意对它们有丝毫改变，例如著名的“贝尔维德雷的赫拉克里斯躯干”。拉奥孔群雕在16世纪初被发现后，就经历了多次修复，拉奥孔缺失的右臂，曾经有弯曲和伸直等多种不同的复原方式，成为当代审美情趣影响修复效果的著名实例。

18世纪德国考古学家与艺术史家约翰·约阿希姆·温克尔曼（Johann Joachim Winckelmann，1717—1768）的著作《古代艺术史》（*History of Ancient Art*），指出在一些文物修复的著名案例里，修复工作给文物凭空增加了新的特征，而这些特征在古代世界里不可能存在。比如一位作家在解说过去如何钉马掌时，把依据建立在一座古代雕塑上，却不知这座雕塑已被一个平庸的艺术家修复过。温克尔曼进而建议在有关古代艺术品的出版物中，应该对修复情况做出说明[22]88-89。

18世纪后期，彼得罗·爱德华兹（Pietro Edwards，1744—1821）负责管理威尼斯国有绘画的翻新，他撰写的《修复手册》中的一些观点与如今的保护原则相近，比如要求修补部分不应超出待修范围，修复所用材料要不具有腐蚀性等等。然而，他的观点在当时并未得到广泛认可和接受，《修复手册》在很长一段时间内默默无闻[23]2。

19世纪，关于修复理念的激烈争论始于欧洲的建筑修复实践，建筑师在修复理念、原则的确立与诠释方面担当了领导角色，其原因是多方面的：第一，许多个世纪以来，建筑师享有很高的社会地位，获得了社会认可；第二，建筑一直是主要的艺术形式之一，建筑学在高等学术机构享有一席之地，已经建立了庞大的知识体系并经历了时间检验，建筑领域还形成了衡量建筑师能力和资历的资格认证系统；第三，建筑保护涉及人数多，建筑物被众多人员通过观看、接触、穿越、踩踏、嗅闻等所体验；第四，被修复的建筑物还有实际功能，需要供人居住或成为公共场所，需要符合使用者的需求；第五，建筑要受到众多的安全和工艺规范、标准的限制，这些内容又常常和建筑修复保护的需求相冲突；第六，建筑物比架上的绘画、文物更引人注意，具有很强的社会性，往往成为强有力的地方认同的象征物，多数情况下，建筑物比其他修复保护对象更加昂贵，也需要经受更严格的评判[23]63-65。

18世纪末的法国大革命中，许多历史建筑和纪念物被毁，著名的巴黎圣母院西侧立壁上的一排国王雕像被毁，玫瑰花窗和玻璃彩画被砸。“19世纪上半叶末期，现代科学技术的发展和实证哲学的兴起，为历史性古迹的浪漫主义欣赏思潮注入了新的活力。同时，折中主义统治现代建筑领域，对历史性建筑的处理方式得到了复古主义的支持。越来越多的欧洲国家将重要的历史建筑物认定为国家级纪念物，并以最适宜的风格加以修复，以此作为国家成就的示范。发源于英格兰和普鲁士的对中世纪建筑的修复实践，被法国古迹局归纳为风格统一式修复的‘基本理念’”[22]189。在这样的背景下，法国的哥特复兴运动如火如荼开展着[4]，法国大革命后，大量的哥特式建筑有待修复，对其进行修复甚至重建，

4　哥特式风格于12世纪中期兴起于巴黎周边地区，其建筑形式和宽大的窗户与罗马式风格的厚重坚固感形成对比。巴黎圣母院紧凑和谐的平面布局是早期哥特式风格的重要实例。19世纪早期，英、德两国的哥特式建筑甚至成为强烈民族自豪感的体现，他们都宣称哥特式是一种本土风格。

成为当时法国的国家政策。

19 世纪法国杰出的建筑师与建筑理论家欧仁·埃马纽埃尔·维奥莱-勒-杜克（Eugène Emmanuel Viollet-le-Duc，1814—1879）负责修复了巴黎圣母院，他认为将破损建筑修复完整非常重要，建筑应尽可能恢复到良好的、原初的状态。1866 年，他在自己的著作《建筑词典》中对修复理念进行了总结："'修复'（Restoration）这个词本身及其所指都是现代的。修复建筑指的既不是去维护建筑，也不是去维修或重建它，而是重现其完好的状态，即便这种状态在历史上从未存在过。"[23]3-4 例如巴黎圣母院修复工程的后期，维奥莱-勒-杜克陷入对建筑风格和完整性的狂热追求中，他试图将巴黎圣母院修复到它原本应当存在的完整状态，在南北两侧钟楼顶端加建起高耸的尖塔。虽然这个结构在巴黎圣母院的历史上从未存在过，但他提出 13 世纪的建造者就有过修造两座石质尖顶的工程计划。因此，他参照兰斯大教堂的尖顶，构想了理想的哥特式教堂的样式，这个加建计划最终被否定而未实施，但他依然以教堂中央十字交叉部位的屋顶有 1792 年损毁的小尖塔的痕迹为由，最终在此复建了一座新的尖塔，也就是 2019 年巴黎圣母院大火中烧毁倒塌的那个高高的尖塔。

维奥莱-勒-杜克因被视为"风格式修复"的代表，通常被误认为是感性的、浪漫主义的，然而，他所代表的恰恰是法国理性主义的建筑学传统，对他更为客观的评价，应该是他是一位受到浪漫主义影响的理性主义者。正如英国建筑历史学家大卫·沃特金在其《西方建筑史》中所言："维奥莱相信，采用结构和组织上的理性主义体系，加之使用新材料，如钢铁，将会产生一种新的建筑语言"[24]。受哥特建筑的影响，他于 19 世纪 50 年代提出建筑的结构理性主义，对现代建筑影响深远。

和维奥莱-勒-杜克同时代的英国人约翰·罗斯金（John Ruskin，1819—1900。又译作"拉斯金"）是一位有广泛公众影响的艺术评论家、社会活动家和画家，他生于富家，年轻时四处旅游，在意大利长期居住。他于 1849 年出版了《建筑的七盏明灯》（*The Seven Lamps of Architecture*），推崇古代建筑的美与价值，但对历史的热衷使其忽视了当下的存在。该书第六章"记忆之灯"的第十六节写道："'如画'只能在断垣残壁中寻得；而且，建筑的'如画'之美，想来也就在于其'腐朽'"[25]311。这种对破旧建筑"如画（Picturesque）"美感的痴迷，带有浓厚的浪漫主义色彩。他认为今天的任何举措都不应扰动历史遗存（特别是哥特时代的遗产），那些致力于重建古建筑者是真正破坏遗产的人。他在该书第六章第十九节说："别再说什么'复原'了。所谓'复原'，自始至终、从头到尾，都是一则谎言……旧有的建筑会因而遭到摧毁，而且相较于它是受到其他因素影响，颓倾倒塌化为沙尘一堆，或者消融瘫软化为黏土一团，都及不上'复原'工作对它下手之无情、破坏之完全。"[25]315 译者使用了"复原"一词，而罗斯金原文使用的"Restoration"翻译为"修复"更为准确。在罗斯金影响下的时代，"修复（Restoration）"在英文中几乎成为贬义词，与此同时，"修复"逐渐被"保护（Conservation）"取代。罗斯金和威廉·莫里斯及一批反修复人士创立了古建筑保护协会（SPAB），并起草协会纲领。国际知名的文化遗产保护史学家、芬兰建筑师和城市规划师尤嘎·尤基莱托（Jukka Jokilehto，1938—2023）评价说："该纲领成为现代保护政策的重要基础。在评价历史建筑的时候，存在两个需要考虑的基本事项：首先，保护不再被限制为对具体建筑风格的保护，而是建立在对现存建筑原材料精确评估的基础之上；其次，一个古代纪念性建筑，只有在原始构件未被扰动并原址保存的时候，才能代表某一个历史时期，任何试图修复或复制的做法，都必然导致真实性的损失和赝品的产生。”[22]258

罗斯金不是一位建筑师，而是理论家，他没有接触过修复实践中错综复杂的细节，也不会理解维奥莱 - 勒 - 杜克在修复实践中遇到的各种需要平衡的矛盾。罗斯金的思想带有浓厚的浪漫主义色彩和一定的历史虚无主义，有其极端性，也有着复杂的社会和文化背景，并不简单是一种修复理念或建筑保护思想，而是一个国家在一个时代的思潮和社会背景的体现。

18 世纪，越来越多的英国精英在牛津大学和剑桥大学接受正规教育，接触古典建筑美学和罗马文学，他们酷爱旅行，最初只将罗马设定为“朝圣”的目的地，随后将范围扩大到整个意大利。美国人类学家温迪 · J. 达比（Wendy J. Darby）在《风景与认同——英国民族与阶级地理》一书中指出，英国有产者和政治贵族们在国内重新设计乡村别墅的周边环境时，“将自己的意大利旅行经历转换成实有风景，参照的是克劳德和普桑的意大利古典风景绘画风格。就此而言，那些重新建构的田园风景实际上就是如画风景”[26]49，“然而，无论是在现实中、文学或是艺术中，别墅景色或前景只能通过继续压制或掩饰农耕场所的人类劳动才能得以保持，而拥有土地的精英们就是从这些劳动者那里劫夺了大量财富。至此，在早期鸟瞰图里被艺术地删除的人实际上成为被清除的人。具有审美愉悦的田园风光是这样创造出来的：把农业过程、农业劳动者，甚至整个村庄从视线里清除出去，留下无人的、如画的风景，使特权观赏者能够观赏纯粹的画面。议会通过的圈地运动在经济利益驱动下的加速，与这种美学清场紧密结合”[26]29-30。

18 世纪末到 19 世纪初的法国大革命和拿破仑战争期间，英国人的出国旅游变得不再容易，“于是，‘国内’山区、罗马—英国的遗物和中世纪的废墟代替了外国风景和古典遗址。对古物的嗜好已经微妙地被导引到如画风景方面”[26]57。18 世纪最后十年间，“风景作为文化的表达，无论是通过再现还是旅游，已经在那些受过良好教育的精英以及模仿他们的人中间广为流传。如画风景运动可以被视为具有民主特性，因为其价值观定位在当地、本土和基础更为广泛的风景接触上”[26]65。

正因为当时英国社会有这样的背景和思潮，罗斯金的反修复和强调建筑“如画”美感的理念才能有广泛影响。罗斯金还和威廉 · 莫里斯一同倡导了工艺美术运动，对 1851 年伦敦“水晶宫”国际工业博览会有过影响深远的批评。罗斯金和莫里斯崇拜中世纪的社会和艺术，竭力指责工业及其产品。他们的思想基本是基于对手工文化的怀旧感和对机器的否定，认为只有回到中世纪的社会和手工艺劳动才是唯一的出路。罗斯金还强调要使用传统的自然材料，反对使用钢铁、玻璃。在他们的思想推动下的工艺美术运动，也体现出其先天局限性，“它将手工艺推向了工业化的对立面，这无疑是违背历史发展潮流的，由此使英国设计走了弯路。英国是最早工业化和最早意识到设计重要性的国家，但却未能最先建立起现代工业设计体系，原因正在于此”[27]。但是在建筑保护领域，罗斯金和莫里斯创立的古建筑保护协会提出的许多观点，给欧洲的建筑修复浪潮踩下了“减速踏板”，也开启了修复与反修复的长期争论。尤基莱托在《建筑保护史》中指出：“在威廉 · 莫里斯和古建筑保护协会的努力下，拉斯金所领导的保护运动传播到英格兰以外的广大地区，包括法国、德语国家、希腊、意大利等，甚至还影响到其他大陆，如远在亚洲的印度。保护理念的诞生正是以这个批判运动为先导，逐渐成为被世人所接受的保护历史建筑和艺术品的现代方法，同时也成为维护保养和保护性修缮政策的主要参照。”[22]241

意大利建筑师卡米洛·博伊托（Camillo Boito，1836—1914）试图在维奥莱-勒-杜克和罗斯金之间寻求平衡，提出可将历史纪念物如文献般进行分析，不增删任何内容，使原物与新增加的部分清晰可辨。卢卡·贝尔特拉米（Luca Beltrami，1854—1933）在他的老师博伊托和法国修复实践的双重影响下，提出了“历史性修复”，要求修复不能基于想象而应扎根于可靠的史料，“因此，此类修复的关键是严谨，精确度往往以毫米计”[28]59。“历史性修复”以尊重历史为前提，认为历史建筑应该恢复到原貌，但要根据历史史料真实地恢复，“而在严格尊重历史的前提下，又可突破结构或材料的传统局限，大胆采用新结构新材料。底线是保证历史、结构、形式及材料之间的协调统一”[28]59。他的这种“历史性修复”在一定程度上可以说是“文献性修复”和“风格式修复”的折中调和。1902 年 7 月 14 日，威尼斯的地标建筑——圣马可大教堂钟塔倒塌，1912 年，按照“历史性修复”的原则，在原址重建，采用钢筋混凝土结构，重量比原建筑减轻了 2000 吨。

布兰迪于 1939—1961 年主持罗马中央修复学院的工作，他在 1963 年出版的《修复理论》一书中，试图在艺术品的历史性和艺术性的两极中寻求平衡，并提出修复的定义为：“修复是着眼于将艺术作品传承下去，使它在物质依据上，在美学和史实双重本质上，能被认可为艺术作品的方法论环节”[29]75，进而提出两点修复原则：“要修复的只是艺术作品的材料”[29]76，“在不艺术伪造或史实伪造的前提下，在不抹去艺术作品在时光流转中获得的每一经历痕迹的前提下，修复应旨在重建出艺术作品的潜在一体性”[29]77。根据对艺术品材料及潜在一体性（统一性）的认识，布兰迪进而推导出了“一些不能被视为经验主义的实践原则”，例如：“任何整合必须总是具有容易的可识别性，但却不应为此干扰我们所希望重建出来的那种一体性”，“只有当材料直接有助于形象的具象性，即作为外观，而全然不是作为结构时，这种材料才是不可替换的”，“所有的修复干预都不应使未来的任何干预不可能再进行下去，相反，应为它们提供便利”[29]90。

在此之后，1964 年 5 月，在威尼斯举行的第二届历史古迹建筑师及技师国际会议通过了《国际古迹保护与修复宪章》(《威尼斯宪章》)，尤基莱托指出：“它被人们认为是1931年《雅典宪章》(*Athens Charter*）的修订版，以乔万诺尼起草的意大利规范作为基础。它反映了当时关于古迹保护和修复之间的争论，同时记载了布兰迪于上一年所发表的相关理论。”[22]398-399 来自 61 个国家的 600 多位代表参会，包括联合国教科文组织、国际文物保护和修复研究中心(ICCROM)、国际博物馆协会(ICOM)及欧洲理事会等国际组织的代表。宪章开篇即谈道：“世世代代人民的历史古迹，饱含着过去岁月的信息留存至今，成为人们古老的活的见证。……将它们真实地、完整地传下去是我们的责任”，另外还强调科学技术在修复保护中的应用、修复前后必须进行考古及历史研究、“修复的目的不是追求风格的统一”等，进而提出“原真性”“完整性”“最小干预”“可辨识”等相关内容，最后强调了修复档案记录的重要性，并建议将其出版以便研究人员查阅[30]。该宪章成为经典的保护理论，其影响不仅在于古迹的修复保护，也建立了可移动文物修复保护理论的国际框架。

在国际上，文物保护作为一种职业明确地出现，尤基莱托认为“是以 1950 年国际博物馆藏品保护学会（IIC，International Institute For Conservation of Museum Objects）（标题中最后两个词后来改为历史和艺术作品，Historic and Artistic Works）的建立和1952年发行的期刊《保护研究》（*Studies in Conservation*）作为标志”[22] 原丛书编者序4。如今，现代的保护与修复逐步发展到保护科学（Conservation Science）的层面，包括实验室考古的过程（Archaeometry）、病理诊断、环境控制、阻止劣化的保护过程（Conservation）和介入干预的修复过程（Restoration）。而今，修复是保护科学中的一个重要分支，也是文物研究的重要方面。尤基莱托认为Conservation的含义包括两方面：“首先，把环境对人工制品和其材料的腐蚀破坏减少到最小；其次，采取措施阻止劣化，并对可能继续损坏的地方实施加固。而Restoration是后一过程的延续，即在保护措施不能满足需要时，在不伪造的前提下，将物体按原状恢复到可以展现的状态。”[22] 原丛书编者序5

时至20世纪80年代，在文物修复保护事业发展迅速的国家，文物修复保护已经成为一个多学科协同合作、职业化、系统化的行业，文物的修复保护不仅仅是将破碎的文物复原，而且是对文物的历史价值、艺术价值、科学价值的重新发掘、认识及评价的过程。文物在进行修复保护之前，还要制定科学、合理的修复保护方案。而方案的制定，首先应基于对文物自身保存状况的准确认知，利用现代科技检测分析方法是实现这一目标的最为基本的手段。

比较成功的修复案例如意大利“里亚切青铜武士像”的修复。刘涛[31]与詹长法、张晓彤[32]等人曾撰文对其发现、研究、修复的过程及新技术、新方法的使用等进行了详细介绍。两尊青铜武士雕像于1972年在意大利南部城市里亚切附近的浅海淤泥中被发现，人们将其打捞上岸后，先用简单的工具清除了铜像表面由粗砾石和沙子形成的污垢。1975年铜像被运至专门的考古修复中心，研究其材料保存状况及铸造技术，同时清洗铜像外部，1976年初工作暂告结束。由于铜像长期浸泡于海水中，体内残留的铸造泥芯造成的腐蚀现象仍在加剧，需将泥芯清理干净[5]。铜像仅在头顶和脚底各有一处小口，修复师只能从这两处用自制工具凭直觉清除泥芯。1979年，限于当时的技术手段而不得不停止修复工作。1985年，一支由考古学家、文物修复专家组成的工作小组历史上首次使用了腹腔镜技术，该技术不仅可对文物进行诊断，还能辅助精密器械进行“远程”修复。经过290天约3500个小时的工作，专家们从两尊铜像内共取出128公斤含有有害的可溶性盐类的泥土，并对铜像内部进行了保护处理。铜像被妥善安放在一个温湿度经严格调控的保存环境中，由于展览场所位于环地中海多地震带，因此还对铜像进行了防震处理。随后，对铜像的研究工作持续进行，研究内容包括铜像的铸造年代、历史内涵，以及通过研究铜像内的泥芯以确定材料的产地及来源等。

除使用上述现代科技检测手段外，另外一点重要的革新在于青铜雕像修复过程中，非侵害性与可逆转式支撑和组装系统的应用。青铜雕像受到破坏性外力作用而变成碎片后需要进行复原工作，对于那些没有铸造泥芯的雕像残件的连接，过去的修复手段一般是插入铁销或铜销，再用凝固材料部分填满进行固定。例如1928年对“美少年青铜雕像”的修复工作中，完全用灰浆和陶器碎片对铁销栓进行填充固定。而罗马国家博物馆酒神雕像的修复，为了固定其连接轴，使用熔化的硫对雕像的脚和踝骨进行浇灌。由于铁或铜质金属销的锈蚀会给青

5　泥芯保留了铸造工艺信息，通常应该保留，但如果它的存在将有损于器物保存，还是“两害相权取其轻”。这一思想在当今的文物保护和修复中至关重要。

铜雕像造成进一步的损害，随后的修复工作对这一工艺进行了改进：在用金属销对各部分进行连接时，使用抗腐蚀的合金材料，同时使用氢氧化铝硅酸盐粒子填充的聚酯树脂层对金属销进行固定。这种方法改善了修复处理工作的可再处理性，但是存在的问题是修复过程使用的填充材料会使雕像的阶段性检查及维护保养变得不可能，造成今后无法再对铜像进行认识和检查。为了解决上述问题，处理方法是使用机械支撑装置保证雕像身体、头、胳膊和展览基座之间连接的稳固性，这些机械连接几乎使雕像内部表面完全得到解放，不再需要使用任何胶及填充物。

通过以上修复案例，可以对其修复、研究工作的模式总结如下：1. 采用科学的方法分析艺术品，以便得到合理安全的修复及保存方法；2. 利用现代科技及检测手段了解腐蚀机理及艺术品的制造工艺；3. 在艺术品修复过程中进行多学科合作，充分发掘和认识艺术品上的信息，对其进行全方位、多层面的认识，目的是深入全面地认识艺术品所处环境及其在历史上的状态；4. 让化学家、地质学家、考古学家、历史学家、仪器使用和分析专家等多学科人员参与修复过程，通过协同配合制定科学合理的修复计划，并对修复效果进行讨论、评估及长期跟踪监测；5. 对修复工艺进行不断改进，对修复材料展开研究；6. 艺术品修复完成后，将其保存环境的监测、治理作为修复保护活动的延续，重视艺术品的预防性保护。

意大利科学家及修复专家利用当时最先进的医学技术、电子技术、光学技术等一系列高科技手段探索青铜雕像的修复方法，在国际文物保护界产生了多层次影响，正如法国权威杂志《费加罗》所评论的：里亚切青铜雕像的修复技术和研究成果“开创了本世纪高科技修复的里程碑”[32]。

西班牙文物保护专家萨尔瓦多·穆尼奥斯·比尼亚斯（Salvador Muñoz Viñas，1963—　）在《当代保护理论》（*Contemporary Theory of Conservation*）一书中指出：“科学保护是一种在20世纪下半叶获得广泛接受的保护方式。它基于突出的客观性，因此在保护进程的每一阶段中均强调科学形式的知识。……对象的真实天性主要存在于其物质组成（物质至上主义）。……保护进程中所用的技术和目标应该通过科学方法确定。”[23]79“对于多数西方人来说，正是出于这种物质至上主义，即便效果并不明显，努力保护对象的材料成分也物有所值。也许客观地说，复制品所能提供的体验与原物并无二致，但它们仍不会被认为像真品——确切地说是那些具有原有材料成分的对象——所提供的体验那样强烈和完整。这一认知对于在20世纪30年代到50年代间出现的、保护中所隐含的科学理论起了重要作用，它规定保护工作应尽可能避免原有物质成分的消失、改变或隐藏。这一方面阻止了原有部分的去除和原有材料的隐藏；另一方面，也起到了鼓励去除画作上的黄变清漆或金属件的腐蚀结壳等‘非原材料’部分之作用。”[23]76-77一个充满争议的著名案例是西斯廷教堂的《最后的审判》立壁壁画及天顶壁画的“逆向修复”，画作上的老化清漆层、历史上宗教活动烟熏的炭黑乃至米开朗琪罗之后的画家补绘的部分遮羞布被清洗，保护科学家认为作品恢复了米开朗琪罗原画的颜色和质感，但艺术史家认为画作所经历的五百年历史被抹去了，如同看到新绘的画作。最终，对该作品的辩论成为化学家和艺术史家的专家之争，20世纪80年代开始，国际上对经典保护理论开始进行诸多反思，如对“可逆性”的批判[23]161-165和对“最小干预”的反思[23]165-168，进而提出保护的“可持续性原则”[23]170-174。

第二节 器物研究与修复的关系

一、出土文物的“物证”及“信息载体”属性

无论是博物馆还是考古研究机构，其所收藏的文物的基本属性是“人类和人类环境的物证”，“物证”即实物证据，要体现、阐释和证明人类社会生产、生活、组织、文化、宗教等的过程和活动，以及人的思想、行为、心理等[33]。作为“物证”的文物，可通过自身特点直接表现上述内容，也可作为有关上述内容的载体，间接体现上述内容。当代博物馆与考古研究机构对文物的认识，也从单纯重视物质实体向兼顾文物的“信息载体”“文化载体”属性过渡。在考古与文物博物馆学科整体发生认识转变的形势下，出土文物或藏品的保护与修复工作，也不再仅仅关注文物藏品外观、材质的修复和维护，而更注重对体现文物历史、艺术、科学价值的痕迹、遗物等相关信息的保护。这些信息的提取、揭示和阐释，单凭文物修复是无法办到的，势必借助现代科学技术手段，对文物藏品进行更深入、更广泛的研究，包括但不限于年代鉴定、材料成分及加工制作工艺、内部结构、用途、腐蚀机理等的研究。

既然出土文物具有“物证”“信息载体”的属性，对其上的有用信息进行提取、研究、利用的前提，便是确保信息的“完整性”与“原真性”。“信息”作为科学名词，始于20世纪40年代，被释为“对消息的接受者来说原先不知道的报道”[34]。信息来源于物质，体现物质的特征、物质的运动和发展，是人们认识事物的基础。信息论的基本观点是，任何物质运动都是能量交换的过程，是信息产生的过程。对于文物而言，任何行为，包括修复与保护，都会在文物这个客体上留下痕迹，引起客体的变化，成为干预行为，在客体上增添一些信息，也可能使客体失去部分信息。未经修复的器物会最大限度地保全原始信息的“完整性”与“原真性”，修复与保护的介入，无法避免对器物原始状态的扰动。正因如此，便有了“物证式保护（Evidential Conservation）”的观点，正如比尼亚斯在《当代保护理论》中所评价的那样：“保存现有或潜在的科学证据意味着只有环境性保存[6]一种可行方法……即便是最和缓的清洁方法都不可行，因为它会破坏对象所承载的历史证据。有人认为米开朗琪罗的大卫雕像根本不该被清洁，因为最轻微的清洁都会抹杀历史证据，如米开朗琪罗本人留在雕像上的毛发皮屑，等等，‘可能在未来通过DNA分析来获得难以预料的信息’。这种极端的新拉斯金主义态度可能会被认为是一种真正的可持续保护。然而，当下使用者的需求完全被忽视了，而这可能会引起对保护行为甚至保护对象本身的不满。此类保护行为仅为历史学家、考古学家和科学研究者服务，而非普罗大众……”[23]180-181

当载有信息的文物持续性地腐蚀劣化，如不采取修复保

6 指控制保存环境的预防性保护。

护的干预行为，信息的物质载体的损毁，势必使信息一同湮灭。因此，无论出于保护文物藏品的可见的形体的目的，还是出于保护文物实体上承载的信息的目的，修复与保护行为依然具有正当性和必然性。但这种干预行为显然需要在一定的限制下进行，如果只关注文物藏品的可见的、已知的信息，如造型、纹饰、锈色等艺术观赏效果等，而忽略文物藏品作为“信息载体”的特点，势必因为过度的干预而严重减损文物藏品的历史价值和科学价值，影响文物的内涵阐释和价值发掘，阻碍用文物藏品讲出有理有据而使人信服的“故事”，无法让文物真正“活起来”，不利于藏品的合理有效利用。

修复与保护，都是以文物本体为对象的干预行为。如果某项活动的干预对象是普通的工艺品乃至工业产品，这种干预行为可以不受限制地进行；但当干预对象是作为不可再生文化资源及全民族共同历史见证和情感纽带的文化遗产时，干预行为显然不能像工业加工或艺术创造那样不受限制，而是必须在一定的框架体系的限制下进行，目的是避免文物上所承载的历史信息、历史物证被损坏或者伪造。

暂且搁置修复理念的争论，无论“不改变原状”“修旧如旧”的内涵究竟为何，回到文物的概念及其功能本身便可更有效地看清问题的根本和实质。文物是不可再生的文化资源，文物具有三大价值，文物具有历史物证的属性，因此，文物的这些特性是必须得到周全保护的，这也就是保护文物的根本诉求。保护文物的根本目的，在于保护文物所承载的文化，这种文化不单单是审美价值和文化意趣，更包含文物背后的历史，以及通过科学研究而阐释出的文物的内涵及其价值。比如通过文物研究了解先民的生活、生产、行为、思想等，在一定程度上复原古代历史图景的片段和细节，这也是对考古学试图复原的古代社会时空关系的宏观历史图景的补充。

二、在“考古”和“博物馆”语境下的青铜器修复理念

如今，青铜器属于不可再生的文化资源及物质文化遗产，与过去所言之“古玩”“古董”的含义截然不同，青铜器修复也不单单要追求器物的“美感”和“气韵生动”等。青铜器不仅具有艺术品的属性，它更具有考古学、历史学、文物学等研究机构所关注的历史价值、科学价值，也肩负着博物馆所关注的教育功能和文化宣传功能。然而，我国的考古学研究及博物馆对青铜器修复存在认识差异。

考古学研究认为，出土青铜器作为特定历史时期的产物，其自身包含着这一特定历史时期的各种文化信息，也包含着其埋藏环境的信息，以及文物经历了漫长历史时期所留下的各种痕迹及信息，出土青铜器即是这些信息的存储单元。考古学家赵辉在《田野考古学》中指出：“对历史的研究，必须从资料的年代学入手，再依次回答什么地点、谁、做了什么、怎么做、为什么，也即所谓的六个‘W’的问题……一套年代关系和空间关系准确可靠的资料是所有研究的基础。而以物质形态存在的考古资料，它们的时空关系是被封存在遗址之中的……田野考古的任务就是要通过科学的调查、发掘和资料整理方法，获得这样一套具有准确时空关系的系统资料。”[35]15 赵辉还指出：“随着学科发展，研究任务不断复杂和深入，考古学家们开始发现，通过一项田野项目来满足学科的所有研

究需求，已经变得越来越困难了。譬如，当研究目的从比较单一的资料的年代学问题扩大到复原当时人们社会生活的方方面面时，不同领域的问题要有不同学科的专门知识才能处理，不同领域的研究者对从遗址上获得的资料种类、质量的期待不同，从资料采集到分类整理乃至检测分析的要求也五花八门。”[35]10 考古学家通过田野考古，并不能将文物上的所有信息都揭示出来，而只能将文物保存下来留待更多领域的专家从不同视角开展研究。这就要求作为研究对象的青铜器最好是未经修复干预过的，以确保器物上所承载信息的完整性和原真性，而器物的“分型定式”乃至发掘报告的编写，又需要复原破碎的器物。

收藏保护、社会教育、学术研究是博物馆的基本任务，博物馆通过文物实物资料的展览陈列而实现其教育目的，陈列是博物馆实现其社会功能的主要方式。虽然未经修复的破碎文物可以暴露出许多信息，但是文物上承载的历史信息往往不能直接展示出来，需要借助展品才能使观众一目了然。在这样的情况下，就要求将破碎残缺的文物进行修复，使观众对文物有直观了解和认识。王宏钧在《中国博物馆学基础》中指出：“博物馆陈列作为具有一定艺术形式的展品群体，不仅需要体现先进的思想性和科学性，而且必须重视它的艺术性，努力做到广大观众喜闻乐见，雅俗共赏。艺术的特点在于以艺术的、感觉得到的形象来反映现实。”[36] 因此博物馆势必对展品的艺术性、完整性提出要求。博物馆对于修复的首要要求是便于对文物进行展览陈列和收藏。

从上述经典论述可以看出，考古学研究要求对文物及其承载的信息进行完好的保存，而博物馆则需要借助文物实体实现其社会功能，修复的作用就在于实现这两方面对文物的需求。然而，这两种需求存在矛盾，修复人员不应偏向任何一方而忽视另一方的诉求，只能通过改变修复实践的模式和方法，在上述两种不同的需求间寻求平衡。可见，修复人员要在兼顾考古和博物馆这两个体系所提出的诸多要求的前提下[7]，通过适当的工作模式和修复方法，完成文物修复工作，而并非根据个人对修复理念和修复方法的喜好去实施修复。

根据考古学家对文物信息完整性和原真性的要求，应该按照这样的理念进行修复：如果条件允许，在修复过程中应借助现代科技手段对文物展开多学科、多层面的研究及认识；即便条件不允许，修复者也应明白，文物上承载着许多有待发掘的信息，修复者认为不重要的东西并不一定真的不重要，因此对采用的修复手段必须慎重，要尽量多地保存现状而给未来留有继续研究和考证的余地。对于器物补全，必须具备恢复器物原状的依据方可实施；如果找不到依据，就不能对器物进行随意的、主观创造式的修补，以免妨害考古学家通过分型定式的方法研究器物。在修复过程中还要对器物碎片上的信息进行详细记录，因为当器物恢复完整性之后，器物上的许多信息便难以再被看到。但同时需要抱有这样一种观念：如果修复者本人对考古学乃至青铜器研究的诸多问题并不了解，他往往会对许多重要的信息和现象视而不见，正如比尼亚斯在《当代保护理论》中所言：“只有保护师所知道的那部分信息被有效记录了。”[23]117 这也是充满争论的文物修复理论所具有的最重要的价值——使修复者始终保持克制、谨慎和谦卑。

出于博物馆对于修复的要

7　文物修复通常分为考古修复、博物馆修复和商业修复。本章节所论述的理念和方法主要针对考古和博物馆语境下的修复，修复对象为出土文物。商业修复的目标及器物来源与考古修复、博物馆修复不同，不在讨论范围内。

求，在器物修复过程中还要有这样的理念：既要考虑到考古学研究所重视的器物的历史价值，也要考虑到博物馆对于器物美学价值的要求，在许多情况下这二者之间都会有矛盾，这就要求修复者根据具体情况找到二者之间的平衡点。在通过现代技术对器物保存状况有了清晰而正确的认识后，针对器物的具体情况及不同的保存状况，制定合理的修复方案，在最大限度地满足考古学对于修复的要求的前提下，还需考虑到博物馆对于器物审美价值及美观性的要求，进而采用相应的修复材料及修复手段。

综上所述，在“考古”和“博物馆”语境下，青铜器不是一般意义上的艺术品，修复也不是通常所说之手工技艺，青铜器修复需要兼顾文物在历史、艺术、科学研究等多方面价值的发掘和呈现，只有通过器物研究全面了解文物上承载的信息及其内涵、价值，才能制定合理的修复方案，选择合理的修复方法。

三、器物研究是合理修复的基础

修复青铜器时，并不是器物上所有的缺陷都需要处理完美，也不是所有的缝隙和漏洞都需要弥补。器物上的有些残缺需要补全，有些则应维持现状；有些残缺并无十足的复原依据，但出于对器物整体稳定性提升的考虑，还是需要进行结构加强性质的补全；有些补全表面的旧化处理可以逼真一些，有些则需要有很强的辨识性。修与不修，如何修，都需要根据器物研究来定。有时，未经研究的器物，无法全面了解器物的结构和保存状态，还可能造成不当的修复，给器物的安全长久保存造成隐患。

图 1.5

图 1.6

图 1.7

图 1.5 所示为一件甘肃出土的汉代铜匜，铜匜的铺首和器壁之间有缝隙（图 1.6），铺首对应的器物内壁可见一凸起铆钉头（图 1.7）。另一件汉代铜盆的铺首也呈现类似的现象（图 1.8）。从器物 DR 成像和 CT 断层扫描可见，这件器物的主体和铺首为分别制作，再采用铆接工艺实施连接（图 1.9、图 1.10）。缝隙是采用这一特殊制作工艺所致，若采用“铆接式铸接”，铺首和器体之间不应有此缝隙，且铺首内势必留有泥芯。基于上述观察研究，可知铺首与器体之间缝隙是辅助判断器物制作工艺的重要信息，不属于器物病害，不能实施补全或注胶加

图 1.8

图 1.10

图 1.9

图 1.11

图 1.12

图 1.13

固。如不了解这一情况，以“提高器物和装饰物的连接强度”为理由的缝隙填充加固，则是不当修复。

图 1.11 所示汉代铜钫的铺首右上有一方形透孔，从图 1.12 所示细节特征看，透孔形状规则。此外，器体上还有一些规则的方形凹槽（图 1.13）。图 1.14 所示秦代铜量的铭文间也有这类规则方孔，从器物 X 射线成像照片可见，器物立壁及底面规则分布着方孔状结构（图 1.15），其中一处方孔是原先嵌于器壁的垫片脱落所致。垫片是用于外范和内芯之间定位、保持壁厚的小铜片，避免浇铸时因铜液压力使内芯与外范错位，造成器物壁厚不均或铸造失败。垫片脱落后所成方孔或使用垫片处形成的方形凹槽，是器物制作工艺信息，其存在不妨碍器物整体稳定性，也不是器物病害，不应补全。

左页

图 1.5　甘肃出土汉代铜匜

图 1.6　铺首与器壁间缝隙

图 1.7　器物内壁铆钉头

右页

图 1.8　甘肃礼县出土汉代铜盆

图 1.9　铜盆的 DR 成像

图 1.10　铜盆局部 CT 断层扫描

图 1.11　甘肃礼县出土汉代铜钫

图 1.12　铜钫上的方形透孔

图 1.13　器表方形凹槽

图 1.14

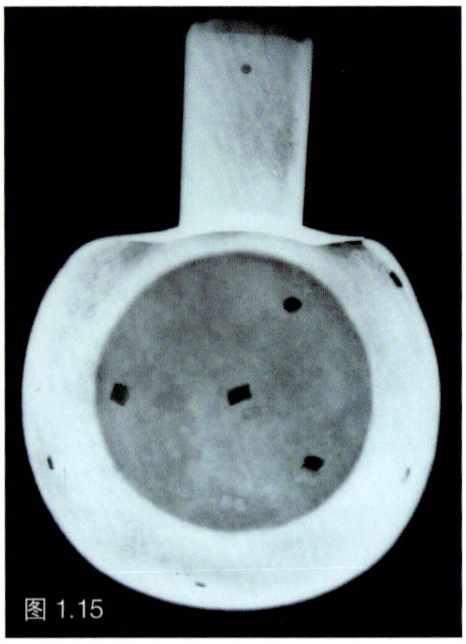
图 1.15

图 1.16

图 1.17

图 1.18

图 1.16 所示器物侧壁的不规则缺口是器物埋藏或收藏过程中受外力损坏所致，属于器物病害且不利器物整体结构的稳定，应予补全。图 1.17 所示器底与侧壁转角处不规则缺口也属于妨害器物稳定保存的病害，需补全；其余规则方孔皆因垫片脱落所致，不予修补。图 1.18 所示铜钫上的铜片及铆钉，是汉代的器物使用者在器物遭遇垫片脱落形成穿孔后，修理器物以便维持其实用功能所致，体现出当时的金属加工工艺，不可拆去，应保留原状。

如图 1.19、图 1.20，对广西合浦汉墓出土一件破碎铜鼎的碎片，使用 VHX-1000 型超景深体视显微镜观察断面。可见器物金属基体丧失殆尽，保存状态差。器表有被蜡层黏结的沙粒，蜡层与器物本体之间有间隙，水汽进入后难以及时蒸发，会加速器物本体的腐蚀。器表蜡壳必须去除，以免水汽聚集。因器物保存状态差，不可使用溶剂浸泡器物，只能使用手术刀缓慢剔除。器物修复前状态及去锈操作参见本书第二章图 2.13 ~ 图 2.22，器物修复过程参见本书第五章图 5.386 ~ 图 5.391。

图 1.21、图 1.22、图 1.23 为第二章图 2.23 所示铜釜修复前断面处的超景深体视显微镜观察。图 1.21 可见锈蚀产物分层明显，断面两侧为疏松的浅绿色粉状锈蚀产物，中间夹层呈现氧化亚铜的红褐色。图 1.22 可见局部断面大部成为疏松的浅绿色粉状腐蚀产物。图 1.23 可见浅绿色锈层表面有疏松的器表附着物，其间夹杂着疏松泥土和沙粒。器物保存状态极差，器表疏松附着物如不及时清理，会吸收大量水分，加速器物材质的腐蚀劣化。浅绿色粉状腐蚀产物布满整件器物表层，已不适合进行通体的清除。器物通体矿化，只能通过渗透加固的方式（详见本书第六章第一节）提高器物整体的机械强度。由于

图 1.19

图 1.20

图 1.21

图 1.22

图 1.23

左页
图 1.14　秦代铜量器壁的透孔
图 1.15　铜量 X 射线成像照片
图 1.16　铜器侧壁缺口
图 1.17　铜器底部缺口及透孔
图 1.18　铜钫上的修补痕迹

右页
图 1.19　铜鼎断面的超景深体视显微镜观察
图 1.20　器表附着物形态
图 1.21　合浦汉墓出土铜釜断面锈蚀产物的分层
图 1.22　疏松的粉状锈
图 1.23　铜釜的断面观察

器物已无任何金属塑性和弹性，碎片无法通过铅锡合金焊接的方式形成牢固连接，使用焊接必然失败，还会使助焊剂中的化学试剂吸入器物裂隙和微孔，造成不可预测的后续腐蚀过程。另外，任何轻微的整形都会使酥脆的器壁发生更严重的破碎，因此不对变形处做任何的干预。器物强度差，表层腐蚀产物易从器表整块剥落，因此也不能使用石膏、硅橡胶等翻模方法。综合上述分析，只能采用随形修复的方式处理变形部位，通过粘接法连接碎片，使用没有黏性的精雕油泥承托残缺处并以环氧树脂黏合剂涂挂补全。器物修复过程详见本书第五章图 5.392 ～图 5.398。

如图 1.24，对合浦汉墓出土铜鼎断面样品进行扫描电镜分析，可见器物基体内微孔较多，表层锈蚀与基体之间有明显的分层，锈层之间有裂隙。如图 1.25，在铜鼎断面上选取一处位置进行面扫描，可见铜、锡、铅等元素的分布情况。图 1.26 为面扫描范围内各种元素的相对比例，分析可知其中铜 49.59%、锡 19.01%、铅 13.90%、氧 12.17%、碳 5.33%。断面的扫描电镜图像可见到有较多的岛状颗粒分布，经检测其成分主要为铜，呈单质状态存在，根据其他学者的研究，可能是腐蚀产物中有纯铜晶粒析出。从断面的面扫描可见器物此部位腐蚀严重。图 1.27 为此器物另一处断面的扫描电镜分析，使用面扫描后可见元素分布情况。图 1.28 为此处断面各种元素相对比例的峰图，其中铜 78.21%、锡 1.53%、铅 2.43%、氧 9.31%、碳 8.52%，铜含量稍高，但从断面扫描电镜图像可见器体有较多细微裂隙，如不及时处理，水汽进入，在氧气的参与下，器物材质将很快发生进一步劣化，然后进一步扩大开裂直至解体。因此，必须对器物使用 Paraloid B-72 丙酮溶液进行渗透加固。器物无法使用焊接，只能以粘接法连接碎片，该器物的补全过程参见本书第五章图 5.399 ～图 5.402。

图 1.29 所示为广西合浦汉墓出土铜钫，器内包含墓葬土，器物保存状态极差，轻压即碎。该墓群所出类似状态的器物还有图 1.30 所示铜盆，器物内外壁均为原始的墓葬土，是含有埋藏环境信息的难得的观察研究样本，可通过取样分析，了解埋藏环境中各元素的分布，进而了解器物发生严重腐蚀的大致机理。将器物断面及两侧的局部埋藏土用 Paraloid B-72 丙酮溶液进行反复渗透加固，直至土壤颗粒不再脱落，将加固过的局部作为样品取下，标记区分器物内壁和外壁的墓葬土（图 1.31）。如图 1.32，使用北京大学考古文博学院的 XGT-7000 型 X 射线荧光分析显微镜，在真空条件下进行了两遍 400 秒时长的扫描，获得样品元素分布状态。如图 1.33，可见青铜合金中锡、铅、砷元素富集于器物本体区域；样品中的氯元素，越靠近器物本体处丰度越高；铝元素的丰度和土壤中接近；铁元素主要存在于器物埋藏环境的土壤内，对器物碎片影响不大；钾、钙这两种主要存在于土壤中的元素，在器物碎片周围的土壤内丰度很低，主要富集于器物碎片内；铜元素离散分布于整个样品中，器物本体中铜的相对含量最低。样品右侧为器物内壁，左侧为外壁，样品扫描结果可见器物内壁一侧铜的丰度更高，外壁一侧铜的丰度较低，这可能因为器物外壁的铜元素不断向器物的远端迁移，而器物内壁金属元素不易发生这样的迁移，使得铜元素分布相对集中和稳定。结合观察器物碎片断面的微观形态，可知器物断面内毛细孔较多，钾、钙元素可能是伴随着土壤中可溶性盐类通过毛细作用被吸入器物碎片，进而继续参与金属的腐蚀，造成铜元素向土壤中流失。

对于这类器物，虽然墓葬土中含有器物埋藏环境的信息，但为了有效控制器物的腐蚀速率，避免器物在短期内达到濒危程度，必须及时清理墓葬土，并且需要采取在逐块清理墓葬土的同时逐块

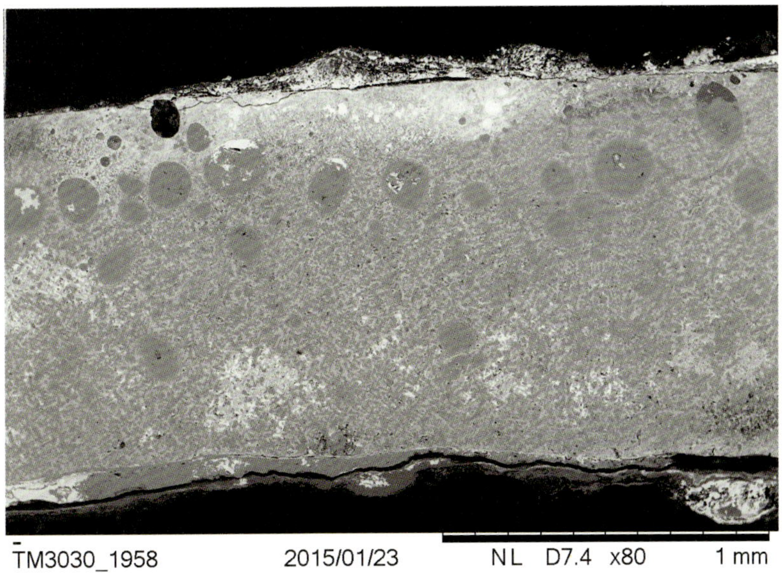

图 1.24

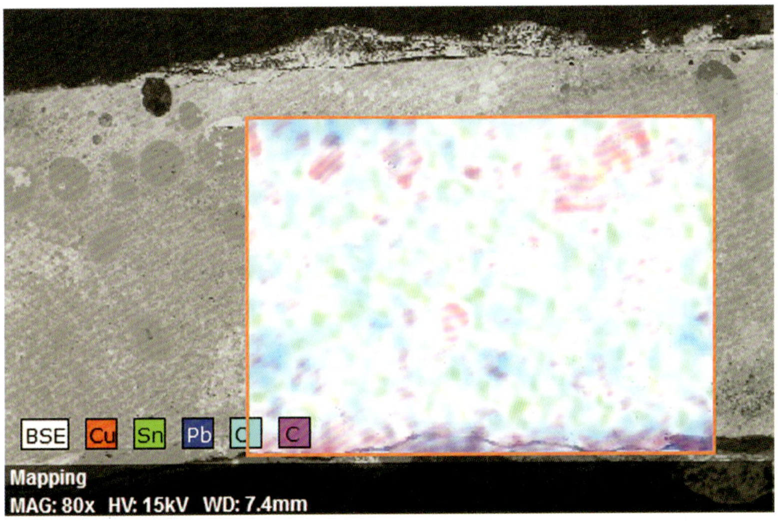

MappingDate:1/23/2015 3:44:18 PMImage size:480 x 360Mag:80xHV:15.0kV

图 1.25

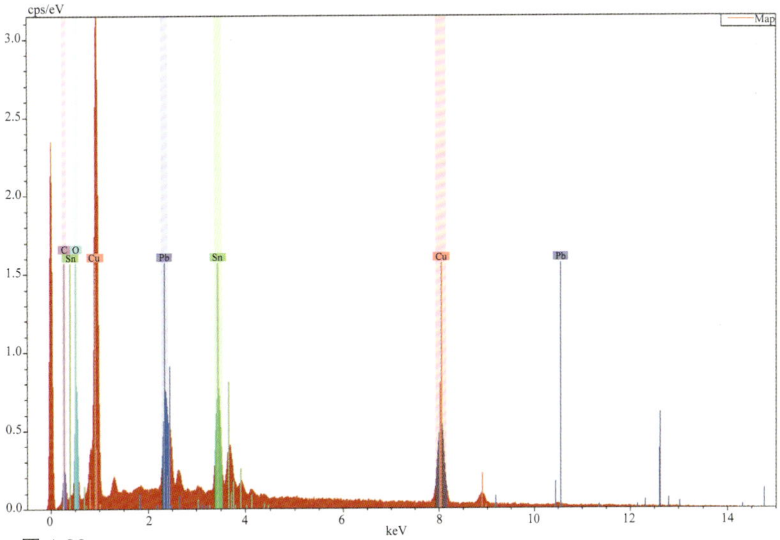

图 1.26

图 1.24　合浦汉墓出土铜鼎断面的扫描电镜观察

图 1.25　合浦汉墓出土铜鼎断面的元素分布面扫描

图 1.26　铜鼎断面的金属成分分析

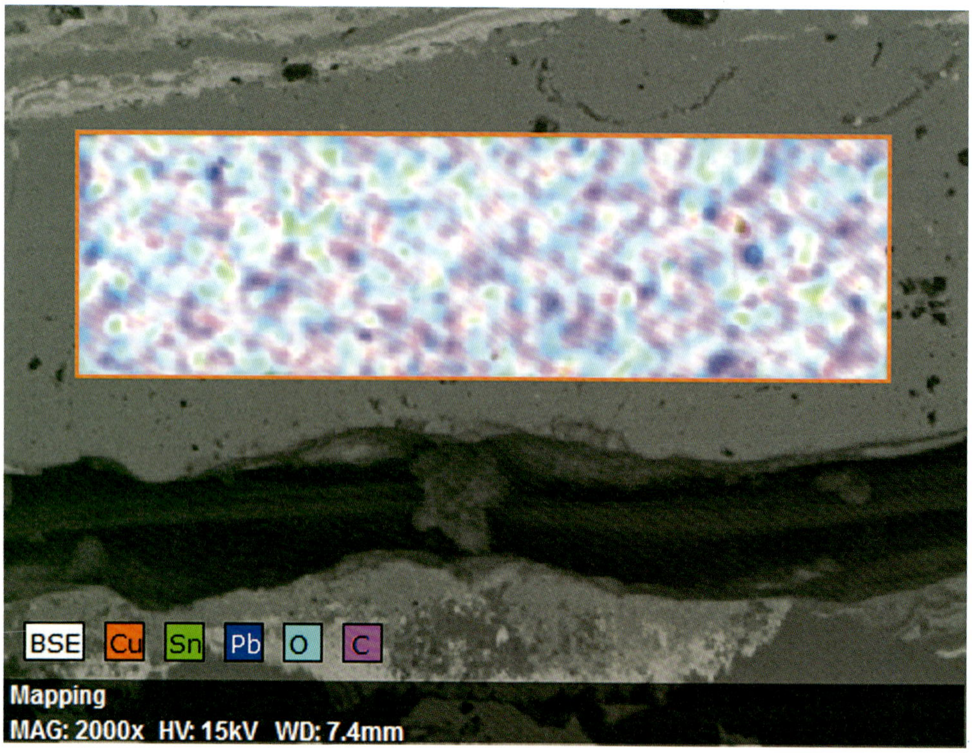

MappingDate:1/23/2015 3:50:59 PMImage size:480 x 360Mag:2000xHV:15.0kV

图 1.27

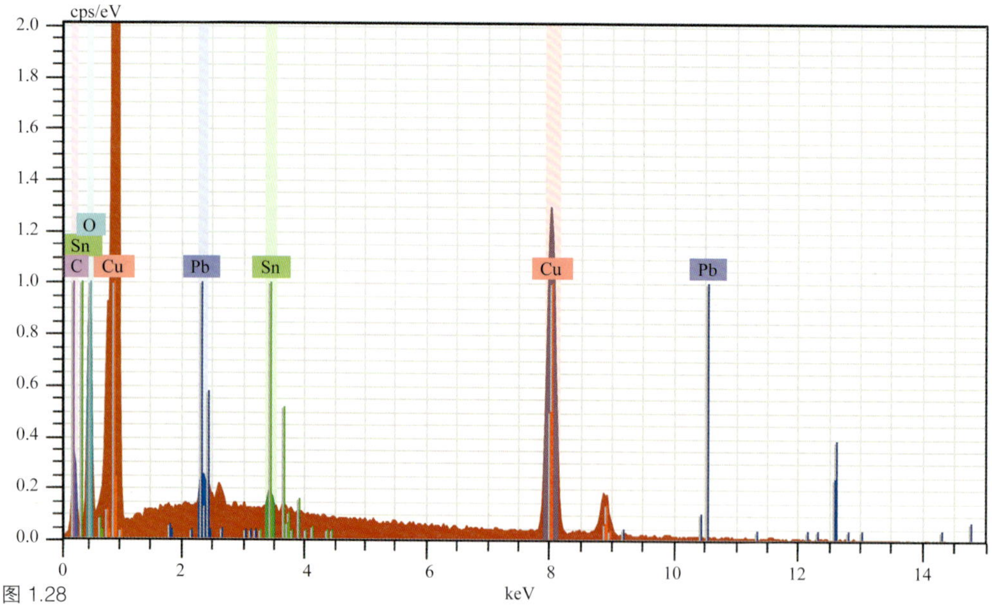

图 1.28

左页
图 1.27　铜鼎另一处断面的元素分布面扫描
图 1.28　铜鼎另一处断面的金属成分分析

右页
图 1.29　合浦汉墓出土铜钫
图 1.30　合浦汉墓出土铜盆
图 1.31　带有墓葬土的文物碎片样品
图 1.32　X 射线荧光分析显微镜
图 1.33　各种元素在样品中的分布状态

图 1.29

图 1.30

图 1.31

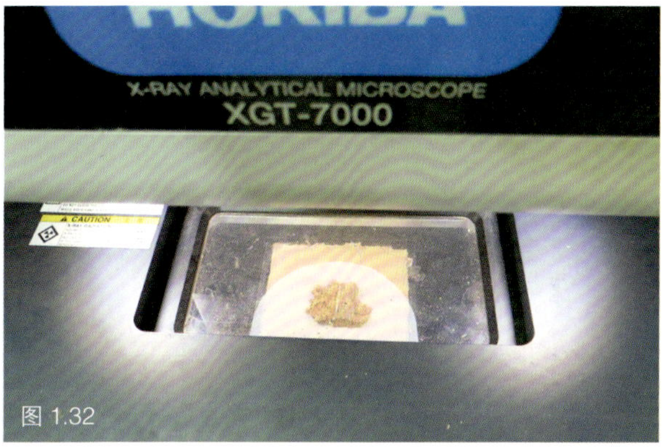

图 1.32

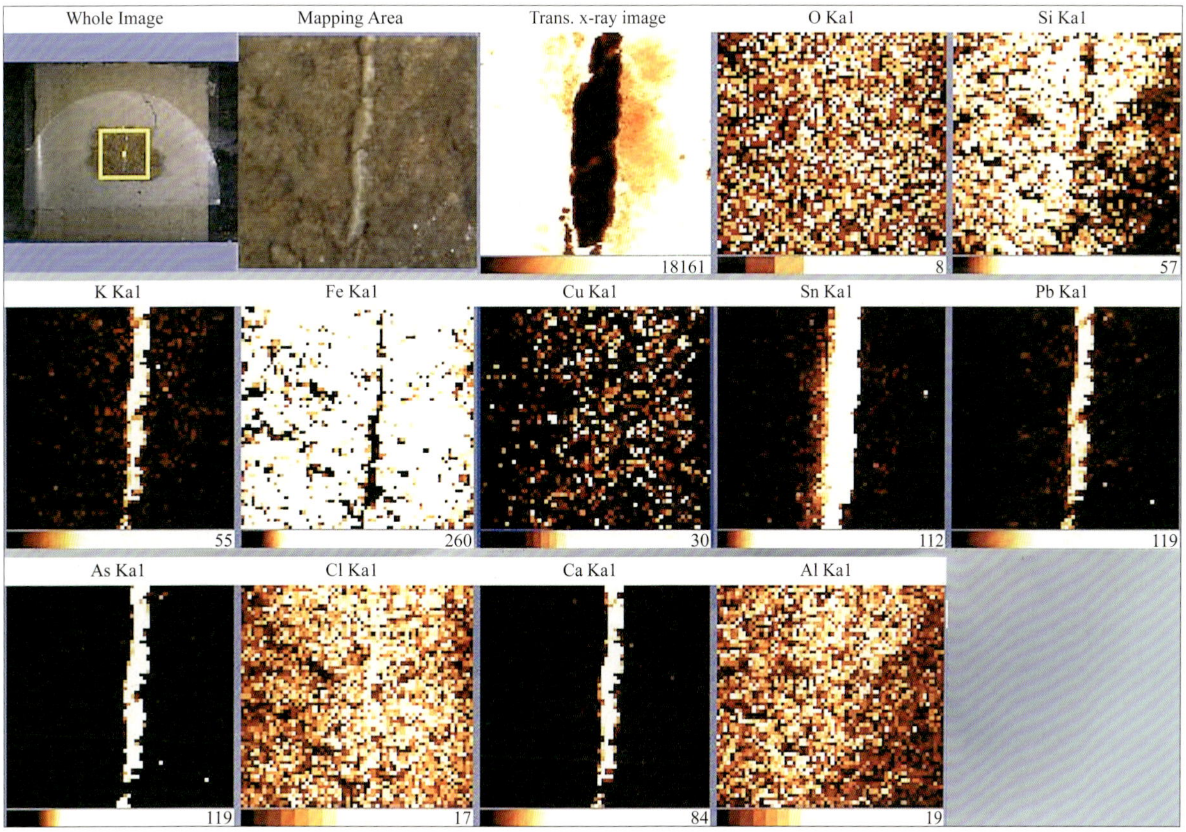

图 1.33

加固器物碎片的处理方式，以免器物在失去墓葬土的支撑后，因受到外力而发生崩塌式的破碎。根据器物检测分析的结果，可以预见，器物在经过保护修复处理后，如果器物的保存环境适当，且在对器物碎片进行定期的、持续性的（如每间隔几年进行一次）渗透加固的条件下，器物从当前具有一定机械强度的状态，劣化到更严重的酥粉状态的周期可能长达几十年。因此，当前尚无必要对器物碎片进行干预更大的结构性加固（如在器表贴附加固材料，具体方法参见本书第六章图 6.3 ～图 6.6），而应采取可再处理性更好的修复方法，使用可拆卸的连接结构，将器物碎片临时固定在强度良好的新制内支撑结构上。当器物碎片需要持续性的维护，可方便地将其从支撑物上取下，再次保护处理后可重新装回支撑物表面。一旦将来器物酥粉状况更为严重，在内壁贴附超薄的日本土佐（Tengujo）修复纸（又称薄款典具纸，以楮皮为原料）作为结构加固材料后，仍可将碎片再次装回支撑物。另外，手工加工的支撑物经过 3D 扫描，留存电子文件，一旦将来支撑物因老化需要更替，可使用留存的电子文件重新 3D 打印新的内支撑结构，继续为文物碎片提供支撑。通过采用可拆解式的修复方法，文物碎片得到持续性的保护处理，这也使得对器物的强干预至少可以推迟到几十年之后。故铜钫采用可拆解的修复方法，详见本书第七章第二节。

图 1.34 所示为广西合浦汉墓出土的一件汉代铜锅，表面布满土锈并曾被涂刷蜡液进行加固，需进行表面清理，再连接碎片并补全残缺。通过对器物进行 X 射线成像分析，可见在器表堆积物下，器物腐蚀严重，器身孔洞较多，呈棉絮状（图 1.35、图 1.36），因此不可使用化学试剂软化甚至浸泡的方式清除表面硬结物，也不适合使用超声波洁牙机去除硬结物，而只能采取机械工具手工缓慢清理。因器物强度很差，手工清理时也应防止因外力过大而导致器物进一步损坏，如果硬结物无法手工剔除，宁可将其保留，手工清理后效果如图 1.37。碎片只能通过粘接与器体连接，焊接已经无法奏效。补全操作时不能使用具有流动性且固化后强度高的翻模材料（如石膏），可使用蜡片或精雕油泥等软而有韧性且不具备黏性的材料翻模，用其承托残缺部位，再涂挂环氧树脂黏合剂补全。

从图 1.38 所示开裂变形铜盆的 X 射线成像照片可见，变形开裂部位周围金属基体没有发生明显的腐蚀劣变，金属保存状况良好。再使用便携式 X 射线荧光能谱仪（XRF）进行无损检测，确认器物金属基体含锡量不高，器物硬度及脆性不大，可以承受矫形，故器物采用本书第四章图 4.22 ～图 4.26 所示整形方法，进而采用本书第三章图 3.93 ～图 3.95 所示碎片连接方法。

图 1.39、图 1.40、图 1.42 所示器物，为汉代的釜、甑、盆三件套器物中的釜和甑。釜的下腹部变形残缺且有织物附着（织物需保留），甑的口沿处变形残缺，手持器物时感觉较重。从 X 射线成像照片可见二器物整体保存状况尚可，但釜的底部及残缺处周围腐蚀严重（图 1.41），甑的缺口周围变形部位腐蚀严重（图 1.43）。由于变形部位金属质地疏松，两件器物均不宜采取整形处理，否则腐蚀严重的变形部位在外力作用下势必发生更严重的破碎，即便整形至“完美”造型，器物本体内也会密布细微裂隙，一旦保存环境温湿度控制不当，器物本体必将面临更加快速的腐蚀。综合以上分析，对器物按照第四章图 4.104 ～图 4.109 所示方法进行了随形修复，残缺部位采取密度、强度和本体类似的 PSI 胶片进行了补全。两件器物修复后及组合摆放的效果见本书第四章图 4.110 ～图 4.113。

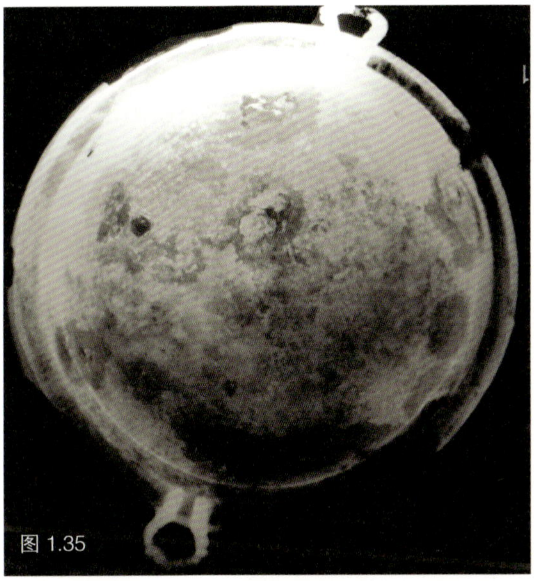

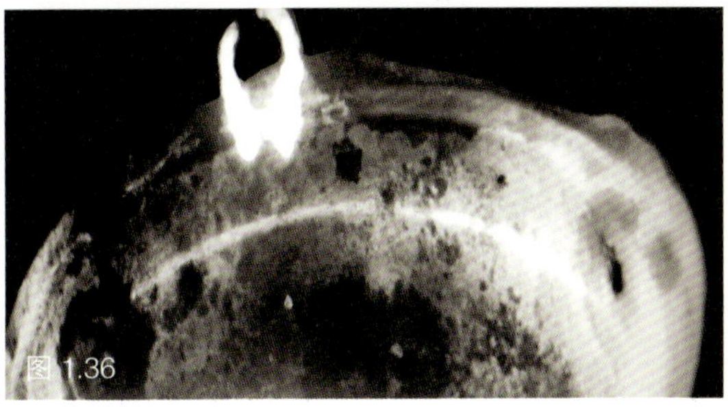

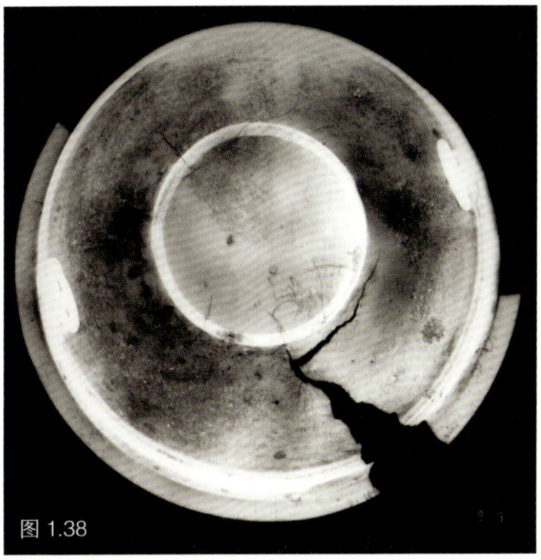

图 1.34　合浦汉墓出土铜锅修复前
图 1.35　铜锅 X 射线成像照片
图 1.36　铜锅侧面 X 射线成像照片

图 1.37　铜锅表面清理后
图 1.38　铜盆 X 射线成像照片
图 1.39　甘肃礼县出土汉代铜釜

图 1.40

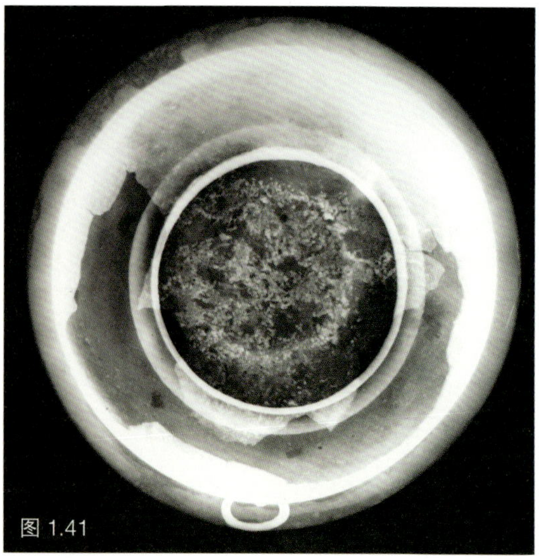
图 1.41

图 1.42

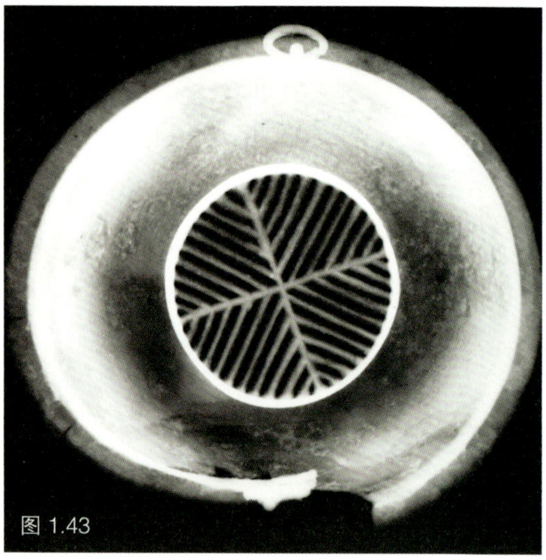
图 1.43

图 1.44 所示广西出土汉代铜甑，从器物外观判断，器物虽有残缺，但似乎保存状态尚可，而在图 1.45 所示 DR 成像照片[8]中，可见器物已经严重腐蚀，通体矿化，强度很差。因此必须对残缺部位予以补全，提高器物整体的机械强度，避免发生进一步的破碎。补全后的断面被封闭，也有利于减小器物和空气的接触面积，减少水分进入器物的通道，进而减缓器物的腐蚀。因残缺处周围材质的密度低、强度差，只能使用环氧树脂黏合剂补全缺口，待补全处的弦纹也必须一次成形，避免在环氧树脂补配件上大力打磨、刮削或雕刻。缺口周围的材质无法承受较大的受力，需要改进纹饰补全的修复工艺。如图 1.46，上部红线所指的弦纹所在宽棱上缘有均匀而纤细的划痕，其为器物泥模

8　此件器物在广西桂平完成修复，由于当地文物收藏单位没有拍摄 X 射线成像照片的设备，在桂平市人民医院进行了文物的 X 射线成像。该院配备了德国影美科思数字影像公司生产的 0170 INTUITION 型数字化 X 射线成像系统，管电压 150kV，管电流 630mA，X 射线管组件 VARIANRAD14，旋转阳极，焦点 0.6/1.2，摄影时间范围 0.001 ~ 10s。由于该设备无法实现射线剂量的连续调节，而只具有胖、瘦、正常体型三种射线放射模式，因此检测时根据器物壁厚和保存状态选用相应的放射模式，并结合调整放射时间来控制辐射剂量。

图 1.44

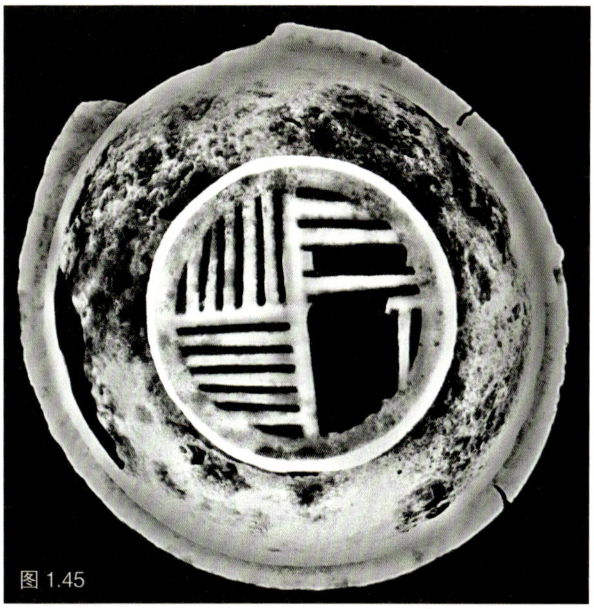

图 1.45

图 1.46

上所形成的凹痕的反映；图中下部红线所指可见器表有擦划痕迹，宽棱纹饰上的痕线弯变形态与宽棱以下的器表一致，推测器身泥模连同表面纹饰系用造型刮板同时刮制而成。由于泥模在轮盘上转动，刮板定位不稳，刮板的抖动或轮盘轴承的颤动，都会导致在器物泥模上形成擦划痕迹的弯变。另外，观察器物弦纹和宽棱在水平方向的变化，可见宽棱上缘平直，下缘有弯变，导致宽棱纹的宽

左页

图 1.40　铜釜的变形底部

图 1.41　铜釜 X 射线成像照片所见底部腐蚀状态

图 1.42　甘肃礼县出土汉代铜甑

图 1.43　铜甑 X 射线成像照片

右页

图 1.44　广西出土汉代铜甑

图 1.45　铜甑 DR 成像所见腐蚀状态

图 1.46　铜甑表面的加工工艺信息

图 1.47

度变窄，这是造型刮板的材料具有弹性所致。

进一步通过模拟实验检验这一推测，如图 1.47，用铜板制成刮板，将黏土型坯固定在轮盘上，转动轮盘将泥模刮制成形。由于受到来自轮盘的摩擦阻力，以及来自泥模表面的摩擦阻力和刮板边缘淤积黏土带来的阻力，刮板定位困难。持握刮板的铸工需用力推压刮板维持刮削，刮板发生弹性变形后，刮板上的宽棱间距变窄而使纹饰带整体变窄。泥模材料中有细沙粒，刮削时会在泥模表面形成擦划痕，当刮板上下稍有抖动，便会在器表和纹饰上形成有弯变的刻画线。经模拟实验，泥模表面擦划痕迹和纹饰变形的形态与器表一致，可见汉代铸工制作器物时使用刮板进行泥模造型。因此在修复过程中，将刮板造型的方法用于改进纹饰的造型工艺，如本书第五章图 5.440 ~ 图 5.447 所示，用刮板完成环氧树脂补全处的纹饰造型，补配件不需要进行后期的打磨、刮削、雕刻等操作，避免锈蚀器物本体在修复过程中受到过大外力而进一步破碎。

图 1.48 所示甘肃礼县出土汉代铜盆带有铺首衔环附饰，从图 1.49 红箭头所指可见铺首周围有一圈凸起的毛刺痕迹，属于产品缺陷的一种。从器表新添加的划痕打破器表锈蚀的状态可见，原先有修复师经手处理这件器物时，曾试图将古代铸工留下的不完美的毛刺打磨掉，显然他的不当行为被及时制止了，器物上留有的制作工艺信息得以保全。对于当代工业产品，如注塑成形的塑料瓶或吹塑成形的玻璃杯等，确实会将模具分型所致的器表毛刺打磨掉，以去除制作工艺留下的瑕疵，让产品看起来更完美。但修复古代青铜器时，却不可以试图帮古代铸工完成他的“未竟心愿”，而应将这些有用的工艺信息妥善保护，不论其是否影响器物美观。文物保护不单是要保护器物的材质，也应同时保护其上承载的历史信息。如图 1.50，铺首的兽鼻穿孔所带之环，可见一接缝。图 1.51，铺首与器体衔接处，可见弦纹及宽棱纹饰并不规整，有若干平行的停顿线。这些也都是关乎器物制作工艺的有用信息，对其进行深入研究，可以发掘器物的内涵，进而阐述器物的价值。图 1.52 为山西侯马铸铜遗址出土的铺首范和模（图片引自山西省考古研究所《侯马铸铜遗址》），可见铺首范有 a、b 两型，a 型范上有衔环的鼻及嵌圆环的槽，b 型范的鼻钮型腔横置活块芯。侯马铸铜遗址还出土了相应的 I、II 两型铺首模，I 型模有部分环从鼻穿过，II 型模的鼻两侧未做出圆环，仅有短凸。不同类型的模和范，用法不同，进而影响青铜器成品的使用功能[37]。古代铸工通过图 1.53 ~ 图 1.62 所示的一系列操作制得用于铸造青铜器的泥范，在阴干后熔炼青铜以浇铸成器[38]。图 1.61 可见铺首范被嵌入主体范中，形成复合范，铸造后的器物表面便会留下图 1.49 所示毛刺。铸造后的器物尚无圆环，需要另制后穿入铺首穿孔，再合上接缝，于是有了图 1.50 所示圆环缝隙。综合以上研究，器物铺首周边毛刺残留、铜环接缝，都是反映器物特定制作工艺的信息，修复时不可干预，而应将

图 1.48

图 1.49

图 1.50

图 1.51

图 1.52

左页

图 1.47　轮盘刮削加工模拟实验

右页

图 1.48　甘肃礼县出土汉代铜盆局部

图 1.49　铺首周围的工艺信息

图 1.50　铜环开口

图 1.51　铺首一侧的停顿线痕迹

图 1.52　侯马铸铜遗址出土的铺首范和模

自左至右依次为：a 型铺首范，b 型铺首范，I 型铺首模，II 型铺首模

图 1.53

图 1.54

图 1.55

图 1.56

图 1.57

图 1.58

图 1.59

图 1.60

图 1.61

图 1.62

它们当作历史物证妥善保留，这些信息也是承载器物内涵价值的基础。

图 1.63 所示为广西合浦汉墓出土青铜鼎。修复前对器物进行 X 射线成像，可见器底有兽骨残留物被鼎腹内淤积的墓葬土掩埋。通过对兽骨残留物样品进行 DNA 检测，可了解汉代先民使用器物蒸煮的食物类型。因器物腐蚀严重，腹内疏松的泥土会持续吸收大量水分，加速器物腐蚀，需对器腹内的墓葬土进行清理。如果在修复前没有通过 X 射线成像了解器腹内的情况，采取牙科打磨机等高效机械快速清理腹内“垃圾”，糟朽的兽骨残留物势必也被一起粉碎、丢弃。为了不破坏兽骨残留物，需用手术刀和毛刷缓慢清理。遗憾的是，兽骨残留在酸性泥土中腐蚀严重，检测暂未能得到结果，故将样品留存以待后续研究。

图 1.64 所示广西合浦汉墓出土博山炉，修复前感觉器物较重，这一感受与器物腐蚀严重、腐蚀产物呈酥粉状不符，因此并没有急于展开修复。盘体底部的断面处，可见炉体高足底部与盘体边界明显，二者为分别铸造而成（图 1.65）。为了解器物重量反常的原因，借助中国科学院高能物理研究所 6MeV 加速器射线源高精度断层扫描设备对器物进行了 DR 成像和 CT 断层扫描（图 1.66、图 1.67），可见器物内部结构，据之可推测器物的制作工艺及流程。如图 1.68，先铸出底部预留有透孔的盘体，再制作炉体铸型，红色箭头所指泥芯用以预留铆接式后铸结构的型腔。无论采用正立还

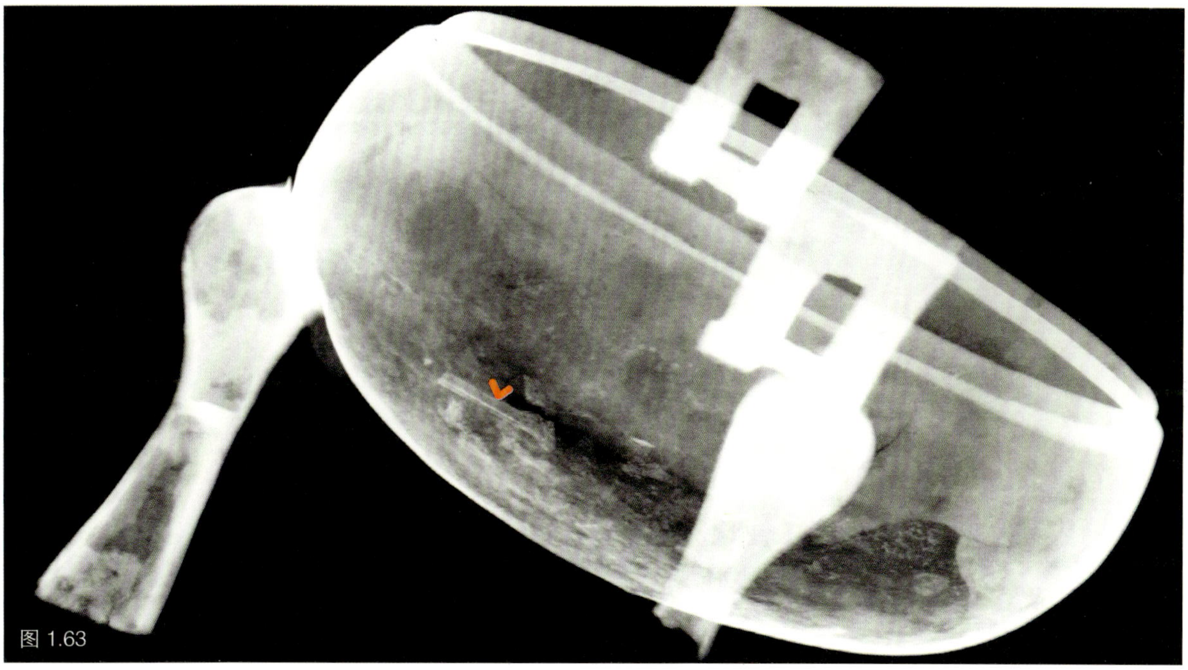

图 1.63

左页
图 1.53　器体模
图 1.54　铺首模翻范
图 1.55　分范在器体模上装配
图 1.56　固定分范
图 1.57　翻制对侧分范后嵌入器范
图 1.58　堆塑背料
图 1.59　完成复合范的翻制
图 1.60　复合范脱模
图 1.61　单扇复合范内壁嵌入分范
图 1.62　型芯上配置垫片

右页
图 1.63　合浦汉墓出土铜鼎修复前 X 射线成像观察

图 1.64

图 1.65

是倒立浇注，金属液沿着橙色箭头所指方向在浇口杯及型腔内快速充型，铸成的炉体与盘铆铸为整体，红色箭头所指处的炉体高足内腔泥芯不再有机会被铸工取出。如泥芯残留于炉体高足内，不断吸收来自埋藏环境乃至保存环境中的水分，便会增加器物重量，也会造成器物腐蚀不断加剧。将盘体底面切开一小孔，观察到炉体内确实填满潮湿的泥芯。虽然泥芯带有器物制作工艺的相关信息，但出于减缓器物劣化、使器物安全长久保存的考虑，依然需将其清除，作为样品存放以待后续研究。本案例如果没有了解到器物的内部结构，没有判断出内部残存潮湿泥芯对器物安全保存的隐患，就会急于将断面和缺口粘接补全，而器物腐蚀加速的隐患并没有得到根治，成为不当修复。可见器物研究对于合理制定器物修复保护方案的重要性。

博山炉中有黑色残留物，疑为汉代所用香料，后被送至中国林业科学院做木材鉴定，惜因炭化严重而未能检出。器物保护处理时，将其作为器物内的重要附着物予以留存，为防止其吸收水分后加速器物腐蚀，将其单独存入密封样品袋，再与器物一同存放。

商周青铜圆鼎的浑铸（一次性整体铸造），多采用图 1.69 所示的几种分型方式，使用三块外范（或再配合一块底范）与型芯装配得到用以铸鼎的型腔。然而，图 1.70 所示两件秦式鼎，腹底中央有一道范线，三足两侧各有一道范线（图中红线标记处），这类器体和足部范线不贯通的器物，通常被认为是采用铸接成形（器体和足部分成两次铸造）。足部修复前进行了 X 射线成像，如图 1.71，

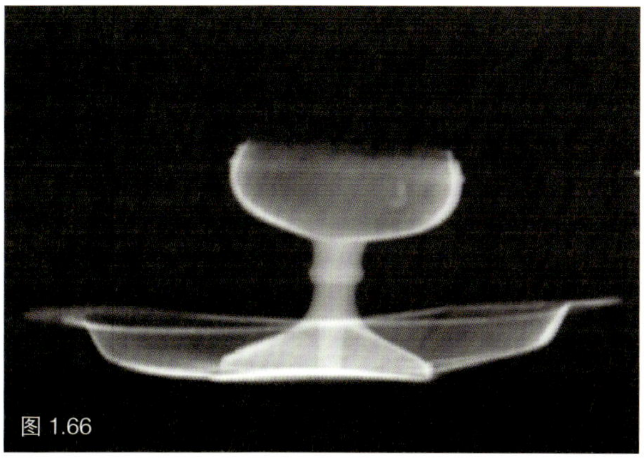

图 1.66

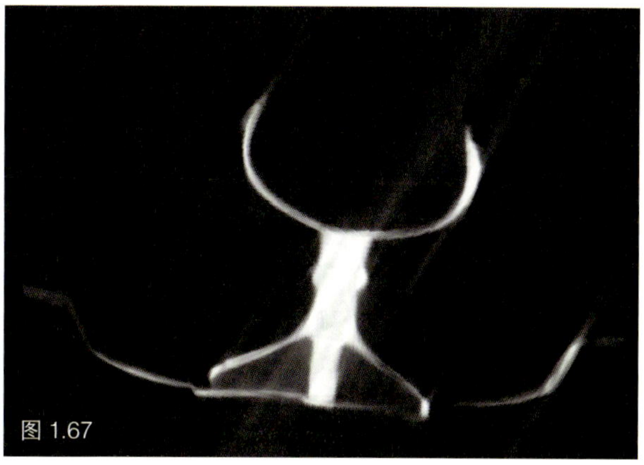

图 1.67

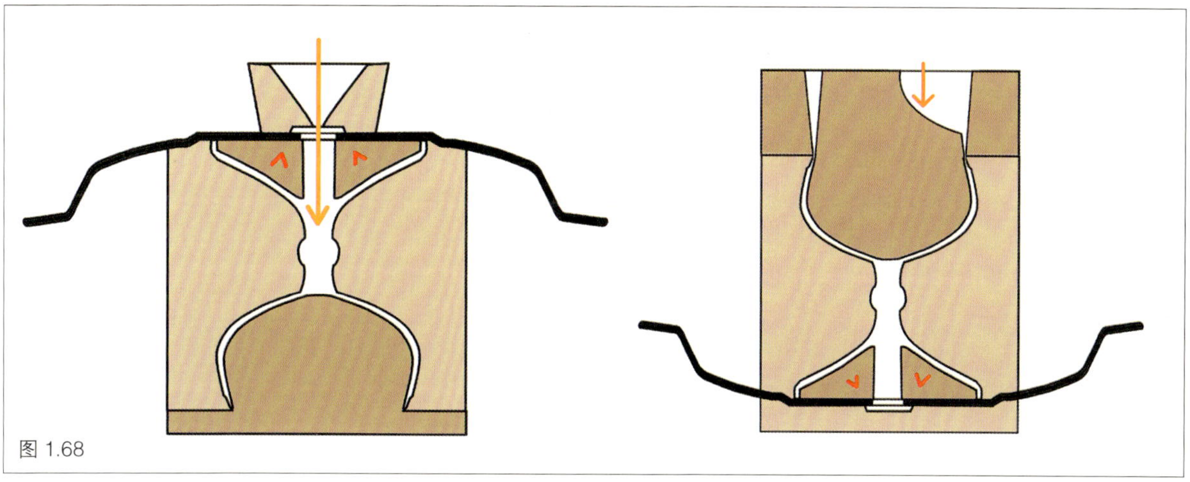

图 1.68

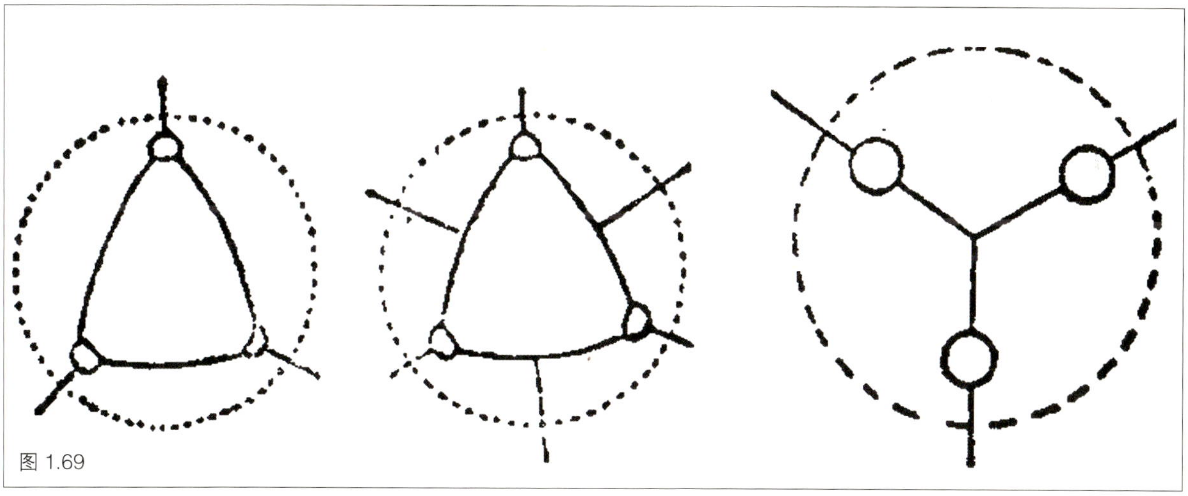

图 1.69

左页

图 1.64　合浦汉墓出土博山炉

图 1.65　博山炉盘体底部开裂变形

右页

图 1.66　博山炉 DR 成像

图 1.67　博山炉 CT 断层扫描

图 1.68　博山炉的主体和盘铸接的两种方式

图 1.69　商周浑铸圆鼎的铸型结构

未见足部和器体之间的铸接结构，二者为一次性整体铸造而成。如图 1.72，对两件鼎残存的五条足的泥模复制件在三个位置切片后，进行截面的几何特征比对，五条足的造型特征在本质上相互符合，根据同一认定原理，它们出自同一加工模具，两件鼎残留的三个耳部也有同样的现象。据此认为铸工在制作这两件器物时，用轮盘制成一腹部泥模（图 1.73），再配合一耳部活块模（图 1.74）和一足部活块模（图 1.75），即可生产出整体铸造器物的铸型，铸型中的泥范采用复合结构，嵌入足部铸型，而耳部铸型嵌入型芯内。铸工使用这种制作技术，可以避免反复制模，而且降低了制模难度，提高了生产效率[39]。根据上述研究，足部与器体连接部位是了解这件器物内部结构及制作工艺的关键，因此需将相应部位作为历史物证妥善保护，修复器物时，该部位不可磨锉焊口而破坏原始结构，也不可用难以去除的黏合剂妨害未来对器物的再次观察和研究。因此采用图 1.76 ~ 图 1.77 所示修复方式，制成一树脂材料的足部补配件，与器体断面对接，仅仅在对接的断面上施加少量黏合剂以形成连接，使新补足部可稳定支撑器体。接缝不予做旧处理，未来需要进一步观察研究此器物的相应部位时，可将补配的足部轻易拆下（图 1.78）。

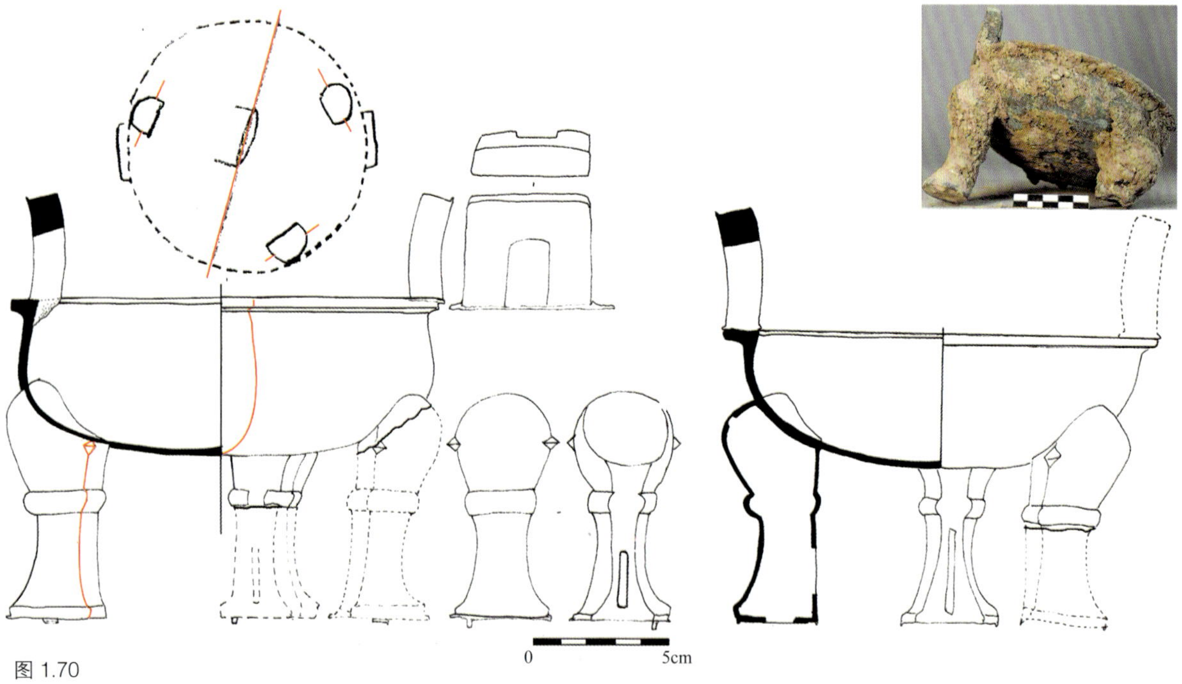

图 1.70

左页
图 1.70　秦式鼎修复前状态、考古绘图及范线位置

右页
图 1.71　秦式鼎 X 射线成像照片所见内部结构

图 1.72　两件秦式鼎残存五条足的几何特征比对分析

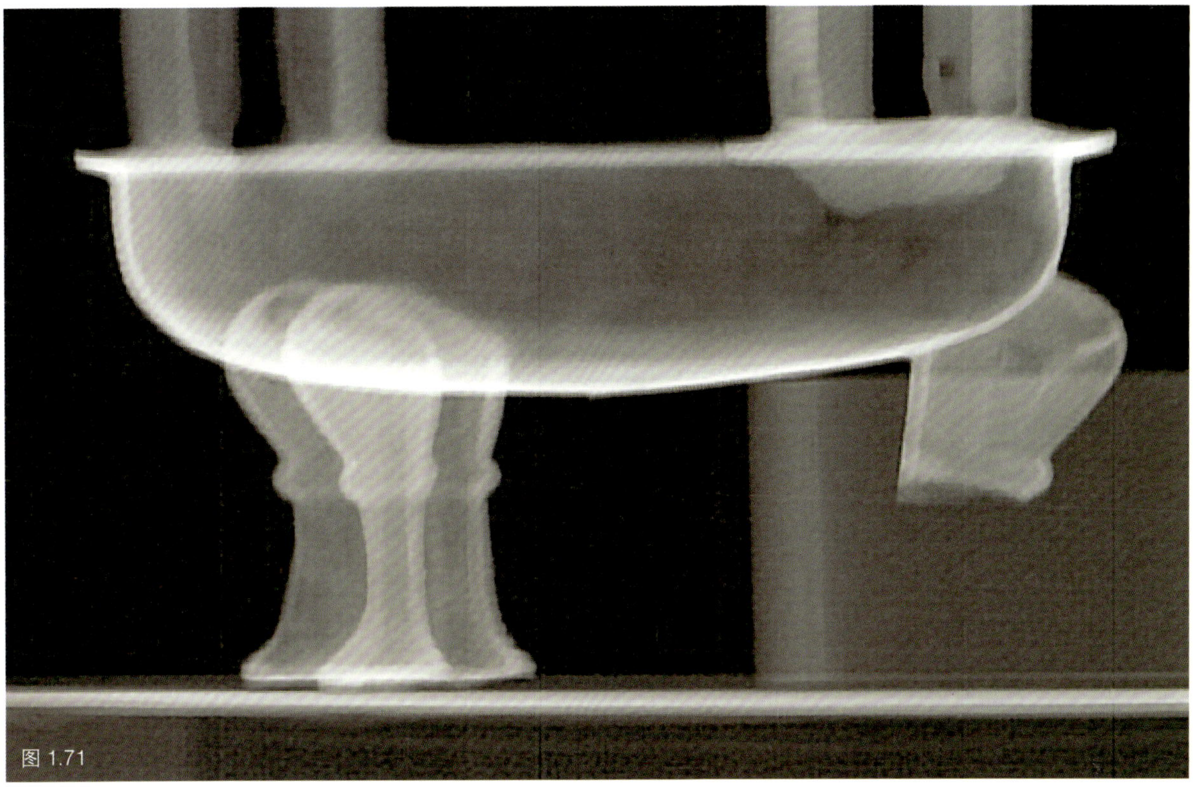

图 1.71

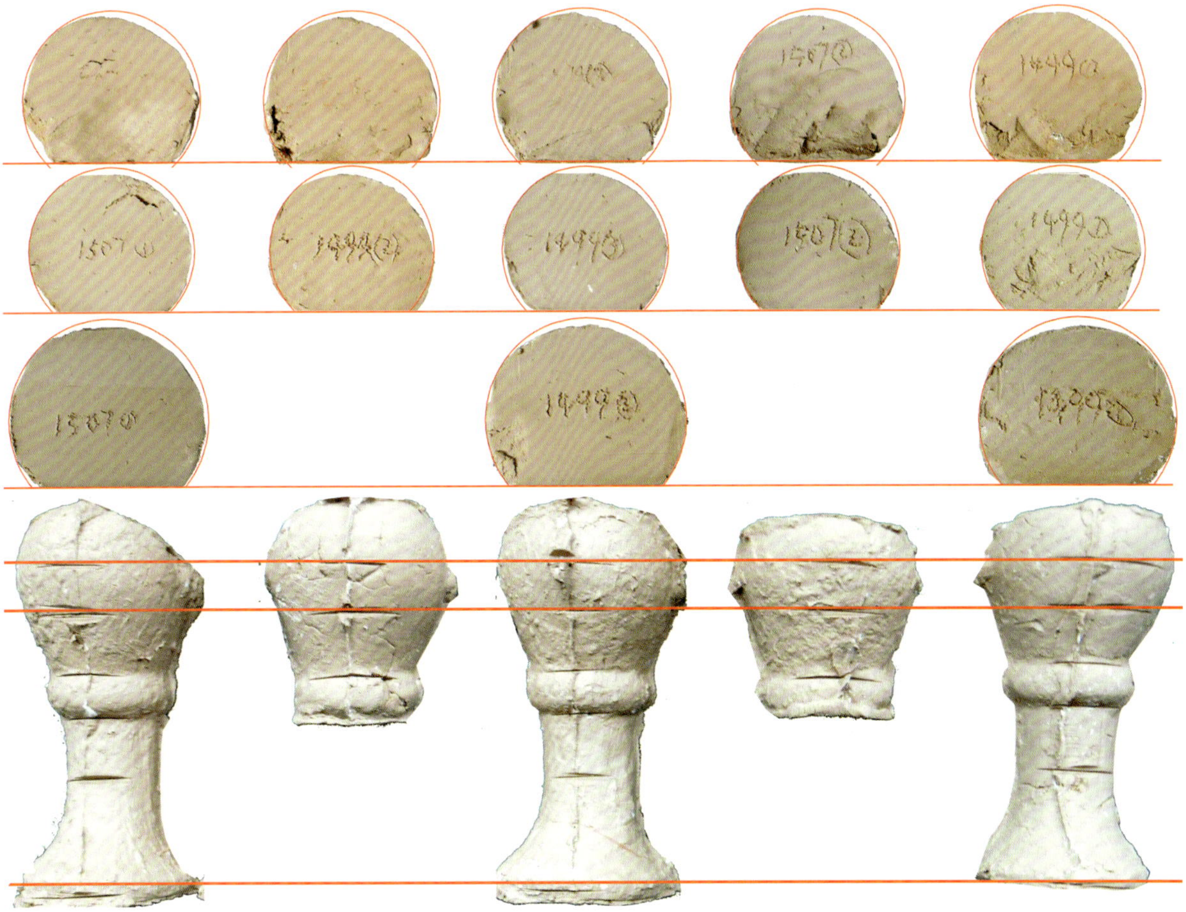

图 1.72

图 1.73

图 1.74

图 1.75

图 1.76

图 1.77

图 1.78

图 1.73　器体泥模
图 1.74　器耳模
图 1.75　器足模
图 1.76　秦式鼎足部补配件
图 1.77　秦式鼎足部补配件安装后
图 1.78　足部补配件可轻易拆除

第三节　青铜器的修复原则与修复档案的建立

作为修复对象的青铜器，器物的来源不同、收藏的机构不同，青铜器的意义、价值和功能也会有所不同。对于那些将传世青铜器当作艺术品收藏的个人，强调修复的艺术价值和审美效果也无可厚非。但对于考古学家和博物馆的文物学家，出土青铜器的意义和价值多于艺术品，它成为具有历史价值、艺术价值和科学价值的带有“文献”性质的考古资料。一旦经历修复，一些历史痕迹或信息便会被干预甚至破坏，青铜器作为带有物证性和象征性的“文献”可读性降低，对出土青铜器文化内涵的发掘和阐释造成不利影响。因此，在科研或文博机构的修复室里对出土的、作为考古研究对象的青铜器的修复，其所应当遵守的理念和原则，与艺术品修复势必不同。前者必须以对历史和文化负责的态度，在若干条框的限制下进行，在诸多的诉求中寻求平衡。即便当前广泛提及的诸多修复理念、原则有其内在的逻辑矛盾或解释不足，甚或被广泛反思，但修复的原则框架仍有其存在的必要性，其重要价值就在于“要使修复行为三思而后行”，且要避免将修复行为当作带有个人喜好的艺术创作。

一、青铜器的修复原则

（一）完整性、原真性原则

“完整性”通常会被片面地理解为“没有残缺”或“保护对象本应具有的完整状态”。在建筑修复领域，这种片面理解往往使建筑在历史上经历的变迁被消除，而使建筑得以“完整”地呈现，或者成为维奥莱 - 勒 - 杜克“风格式修复”的继承者。对于青铜器，这种片面理解往往导致修复者认为器物上的一切缺损和不完美之处都应该修补，甚至器物制作时留下的缺陷，也应恢复到其“本来应该具有”的状态，例如试图将铜盆及其铺首间的缝隙填满（图 1.5 ～图 1.10），试图将器物脱落垫片后形成的孔洞补全（图 1.11 ～图 1.17），甚至试图将古代铸工制作器物时留下的浇不足、缩孔等铸造缺陷修补完整（详见本书第八章图 8.100、图 8.102、图 8.103）。

“完整性”更应理解为将文物上的历史信息尽量完整地保存。因此，铜盆及其铺首间的缝隙是研究器物制作工艺的重要信息，器物脱落垫片形成的孔洞是显现青铜器型芯定位工艺的信息，古代铸工制作器物时留下的浇不足、缩孔等铸造缺陷则是了解当时生产技术水平的重要信息，它们虽然妨碍了器物在造型及审美上的完整性，但都应予以保留。针对 20 世纪下半叶盛行的物质至上的“科学保护”思想（参见本章第一节），“完整性”也指将文物的物质层面及其承载的信息当作一个整体来保护，而非仅仅抽离出“物质”予以保护。

另外，“完整性”的含义也指修复工作应尽可能避免原有物质成分的消失、改变或隐藏，比如不能用表面着色颜料遮盖文物的原始表面，不能用补配件替换文物在当下本来存在的部分。“完整性”

的含义还包括，承认文物在漫长的历史中流转是一个真实存在的完整过程，比如新制造的文物使用一段时间后出现缺损会被修理，或者经过埋藏会生出锈蚀，我们在修复文物时，要将文物在漫长历史中不断被堆叠上去的痕迹相对完整[9]地保存下来，而不是试图将文物恢复到刚刚制成的原初状态，也不要试图选取文物在其漫长存在史中的任何一个时间点作为真实性的代表，文物在时空中经历的"完整的""变化的"历史即为真实的存在。

保持文物的历史"原真性"原则通常是指，对文物的造型及艺术风格进行研究，确保修复能够还原文物的原始状态。另外，器物上面承载着各个历史时期附加于其上的信息，这些信息应该被妥善保存或记录，而不能随意去除。修复者不能凭借主观想象在器物上随意添加、创造或改变文物的外观形状或纹饰铭文。任何添加性的修复都必须有充分的依据。

"原真性"原则也常被误解为在修复过程中必须使用"原材料、原结构、原工艺"。1964年《威尼斯宪章》中提出"要尊重原始材料"，但随后这一原则也受到广泛讨论和质疑，1994年《关于真实性的奈良文件》在很大程度上是对《威尼斯宪章》的补充和修正，即便对于建筑修复，严格使用原始材料在当今看来也是难以实现的，例如不能因为缺乏金丝楠木就放弃对结构不稳定的金丝楠木建筑的修缮。在青铜器修复领域，所用材料、补全工艺更是要考虑到修复后部位的可辨识性，以及修复部位与器物本体的兼容性等。

（二）最小干预原则

在当代保护理论中，对最小干预原则的反思认为，这一原则的极端理解方式，就是认为"最小"的干预就是让对象保持现状、放弃对保护对象演进的任何干预，也就意味着要放弃任何形式的保护。只有控制保存环境的预防性保护才是真正意义上的最小干预[23]166,20。

然而，这种预防性保护所要达到的最小干预，代价却是高昂的，所需要的保存环境的控制，需要依赖特定条件的建筑、设备，还需要人力、物力、能源的持续投入，以对抗不断变化的自然条件。在没有条件达成预防性保护要求时，对文物本体的直接干预式的修复保护，能以更低的成本达到保护效果。

综上，可将最小干预原则理解为尽可能多地保留文物现状，只在最必要的器物上的最必要的部位实施干预，为的是使破碎的器物得以复原或阻止、缓解器物的病变。对于那些比较完整的、老化变质不明显的器物，最好不进行任何处理，而将重点放在预防性保护上，在有条件的情况下控制或改善其保存环境，如果条件达不到，再对文物本体进行干预式的保护。

文物上的历史信息是不可再生的，在修复过程中一定要尽量避免其受损。虽然在任何一个历史时期，文物上历史信息的减少都是不可避免的，但是至少应在当前行业发展水平及认识能力的基础上尽量将其降到最小限度。然而当某些历史信息的载体已经有损文物的安全保存，就必须对这些载体进行清除。例如青铜器的锈蚀产物，作为历史信息的载体而应予以保留，但是如果锈蚀产物是有害的粉状锈，尽管它承载着一定的历史信息，也要将其去除，"两害相权取其轻"，优先确

9　之所以称为"相对完整"，是因为文物修复保护是一种干预行为，比如去除青铜器的局部有害锈以减缓腐蚀而长久保存器物，干预后的文物无法确保维持绝对的完整性。

保病变青铜器能够被更加安全长久地保存。

最小干预是一个相对的观念，如青铜器碎片的焊接，粘接法的干预程度更小，而在粘接法中，又以在断面施加“可再处理层”再行粘接的干预更小（详见本书第三章第五节）。而可拆解式的修复方法，干预性又比粘接法更小。但在修复实践中，除了考虑最小干预的原则，还要考虑更多、更复杂的因素。比如要考虑到修复工艺的可行性，一些破碎严重的青铜器，需要一边连接碎片一边调整碎片对接的角度，虽然粘接法的干预更小，但对这类器物的修复不具备可操作性，依然需要选择焊接固定法。还要考虑到器物保存环境温湿度的调控水平，如果破碎器物修复后处于较差的保存环境，例如温度较高，断面上施加的可再处理层很容易造成被修复器物的再次破碎，不具备耐久性，就必须舍弃可再处理层而采用高分子材料直接粘接碎片。

（三）可辨识性原则

早期的青铜器修复是为了满足收藏家观赏需要而进行的，修复后的器物外观越完美越好，因此常用做旧的方法掩盖修补的痕迹，使修复过的文物变得“天衣无缝”。按照当今的修复理念，修复过的部位应该有一定的可辨识性，使人能够看出哪些部位是原始的，哪些部位是经修复的，以便人们正确认识器物上的信息。但是又不能为了保证这种可辨识性而破坏修复“旨在重建”的器物的完整性，因此“可辨识”的控制标准通常是“远观一致，近看有别”。

目前有X射线成像等科技检测分析的手段，虽然可以明辨器物上曾经破碎的部位，但修复材料的选择依然会极大地影响到补全部位的真伪辨识。如图1.71所示秦式鼎的X射线成像照片中，可见一个鼎耳曾缺失，其在修复时，采用和原器物铸型结构相同的模具铸造耳部补配件。在X射线下，补配件和原始器物的结构差异并不显著，只是由于补配件使用了铅锡合金，密度和原器有差异，在照片中可看到材质透光程度不同。如果补配件采用和原器物一样的青铜材料，补全后，无论借助X射线还是便携式X射线荧光能谱仪对器物成分进行检测，都难以辨别其真伪。如果修复记录不清或遗失，新补全的耳部将来就可能被当作器物的原始结构，研究者对其进行的一切分析、检测乃至研究，也都是出自伪造却不被知晓的当代添加物。

另外，器物管理人员会经常性地提取、搬运器物，如果修复部位没有任何可辨识性，器物管理人员难以直观了解器物的保存现状，而在每搬动一件器物之前都去调阅修复记录也不现实，就可能在日常工作中采取错误的器物提取、运输方式，造成被修复过的器物意外损坏。

（四）可再处理原则

此原则过去的提法通常是“可逆性原则”，但是近年来国内外对于修复理论都有了更深的理解，这种所谓的“可逆性”实际上是不可能存在的，因为文物的腐蚀劣化过程本身就是不可逆的，只能将其减缓，这也是我们当前所生存的物质世界的基本规律。修复保护处理过的文物也不可能完全回到修复之前的状态，比如文物不可能回到锈蚀和埋藏环境附着物被清洗之前的状态。

对于修复时使用的方法及材料，要求其具有良好的“可逆性”往往也是违背客观规律的。对于大多数多孔材料，客观存在的“毛细作用”和“吸附现象”，使得对渗透加固材料的彻底清理变得不可能达到。而“可逆”材料的溶解度，会随着时间发展而衰减，无法预测某种当前经试验被认为“可逆”的修复保护材料在复杂保存环境的多样化因素的协同作用下，未来是否还能被溶解进而彻底清除。

综上，当前将“可逆性”更改为“可再处理性”：要使修复过的部位易于去除，使再次修复成为可能，并应使未来的修复变得更容易。在当代保护理论中，也常表述为“可持续性原则”，要求修复保护处理兼顾后代的利益和需求，当前的修复行为必须留有余地，避免过度保护。可以比照本书第六章图 6.3 ～图 6.6 铜灯修复案例和第七章第二节铜钫可拆解式修复案例，前者的器物材质已经处于濒危状态，因此对其贴附了日本土佐修复纸背衬以便达到结构性加固的目的；而铜钫材质虽然酥脆，但远胜铜灯，如现在就将铜钫贴附修复纸背衬，虽然短期看来是有效提高了器物强度，但却是过度修复，当几十年后背衬及其黏结材料也老化，进一步的处理将变得更加困难，总体来看，实际上是缩短了文物的寿命。相反，目前采取保守处理，仅仅做渗透加固，等将来材料进一步劣化，再实施贴附背衬加固也不晚，还能使文物承受更强干预的时间推迟至少数十年。

（五）兼容性原则

修复所使用的材料对文物本体而言必须是兼容的。文物本体的材料与修复中新使用的材料的物理及化学性质应该近似，新材料不能对器物本体造成损坏。例如器物本体材质因锈蚀而疏松，补全处却采用强度、密度、重量很高的青铜合金，补全部位往往会携带本体的部分材质从器物上再次脱落，造成器物的二次损坏。

“使用原材料、原工艺”修复器物以“确保真实性”的提法，对于青铜器修复而言，逻辑漏洞明显。如果青铜器本体材料保存完好，使用和本体一样的青铜材料铸造补配件较容易实现（但又会出现前文所述修复部位“辨识性”的问题）；然而，如果器物本体已经腐蚀，补配件“原材料”的标准是否也应是腐蚀以后的状态？如果使用的青铜材料补配件被化学试剂加速腐蚀到和器物本体一样的劣化程度，显然会将有害物带入器物本体造成安全隐患，背离了文物修复要保护文物的基本目标。因此，这种提法并不准确。

（六）安全耐久原则

修复材料要具有良好的耐光、耐热、耐腐蚀性，以保证修复效果的长久性。因此，当代的科学保护，通常通过加速老化测试（Accelerated Aging Tests）来评价新材料的保护性能。当代保护理论也提出：“阿伦尼乌斯定律[10]（Arrhenius Laws）的普适性是一个典型的错误假定”，但它却是“所有加速老化测试的理论核心”，因此，除非修复保护材料接受了实际的老化过程（经受住历史和长期实践）的检验，“否则科学家永远无法保证其按特定模式老化”[23]162。

10　原注：又称反应速率指数定律，是阿伦尼乌斯在 19 世纪末提出的一个表达定浓条件下元反应的速率 r 对反应系统温度 T 依赖关系的定律，也可说是表达速率常数 k 对 T 的依赖关系的经验公式，亦称阿伦尼乌斯方程。

因此，修复保护时应优先选用那些经过时间检验、被历史验证了安全耐久性的传统材料。

二、补全部位的处理方式决策案例

残缺青铜器的修复，不能通过主观臆想的方式进行随意的添加性补配，更不能对补配部位的铭文及纹饰进行创造性的添加。补全是为了让观众了解器物在历史上所具有的真实形态，旨在重构器物自身本来具有的完整性及统一性。而补全有时还具有一种功能性的用途，就是提高器物自身的稳定性，预防器物可能会发生的进一步的断裂或破损。

决定残缺部位是否应予补全时，应平衡好真实性与器物稳定性之间的关系，可以从以下几方面来思考：第一，如果可以明确地知道缺失部位在历史上的形态，亦即可以确切知道其原状，则可以进行补全，以提升器物的机械强度及稳定性，同时适当降低补全部位的辨识度，只在不显眼处保留修复痕迹（如本书第五章图 5.258 ～图 5.280 的秦式鼎补全案例）；第二，如果缺失部位的原状已无从得知，而且其缺失并不影响器物的稳定性，那么宁愿使残缺器物保持当下状态，以便让观众明白残缺部位在历史上的形态存在着多种可能，而不是用一种无根据的补全来误导观众；第三，如果器物上缺失部位的原始形态无从得知，但其缺失影响到器物材质及结构的稳定性，那么还是需要对缺失部位进行补全，但要通过控制旧化处理的程度来提高补配部位的可辨识性，既使观众体验到器物在视觉及审美感觉上的完整性与统一性，又使其明白，这件器物的完整性仅仅得以暂时性、假设性重建，缺失部位的确切形态可能会有所不同；第四，有时器物上的残缺是其制作工艺所致，比如前文所述之垫片脱落后所成透孔或“冷隔”、缩孔等铸造缺陷，则不应补全。

图 1.79 所示短剑，茎部有不规则形状的断口，缺失部位的原始状态具有多种可能，无从推断。其残缺并不影响器物的稳定性，也不会对器物的审美体验造成不利影响，在这样的情况下，不对缺失部位进行补全。

图1.80所示广西合浦汉墓出土铜鐎壶，口部及颈部残缺，因同类器物的口沿上有的带盖(图1.81)，有的无盖，并不能确定残缺器物的原状，从真实性的角度衡量，残缺处不应补全；但同时考虑到器物已通体矿化，断面无金属基体而仅剩酥粉状腐蚀产物，稳定性极差，如果不予补全，器物在后续的展示、保管、运输等一系列工作环节中，都极易沿着缺口处发生进一步的破碎，酥粉状的断面也容易吸收大量水分，进一步加速腐蚀。因此，出于降低断面腐蚀速率、提高器物机械强度的结构性加固的目的，仍对器物进行了推测性的补全（图 1.82），同时通过保留补全处与器物原始部位之间的细微接缝并提高表面着色部位的辨识度，使观众理解哪些地方是后来补的（图 1.82、图 1.83）。该器物的具体补全过程参见本书第五章图 5.408 ～图 5.429。

图 1.84 为广西合浦汉墓出土铜奁，器物腐蚀严重，为了确保其脆弱结构得到加强，对其进行了随形修复式的补全处理（图 1.85）。由于器物残缺面积大，原始部位残留较少，因此也保留补全处与原始部位的接缝（图 1.86），在观众不容易看到的器物内壁则保留补全材料的本来面貌（图 1.87）。后续研究人员可轻易辨识出哪里是真实的，哪里是修补的。器物保管人员也便于根据器物缺损的状

图 1.79

图 1.80

图 1.81

左页
图 1.79 短剑残缺处的多种可能性
图 1.80 合浦汉墓出土铜鐎壶
图 1.81 合浦汉墓出土另外一件带盖鐎壶

右页
图 1.82 鐎壶推测性复原后
图 1.83 鐎壶补配件的高辨识度
图 1.84 合浦汉墓出土铜奁
图 1.85 铜奁补全后
图 1.86 器表可见补配件与原始部位的接缝
图 1.87 补全处内壁未做旧化处理

图 1.82

图 1.83

图 1.84

图 1.85

图 1.86

图 1.87

态，采取合理的提取和包装运输方式，避免器物在未来的使用过程中，因接触器物的人员不了解器物的保存状态，而使其遭受意外损坏。铜奁修复过程参见本书第五章图 5.448 ～图 5.480。

三、关于修复档案的建立

任何的修复保护处理，尽管在遵循修复保护理念及原则的前提下进行，但都不可避免地要在器物上添加进一些新的信息，因此修复者对于器物的处理也是器物自身历史很重要的一部分。青铜器的修复保护工作需要对在器物处理过程中使用的材料、处理部位及器物分析检测等建立完整的档案记录，这些资料对于器物的后续研究及进一步的保护处理非常重要。由于缺乏修复档案而给器物研究或进一步修复保护造成困难的例子相当多。例如“夏商周断代工程”年代测定所用的甲骨样品曾经被用化学材料做过加固处理，由于缺少相关记录，研究人员需要额外花费人力、物力和财力来确定所用化学材料的成分及去除方法。又如后母戊大方鼎出土后仅有重量记录，后来对其进行研究和保护修复时，发现重量与原记录差距很大，且有一只鼎耳是后补上去的，给研究及保护、修复工作带来了很大困扰[40]。

器物的修复档案还应包括修复理念、工期、修复成本、使用材料的比较等。建立并公开修复档案，有利于促进修复技术的公开化，有效地提升修复行业整体的技术水平，促进修复行业走向职业化、系统化。

第四节　修复是器物研究的最佳时机

在当前通常的观念下，认为修复师的职责是按照修复方案中既定的技术路线和修复材料，将破碎文物修复完整，在修复过程中做好详尽的记录并认真留存样品，而无须关心器物的研究问题。随后，由考古研究机构或博物馆的研究人员根据修复过程提供的资料和样品开展研究。或者认为开展研究后再进行器物修复即可。而在具体的修复及研究过程中，这些习以为常的看法存在几方面的认识误区。

通常，只有修复者所知道和理解的部分信息能够被有效记录。如果修复者在记录信息时，没有进行过深入的器物分析研究，没有认识到哪些信息可以指向重要的学术问题，他往往会对重要现象视而不见。仅凭“认真”是无法做到系统而有效地观察信息的，如果仅仅将内涵有限的若干信息碎片记录下来交给未来的研究者，显然不足以形成证据充分的研究结论。器物的样品提取乃至检测分析也有类似的情况，如果没有带着特定的、想要解决的问题去采样和分析，只是做泛泛的调查取样，可能在付出了高昂的检测分析费用后，却难以拿到可供形成研究结论的证据。这就要求带着试图解决的问题，在器物上最必要的部位，以最有效的手段进行科学分析，以便形成相对客观的研究结论。

青铜器修复之前的考古发掘和器物整理阶段，考古学家往往较少关注青铜器碎片上的制作工艺信息，因此器物上的许多潜在信息往往被忽视，更无从展开相关研究。另外，修复前器物碎片上的许多信息被周边泥土乃至器表锈蚀掩盖，难以开展详尽的观察分析。器物研究也不是一蹴而就之事，许多隐性信息往往随着器物修复过程的深入而被逐步挖掘出来。

青铜器修复之后，由破碎状态回归完整，器物碎片上暴露出的许多信息被掩盖，即便后续的研究人员想进行相关研究，也难以再对器物上的信息进行全面详细的观察和认识。虽然现代科技的检测分析为信息的挖掘和认识提供了强有力的手段，但修复过程依然是对器物上信息进行观察、检测分析和研究的最佳时机。即便利用现代科技手段对修复完整的器物进行检测分析，所得到的信息量、信息的真实性、有效性也远远不及在修复过程中进行检测分析所得。

另外，器物收藏单位对器物的管理方式，也是影响修复后器物研究的不可忽视的因素。修复后的器物入藏为博物馆藏品，要遵守博物馆的一系列保管工作规范，很难再对文物实施检测分析进而深入研究，任何干预性的行为都是不被允许的。对入藏后定级的文物再次开展取样、研究乃至修复保护活动，需要向上级主管机构报批，而在修复过程中势必对器物采取一系列的干预行为，如采样，材料和内部结构分析，腐蚀产物及腐蚀机理分析，各种角度的摄影乃至翻模、传拓等，以便记录器物上的信息并了解器物保存状况。这些对于器物研究至关重要的信息，在修复过程中却较易获得。

以下通过几个研究案例，论述在修复过程中进行器物研究的重要性。

一、修复东周铜豆时的信息发掘与器物内涵价值的阐释

江苏邳州东周墓葬出土数件造型、尺寸一致的铜豆，器物修复前状态见本书第二章图2.1～图2.3，器物破碎，清理器表锈蚀后，器内壁的连接结构清晰可见。碎片中有一实心圆柱状物，基体呈灰白色，表面被绿锈渗透，实心柱状物中央残留一青铜材质的结构，其原位于豆盘底部，现已与豆盘断开（图 1.88）。豆柄上端碎片内壁有凸榫，端面有内敛折沿（图 1.89）。实心柱状物与豆柄上端碎片可严密拼合，以榫卯卡锁的方式组合（图 1.90、图 1.91）。图 1.92 可见豆柄碎片拼对后围合实心柱状物，图中豆柄倒立摆放，近观众处为豆柄圈足，远端为连接豆盘的豆柄上端，豆柄为中空结构。

在这个调查分析案例中，最关键的部位就是实心柱状物，最简单有效的分析方法是材料成分的无损检测。使用 Niton XL3t 型便携式 X 射线荧光能谱仪，对实心柱状物的合金成分进行定性分析，检测结果见图 1.93 及表 1，可以看出此物质含铅量高达 94.829%，可以明确判断其为铅基焊料。

表 1：实心柱状物金属成分分析

主要金属成分	Sb	Sn	Pb	Cu	Fe
含量 /%	0.773	1.238	94.829	1.529	0.433

综上，此件器物的内部结构如图 1.94，可知器物采用的制作工艺，是先分别铸出豆盘及豆柄，并在铸造豆盘时预铸出一个凸榫（图 1.95），铸造后的豆柄清除泥芯（图 1.96），再将豆柄套接于豆盘凸榫，采用铸焊技术中的低熔点合金镴焊，将豆盘和豆柄铸焊为一体。

图 1.88

图 1.89

图 1.90

图 1.92

图 1.91

左页
图 1.88　实心柱状物
图 1.89　豆柄上端碎片
图 1.90　实心柱状物与豆柄上端碎片拼合
图 1.91　实心柱状物与豆柄间的榫卯卡锁结构
图 1.92　豆柄与实心柱状物的位置关系

右页
图 1.93　实心柱状物的 X 射线荧光能谱分析谱线
图 1.94　邳州出土铜豆的剖面结构
图 1.95　倒置豆盘的剖面结构
图 1.96　倒置豆柄的剖面结构
图 1.97　修复后的铜豆
图 1.98　倒置的铜豆
图 1.99　豆柄内腔

图 1.97 所示为器物修复完整后状态。关键的连接结构皆被隐藏（图 1.98），铸焊部位的实心铅块，即便用 X 射线甚或加速器射线源的 CT 断层扫描，也无法穿透，看不到内部结构。而修复后的铸焊焊料在器物内腔深处位置（图 1.99），难以取样分析，即便有无损检测的方法，因无法使探头严密接触到待检测焊接结构的表面，无法检测材料的成分，使得器物的制作技术和连接工艺只能依靠猜测。而相关问题的分析和解决，在修复过程中却容易得多[41]。

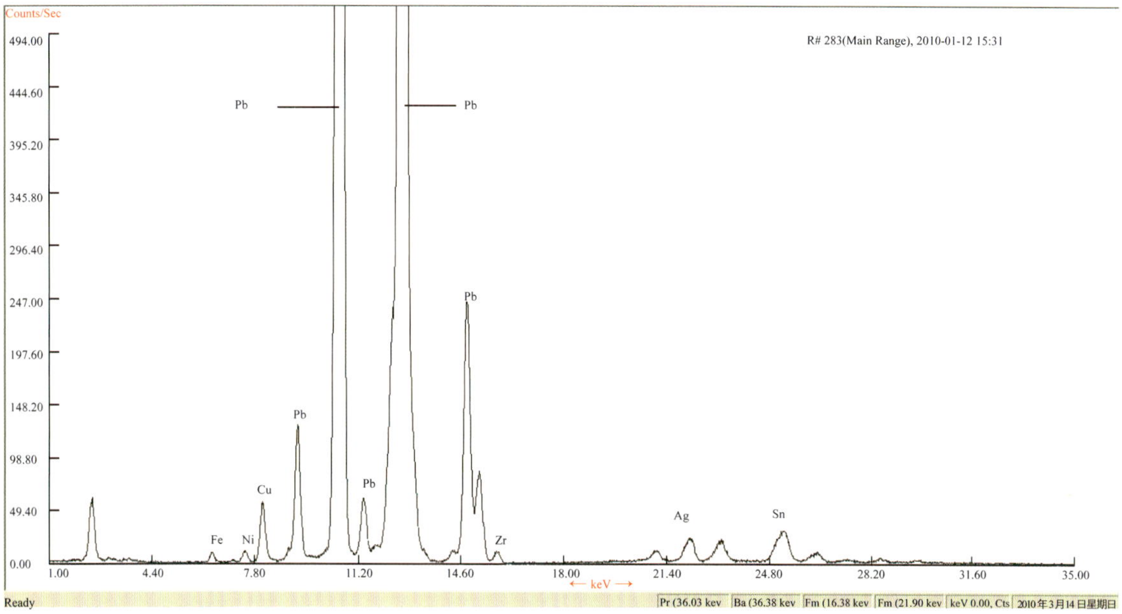

图 1.93

图 1.94

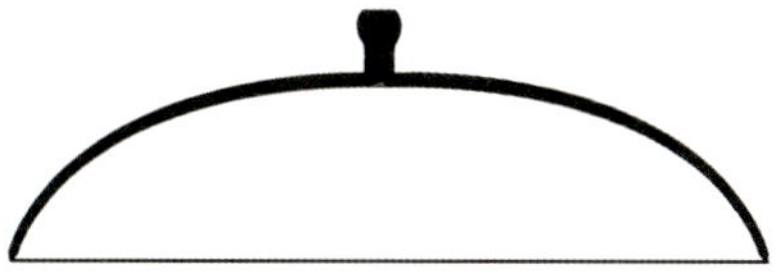
图 1.95

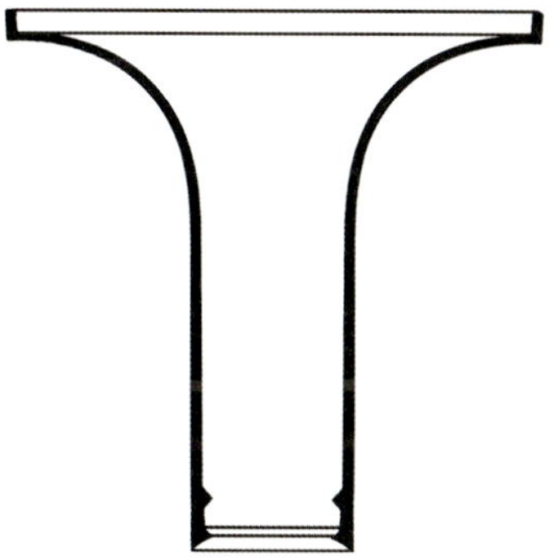
图 1.96

图 1.97

图 1.98

图 1.99

2021 年北京大学赛克勒考古与艺术博物馆举办“吉金耀河东——山西青铜文明特展”，图 1.100 为展览中一件长治分水岭墓地 M25 出土战国早期盖豆，器物底部缺失了部分结构，使用 3D 打印的透明支架复原残缺结构，以便观众了解器物大致的原始造型。器物的豆盘底部可见凸起结构，其用于连接豆柄，推测该器制作曾使用铸焊技术。

在展览制作过程中，笔者借助前文所述邳州铜豆研究所积累的学术支撑，通过实验考古的方式，利用黏土对铜豆铸型制作过程进行了模拟，每完成一步关键技术节点，都使用 3D 扫描技术对模、范制作过程中的形态进行提取。实验考古完成后，得到一件铸型成品，而之前过程记录的 3D 数据 STL 文件，则可通过 3D 打印，复原铸型制作的各个步骤。最后用颜料对 3D 打印的复原模型进行着色，作为展览中的辅助展品（图 1.101），对文物的内涵和价值进行解读。

图 1.102 上排为豆盘制作过程，从左至右依次为：黏土制豆盘模；烧成陶质的豆盘模用以翻制泥范；制得型芯泥坯；在分型面上挖出凸榫型腔，范、芯装配后获得豆盘型腔；分型面上修出浇道和排气口后组装铸型；铸成的豆盘，可见其底部带有凸榫。

图 1.102 下排为豆柄制作过程，从左至右依次为：黏土制

图 1.100

左页
图 1.100 “吉金耀河东”特展中的铜豆残件

右页
图 1.101 采用铸焊技术制作铜豆的工艺流程复原模型

图 1.102 豆盘与豆柄的分别铸造

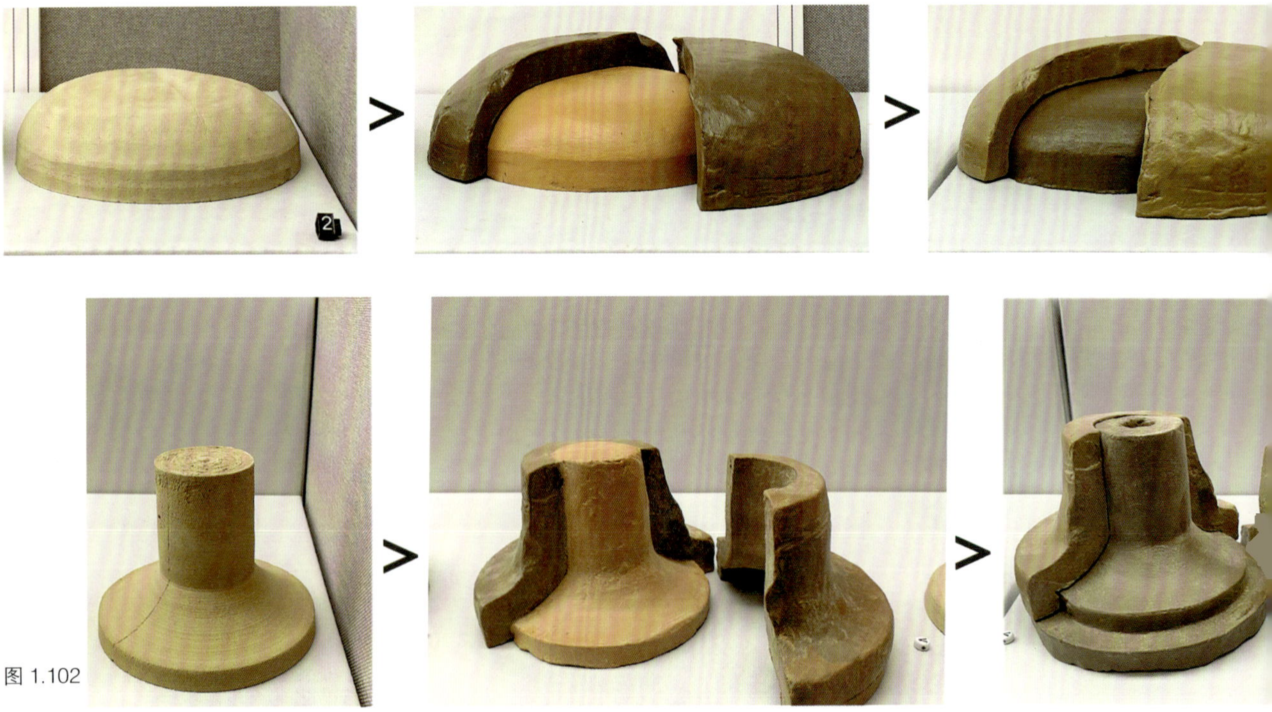
图 1.102

图 1.101

豆柄模；烧成陶质的豆柄模用以翻制泥范；制得型芯泥坯；范、芯装配后获得豆柄型腔，型芯端面边缘刮成坡状用以形成铸后豆柄端面内敛的折沿，型芯侧壁挖出凹槽用以形成铸后豆柄内壁的凸榫；铸型组装并配置浇口杯；铸成并已清除型芯的豆柄，可见其内壁有预铸出的凸榫，顶部端面有内敛的折沿。

图 1.103 所示为豆柄与豆盘铸焊的剖面示意模型。将空心豆柄套接于豆盘底部凸榫，于豆柄空

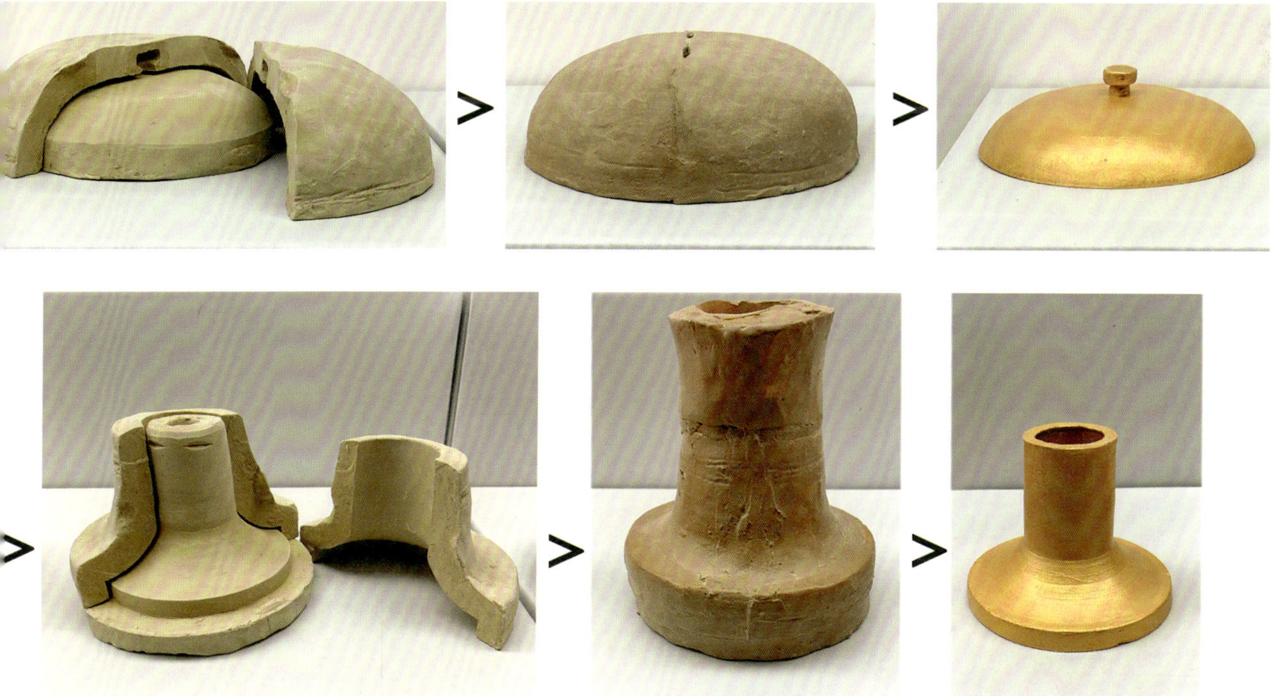

腔内倒入熔化的低熔点合金（如铅锡合金），直至液面没过豆柄内壁的凸榫。低熔点合金凝固后，豆盘、豆柄、圆柱状的低熔点合金部分形成卡锁结构，豆盘与豆柄完成铸焊，成为整体。

图 1.104 展示了采用镴焊制作器物的流程：豆盘与豆柄采用分别铸造后再铸焊连接的工艺，因此豆盘和豆柄可以分别独立制模，或者使用铸工在作坊内保存的现成分体模（图 1.104：1、2）。使用豆柄模和豆盘模，可以批量制得多个豆柄铸型和豆盘铸型，配制浇口杯后便可等待铸造（图 1.104：3、4）。所有铸型只需要经过一个阴干周期，便可熔炼足量金属，一次性铸造出若干豆柄与豆盘部件（图 1.104：5、6）。从中拣选质量完好无缺陷的部件，去除泥芯，装配套接，再使用少量燃料，使用小型坩埚以较低温度（纯铅熔点仅 327℃）便可熔化铅、锡或其合金，向若干倒扣

图 1.103

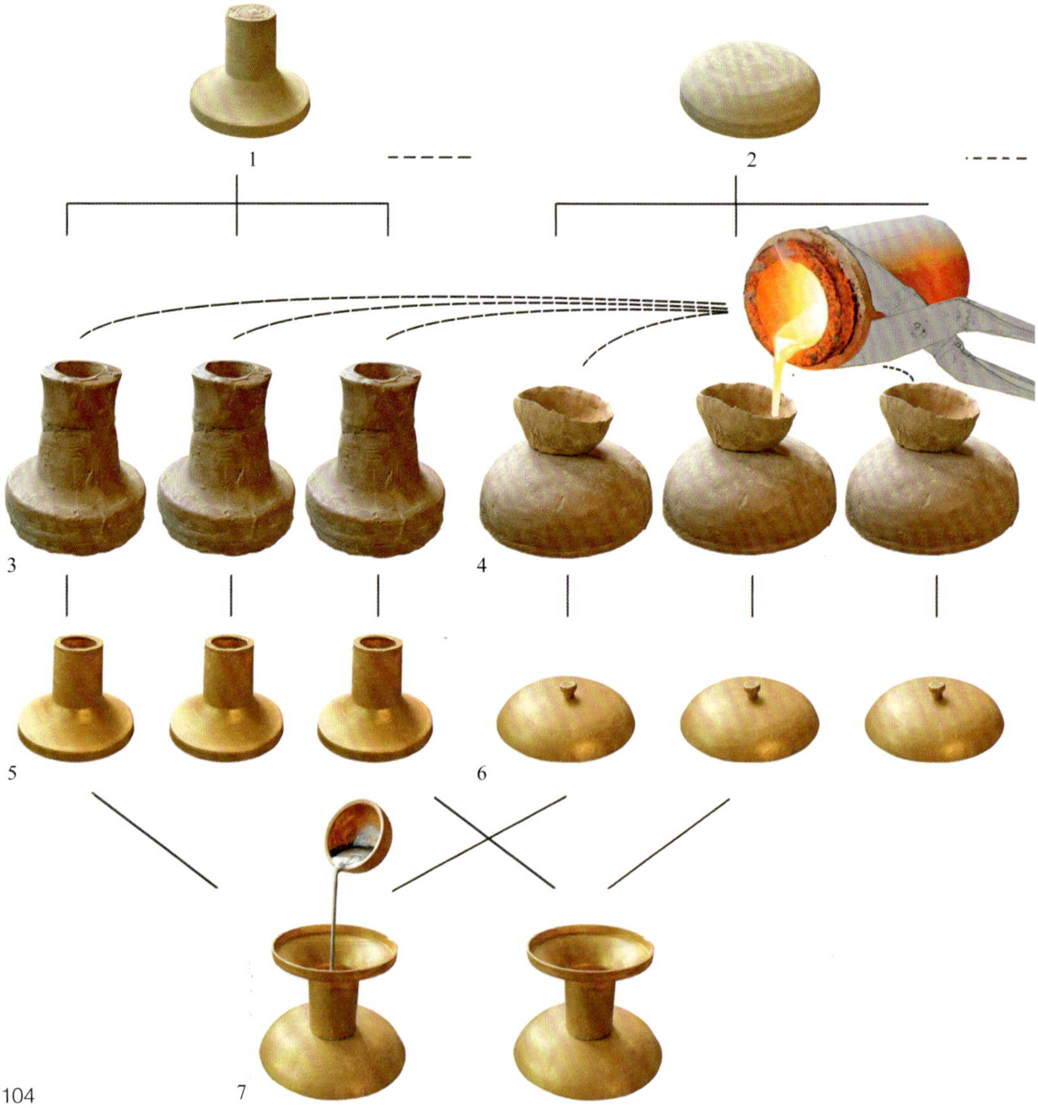

图 1.104

的豆柄内浇注，没过豆盘底部预铸出的凸榫，金属液凝固即完成镴焊，一次性完成多件器物的制作（图 1.104：7）。

从技术流程来看，这种技术的优点如下：（1）豆柄与豆盘可以分别独立制模，制模难度低。（2）使用分别独立制作的模翻制泥范时，泥范的分型方式也得以简化且不易卡模。（3）豆盘与豆柄可以同时铸造，因此只需熔炼一次金属，豆柄与豆盘的连接采用较低温度的镴焊。相比于分铸法，使用高温技术的次数减少，降低了生产成本。因不需要多次阴干铸型，也极大缩短了制作周期。(4)由于技术难度低，生产出的青铜器成品率更高。这种技术的缺点则是器物各个部件之间的连接强度不高，容易因拉拽而脱落。因此，通常用于不需要承受很大拉力的部件的连接。而上述器物内涵阐释的基础，在于器物修复过程中的信息发掘和研究。

二、东周镈钟修复过程中的研究

图 1.105 所示为江苏邳州九女墩东周墓出土青铜镈钟的内部，可见舞面内壁有两个长方体的加强筋。器物于 20 世纪 90 年代初出土后经技工用环氧树脂黏合剂粘接修复，粘接过的碎片错位较大，修复效果差。2006 年，邳州博物馆提升新馆展览水平，委托中国科学院自然科学史研究所修复器物。时任中国科学院传统工艺与文物科技研究中心主任苏荣誉先生启动“邳州东周青铜器修复研究”课题，邀请中国社会科学院考古研究所的白荣金和王浩天两位先生主持修复。笔者也参与其中，向两位前辈学习修复技术，同时遵照导师苏荣誉的理念，在修复中开展器物研究。在这个过程中，笔者充分认识到在修复过程中进行器物研究的重要性，故在前期进行了大量的信息采集和记录工作，认为凭借认真的态度，已经从器物上采集到了足够的信息，可供后续研究用。然而当笔者整理资料试图开展研究时，才发现前期所做信息采集和记录虽然详细，但基本无助于研究工作。

图 1.106 是器物修复前的舞面碎片拍照记录，通过这一记录，并不能得到任何对器物研究有用的信息。图 1.107 是舞面单个碎片的特写，照片像素很高，图像清晰，但仍然难以发现有用的信息。图 1.108 是同一碎片断面的斜侧角度拍照，可见断面上呈复杂曲面，而不是一般破碎断裂造成的不规则断面，虽然可以据之推测器物此部位似乎发生过“冷隔”缺陷，但所得信息仅限于此，无法根据照片记录得到有效信息，进而做出有价值的完善研究。

图 1.109、图 1.110 是对舞面碎片另一角度的拍摄，长方体加强筋断面露出的结构似乎为一较为规整的梯台形，但根据图片记录不足以形成判断，只能推测此镈钟的钮部与加强筋之间可能为铸接，

左页
图 1.103　使用低熔点镴料铸焊的剖面示意模型
图 1.104　采用镴焊制作器物流程
1. 豆柄模；2. 豆盘模；3、4. 一次性浇铸若干豆柄和豆盘；5、6. 同时制得若干豆柄和豆盘；7. 镴焊

舞面与加强筋及钟钮与舞面之间的结构关系有多种可能，无从推断，研究至此便不能深入推进。而器物修复过程中留存的器物样品，只要没有取自上述连接结构的关键部位，就都无助于断定器物的连接结构和制作工艺，只能简单地对器物的铸态组织及铜、锡、铅的大致比例进行检测分析。

修复前对碎片的文字描述里详尽记录了碎片的长、宽、厚度与重量，以及锈蚀物状态、器表纹饰等，但无法从中得知器物内部结构的相关信息。通过这个案例可见，如果没有在特定研究问题的引导下进行器物的系统观察和有效的信息记录，也不了解相关器物的研究背景，仅凭“认真”“仔细”等主观愿望，泛泛而漫无目的地搜集信息，即便付出了很多的时间、高昂的记录成本，所做的仍然可能是无效的信息搜集，以至于从上千张器物高清照片和详尽的记录中，找不到一张图片或一段记录可供形成研究结论。对“非关键”部位采样后的金相分析，也只能得到“器物材质为铜锡铅合金的铸态组织”的检测分析结论，对器物研究结果并无太大价值。

如果对器物的信息记录到此为止，便开始器物修复，一旦各碎片被连接起来，有关器物内部结

图 1.105

图 1.106

图 1.107

图 1.108

左页
图 1.105　镈钟重新修复前的内壁
图 1.106　舞面碎片集合
图 1.107　舞面碎片之一
图 1.108　舞面碎片特写之一

右页
图 1.109　舞面碎片特写之二
图 1.110　舞面碎片特写之三
图 1.111　舞面加强筋内的钟钮凸榫
图 1.112　钟钮对开分型处的范线
图 1.113　舞面另一侧“冷隔”缺陷
图 1.114　舞面另一侧加强筋内的钟钮凸榫

图 1.109

图 1.110

构的诸多信息也被封存，难以再被看到，有关器物内部结构乃至制作工艺的研究便难以开展。导师苏荣誉开展此修复项目的基本理念即是“在修复过程中进行器物研究”，因此，笔者并没有急于着手修复，而是带着了解器物内部结构信息进而复原器物制作工艺的目标，重新观察破碎的器物并采取有效的方式提取信息。如图 1.111，依然是图 1.108 ～图 1.110 所示的碎片，在斜上方提供的侧光下观察并拍照，可见钟钮底部断裂的部分呈梯台形，侧面有铸造披缝，且可以和钟钮侧面的披缝贯通（图 1.112）。这一梯台形结构嵌入加强筋之内，加强筋的断面呈圆滑的曲面，显然当初浇注金属液时曾经断流，铸工随后又进行了补浇，于是铸后器物的此部位因“冷隔”形成内部裂隙，机械强度差，很容易沿此处断开。器物碎片另一侧观察后拍摄所得如图 1.113、图 1.114，钟钮底部残留的梯台形凸榫嵌入加强筋的结构清晰可见。

图 1.111

图 1.112

图 1.113

图 1.114

此调查分析案例中，最关键的部位就是舞面与加强筋的交接处，二者究竟是浑铸还是分别铸造，会使后续研究结论朝着截然不同的方向发展，而对此最简单有效的分析方法是取样后进行金相分析。如图 1.115，从铸钟舞面和加强筋连接部位取样，金相照片内并未见到两种不同的合金组织间的接缝，右侧含铅量高，左侧则不见大颗粒铅相，而且 α 相比较圆滑。样品左侧取两处位置分别放大倍率观看，见图 1.116、图 1.117，晶粒较大，趋于等轴晶粒，形态与高铅合金区枝晶不同，可能经受过加热过程。这可能是因为器物修复前曾使用喷火枪局部高温加速老化断面上原有黏合剂（详见本书第二章图 2.7～图 2.9），而此部位恰好位于高温灼烧的热影响区内，致使局部金相结构发生了变化。综上，铸钟舞面和加强筋为浑铸而成。

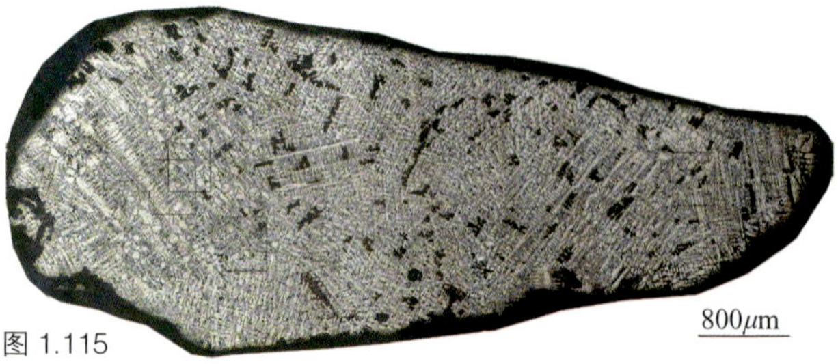

图 1.115

图 1.116

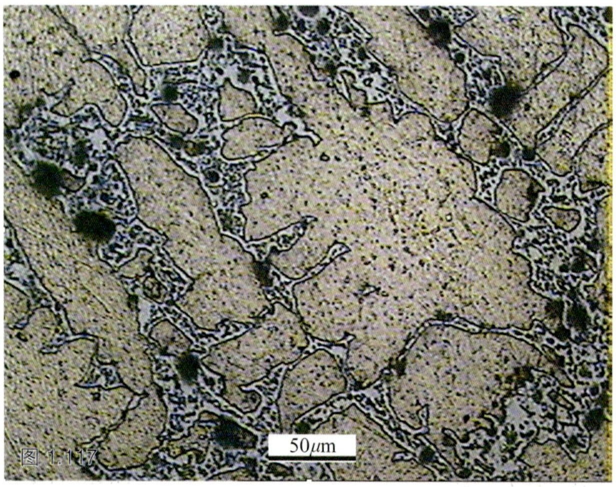

图 1.117

如图 1.118、图 1.119，将舞面碎片与加强筋及钟钮凸榫残留结构拼合后，可见凸榫与舞面间断口规整，二者并非浑铸成形。为检查共同出土的成套镈钟的其他器物是否也具有这一连接结构，如图 1.120、图 1.121，通过手持超景深显微镜以 200 倍放大观察另一件器物舞面和钟钮凸榫残留结构之间的关系，二者接缝明显。

在修复过程中，将碎片断面上的表面锈蚀物去除，露出青铜基体，使用 Niton XL3 型便携式 X 射线荧光能谱仪对器物材质进行分析，检测结果如图 1.122、图 1.123 及表 2。可见器物材料主要成分为铜、锡、铅，钟钮与钟体加强筋的金属成分不同，钟钮含锡量较高，而钟体含锡量低。

左页
图 1.115　舞面与加强筋连接处金相照片
图 1.116　舞面与加强筋连接处金相细节一
图 1.117　舞面与加强筋连接处金相细节二

右页
图 1.118　舞面碎片与加强筋及钟钮凸榫残留结构拼合过程一
图 1.119　舞面碎片与加强筋及钟钮凸榫残留结构拼合过程二
图 1.120　同组另一镈钟舞部断面
图 1.121　手持超景深显微镜下可见接缝
图 1.122　加强筋部位的 X 射线荧光能谱分析谱线

表 2：镈钟加强筋及钟钮金属成分分析

部位	主要金属成分及含量 /%				
	Sn	Pb	Zn	Cu	Fe
加强筋	17.738	3.528	0.062	76.451	0.499
钟钮	28.209	0.143	0.089	70.572	0.242

图 1.118

图 1.119

图 1.120

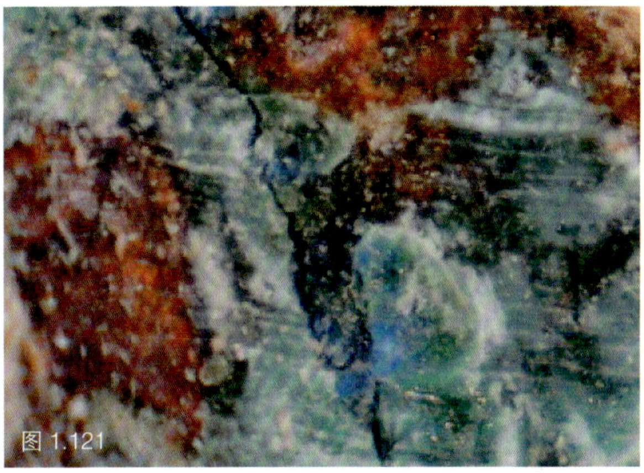
图 1.121

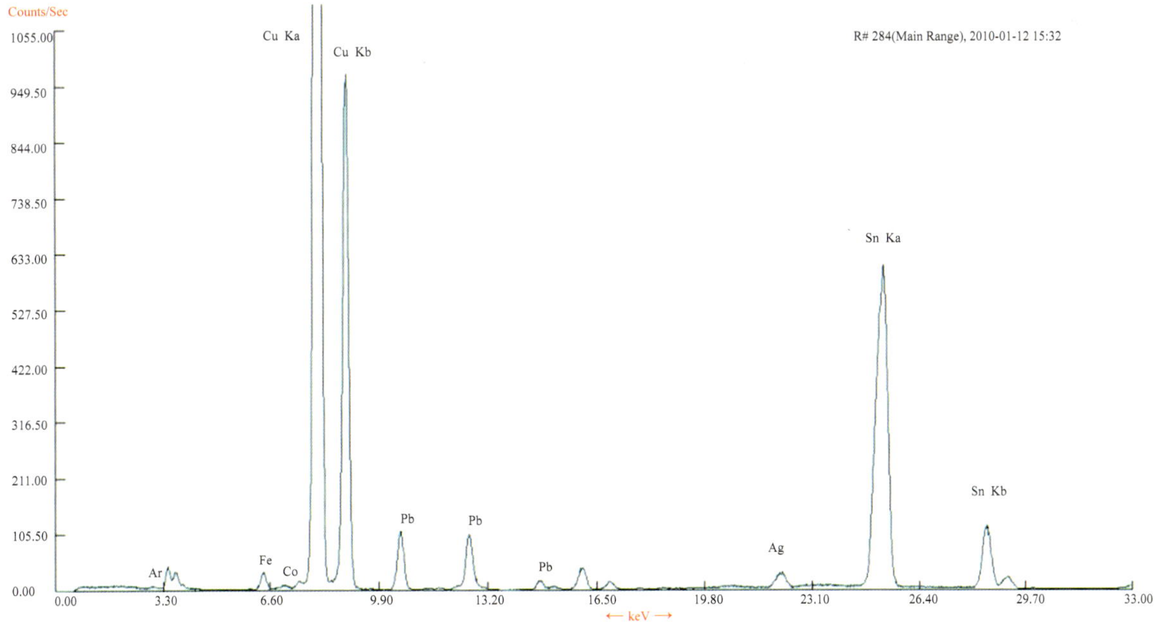

图 1.122

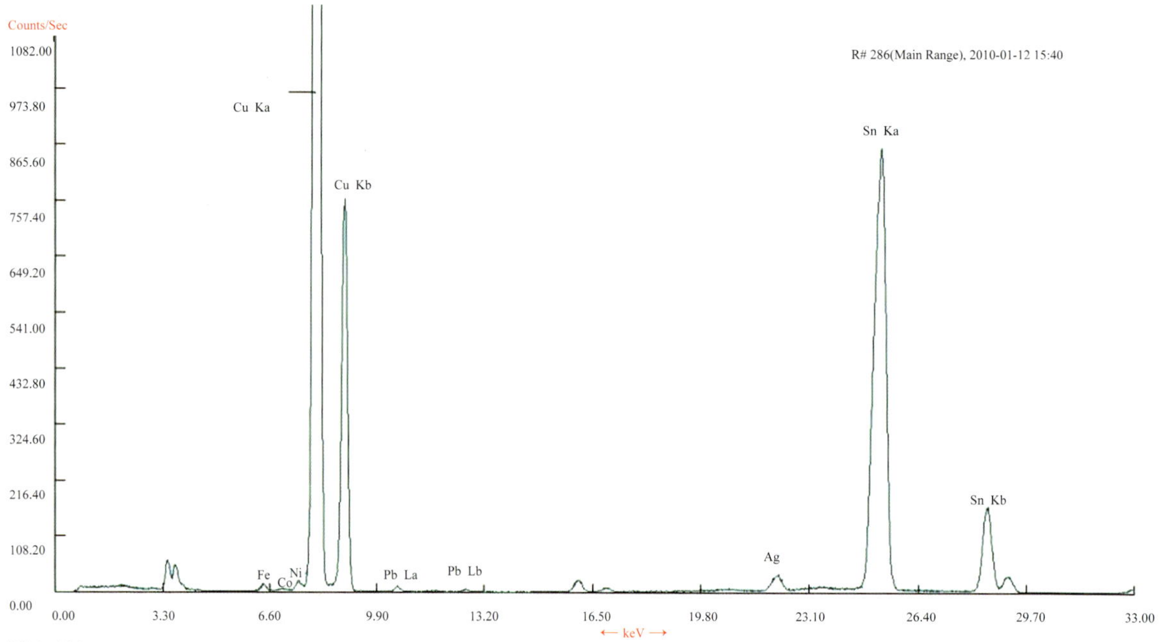

图 1.123

图 1.124 可见舞面中央有三条相互平行的披缝，两侧有凸起的浇口或冒口残留。综合以上分析，可知器物内部结构如图 1.125，器物铸型结构如图 1.126。钟钮与钟体之间通过凸榫和加强筋进行连接。钟钮先行铸出，然后将钟钮的一部分（即钟钮底部的梯台形凸榫）嵌入钟体外范中，再浇铸钟体，完成钟钮与钟体的铸接。

先秦编钟一般不采用分铸工艺，从华觉明先生对于先秦编钟铸造工艺的研究看来，安阳、宝鸡、淅川、信阳、江陵等地出土钟铙皆是如此。这组出土于江苏邳州东周墓葬的青铜镈钟的分铸工艺及加强筋的使用，在以往出土的编钟当中较为少见。铸工采用先铸钟钮附件、后铸钟体的制造工艺，可能出于如下的技术思想：先制造纹饰繁复且镂空较多的小型附件，再连接壁厚较大的钟体，可以降低铸造过程中的废品率。钟钮与钟体采用不同的合金成分，正如《考工记》之“六齐”说，可能是铸工根据不同部位的性能需求有意为之：钟钮在使用过程中有悬挂的功能，因此其金属成分中含锡量较高，以提高钟钮硬度；而钟体部位需被敲击奏乐，故含锡量低，以降低金属脆性。

器物修复完成后的效果见图 1.127，可以发现，修复一旦完成，器物上易于提取的信息量大大减少。一些观点认为，将完成修复的器物交给研究人员，借助科技分析，也不妨碍器物的进一步研究。这件器物提供的案例可供反思这一观点：这件器物体量大，各碎片间通过粘接无法达到符合要求的连接强度，需要使用销钉、银锭扣配合焊接形成加强连接（详见本书第三章图 3.72 ～图 3.92），

左页
图 1.123　钟钮部位的 X 射线荧光能谱分析谱线

右页
图 1.124　舞面拼合后
图 1.125　邳州出土镈钟内部结构
1. 钟钮；2. 舞面；3. 钟体；4. 钟钮底部凸榫；5. 加强筋
图 1.126　镈钟铸型结构剖面(正、侧)
1. 钟钮型腔；2. 钟体泥芯；3. 钟体范；4. 冒口；5. 钟钮范；6. 加强筋型腔
图 1.127　镈钟修复后状态

图 1.124

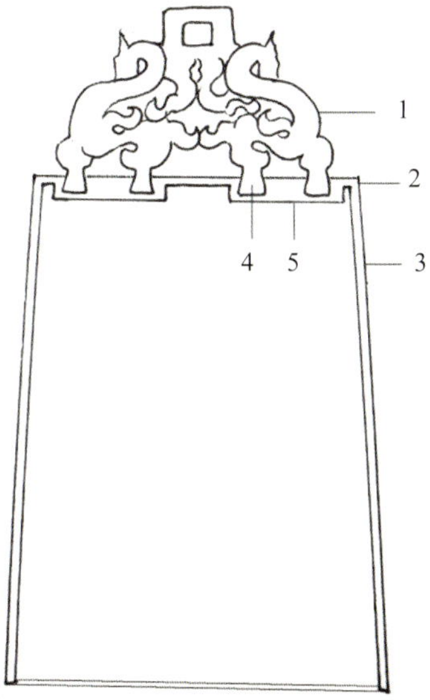

图 1.125

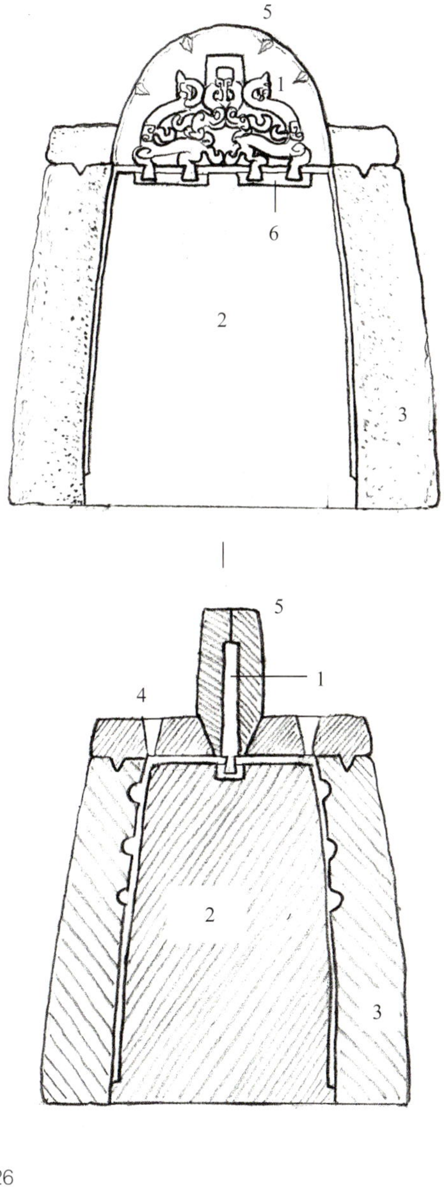

图 1.126

图 1.127

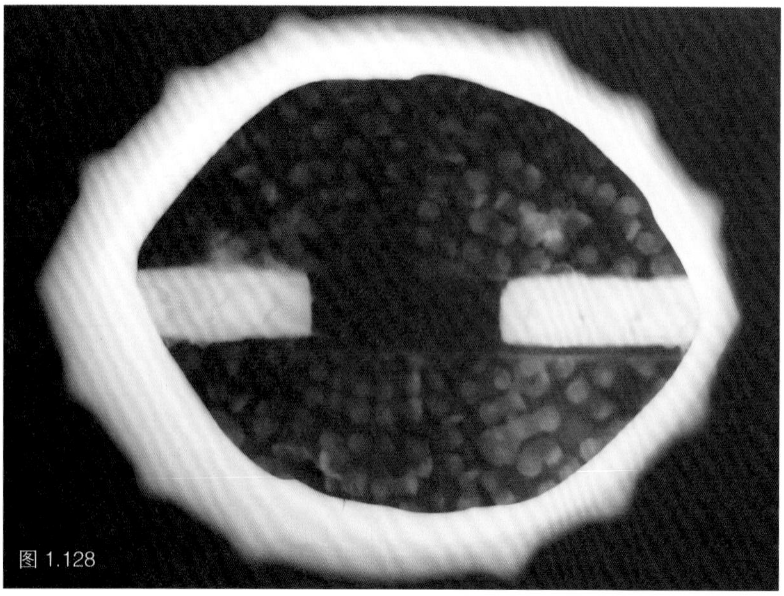
图 1.128

如果这些对器物干预较大的部位恰好位于重要的连接结构上，修复后，相关的内部结构信息将受到干扰。例如焊口周围热影响区内的金属发生相变，如果以后要对器物进行取样分析，或者重新修复器物时进行再研究，器物上的历史信息已经不再具备完整性和原真性，所做研究的可靠性也会受到不利影响。再如图 1.128 为与此件镈钟成套出土的另一件小钟的 X 射线成像照片，钟体完整而钮部脱落，从器物顶部照射 X 射线，仅可见舞面中央两枚加强筋内有四枚带有错型的连接结构，再无其他有效信息，只能据此推测钟钮底部自带的四个连接结构与加强筋为铸接关系，连接结构的形状、舞面与加强筋是否一体等关键信息都无从得知。而在器物侧面拍摄时，X 射线需要穿透器物两个侧壁及加强筋才能投射于底片，而器物壁厚约 1 厘米，加强筋厚度约 3 厘米，舞面总宽度近 30 厘米，X 射线无法穿透，因而无法检测到有关器物内部结构的任何有用信息。修复后的完整器物，即便使用科技检测等分析方法，往往也难以得到系统而有效的研究信息，而相关内容在修复过程中的碎片状态的器物上，却可以方便且容易地获得，可见修复过程是进行器物研究的最佳阶段，修复者应具备“在修复过程中进行器物研究”的修复理念。

图 1.128　同组另一件镈钟的 X 射线成像照片

第二章

修复前的整理、清理与除锈

第一节
修复前的整理与拼对

第二节
原先不当修复的拆除与清理

第三节
除锈

第一节　修复前的整理与拼对

图 2.1

图 2.2

图 2.3

青铜器出土时大多残破，甚至无法辨认器形，有时几件器物的碎片还会混在一起。图 2.1 所示为江苏邳州九女墩东周墓出土的两件铜豆碎片，修复前首先要进行碎片整理和拼对，将属于同一器物的碎片归在一起（图 2.2）。如果器物材质保存状态较好，可将一些较小的碎片用热熔胶或无酸纸胶带临时粘接（图 2.3），以了解器物残缺情况及是否变形，以便制定合理的修复方案，如是否需要整形，以及确定碎片的连接顺序等。对于那些无法确定归属的碎片要统一分类编号，留待日后修复其他器物时查找。

整理和拼对碎片时，先将器物上的明显部位如耳、口沿及较大的碎片挑选出来进行拼对，再用其他的小碎片与其拼对。如果断口吻合，即在对接断面的两侧做相同的记号。整理和拼对碎片的技巧是先将纹饰、锈蚀状况、锈色、弧度一致的碎片归类在一起，然后再在这一小范围内进行拼接，能够对接吻合的，就将它们平摊开来挨在一起放置，并编号记录（图 2.4、图 2.5）。一些体量大、碎片数量多的器物，全部碎片摊开后可能占满公共实验室的整个桌面，出于文物安全的考虑，在长时间的修复过程中势必需要经常性、重复性地将碎片收起、存放、摊开、查找，为提高工作效率，就需要对碎片进行系统化的编号并制作编号示意图，以方便查找。可将属于器物同一部位的碎片编为一组，例如，属于鼎 1 盖部的碎片，按对接顺序依次编号为 D1-1-1、D1-1-2、D1-1-3、

图 2.4

图 2.5

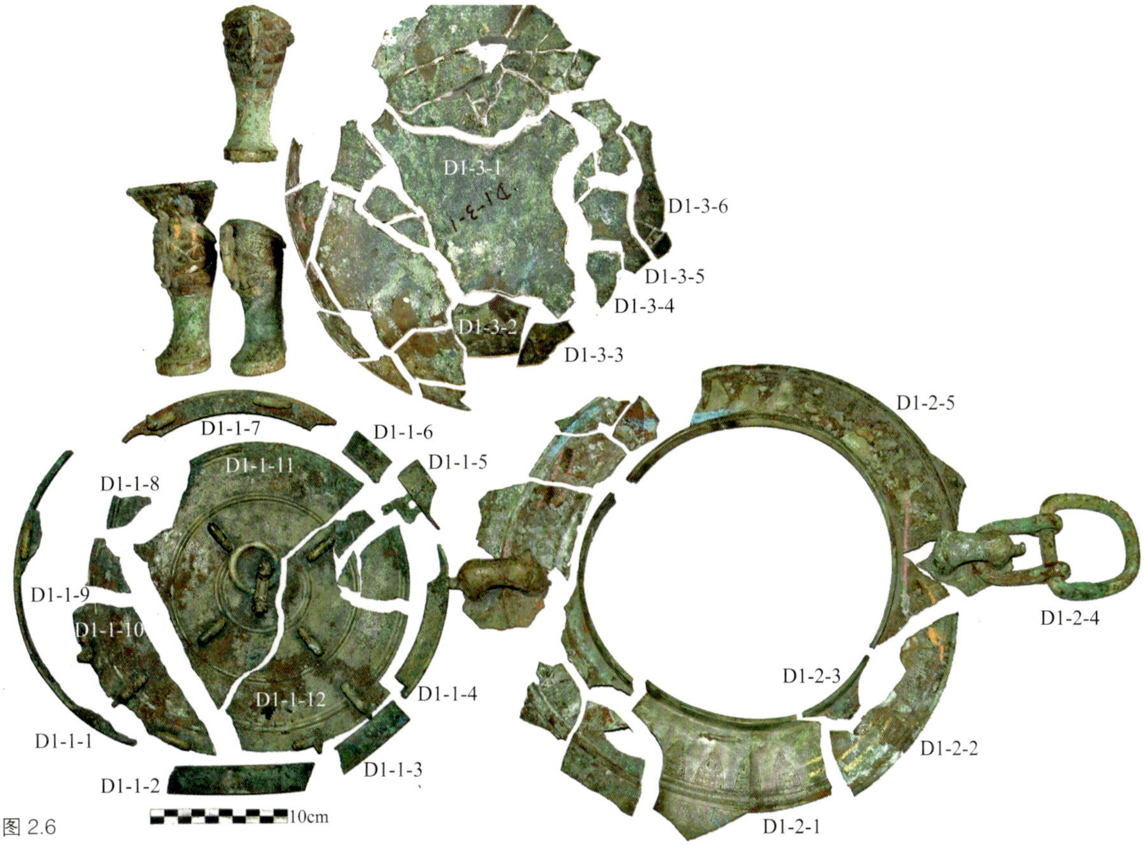

图 2.6

D1-1-4 等，属于鼎 1 口沿及肩部的碎片依次编号为 D1-2-1、D1-2-2、D1-2-3、D1-2-4 等，属于鼎 1 底部的碎片依次编号为 D1-3-1、D1-3-2、D1-3-3、D1-3-4 等。这样编号便于以后修复时快速地找到碎片在器物上的原本位置（图 2.6）。

左页
图 2.1　邳州东周墓出土铜豆碎片
图 2.2　铜豆碎片初步整理
图 2.3　铜豆碎片拼对及临时固定

右页
图 2.4　邳州东周墓出土甬钟碎片
图 2.5　甬钟碎片拼对及编号
图 2.6　碎片较多器物的编号系统

如果某些碎片可以确认属于某一件铜器，但是无法与此件铜器的其他碎片对接在一起，这时也要编号，并在修复时将其复原在铜器上的大致位置。这类碎片编号时首先要确定其属于器物哪一部分，然后编在相应部位碎片编号的最后。例如鼎1的盖部有14块碎片，其中12块碎片能够对接在一起，有2块碎片可确定属于盖部，但是无法与其他碎片对接，编号时将这2块碎片编在这一部位的最后，即D1-1-（13）、D1-1-（14）。待所有能够拼对的碎片连为整体后，再将这些零散碎片复原到器物上的大致位置。

第二节　原先不当修复的拆除与清理

一些出土器物在考古发掘后的室内整理阶段，为便于绘图、摄影和编写报告，有时会经过简易粘接。所用应急性修复材料通常耐久性不佳，易于老化、变色，不利器物的展示保管，甚至会对器物的安全长久保存构成威胁，因此需要拆除原先的不当修复，去除老化变质的材料，重新修复器物。

图2.7所示江苏邳州九女墩东周墓出土青铜镈钟，曾使用环氧树脂黏合剂进行简易粘接，黏合剂从断面上溢出较多，不利展示器物，黏合剂老化后又致使部分碎片松散脱落，妨害器物稳定，需拆解后重新修复。老化的黏合剂用丙酮等不损伤文物本体的有机溶剂无法溶解，用烘箱加热也没有效果。最终使用火焰集中的丁烷喷枪，对老化黏合剂进行灼烧（图2.8），使其快速脆化变质，最终将器物重新拆解为14块碎片（图2.9）。此时断面上仍有老化的黏合剂残留，因器物本体材质保存状态好，使用刻刀进行剔除，粘接牢固的老化黏合剂可用钢刻刀配合钢锤，沿合适角度剔除，使其整块脱落。再如图2.10、图2.11所示晋侯墓出土簋盖，出土后经过粗糙粘接，碎片间错位明显，黏合剂老化变质，需将其拆解成图2.12所示碎片状态才能重新修复。

图2.13所示广西合浦汉墓出土破碎铜鼎，器物于20世纪80年代出土后，器表土垢未及时清理，如今已成为坚硬的器表硬结物（图2.14）。器物断面上的锈蚀和沉积物看似微小，却对修复效果影响很大。一个破碎为几十块碎片的铜器，如果每两片碎片对接时都有微小的断口对接误差，最后就会积累出很大的误差，使修复后的铜器产生严重的变形，或者后来拼对的部分碎片无法嵌入原位，因此需清理干净才能继续修复（图2.15）。一些碎片曾使用石膏补全残缺处或加固，碎片间拼对不严密，致使腹底变形严重（图2.16、图2.17）。疏松多孔的石膏还容易吸水，会造成腐蚀加剧，需

右页
图2.7　邳州东周墓出土镈钟原先修复状态
图2.8　局部灼烧加速原先不当黏合剂的脆化
图2.9　器物被重新拆解成碎片状态
图2.10　晋侯墓出土簋盖原先修复状态一
图2.11　晋侯墓出土簋盖原先修复状态二
图2.12　器物拆解后重新拼对

图 2.7

图 2.8

图 2.9

图 2.10

图 2.11

图 2.12

图 2.13

图 2.14

图 2.15

图 2.16

图 2.17

予以彻底清除（图 2.18、图 2.19）。

又如图 2.20 所示鼎盖，出土时曾在考古发掘现场用蜡料加固，以便提取，如今蜡料老化变脆，且造成器物吸收的水分难以及时蒸发。由于使用溶剂溶解已经难以奏效，只能使用图示手法，用手术刀逐块剔除老化蜡料。此操作虽然费时费力，但仍须小心谨慎，以防在疏松多孔的器表留下刀痕（图 2.21、图 2.22）。再如图 2.23 所示广西合浦汉墓出土铜釜，经过数小时清理（图 2.24），才有条件进一步对器物本体进行修复、加固和封护等操作。

从这些案例可见，修复保护行为势必对器物造成干预，因此必须强调修复保护材料的安全性、耐久性，以及修复保护材料和工艺的可再处理性。对器物的修复保护行为，应使后续的修复保护行为的再次实施变得更方便。否则，使用了不当的材料和工艺，随着器物在保存过程中的老化，修复保护材料也变得难以清理，就会给后续的修复保护行为带来阻碍，甚至在再次处理过程中，造成器物的意外损坏。

左页
图 2.13　合浦汉墓出土铜鼎修复前状态
图 2.14　清理器表土壤沉积物及硬结物等
图 2.15　清理后的断面
图 2.16　原先的不当加固
图 2.17　原先加固的碎片错位变形

右页
图 2.18　清理不当修复材料后
图 2.19　手工清理工具
图 2.20　剥离器物原先加固材料
图 2.21　局部清理后
图 2.22　清理后的鼎盖
图 2.23　合浦汉墓出土铜釜内部不当加固材料清理
图 2.24　铜釜清理后

图 2.18

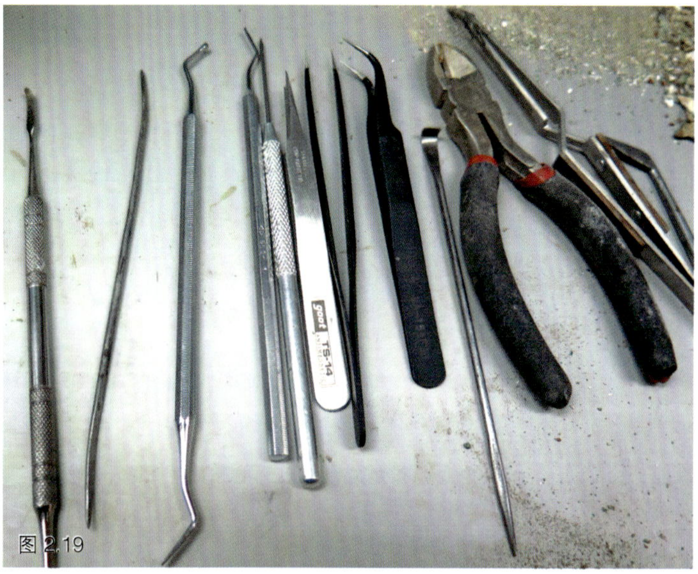

图 2.19

图 2.20

图 2.21

图 2.22

图 2.23

图 2.24

第三节　除锈

对器表的有害锈进行去除，关乎器物腐蚀速率的控制。当一些器表附着物（如疏松土锈）妨害到器物安全长久保存时，也需将其清理。锈蚀物的清理，应尽量采取用机械工具从局部逐块推进的方式，避免整体浸泡。在某些情况下不可避免地要使用整体浸泡法，应事先利用 X 射线成像了解器物的金属基体状态（参见本书第一章相关内容）。只有器物具备良好的机械强度时，才有使用浸泡除锈的条件，否则可能会使一些不宜浸泡处理的器物遭到破坏甚至彻底损毁。另外，在使用化学试剂前，还需选择小面积的试验块对器物进行清洗试验，以对清洗材料和方法的安全性及合理性做出评估，并且要保证器表色泽不发生明显的改变。

一、机械除锈

通常采用手术刀、小锤、刻刀、竹刀等机械工具对器表锈蚀物进行敲、点、震、剔、剥等操作。图 2.25 所示汉代铜钫出土后，表面布满埋藏土和锈蚀产物组成的较硬混合物，使用手术刀，按图 2.26 所示手法进行除锈，注意勿使手术刀在器表留下划痕。

图 2.27 是使用刻刀配合木板敲击，将器表坚硬的沉积物剔除。现在还使用牙科钻、牙科打磨机、超声波洁牙机等效率更高的机械进行清理。如图 2.28，青铜器纹饰表面和沟槽中有锈蚀物，难以用手术刀等工具剔除，使用安装有鬃毛刷或铜丝刷的牙科打磨机，可快速扫除不很坚硬的锈层（图 2.29）。图 2.30 所示铜鼎表面布满坚硬的钙质沉积物，用手术刀、刻刀、牙科打磨机等皆难奏效，使用图 2.31 所示超声波洁牙机可使硬结物从器表逐块剥离、崩落。操作时，为了不使器物长时间浸入水中，于操作台上置一水盆，盆底衬垫较厚的海绵块，将器物置于其上，洁牙机一边出水一边用超声波高频震动器表硬结物。图 2.32 可见器物在超声波清洗过程中，表面坚硬钙质沉积物清除效果明显。如果器物强度差，则不适合使用超声波洁牙机除锈。碎片断面上的锈蚀物清理，也可使用机械去锈的办法，如用刻刀沿着断面剔除锈层，也可使用安装有铜丝刷的牙科打磨机将断面的土垢及锈层高速扫除，然后用棉签蘸无水酒精或丙酮将断面上的残留的污渍擦洗干净。只要掌握好方

右页
图 2.25　铜钫除锈前
图 2.26　手术刀除锈
图 2.27　刻刀剔除
图 2.28　青铜器纹饰表面和沟槽中的锈蚀物
图 2.29　牙科打磨机安装鬃毛刷清扫锈层
图 2.30　铜鼎除锈前

图 2.25

图 2.26

图 2.27

图 2.28

图 2.29

图 2.30

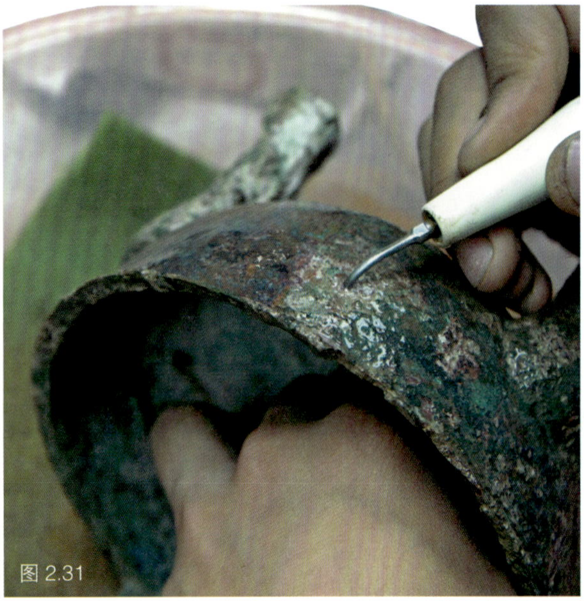
图 2.31

图 2.32

法和力度，机械清理法不容易给器物造成损坏和锈色变化，是优先选择的器表清理方法。

二、化学除锈

用化学试剂清洗青铜器，古已有之，如用柠檬酸、乌梅膏、红果泥去锈。在文物保护理念方面，一条基本共识是尽量少地使用化学试剂，只在物理方法无法满足保护需求时，才考虑适当使用化学方法，而且通常只用于基体保存状态较好的器物。如果器物已经通体矿化，使用的化学试剂势必渗入器物内部无法彻底清洗，给器物的安全长久保存造成更大的隐患。除了下文所述诸多方法，过去还采用碱性连二亚硫酸钠法、水合乙氰法等清除铜锈，因药剂具有毒性，且废液排放对环境破坏严重，现在已基本不再采用。

图 2.33 所示青铜罍，出土后器表有坚硬的钙质沉积物，难以用机械法清理。为配合器物展陈，需清洗遮盖纹饰的沉积物。大面积化学清洗之前，先选择器表不显眼位置作为清洗试验块，用浸润过 5% 浓度的六偏磷酸钠溶液的脱脂棉平敷试验块（图 2.34）。每隔半小时掀开脱脂棉，查看沉积物软化情况及试验块内的变色程度。如处理过程中脱脂棉变干燥，可再次滴加六偏磷酸钠溶液，使脱脂棉保持湿润。如经数小时处理，沉积物仍难软化，要换新脱脂棉，滴加浓度稍高的药液，重复以上操作，反复试验直至药液浓度适宜，可将钙质沉积物软化。在清洗试验过程中，如器物变色严重，

左页
图 2.31　超声波洁牙机清理过程一
图 2.32　超声波洁牙机清理过程二

右页
图 2.33　青铜罍除锈前
图 2.34　器表局部试验块
图 2.35　局部除锈后效果
图 2.36　甬钟残片除锈前

图 2.33

图 2.34

说明药液浓度过高，不宜大面积使用，应改用较低浓度的药剂。最后再根据清洗试验积累的经验，制备足量的、浓度合适的六偏磷酸钠溶液，对器表进行全面处理。待沉积物软化，用手术刀、铜丝刷等机械工具清理。处理后如图 2.35，器表纹饰显现。

图 2.35

一些青铜器表面有纹饰或铭文，用机械法除锈容易损伤纹饰沟槽或字口，留下的刻痕甚至会误导研究者，使其误认为是器物上的刻铭。可使用锌粉与 5% 浓度的氢氧化钠溶液软化除锈。先用热熔胶将需要去锈的部位围合，以防下一步操作时药液流淌，然后将锌粉敷撒在需除锈的部位，再将 5% 浓度的氢氧化钠溶液滴加于锌粉，混合成糊状，经半小时再行滴加。重复操作两至三次后，用蒸馏水将药剂和软化的锈蚀洗净。例如图 2.36 所示青铜甬钟残片，表面纹饰被锈蚀物覆盖。将残片置于培养皿中保湿，采用锌粉和氢氧化钠溶液除锈一段时间后，纹饰显现（图 2.37、图 2.38）。

图 2.36

图 2.37

图 2.38

三、有害锈去除

一些器物已经因有害锈而出现分层或者通体矿化，如图 2.39 所示铜镜，此时对器物施以干预难以清除所有的有害产物，通常需要保守处理，通过定期缓蚀封护（具体方法参见本书第六章第一节）等方法，隔绝保存环境的水分，并控制保存环境的温湿度，降低腐蚀速率，延长器物寿命。对于器物上局部生出的有害锈，先用机械法进行表层锈蚀物的剔除，借助放大镜观察，用手术刀、钢针、牙科打磨机等工具对需要去锈的部位进行“外科手术式”的定点清理，将浅绿色的粉状锈清除，直至露出鲜亮的铜质，可选用下列两种方法进行有害锈处理。

将分析纯的氧化银粉末用 90% 浓度的乙醇溶液调和成糊状后，填充在剔除过粉状锈的凹坑部位，用手术刀将药剂压实。器物上残留的氯化亚铜与氧化银接触，在潮湿的小环境作用下，反应形成棕褐色角银膜，将空气中的水分有效地屏蔽在外，阻止氯离子活化，控制腐蚀物劣变。这种方法于 20 世纪 60 年代由国外学者提出，后人研究发现，一些腐蚀严重的青铜器采用此法处理是无效的。有国外学者对这种方法进行了改进，用锌粉作为替代物 [42]。由于氧化银法在国内文物保护领域仍被较多使用，为检验其效果，笔者在后文图 2.40 所示铜镜上选择一局部做了试验性的处理，该镜另外部分则使用锌粉进行了处理，以下为具体处理方法。

使用锌粉处理时，将其用 90% 浓度的乙醇溶液（也可使用 10% 浓度的氢氧化钠溶液）调成糊状后，填压在剔除过粉状锈的部位，用手术刀将药剂压实，每隔 2 小时在药剂上滴加乙醇溶液以保持药剂湿润。经一昼夜的置换处理，锌粉反应生成一层黏附牢固而稳定、具有封闭性的氧化锌或氢氧化锌、碱式碳酸锌保护膜，使空气中的水分子难以渗透。处理后的部位变为灰褐色，再用纯化水清洗干净药剂。马清林等人对上述的锌粉置换法进行了改进，在置换处理过程中，为防止药剂快速干燥板结，使用潮湿脱脂棉覆盖保湿的方法，若待处理的器物面积较大，用潮湿脱脂棉保湿效果不佳，可用干燥器、培养皿等密封性良好的器皿，将填压过锌粉乙醇药剂的青铜器置入器皿内，在器皿内注水后将器盖盖严，以保持湿度[43]。

图 2.40、图 2.41 所示铜方镜，表面生出多点腐蚀，一些面积较大的有害锈已经形成鼓包。据文物收藏单位保管人员描述，器物在保护处理之前，从出现小面积腐蚀到发展成为严重的大面积鼓包，仅经历了不到两年时间。如图 2.42，从文物断面观察，可见有害锈生成鼓包位置的断面，腐蚀已经向文物的基体深处发展，如不及时控制，发展迅速的腐蚀可能造成文物基体的穿孔。由于当时处理这件铜镜时，博物馆馆藏环境尚没有有效的控制设备，夏季馆藏环境和展柜内湿度较大，考虑到文物保存环境难以得到有效控制，无法断绝文物加速腐蚀的外因，因此必须从文物本体入手，将尚未大面积爆发的有害锈清除干净。这也有利于与此件铜镜共处于同一保存微环境的其他青铜器的安全。

图 2.39

图 2.40

图 2.41

左页
图 2.37　锌粉和氢氧化钠溶液除锈
图 2.38　甬钟残片除锈后

右页
图 2.39　因有害锈导致严重腐蚀劣化的铜镜
图 2.40　铜镜表面有害锈
图 2.41　铜镜另一面有害锈

如图 2.43，器表的有害锈鼓包和腐蚀严重处，用装配了合金磨头的牙科打磨机进行了机械剔除和掏挖，直至露出颜色鲜亮的金属基体。选择一处锈坑采用了氧化银填充法进行处理，填入糊状的氧化银乙醇药剂（图 2.44）。为使反应持续进行，需对反应环境进行保湿处理，将反应中的器物碎片置于带盖的培养皿内，并在反应部位表面敷潮湿的脱脂棉（图 2.45）。处理后的锈坑状态如图 2.46、图 2.47 所示。而另一部分剔挖过粉状锈的坑洞，则使用了锌粉置换法予以处理。

在进行器物的保护处理时，有些器物上的有害锈并非一次就能除净，需反复处理。如器物在进行过一次有害锈处理后，腐蚀仍会继续，便是有害锈没有清除干净。检验有害锈是否除净的简易方

图 2.42

图 2.44

图 2.43

图 2.45

左页
图 2.42　铜镜断面的锈坑
图 2.43　剔除局部粉状锈
图 2.44　氧化银乙醇药剂处理法
图 2.45　培养皿内脱脂棉保湿

右页
图 2.46　处理后形成致密氧化膜
图 2.47　处理后的锈坑局部氧化膜
图 2.48　填充环氧树脂黏合剂补全
图 2.49　填充 PSI 胶补全
图 2.50　修复后
图 2.51　修复后另一面

法如下：将器物置于潮湿环境存放一昼夜，若出现新的绿色斑点，说明有害锈未除净，需重复上述操作，直至在潮湿环境中存放一昼夜后不再有新的绿色斑点出现为止。

最后用环氧树脂黏合剂调成的填料将锈蚀坑洞填平（图 2.48），也可以用 PSI 胶进行锈坑的补全（图 2.49）。处理过有害锈的部位，经表面着色后效果如图 2.50、图 2.51 所示。有害锈的发展得到有效控制，器物外表也恢复完整美观的状态。最后对器物进行缓蚀封护的保护处理。这件铜镜上不同部位的有害锈采用上述方法处理后，经过十年时间的跟踪观察，未发现器物上重新产生有害锈，修复保护效果良好。

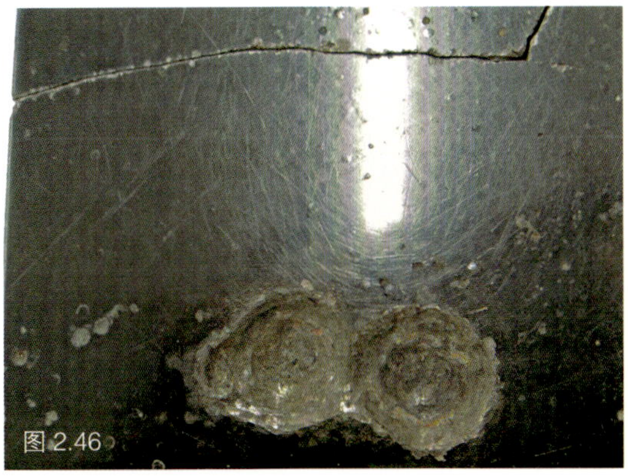
图 2.46

图 2.47

图 2.48

图 2.49

图 2.50

图 2.51

四、超声波加速除锈

倍半碳酸钠浸泡是经典的去除有害锈的方法，仅适合于体量较小且金属基体保存较好的青铜器。使用无水碳酸钠（苏打、碱面）与碳酸氢钠（小苏打）的水溶液，根据有害锈的严重情况，将溶液浓度控制在 5% ～ 10%。将做过表面附着物及锈蚀清理的青铜器浸入溶液，每周更换一次溶液，处理数次后改为半个月更换一次，将氯化亚铜或碱式氯化铜转换为稳定的碱式碳酸铜。此法除氯效率较低，非常耗时。最后再用蒸馏水反复浸泡器物，清除残留溶液，防止青铜器表面生成蓝铜钠石而造成明显的色泽改变。

为增强倍半碳酸钠溶液的清洗效果，还可借助超声波清洗机提高效率。先将器物浸泡在 2% 浓度的倍半碳酸钠溶液中用超声波清洗 10 分钟，然后用蒸馏水清洗 5 分钟。在超声波作用下，液体分子在受拉和受压的交互作用下，形成许多微小的空化泡，其内外压力悬殊，破裂时会产生高达几百个大气压力的局部液体冲击波，使铜器表面的污垢、附着物及疏松锈蚀物剥离。另外，在超声波的作用下，清洗液的搅拌加剧，溶解作用加速，提高了清洗效率。在超声波和倍半碳酸钠的协同作用下，清洗置换的效率提高，也节省了药品使用量，数十分钟的处理可与单纯浸泡一个月的清洗效果等效。

图 2.52 所示为宋崇宁重宝铜钱处理前效果，器表有锈蚀，有些铜钱生出有害锈。使用超声波清洗配合倍半碳酸钠溶液浸泡（图 2.53），处理后效果如图 2.54。

图 2.52

左页
图 2.52　铜钱清洗前状态

右页
图 2.53　超声波清洗配合倍半碳酸钠溶液浸泡
图 2.54　处理后的铜钱

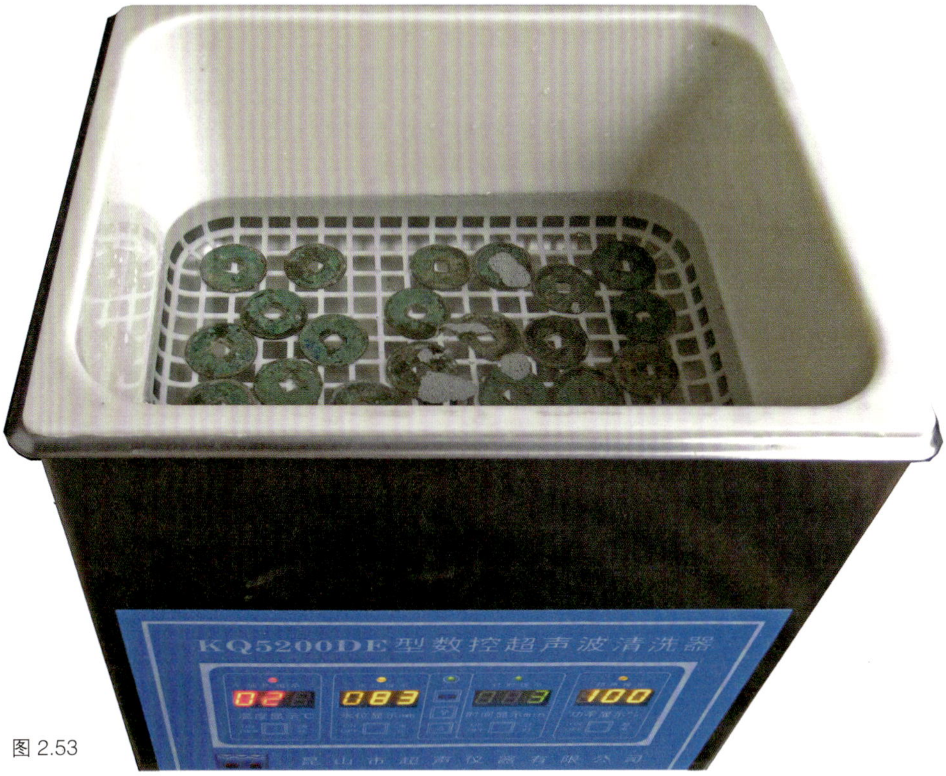

图 2.53

图 2.54

五、传统去锈法

传统修复工艺使用醋酸、乌梅膏等材料去锈，不适合腐蚀严重的器物，而且不容易控制去锈程度。如将通体矿化的青铜器浸入醋酸溶液，可能使器物化为粉末，彻底毁灭。如今传统去锈法已极少再用于青铜器的修复和保护，仅将以下内容作为资料记录保存。

取 30 度的醋酸 500 毫升，加入 6000 毫升清水，混合均匀，将铜器放入其中进行浸泡去锈。醋酸加水的量可以灵活掌握，水加得多则去锈能力较弱，需要浸泡时间稍长。每浸泡几个小时就应该取出观察，要掌握好去锈的分寸，如果去锈过度，会使铜器露出砖红色的地子，非常难看。

乌梅膏也是传统修复工艺中的常见材料。取 500 克乌梅，泡软后去核，放入研钵内研成细末，加入 25 克乙酸铜（醋酸铜）粉末，混合均匀，再放入 100 毫升冰醋酸。为使乌梅膏黏稠度合适，可加入适量水。制好的乌梅膏放在密封容器内保存。乌梅膏可反复使用，日久效力减弱，可再加入少量冰醋酸。在铜器需要去锈处覆盖厚约 1 厘米的乌梅膏，每隔几十分钟揭开乌梅膏查看去锈情况，如铜器纹饰已显现或铜锈已经稍稍发红，就应马上将乌梅膏取下，然后用清水将残留的乌梅膏洗净，再用刻刀或竹刀将已软化的锈及泥垢除净。

第三章——碎片连接

第一节
焊接的概念与传统焊接

第二节
锡焊

第三节
加强连接

第四节
铜焊与银焊

第五节
粘接

在金属结构和机械领域，需用一定的连接方式将两个或多个零件按一定形式和位置连接起来。金属的连接方式分两大类：一类是可拆卸连接，即不必毁坏零件就可拆卸，如螺栓连接、键和销连接等；另一类是永久性连接，也称不可拆卸连接，其拆卸只在毁坏零件后才能实现，如铆接、焊接和粘接等。本章介绍铜器碎片的常规连接方法，即焊接和粘接，本书第七章介绍破碎青铜器的可拆卸连接。

第一节　焊接的概念与传统焊接

焊接即通过加热或加压（或二者并用），用或不用填充材料，使焊件达到结合的一种加工工艺方法。按照焊接过程中金属所处的状态不同，可将焊接方法分为熔焊、压焊和钎焊。

熔焊是在焊接过程中，将焊接接头加热至熔化状态，不施加压力完成的焊接，如气焊、电弧焊、电渣焊、铝热焊、电子束焊等。

压焊是在焊接过程中，必须对焊件施加压力（加热或不加热）完成的焊接，如电阻焊、摩擦焊、气压焊、冷压焊、爆炸焊等。

钎焊是采用比母材熔点低的钎料作为填充材料，焊接时将焊件和钎料加热到高于钎料熔点、低于母材熔点的温度，利用液态钎料润湿母材，填充接头间隙（如各形焊口）并与母材相互扩散，实现连接焊件的方法，如常见的烙铁焊接、火焰钎焊等。钎焊是中国青铜器传统修复工艺中常用的连接方法。

当代焊接技术多种多样，以往还有文博同行尝试用激光焊接青铜器碎片[44]，其属于熔焊的一种，因成本高昂，未得普及。青铜器传统修复工艺采用的钎焊，又分大焊和小焊，大焊即铜焊或银焊，焊接强度高。相比之下，小焊的强度较低，青铜器的修复多用小焊，使用铅锡合金，即锡焊法。

使用合金进行焊接，古已有之。明代方以智《物理小识》卷七记有“以锡末为小焊，响铜末为大焊”，“焊药，以硼砂合铜为之……焊药加银一分其中，则永坚不脱”。古代还有一种低温焊接法，也叫汞齐法，用汞把铅、锡两种金属一起制成汞齐，再以之作为焊料。焊合操作可在常温下进行，此法可能发明较早，有关记载却是到了明代才看到[45]。高英先生曾撰文介绍中国青铜器传统修复工艺中使用火烙铁实施锡焊的方法：所用焊料为固体的铅锡合金，以氯化锌溶液作为助焊剂，用火烙铁进行导热和焊料的熔化。焊接时，先将镀好焊锡的烙铁刃部向上，在火焰中垂直加热，加热温度约需300℃～500℃左右（在阴暗处烙铁呈现暗红色为最高温度），然后用长把钳夹出，及时在氯化锌溶液内浸沾，使溶液将烙刃上因加热而氧化的焊锡清除干净，并立即在焊锡上两面反复蘸抹，务使烙刃保持洁净，焊锡即熔化成液体并衔挂一部分在烙刃上。再及时将焊件的焊口对接，并在焊口一端

（事先选好的焊口位置上）抹上助焊剂，将烙刃前端（尖角处）放在抹好助焊剂的焊口处（必要时可以前后略微移动烙尖）进行焊接[46]。

大焊有铜焊和银焊两种方法。铜焊法的焊药，用铜、锌各半，共熔于坩埚，倾入细沙堆中，冷凝后成碎碴，再用锤捣碎，掺入25%的硼砂粉，即成焊铜药（铜内掺入锌，可大大降低熔点）。焊接之前，先清理干净断口表面的锈污及氧化膜，使两个铜片拼接十分严密，然后用铁丝从外面捆牢。再以小勺铲起焊药撒在铜片里面的接缝处，撒一些焊药即用火在外烤一下，使硼砂熔化后粘焊药于接缝处，再撒再烤，直到焊药粘满接缝处，这时就可把铜器放在火上加高热，铜锌合金小粒即熔化渗入接缝处将两块铜片焊牢[47]。

银焊法的焊药是将等重量的锡、铜、银放在一起加热熔化形成合金，然后将其粉碎成细小颗粒即成，俗称"六成焊药"。在焊药内兑入硼砂即可[48]。焊接工艺与铜焊法相同。

第二节　锡焊

在没有电热工具的时代，使用火烙铁对破碎青铜器实施锡焊，传统修复工艺中称其为"小焊"。火烙铁用紫铜制成，一头带有两面坡的烙刃，使用前在炭火盆内蓄热保温，焊接时用长铁钳夹持，熔化焊锡，在碎片对接处的焊口上形成焊点或焊缝，焊锡凝固后完成锡焊。如今的青铜器传统修复工艺依然使用锡焊连接铜质较好的破碎铜器，火烙铁则被更为便利的电烙铁替代。锡焊法的优点是设备、工艺简单，焊锡的熔点为183℃（六成锡、四成铅），焊接温度不高，而且焊锡在常温时凝固很快，因此锡焊法是一种很方便的焊接方法。锡焊法的缺点是强度不高，但对于不需承受很大外力的文物来说，此缺点并不明显。

一、工具与材料

锡焊所用主要工具是电烙铁，虽然名为"烙铁"，实则是紫铜材质的"烙铁"头配合电热丝及钢铁机身。电烙铁的功率从几瓦到几百瓦不等，焊接铜器使用的最小功率的烙铁一般是200瓦或300瓦的，适合于焊接小件的壁薄的铜器；焊接编钟这类大型铜器则需使用500瓦电烙铁，才能将热量很好地传导至焊口周围，确保焊接牢固；如果铜器特别大，用500瓦电烙铁也无法焊接牢固，就必须使用更大的火烙铁进行焊接了。通电加热的烙铁应置于隔热架上，以防损伤工作台面（图3.1）。

新购得的电烙铁，烙铁头的形状往往不甚合适，烙刃太厚，不能良好地接触焊口，影响焊接强度，需自行加工，给烙铁头开刃。用螺丝刀拆下电烙铁端部的紫铜烙铁头（图3.2），稳定夹持于台钳，先用粗纹的平板锉磨锉，露出新鲜铜质并形成尖锐的刃口（图3.3），再用粗砂纸磨去锉痕，最后用细砂纸抛光。将烙铁通电加热，直至烙刃变紫，这时将烙刃浸入镪水会发出嘶嘶的声音。将浸过

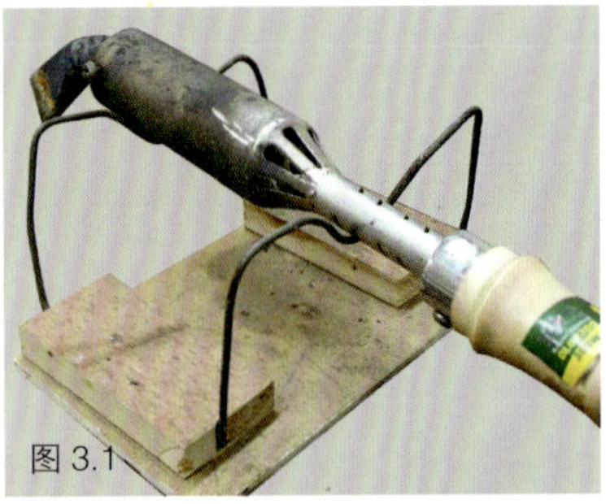
图 3.1

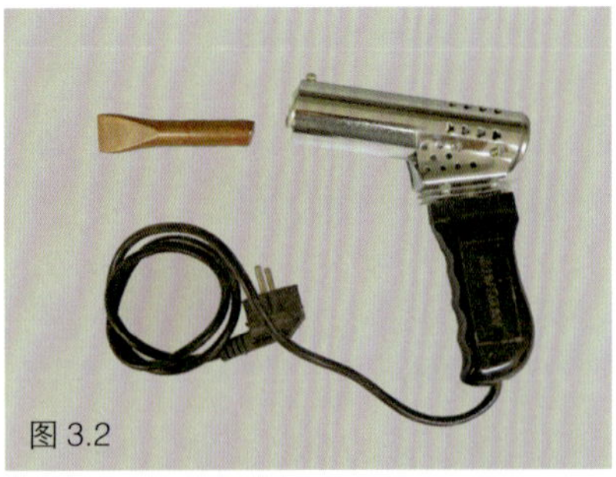
图 3.2

图 3.3

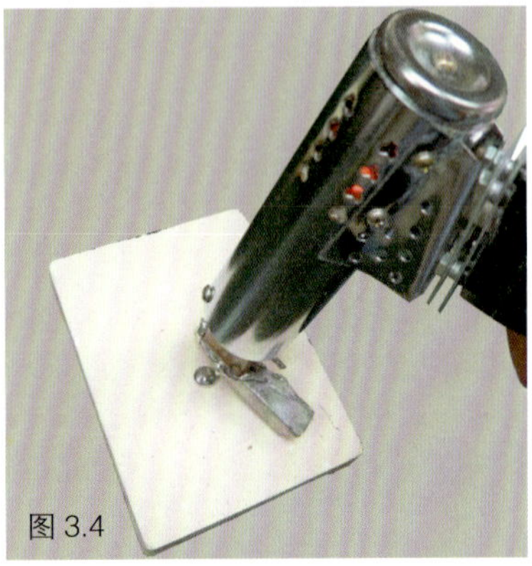
图 3.4

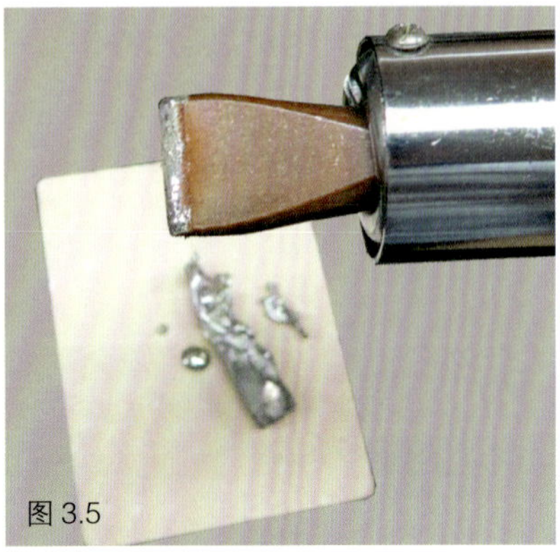
图 3.5

图 3.6

图 3.7

图 3.8

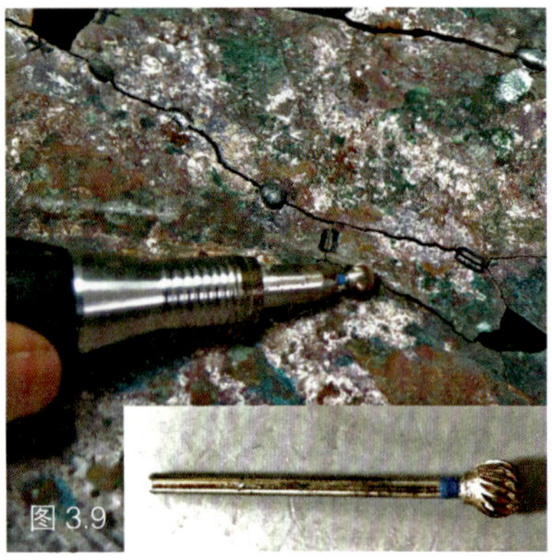
图 3.9

镪水的烙刃即刻提起，放在锡条上衔挂起焊锡（图 3.4），锡即可镀在烙刃上（图 3.5），完成工具的准备，以待锡焊使用。电烙铁使用完要及时断电，长时间连续加热易烧坏。

青铜器传统修复工艺所用焊料为焊锡，通常为 40% 的铅与 60% 的锡的合金，也可以使用纯锡焊接，但纯锡的铺展性不如铅锡合金。使用镪水作为助焊剂，镪水是具有强烈腐蚀性的浓硝酸、浓盐酸等的俗称。铜器修复所用镪水为氯化锌和盐酸的水溶液。取分析纯的氯化锌 500 克加入 300 毫升水，溶解时会放出热量，待其冷却后，加入约两饭勺盐酸，混合均匀。氯化锌溶液的作用是将焊口上的脏物和氧化膜去除。由于镪水具有腐蚀性，因此应将存放镪水的瓷碗放置在搪瓷盘内，防止镪水腐蚀工作台面。镪水应分装在两个瓷碗或玻璃容器内，一个用于蘸取，以去除焊口表面的氧化层；另一个用于浸入加热的烙刃，在焊接前清除烙刃表面污渍。氯化锌在焊接过程中产生的烟雾，会对修复人员的健康及环境造成较大危害[49]，含氯钎剂对青铜器是否安全也有争议。上海博物馆张光敏、张佩琛等曾对青铜器钎焊所用钎料与钎剂进行改性研究，用水杨酸和三乙醇胺作为新型无氯钎剂，用铅锡银合金作为新型钎料，经试验，钎焊接头强度、耐氧化性优于传统材料[50]。

各种型号的钢锉用于磨锉焊口。大号钢锉的横截面一般有长方形、圆形、三角形等形状。什锦钢锉是成套的小钢锉，其横截面有三角形、菱形、长方形、扁圆形、圆形等形状。工具要专物专用，不能用钢锉来磨锉柔软材料如木头、石膏、铅，尤其不能用其磨锉锡和蜡，否则锉齿会因黏腻而变钝，难以清理。用于锉铜的锉和锉铁的锉也应分开使用，锉锡应使用木锉，锉蜡应使用蜡锉。

一些小的青铜器碎片，锉焊口时单凭手握不易将碎片固定牢靠，难于观察所锉焊口的精度和精准控制力度，且钢锉容易伤到手。需在工作台边缘固定一架台钳，其上夹持一块锉板（图 3.6），将碎片靠在锉板上再磨锉焊口（图 3.7、图 3.8）。器物上一些开裂处需要焊接，无法用锉刀加工焊口，也会用到牙科打磨机等精密电动工具，配合合适型号的磨头，加工出各种形状的焊口（图 3.9）。

二、磨锉焊口

由于青铜器碎片表面已腐蚀而无铜质，不利焊接，需要锉出焊口，露出新的铜质才能焊接。焊口一般锉在铜器表面无纹饰、铭文，没有需要保留的遗迹（如草席与织物附着、烟炱等使用痕迹、器表工艺痕迹等）的一侧。此外，还要尽量保留断口曲线，保持两块碎片准确对接的依据。不可沿断面平行锉去一层，妨害碎片的准确对接，致使修复后的器物难以准确恢复原貌。因此，通常按照间隔分布的方式来锉焊口，然后用点焊方式连接碎片，再用黏合剂填充未经焊接的断面以补强连接，减小对器物的干预。焊口根据磨锉工具的横截面形状不同，可形成长方形（图 3.10）、菱形（图 3.11）、枣核形（图 3.12）等类型。可根据不同焊接位置的具体情况，选择适宜的工具磨锉焊口。锉长方形焊口使用平板钢锉，锉枣核形焊口使用扁圆钢锉，锉菱形焊口使用三棱锉或四棱锉。给较小、较薄

图 3.10

图 3.11

图 3.12

左页
图 3.1　加热后的烙铁置于隔热架上
图 3.2　拆卸烙铁头
图 3.3　磨锉烙刃
图 3.4　衔挂焊锡
图 3.5　烙刃镀锡
图 3.6　台钳固定锉板
图 3.7　碎片稳固定位
图 3.8　磨锉焊口
图 3.9　牙科打磨机磨焊口

右页
图 3.10　长方形焊口
图 3.11　菱形焊口
图 3.12　枣核形焊口

铜器锉焊口时使用小的什锦锉，给大件铜器碎片锉焊口使用大号钢锉（图 3.13）。在锉长方形、枣核形或菱形焊口之前，应先将断口对接严密，用无酸记号笔横跨断口做一记号（图 3.14），然后再在断口两侧的器物缺口处和碎片上分别锉焊口（图 3.15、图 3.16）。碎片对齐后，断口两侧的焊口不会错位（图 3.17）。一块碎片在实施锡焊之前，通常将所有断口的焊口都磨锉好，以免焊接上去后再锉焊口时将焊好的部位震开。

一些器物对焊接的强度要求高，也会用到长条形焊口（图 3.18）。这种焊口在增大焊接面和焊接强度的同时，也加大了对铜器的损伤。由于保留的断面较少，焊接时不易对齐断口。若非不得已，应尽量少使用这种焊口来焊接器物，以减小修复过程对器物的过度干预。

焊口的坡度，即断口两侧相对焊口形成的夹角。坡度太大或太小都不易焊接牢固，一般控制在 60 度到 90 度。器形大且重的铜器，锉焊口时要使焊口坡度大些；小件的轻薄铜器，焊口坡度不必很大，较窄的焊口已可满足强度要求。但使用撬压焊接法整形过的铜器，由于碎片的弹力较大，尽

图 3.13

图 3.14

图 3.15

图 3.16

图 3.17

图 3.18

左页
图 3.13　大号平板锉打磨大件铜器碎片焊口
图 3.14　无酸记号笔标记焊口位置
图 3.15　器物缺口处锉焊口
图 3.16　器物碎片断面边缘锉焊口
图 3.17　严密对接的断面和焊口
图 3.18　长条形焊口

右页
图 3.19　蘸取镪水
图 3.20　焊口滴加镪水作为助焊剂
图 3.21　电烙铁锡焊
图 3.22　凝固后的焊点呈银白色

管器物较小较轻也应将焊口坡度锉大些。焊口的深度有碎片厚度的一半至三分之二即可，另外一部分厚度的断口需保留完好，以便于碎片对接时将断口衔接紧密，不留缝隙。

在锉焊口时，有时锉出的新碴口并不是鲜亮的金黄色或黄灰色，而呈黄红相间的颜色或砖红色，而且锉下的铜屑有一种特殊的刺鼻味。这些现象说明铜质较差，焊接时，要将烙铁在焊口上多放一会，充分导热，直至看到焊口处在冒泡，焊锡才能良好地渗透进胎体，焊得较牢。如锉出的新碴口呈粉绿色，基体已经腐蚀殆尽，焊接难以奏效，应使用粘接。

三、锡焊工艺

将烙铁通电加热，当烙刃浸入镪水后有剧烈的嘶嘶声，说明烙铁已经达到足够的热量，可以进行焊接了。先用竹签蘸取镪水，滴加在焊口上（图 3.19、图 3.20），然后将烙刃浸入镪水后提出，放在锡条上衔挂起焊锡，将烙刃贴合焊口数秒钟（图 3.21）。铜质好时保持五六秒即可，如果铜质一般则要多保持一会，以便于导热，只有热量良好地传导在铜器上，才能焊接牢固。移开烙铁，焊锡凝固，即完成焊接（图 3.22）。

还有一种焊接方法，是在要焊接的两部分的焊口上事先镀上锡，然后对好断口，将烙铁放在焊口上稍稍加热，即可将两部分的焊锡熔接。有时需要将铅锡合金补配件或镀锡铜质补配件焊接在铜器上，需要很高的温度才能焊接牢固，而温度过高又会使铅锡补配件或镀锡层熔化，因此先在铜器的断口上用高温镀好一层锡（图 3.23），然后将补配件与铜器断口对接好，用烙刃稍稍加热即可将二者熔接（图 3.24），又确保补配件不会被高温毁坏。

有的焊口需要的焊锡量较大，仅凭烙刃衔挂的焊锡不足以填充焊口形成牢固焊接，可将预先准备好的锡珠置于焊口（图 3.25），再将衔挂了焊锡的烙刃放置于焊口（图 3.26），使锡珠熔化后充分铺展、浸润，填满焊口（图 3.27）。制作锡珠，可采用“炸珠”工艺，将电烙铁加热到足够的温度后，接触并熔化焊锡条，将熔融的焊锡液滴入盛水的烧杯（图

图 3.19

图 3.20

图 3.21

图 3.22

图 3.23

图 3.24

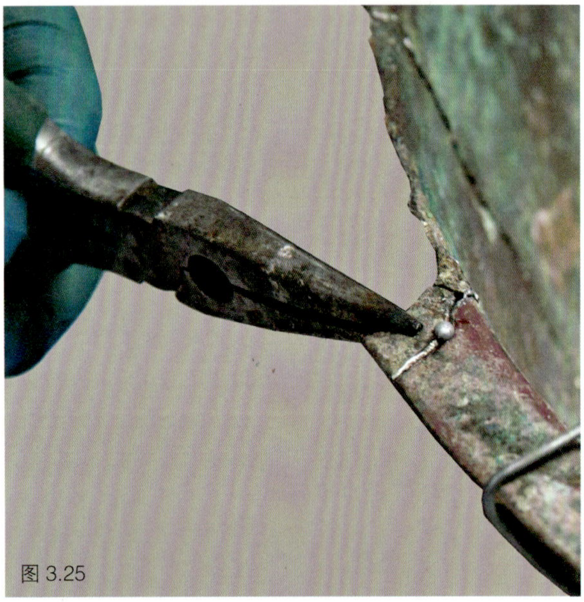
图 3.25

图 3.26

图 3.27

图 3.28

图 3.29

3.28），形成许多锡珠（图 3.29），捞出沥干以备后用。

助焊剂镪水具有腐蚀性，长时间接触铜器断面，会加重青铜的腐蚀程度，降低焊口的金属性能。因此，在焊口点完镪水就要马上焊接。

当被修复的器物受损严重、碎片很多时，锡焊后难免会有误差，因此碎片间的初步焊接应使用点焊，可将焊口先全部磨锉完成，但只在两个碎片间焊住一两点，待全部碎片焊在一起，全部断口对接无误，再将所有焊口焊实。如果有些断口不能对齐，找到误差位置，用烙铁烫开焊点调整焊接角度，重新完成焊接。调整两块经过焊接的碎片的角度时，不可硬掰，否则虽然看似仍连接完好，实则锡焊结构已被破坏，强度降低。

关于碎片的焊接顺序，应先焊接器物上的基准部分，如口沿、底部。然后再焊接那些没有变形的碎片，再以它们为标准对变形碎片进行整形焊接。如果某一部位碎成很多小块，应该先将这些小碎片焊在一起，再将它们焊接在器物上，如果一小块一小块地往器物上焊接，很可能由于误差积累，使最后一批小碎片无法嵌入相应部位。

四、锡焊时的碎片固定

锡焊时烙刃热量会快速传导于铜器碎片，用手抓持器物时需戴隔热手套。小件的碎片，热传导迅速，戴手套也难以隔绝热量，手套过厚则无法精确操作，可用无酸纸胶带从碎片背面将其固定于器物，也可用尖嘴钳夹持碎片对接于器物再行锡焊（图 3.25 ～图 3.27）。较大型的碎片，锉好焊口并与器物主体对接后，可用大力钳（图 3.30）、G 形夹固定，再将各个焊口依次锡焊（图 3.31 ～图 3.33）。当碎片断口位于器物上有转折的部位，用大力钳和 G 形夹无法严密夹持，可用 PSI 胶棒（详见本书第五章图 5.292 ～图 5.295）自制随形夹具，再以 G 形夹将器物变形部位夹持固定，即可在

图 3.30

图 3.31

图 3.32

图 3.33

左页
图 3.23　器物残缺处焊口预先镀锡
图 3.24　补配件与器物焊口上镀锡层的熔接
图 3.25　尖嘴钳固定碎片后放置锡珠
图 3.26　锡焊
图 3.27　锡焊后
图 3.28　炸珠
图 3.29　锡珠

右页
图 3.30　大力钳固定碎片
图 3.31　碎片的稳定夹持
图 3.32　未对齐的断面和断口
图 3.33　G 形夹固定碎片

图 3.34

图 3.35

图 3.36

图 3.37

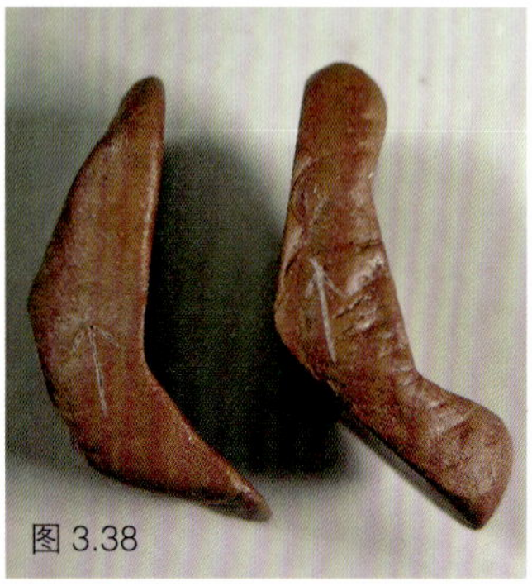
图 3.38

图 3.39

图 3.40

图 3.41

断口上进行精准的焊接操作（图 3.34 ～图 3.41）。

五、锡焊后处理

焊接完毕后，焊料通常会凸出器表，可用烙刀热熔后抹去焊口上高出器壁的焊锡，还可用木锉、蜡锉、刻刀、刮刀、手术刀、装配磨头的牙科打磨机等修刮多余的焊锡（图 3.42）。若没有合适的刮削刀具，也可利用断掉的废锯条，在砂轮机上磨出所需刃口形状，自制更为得心应手的工具（图 3.43）。用点焊固定的青铜器碎片，可在断面接缝处填充环氧树脂黏合剂，以增加连接强度并密合接缝（图 3.44、图 3.45）。待环氧树脂固化，还需用手术刀将密合的接缝表面刮平滑。

传统修复工艺中使用镪水为助焊剂，残留的氯离子对青铜器有害，使青铜器在一定的湿度和温

图 3.42

图 3.43

图 3.44

图 3.45

左页
图 3.34　变形部分
图 3.35　矫正至正常位置
图 3.36　制作内侧器壁随形夹具
图 3.37　制作外侧器壁随形夹具
图 3.38　制作完成的配套随形夹具
图 3.39　配套随形夹具用 G 形夹固定
图 3.40　配套夹具固定器物碎片
图 3.41　稳固夹持后便于准确连接碎片

右页
图 3.42　使用手术刀刮削多余焊锡的手法
图 3.43　使用自制刮刀刮削淤积焊锡的手法
图 3.44　填充环氧树脂黏合剂补强接缝
图 3.45　使用牙科调粉刀填缝的手法

度下加速生成粉状锈，导致青铜器的腐蚀性破坏[51]。焊接后，如清洗不净，会给青铜器的长久保护埋下隐患。因此焊接完的铜器要放在蒸馏水或纯净水中浸泡，清洗镪水残留的有害物。一般经一夜浸泡，器表会析出白色蜡状物质，要用刷子将其洗净（图 3.46、图 3.47）。这样反复浸泡三四次才能将有害的氯离子去除干净，最后再将器物置入烘箱彻底干燥。

图 3.46

图 3.47

第三节　加强连接

如果单纯锡焊的连接强度不够，传统的青铜器修复工艺还使用加强结构如插片、锔钉、销钉、银锭扣等配合锡焊，以提高碎片间的连接强度。在青铜器的现代修复工艺中，这些加强连接的部件，也可通过粘接与器物碎片形成连接。

一、插片

断口接触面小的薄壁青铜器碎片的焊接，传统修复技术中有“加插片”的方式。图 3.48 是一件

左页
图 3.46　纯净水浸泡后焊口析出白色蜡状物质
图 3.47　纯净水清洗焊口

右页
图 3.48　青铜器 X 射线成像照片所见传统修复工艺的插片加强连接
图 3.49　铜器残缺处断面的开槽
图 3.50　锤打铜片制作插片
图 3.51　铅锡合金补配件与铜器断面的插片连接
图 3.52　插片与器物间的锡焊
图 3.53　锡焊后效果

采用传统方法修复的青铜器的 X 射线成像照片，断口上有三处使用插片加强连接，插片厚度较切口薄，周围用铅锡合金填实。操作时，先在欲对接碎片的断口两侧锯出透槽（图 3.49），用打料锤和平面砧将紫铜片边缘打至厚度稍薄于透槽宽度（图 3.50），用铁皮剪剪下尺寸合适的铜片，插入槽内连接补配件（图 3.51），再锡焊固定（图 3.52、图 3.53）。插片增大了连接面积，进而提高了连接强度。有些器物的断面间存在一定间隙，不能严密对接，为了减少过度整形给器物带来更大的破坏，采取随形修复（详见本书第四章图 4.89 ～图 4.113 及相关内容），通常容许断面间隙的存在，通过增设插片，使断口两侧未能严密接触的碎片形成牢固连接（图 3.54）。锡焊固定插片后（图 3.55），可再向断面间隙填充环氧树脂黏合剂补强。

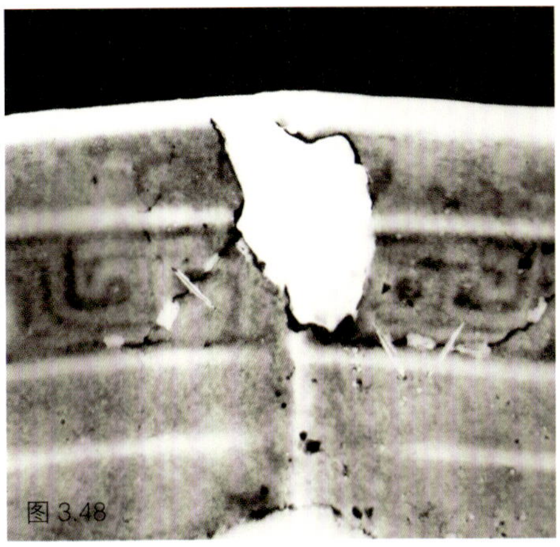
图 3.48

图 3.49

图 3.50

图 3.51

图 3.52

图 3.53

二、锔钉

锔钉是瓷器传统修复工艺中常用的连接结构，也被借鉴到青铜器的传统修复技术中。锔钉较适合用在铜器口沿等较厚部位，使用锔钉加固后，再配合焊接。先在铜器口沿处需要加锔钉的断口两侧各打一穿孔，然后用装有铣刀的牙科打磨机在两孔之间剔槽（图 3.56），槽深应与锔钉的直径接近（图 3.57）。锔钉常用黄铜丝制作，如用 H62 标号的黄铜丝，加热后做两次直角折弯，成为“冂”字形，以恰好嵌入器物而不从器壁凸出为最佳（图 3.58）。红铜太软，抗拉强度低，不宜作为锔钉制作材料。

图 3.59 所示为一件薄壁铜甑需要使用锔钉加强连接的典型案例。铜甑口沿有开裂和弹性形变，器物金属材质保存状态良好（图 3.60）。修复时，先用整形箍将弹性形变部位矫正，于断口上间隔位置打磨焊口（图 3.61），锡焊后又使用环氧树脂黏合剂补强（图 3.62）。为确保连接部位不会再次崩开，将整形箍套在器物上超过一个月之久，试图待应力减小、弹性降低后再拆去整形箍（图 3.63）。然而，松脱整形箍后，经过锡焊和环氧树脂黏合剂补强的断口仍立即崩开（图 3.64、图 3.65）。解决此问题的常见方法主要有三种：其一是延长整形箍在器物上的紧固周期，直至应力减小，松脱整形箍后也不会因变形部位的残余弹力而再次崩开，此法要顾及修复时间的限制；其二是通过锤打或工具整形（详见本书第四章），

图 3.54

图 3.55

图 3.56

图 3.57

图 3.58

图 3.59

图 3.60

图 3.61

图 3.62

图 3.63

图 3.64

左页
图 3.54　铜盆变形口沿断面的插片连接
图 3.55　锡焊固定插片
图 3.56　牙科打磨机配铣刀加工凹槽
图 3.57　用于嵌入锔钉的凹槽
图 3.58　恰好嵌入凹槽的锔钉

右页
图 3.59　开裂变形的铜甑
图 3.60　铜甑局部
图 3.61　磨锉焊口后
图 3.62　焊接并经环氧树脂黏合剂补强后
图 3.63　保留整形箍等待应力减小后定型
图 3.64　一个月后松脱整形箍

快速矫正弹性形变部位，但整形过程通常对器物材料的稳定性乃至被矫形部位的金相结构影响较大；其三是使用锔钉予以加强连接。相较做法一，后两种做法对器物本体干预的程度更大，但修复周期短。图 3.59 所示器物采用了做法三，重新紧固整形箍，使崩开处密合，用超硬钻头在断口两侧各钻一孔（图 3.66），配制黄铜锔钉后拆去整形箍（图 3.67），用锔钉使断口两侧形成加强连接。因口沿处厚度仅 1 毫米，为确保连接强度，未在两钻孔之间铣槽。为便于提拉固定和锡焊锔钉，先使锔钉保留较长的两足（图 3.68），用锡焊固定锔钉（图 3.69、图 3.70），最后再用高碳钢顶切钳剪去锔钉两足多余的部分（图 3.71），打磨平整后做旧掩盖修复痕迹。

图 3.65

图 3.66

图 3.67

图 3.68

图 3.69

图 3.70

图 3.71

左页
图 3.65　断口再次崩开
图 3.66　断口两侧分别打孔
图 3.67　配制锔钉
图 3.68　锔钉连接后

右页
图 3.69　锔钉锡焊
图 3.70　完成锡焊后的锔钉
图 3.71　剪断锔钉多余的长足

图 3.72

图 3.73

图 3.74

三、销钉

销钉通常用于大型或厚重青铜器碎片的连接。先在断口两侧各打一孔，两孔对准后要确保碎片断面对齐，然后将粗细合适的黄铜销钉穿入相对的两孔，并锡焊固定。图 3.72，钟钮从钟体上脱落，器物较重但断口接触面小，仅凭锡焊或粘接，其连接强度不足，需在钟体和钟钮间断面处加入黄铜短销钉，以加强连接，随后再行锡焊。操作时，首先在舞面中央的断口处钻透孔（图 3.73、图 3.74），再于钟钮断口的对应位置钻孔。为确保钻孔精度，钟钮需用台钳夹持，钟钮两侧用软木或胶垫作为缓冲防护，避免钟钮被台钳夹伤或留下压痕（图 3.75、图 3.76）。在预制好的黄铜棍表面镀锡（详见本书第五章图 5.9 ~图 5.13），插入钟钮断面上的孔，再于缝隙内滴助焊剂，用热度足够的烙刃衔挂焊锡后接触缝隙，并使烙刃的热量充分传导于黄铜棍，焊锡会沿着缝隙浸润和铺开，数秒后移开烙刃，焊锡凝固，完成焊接（图 3.77）。将黄铜棍的另一端插入钟体顶部舞面的透孔（图 3.78），从钟体内壁操作，向缝隙内滴入助焊剂，再以 500 瓦功率的焊枪实施锡焊（图 3.79）。

左页
图 3.72　使用黄铜销钉加强连接钟体与钟钮
图 3.73　舞面断口钻孔
图 3.74　用于连接销钉的透孔

右页
图 3.75　台钳夹持钟钮后钻孔
图 3.76　钟钮断面的销钉孔
图 3.77　销钉插入钟钮插孔并锡焊
图 3.78　钟内壁透孔可见黄铜销钉
图 3.79　从钟体内壁向透孔内锡焊黄铜销钉
图 3.80　镈钟 X 射线成像照片所见传统修复工艺中的银锭扣

图 3.75

图 3.76

图 3.77

图 3.78

图 3.79

图 3.80

四、银锭扣

图 3.80 所示镈钟，使用了传统修复工艺中的银锭扣来连接碎片。对于断口对接面小而形体较大较重的铜器修复，单纯用锡焊不牢固，前述多种加强结构亦效果不佳，可将纯铜质银锭扣（“银锭”是描述其形状，也称为“腰铁”）嵌入铜器碎片基体上开出的燕尾槽，再以锡焊固定，以牢固连接较大较重的若干碎片。类似做法在古建筑的大型构件连接上也有使用。

操作时，先将铜器的两块碎片的断口对接好，横跨断口画好一个两头宽中间窄的记号。分别在每块碎片上用锋钢刻刀沿着记号剔出燕尾形凹槽，也可先用装有合金切断片的牙科打磨机在记号内密集切割出若干浅槽，再用锋钢刻刀剔刻，以提高效率（图 3.81 ~ 图 3.84）。青铜的硬度高，刻刀很快就会变钝，需时常用油石将其磨锋利再使用。磨刀时要在油石上加水，防止干磨生热，使钢刻刀退火。剔成的凹槽应口小底大，槽的深度为铜器壁厚的三分之一到一半（图 3.85）。用纸片和铅笔取下燕尾槽的形状（图 3.86），将剪下的纸样贴在厚度与燕尾槽深度一致的铜板上（图 3.87），用钢锯将银锭扣从铜板上锯下（图 3.88），再用钢锉将银锭扣的形状磨锉精确。做好的银锭扣需经火烧，以增强塑性。将银锭扣嵌入燕尾槽，用圆头钢锤将其锤至略微鼓胀，形成较为稳定的连接（图 3.89、图 3.90）。最后用 500 瓦的大功率电烙铁，将银锭扣锡焊在燕尾槽内，锡焊时要确保电烙铁有足够的蓄热，并可将热量在银锭扣及其周围的青铜基体上充分传导，使焊锡能够铺满银锭扣周围的缝隙（图 3.91、图 3.92）。

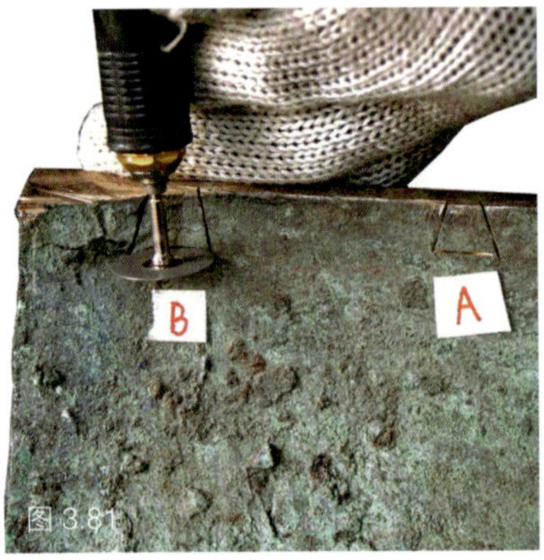

图 3.81

图 3.82

图 3.83

图 3.84

图 3.85

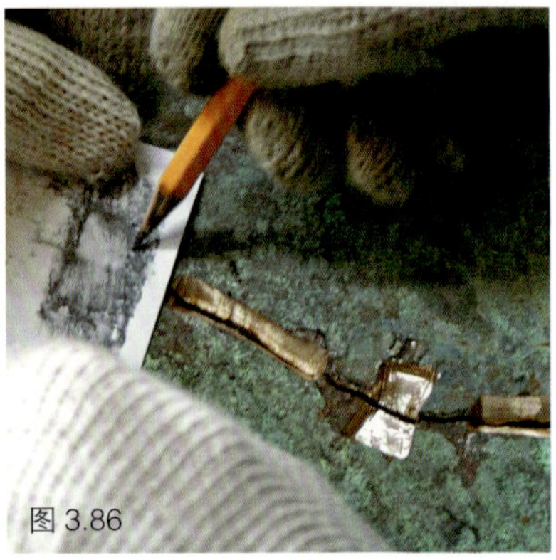
图 3.86

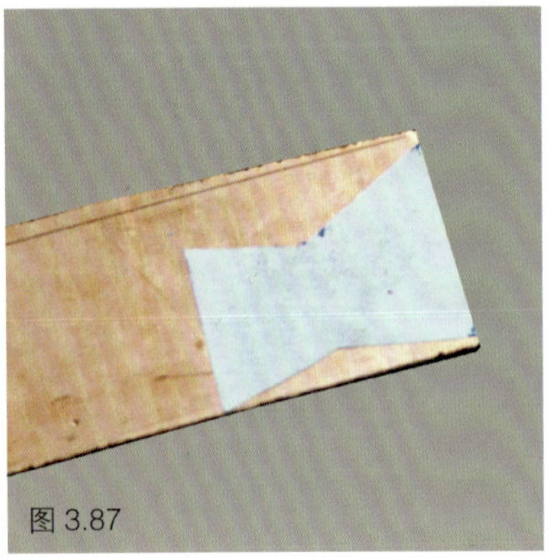
图 3.87

图 3.88

图 3.89

图 3.90

图 3.91

图 3.92

左页

图 3.81　牙科打磨机安装切断片切割

图 3.82　斜向切出若干浅槽

图 3.83　密集切割出燕尾槽大致形状

图 3.84　以沙袋固定铜器碎片并剔出燕尾槽

图 3.85　断面与燕尾槽的对齐检查

图 3.86　燕尾槽描纸样

图 3.87　铜板贴纸样

图 3.88　锯切银锭扣

图 3.89　嵌入并锤胀银锭扣

右页

图 3.90　银锭扣嵌入后

图 3.91　锡焊银锭扣

图 3.92　银锭扣周边填满焊锡

如遇更为沉重的破碎青铜器，纯铜银锭扣的强度不能胜任，需使用黄铜板制作银锭扣。黄铜板有明显的加工硬化效应，锤打前必须先煅烧至红赤以增强塑性，强行锤打会使黄铜内部形成暗纹裂隙甚至断开。

第四节　铜焊与银焊

一些经矫形后弹力很大，而又不宜采用锤打、模具夹持等方式整形的器物，碎片间的连接也会用到大焊。大焊使用铜焊料或银焊料、硼砂及火焰钎焊工艺，其连接强度远高于锡焊。根据铜基或银基钎料的熔点不同，需将焊点局部加热至450℃以上的高温（图3.93），焊接后虽然强度高，但青铜器表面变色严重。焊点上多余的钎料非常坚硬（图3.94），用牙科打磨机配合超硬合金磨头强力打磨后，往往仍会残留有少量高凸的焊料（图3.95）。

另外，钎料与青铜器碎片（母材）之间需形成相互扩散才能有牢固的焊接，高温有利于扩散的充分进行，但钎焊温度超过200℃，除会使青铜器表面锈蚀物产生氧化变色，还会使焊接过程的热影响区（临近焊缝并有明显组织转变区的焊接接头部分）扩大。由于热影响区中的温度连续变化，此区域内的基体合金在不同加热温度和时长下会发生复杂的组织转变，造成修复后的青铜器金相结构的改变，可能误导后续对器物材质及制作工艺的研究，因此铜焊或银焊法在修复古代青铜器时必须慎用。而青铜器修复所用锡焊的温度较低，热影响区中基体金属组织如何改变，是有待进一步研究的问题。在实施焊接之前，应先完成金相样品的采样和相关研究。

第五节　粘接

通过黏合剂将器物碎片连接起来的连接方式叫作粘接。保存状态差、金属基体腐蚀殆尽的铜器碎片的连接，焊接无法奏效，需要使用粘接法。传统修复工艺中的粘接材料有天然大漆、酒精漆片汁等。青铜器的当代修复，多使用环氧树脂、丙烯酸树脂等高分子材料作为黏合剂。为使修复过的器物便于拆解和再次处理，还会在粘接前于断面施加可再处理层。

在青铜器修复当中，一些破碎严重的器物，由于碎片较多，要准确地粘接碎片具有一定难度。如果众多碎片中有一块粘接错位，或者碎片之间黏合剂的厚度较大，接缝的误差积累会使整件器物修复后产生变形。因此需要选择固化快且表面凝结张力小的黏合剂。另外，粘接面的洁净程度也对粘接效果有很大影响。表面张力低的油污易吸附在粘接面上，形成不易清除的吸附层，大大减小黏合剂和粘接面的亲和力；水分以气态或液态存在于粘接面，也会降低黏合剂的吸附力。

图 3.93　口沿用丁烷焊枪高温钎焊
图 3.94　使用银焊料钎焊后
图 3.95　打磨堆积的焊料并清除器表变黑的锈层后

20世纪下半叶，高分子材料的研究和应用发展迅速，出现了一批新型的性能优越的化学黏合剂，粘接技术被逐渐应用于青铜器修复当中。粘接技术的优点在于不需要磨锉焊口、不使用助焊剂，使修复过程对青铜器物质层面的干预程度降到较低水平。但是黏合剂依然存在一些暂时无法克服的缺点，首先是黏合剂的凝固都需要一定时间，而对于那些存在弹性形变的变形器物，变形部位在黏合剂固化过程中的固定成为一大难点；另外，由于青铜器修复中使用的现有环氧树脂类黏合剂都不能逆向使用，黏合剂一旦固化，就难以进行矫形处理，除非将黏合剂去除，重新粘接。而焊接工艺在此种情况下就显现出其优势，如果需要矫形，只需在用烙铁熔化焊锡的同时调整碎片间的连接角度，移开烙铁即重新形成碎片间的连接。可见现阶段粘接技术虽然可以推广，但是依然不能完全取代传统的焊接技术，是否使用粘接工艺需要根据器物自身状况来考虑。

当前青铜器碎片粘接使用最广泛的是环氧树脂黏合剂，使用时加入一定比例的固化剂调和而成。环氧树脂是含有环氧基团的树脂的总称，主要由环氧氯丙烷和多酚类（如双酚A）等聚缩而成，与多元胺、有机酸酐或其他固化剂等反应，成为坚硬的不溶不熔的热固性高分子化合物，耐碱和大部分溶剂，粘接强度高，因而粘接后的碎片难以拆解和再次处理。

环氧树脂黏合剂品种多样，作为修复材料选用时，需了解其性能，并且最好选择已经被较广泛使用，可靠性经过较长时间检验的黏合剂。用于文物修复的常见环氧树脂黏合剂主要有以下几种：

（1）AAA超能胶，双组分，使用时按照1∶1比例调和，固化时间长。AAA超能胶呈透明状，较易变黄，多用于瓷器修复，黏度一般，用于青铜器粘接时可混入填料增加黏度，用作补全材料时需要混入滑石粉，揉合成具有塑性的腻子用以补缺。加入滑石粉可使AAA超能胶强度提高，热膨胀系数降低。

（2）Araldite 2020胶，双组分，使用时按10∶3比例调和，操作时间约45分钟，固化周期长，修复效率低，优点是不易变黄。Araldite 2020胶黏性低，可通过毛细作用渗入预先拼接好的碎片接缝内，用于孔隙率高的断面则会因吸入胎体而无法得到胶结层。

（3）安特固环氧树脂黏合剂，双组分，使用时按1∶1比例调和，固化时间短至几分钟，有透明和黑色两种颜色可选，收缩率小，机械强度高。安特固环氧树脂黏合剂的黏度高，不混入填料，直接用于青铜器碎片的粘接也可快速定型，固化后强度、韧性好，膨胀和收缩率小，也可用作补全材料。本书案例所用环氧树脂黏合剂主要为安特固环氧树脂黏合剂。

此外还有UHU-PLUS胶、PSI胶等。PSI胶通常用作补全材料，也具有黏性，可与接触物实现黏合。

图3.96、图3.97所示为安特固双组分环氧树脂黏合剂的调和方法，将等量的胶剂和固化剂挤在瓷板或瓷砖片上，用调刀混合至颜色均匀，随即涂抹于铜器碎片的断面上。将碎片对接于器物主体后，适度按压，用手术刀铲去溢出的多余黏合剂，静待几分钟，碎片便可定型，24小时后达到最高粘接强度（图3.98～图3.100）。操作环境的温度不同，会影响黏合剂的固化速率，较冷环境中，固化周期变长。被粘接的碎片较小较多，用手扶持不容易稳固定位，可在断面涂抹黏合剂后，将碎片用油泥固定，或用医用止血夹固定，确保各碎片间不会发生相对位移（图3.101、图3.102）。

青铜器修复的现代技术中，碎片粘接之前通常在断面上涂10%浓度的Paraloid B-72丙酮溶液

图 3.96　安特固双组分环氧树脂黏合剂
图 3.97　在瓷砖片上调和均匀
图 3.98　碎片粘接步骤一
图 3.99　碎片粘接步骤二
图 3.100　碎片粘接步骤三
图 3.101　鼎口沿碎片

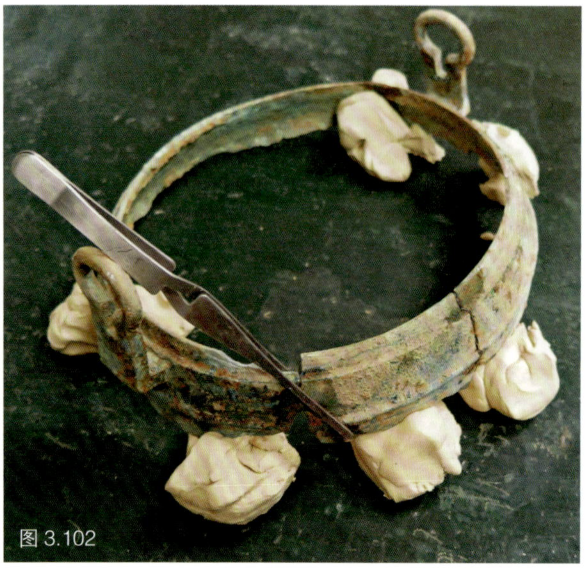

作为可再处理层。需要拆解被粘接过的碎片时，可用丙酮等溶剂溶解可再处理层。美国罗门哈斯公司（Rohm & Haas）生产的 Paraloid B-72 是国际上广泛使用的耐久性、安全性得到了长期实践检验的材料，用于各类文物的保护和修复。这是一种丙烯酸树脂，是以甲基丙烯酸乙酯和丙烯酸甲酯的共聚物为主要成分的热塑性树脂。产品本身为透明固体颗粒，可溶解于丙酮等溶剂中使用，溶剂挥发后干燥固化。该材料对紫外线的耐受度较好，不易变黄老化，具有可再处理性，固化后可用溶剂溶解去除。缺点是成膜后较脆且玻璃化温度仅为 40℃，不适合在气候炎热的环境中使用，否则容易脱胶。可用 Paraloid B-44 替代，其渗透性不如 Paraloid B-72，但玻璃化温度可达 60℃。40% 浓度的 Paraloid B-44 丙酮溶液可用作黏合剂，可再处理性优于环氧树脂黏合剂。但是，选用这些可再处理性良好的丙烯酸树脂类黏合剂，必须考虑到被修复文物未来所处的保管和展陈环境，如其长期所处的保存环境的温湿度无法有效控制，文物修复后很快会面临再次解体并需要重新修复，这时就不得不考虑直接使用环氧树脂黏合剂等具有一定腐蚀性，但连接强度、稳定性、耐久性更好的黏合剂直接连接碎片。

图 3.102　碎片用油泥和医用止血夹固定

第四章 —— 整形

第一节
轻度矫形后配合焊接或粘接固定

第二节
锤打整形

第三节
模具与工具整形

第四节
加温矫形

第五节
锯解整形

第六节
传统修复工艺的整形综合处理案例

第七节
随形修复

埋藏在地下的铜器由于墓穴崩塌或在埋葬之前被人为敲打等原因，在发生破碎的同时，通常伴随着变形，修复时要对变形部位实施整形。青铜器传统修复工艺中有“不怕铜器碎得多，只怕铜器有变形”之说，可见铜器整形相对棘手。整形的方法多种多样，并没有固定的程式。过去为了追求青铜器修复后的审美效果，会采用一系列方法矫正变形部位，常见的方法有锤打、顶压、锯解、箍、模压、工具整形、捆扎、加温矫形等等。整形过程（尤其是锯解整形）对青铜器本体干预大，高温加热矫形、锤打往往会造成金属的相变，甚至干预未来对青铜器材质和制作工艺的分析研究。因此，当前的青铜器修复通常会对变形采取保守处理，如采用随形修复，或将变形的部位隐藏在器物摄影或展览不易被看到的位置，从而最大限度地减少对器物的干预。

第一节　轻度矫形后配合焊接或粘接固定

图 4.1

图 4.2

对于局部有轻微变形，又有一定弹性的铜器，可在变形处采用“撬动”“顶压”两种手法，使变形的部位得以矫正，同时再结合焊接，对变形后整形恢复的部位进行连接和固定。也可以采用粘接法连接变形后被矫正部位的裂缝，但黏合剂固化并达到最高强度的周期远远长于形成牢固焊接点的时间，如用粘接法固定矫形后尚存弹性的器物碎片，需要用矫形工具长时间固定并确保其不移位。

本书第三章“碎片连接”介绍了使用大力钳或 G 形夹等工具固定碎片，以辅助焊接。当器物局部存在开裂并有轻微弹性形变，而断口呈开放状态时，也可以用 G 形夹固定矫形后的碎片，再在对接后的断面上用牙科打磨机磨出焊口，进而使用锡焊，以点焊方式固定被矫正后的位置。有些碎片开裂变形而又尚未从器物上完全脱落，G 形夹体量较大，没有足够空间穿入狭小残缺部位（图 4.1），可使用细长的尖嘴钳撬动变形部位，使之上抬至能够与器物断面严密对齐的位置（图 4.2），同时使用牙科打磨机在对接严密的裂缝上打磨焊口（图 4.3），随后锡焊固定。操作时为了解放双手，以便操作，可用不同长度和重量的锡条等物作为配重的砝码，固定尖嘴钳手柄，防止手松脱后钳体随着铜器变形部位的回弹而移动（图 4.4）。

图 4.5 所示铜盆，盆底局部开裂并下陷，器物材质保存状态好，下陷部位有弹性，但没有缺口和着力点使用上述撬动法，可从盆底内侧施力，顶压整形。在锉好焊口后，一边用木棍等应手工具

图 4.3

图 4.4

图 4.5

左页
图 4.1　变形部位
图 4.2　尖嘴钳撬起变形部位

右页
图 4.3　打磨焊口
图 4.4　变形部位的固定
图 4.5　器底开裂下陷

顶压变形处，使其复位，一边焊接，待焊锡冷凝再将顶压的力撤去，即可完成对变形的纠正（图 4.6、图 4.7）。

再如图 4.8 所示铜盆口沿开裂变形，将一把尖嘴钳张开后分别卡住断口两侧的口沿内部和外部，施加轻微扭力（图 4.9），即可使开裂部位的断面严密对接。此时虽然口沿尚有变形，但可采取随形修复（详见本章第七节），使器物恢复稳定性，减少过度整形给器物带来的更大干预。确定这一处理方案后，在断口上磨出焊口，再用锡焊定型（图 4.10、图 4.11），待焊锡凝固，撤去尖嘴钳的扭力，开裂变形部位并没有弹开，可稳定保持现状，矫形固定操作结束（图 4.12）。

图 4.6

图 4.7

图 4.8

图 4.9

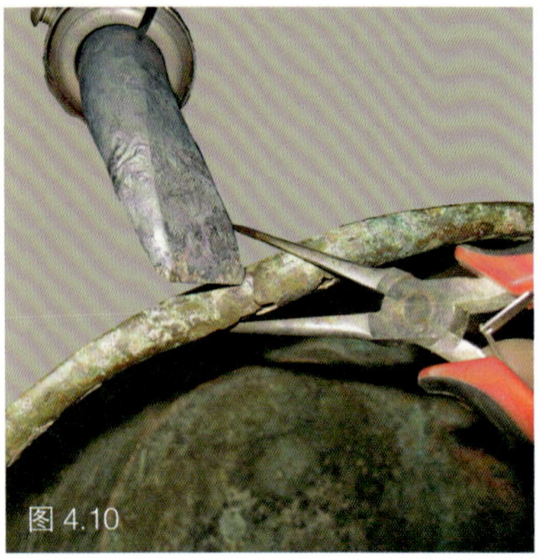
图 4.10

图 4.11

图 4.12

第二节　锤打整形

锤打整形适用于保存状态好且铜器胎质延展性好的青铜器。如图 4.13、图 4.14，汉代铜盆直壁及折沿处有变形（见图 4.13 中红箭头所指位置），并伴有口沿开裂。可将器物变形部位置于弧度、形状适当的模具或砧子上（图 4.15），用锡锤锤打整形（图 4.16）。如图 4.17，适度锤打后，器物变形部位在一定程度上得到矫正，不妨碍残缺部位的补全和衔接即可，不能过分追求完美而不惜给器物材质的安全保存带来隐患。一般不使用铁锤或钢锤，以防其硬度过高而损伤铜器表面。含铅、锡高的铜器较为脆或硬，不宜用锤打法整形，否则会给器物造成难以预料的损伤甚至严重破碎。铜器中含锡量的高低可根据新鲜的断面颜色判断：随着青铜中的含锡量从低到高，新断面颜色逐步从淡棕红色向棕黄、橙黄、淡黄、银白色过渡[52]。新断面呈淡黄或银白色的铜器，如高锡铜镜，其质地硬而脆，如玻璃般易碎，不可采用锤打整形。

图 4.18 所示汉代铜钫的铺首脱落，与器物拼合后，可见图中红箭头所指的断口处有变形，无法正常连接碎片。如图 4.19、图 4.20，一手用锤头平面（也可使用“拐砧”）衬垫在变形处下方，另一手用锡锤敲击。变形处矫正后，如图 4.21，脱落碎片的断面得以对接，方便后续进行碎片连接处理（详见本书第三章图 3.14 ~ 图 3.17）。

图 4.13

图 4.14

左页
图 4.6　器底内壁打磨焊口
图 4.7　边顶压整形边焊接固定
图 4.8　铜盆口沿开裂变形
图 4.9　对变形部位施加扭力以撬压整形
图 4.10　铅锡合金焊接
图 4.11　另一视角所见焊接过程
图 4.12　整形和焊接同时完成

右页
图 4.13　破碎开裂并伴有局部变形的铜盆
图 4.14　铜盆变形局部

图 4.15

图 4.16

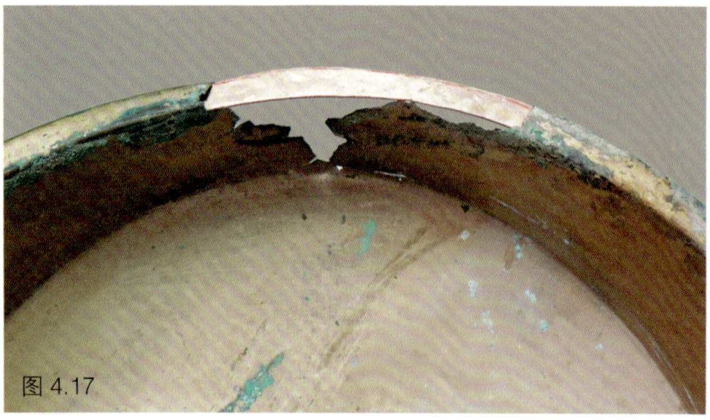
图 4.17

图 4.18

图 4.19

图 4.20

图 4.21

左页

图 4.15　模具衬垫变形部位

图 4.16　锤打整形

图 4.17　变形部位得到一定程度矫正

图 4.18　汉代铜钫的铺首脱落且断口变形

图 4.19　锤头衬垫变形部位

图 4.20　锤打整形

图 4.21　变形局部整形后

右页

图 4.22　汉代铜盆变形开裂

图 4.23　整形箍矫形过程一

图 4.24　整形箍矫形过程二

第三节　模具与工具整形

一、整形箍矫形

一些存在弹性形变的容器，可用铁或不锈钢质水管箍配合模具予以整形。如果水管箍的直径不够，可以将几个水管箍接在一起使用。旋转水管箍连接处的蜗杆，可使箍收紧。多个箍连接使用，应将各个连接处的蜗杆依次旋转，使箍从各个方向上均匀地收紧。不可试图一次性将箍收紧到位，否则可能造成铜器内部应力过大，在整形过程中发生进一步的破碎。箍收紧后需要保持一定的周期，收紧到一定程度，需将铜器静置至少两个月，待应力减小，再进一步紧固。如想缩短静置周期，便需在箍紧后采取加温矫形。

图 4.22 所示汉代铜盆变形严重，经过对器物进行 X 射线成像（参见第一章图 1.38），确认器物金属基体保存状态良好，适宜整形。使用马弗炉或喷火枪对器物加热增强塑性，用两个水管箍连接后套于变形铜盆的口沿下，旋紧蜗杆，整形箍直径缩小，铜盆开裂处渐渐合拢（图 4.23）。旋转蜗杆的阻力渐渐增大，金属出现加工硬化效应。如器物修复周期足够长，可将器物保持整形箍矫形状态，静置两月，待应力减小，再继续旋紧蜗杆整形；如器物必须在短期内完成修复，需要对整形过程中出现加工硬化效应的器物进行再次高温加热，使其增强塑性，再进一步旋紧蜗杆，收缩整形箍，直到裂缝闭合（图 4.24）。使用整形箍的同时，需在其与器表形成挤压的位置衬垫胶垫，以免损伤

图 4.22

图 4.23

图 4.24

图 4.25

图 4.26

器物。如图 4.25，器物上还有局部起翘，可以进一步增设整形箍，配合木楔的挤压，使变形处复原（图 4.26）。整形箍达到效果后，再借助焊接来连接断面。此器物变形后弹性大，修复周期短，使用了铜焊的方式连接碎片（详见本书第三章图 3.93～图 3.95）。焊接完成后可继续使整形箍保留一段时间，静待应力减小、弹性降低，再将箍去掉。为避免不锈钢整形箍与青铜器长期接触后产生电化学腐蚀而污染青铜器，必须用缓冲胶垫隔离。

二、台钳整形

对于保存状态与塑性良好的铜器，可以在变形碎片两侧衬垫形状适合的木块，然后将变形碎片连同木块挤在台钳钳口中间，旋转台钳摇把，使台钳两钳口间距缩短，缓缓加压，使变形碎片得以矫正（图 4.27、图 4.28）。

图 4.27

图 4.28

左页
图 4.25　器腹起翘局部
图 4.26　增设整形箍后挤压木楔矫形
图 4.27　台钳加压矫形一
图 4.28　台钳加压矫形二

右页
图 4.29　自制整形模具
图 4.30　铜盆变形口沿的矫形
图 4.31　自制整形模具
图 4.32　变形铜盆与整形模具装配
图 4.33　两模具挤压以矫正变形的器物口沿

三、模具夹持矫形

对于胎薄、铜质好而又有韧性的铜器，可根据变形部位形状制成木质或锡质模具。模具分为内外两部分，将铜器变形部位夹在内外模具之间进行挤压以整形。图 4.29 所示东周铜盆口沿变形，先用榫卯插接的两条木撑将不需矫正处撑起。在欲向内挤压整形的口沿处，固定两根木棍，绑绳，两根绳拧成麻花状，旋转穿于两绳之间的木销，以调节盆两侧木棍给盆的压力。调节到合适位置后，固定木销，将整个系统静置一段时间，待应力减小，再进一步紧绳加压，如此重复，直至达到预期的整形效果（图 4.30）。再如图 4.31，用木板自制一套矫形模具，木底板两侧打孔后穿入螺丝。如图 4.32，将扭曲变形的铜盆倒扣于底板，图中红箭头所指为变形部位。如图 4.33，将两块三角形木模打孔后穿入螺丝，连接螺母，旋紧，在木模与底板的夹持下，矫正扭曲变形的铜盆口沿。将整个系统静置一段时间，待应力减小后拆去整形模具，器物也不会回弹，才完成矫形。

图 4.29

图 4.30

图 4.31

图 4.32

图 4.33

图 4.34

图 4.35

图 4.36

左页

图 4.34　开裂变形的镈钟残件

图 4.35　镈钟残件顶视所见开裂变形

图 4.36　使用木工 F 夹的整形方法

右页

图 4.37　铜钫开裂变形

图 4.38　另一视角所见铜钫开裂变形

四、夹具挤压矫形

图 4.34、图 4.35 所示为一件镈钟残件的侧视及顶视图，红箭头所指处变形起翘。因器物壁厚较大，需要用大型夹具挤压矫形。如图 4.36，使用大型的木工 F 夹，转动摇把后，两夹片间距缩小，挤压变形处。整形前也需要先加温增强塑性，整形后要保留夹具一段时间，待器物应力减小后才可撤去。这件器物的其余变形部位也兼用了整形箍配合木楔矫形。

五、综合处理案例

图 4.37、图 4.38 所示汉代铜钫，出土后破碎开裂并伴有变形，从器物顶视图可见其正方形口部被挤压为菱形（图 4.39）。此件器物变形严重，但金属弹性和保持状态好，需综合使用多种方式矫形。如图 4.40、图 4.41，首先对器物下腹部两侧壁转角处予以矫形，用木块制作随形模具，衬垫于变形处，再安装木工 F 夹夹紧木块，上抬夹具尾部，给变形处施以扭力，直至图 4.40 红箭头所指处的裂口闭合。如图 4.42，器口被压扁处也使用木质随形模具配合木工 F 夹矫形。由于这件器物壁薄且弹性好，需将变形处“矫枉过正”，方能在拆去工具后保持住矫形效果。器物被压扁的腹部，则使用花篮螺丝配合木质随形模具予以矫形，花篮螺丝的一端沿顺时针方向转动后，整体长度加长，外推顶端的木质随形模具，使器腹得以向外扩张。

如图 4.43，凹陷的器物颈部衬胶垫后，用尖嘴钳施加扭力，使凹陷处外扩，达到图 4.44 所示效果。图 4.45 红箭头所指开裂局部向器物内部凹陷，按照图 4.46 所示方式使用 G 形夹，挤压断口后，给内陷处施加扭力，矫形效果如

图 4.37

图 4.38

图 4.39

图 4.40

图 4.41

图 4.42

图 4.43

图 4.44

左页

图 4.39　铜钫顶部所见开裂变形

图 4.40　局部模压配合夹具撬动

图 4.41　整形时的施力方式

图 4.42　花篮螺丝顶撑凹陷腹部及夹具挤压变形口部

图 4.43　尖嘴钳施加扭力以撬压变形局部

图 4.44　局部变形矫正后

右页

图 4.45　开裂凹陷的局部

图 4.46　G 形夹整形

图 4.47　局部整形后

图 4.48　开裂凹陷的器腹

图 4.49　花篮螺丝配合木质随形模具顶撑内壁

图 4.50　内部顶撑配合外部木工 F 夹的挤压

图 4.45

图 4.46

图 4.47

图 4.48

图 4.49

图 4.50

图 4.47。

如图 4.48，红箭头所指器物腹部变形凹陷，在器物内壁使用花篮螺丝配合木质随形模具扩张矫形（图 4.49）。再从器物外壁适当位置用木工 F 夹向内收拢，确保外扩后的腹壁弧度准确（图 4.50）。

按照上述整形方法，在器物各变形位置设置整形工具（图 4.51）。图 4.52 是器物同一部位在整形过程中和补全修复后的效果比对。图 4.53、图 4.54 是器物另外两个侧壁在整形前、整形后、补全后的效果对比。

图 4.51

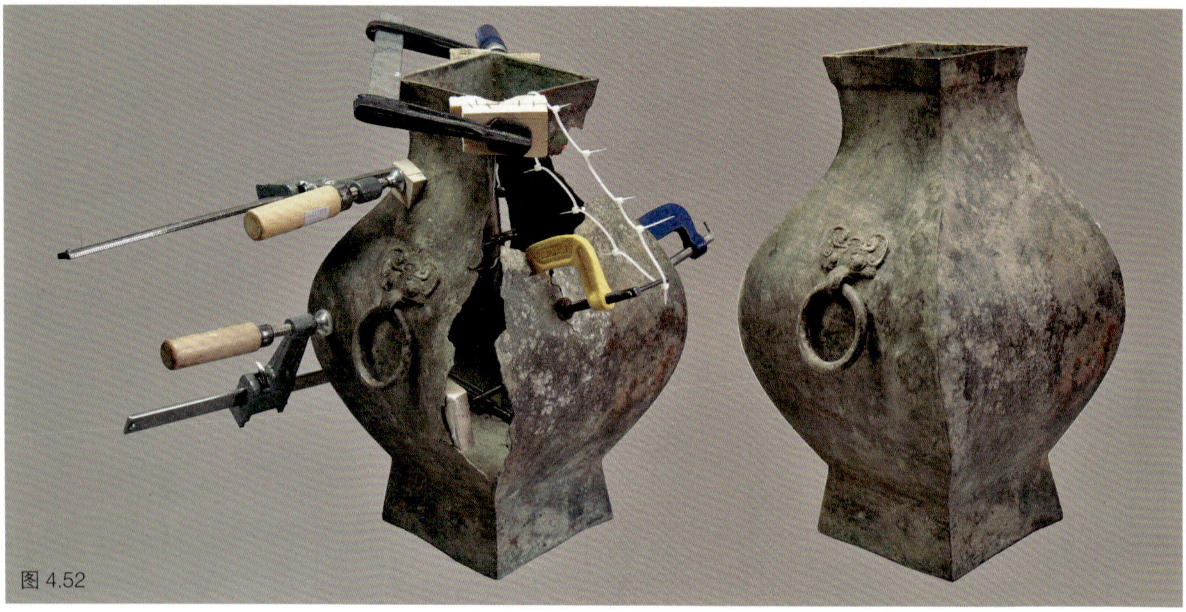
图 4.52

图 4.53

图 4.54

左页
图 4.51　各视角所见器物整形过程
图 4.52　整形过程及完成修复后效果对比

右页
图 4.53　器物一侧整形前、整形后及补全后效果对比
图 4.54　器物另一侧整形前、整形后及补全后效果对比

第四节　加温矫形

加温矫形的原理，是将变形铜器适当加温后，铜质的塑性得以增强，再用适当方法进行整形。加温时，切忌升温过急，必须缓慢升温。可采用电热烘箱升温，在器温整体均匀达到150℃时，再用模具矫形。这一方法通常与前文所述多种整形工艺配合使用，如图4.23、图4.30、图4.36等的整形案例。每次加温后矫正一点，然后再加温，往复数次甚至数十次。还可以在加温后，用千斤顶撑开变形部位，也是每次只矫正一点，随后加温，再用千斤顶撑起[53]。

也有学者曾对经高温矫形前后的金属文物进行金相的对比，发现合金发生了明显的相变，因此，使用这一整形方法时，需要考虑到对文物上历史信息的真实性的影响，比如一些器物经过高温矫形后，可能在金相结构上显示使用了回火处理工艺或出现锻造所致的滑移线。如不得不使用加温矫形，应提前完成器物相关研究，并留存未经干预的器物金相样品，以便未来分析金相时能取得客观结果。

第五节　锯解整形

对于铜质硬脆或严重变形的铜器，传统修复工艺中有“开刀整形”的方法，即锯解整形法，以恢复器物的造型。图4.55所示为铜舟局部X射线成像照片，可见器物上选择两处平行位置，锯开切口，然后调整切开位置的弧度，再重新组焊，使器物上凹陷或起翘的局部恢复原貌。高英先生曾在《中国历史博物馆馆刊》发表文章，对相关传统修复工艺进行过详细介绍。文中提到的一个典型例子是1977年河南安阳妇好墓出土的一件大铜盂，修复前碎为270多块，其中一块面积约60平方厘米的腹部碎片存在严重变形，于是修复人员在其上设计出分解线，用钢锯将此碎片锯解成34小块，再将它们根据器形的正确形状进行焊接，才把该部位的严重变形纠正过来。高英先生在文中附上图4.56所示的示意图，以说明锯解整形的原理[46]。

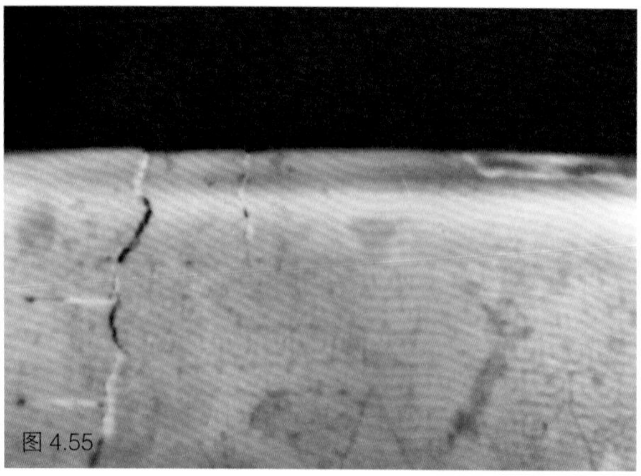
图4.55

这种整形方法将变形的大碎片瓦解成网格化的小碎片，再重新组合成完好的造型后，焊接或粘接固定。图4.57所示铜盆修复前残留三块较大碎片，每块皆有扭曲变形，无法准确拼接以连接碎片，且器物材质已无塑性，质脆，无法使用前文所述诸多整形方法。按照传统修复工艺的锯解整形做法，将其分解为若干小碎块（图4.58）。以油泥造型作为内部支撑，拼

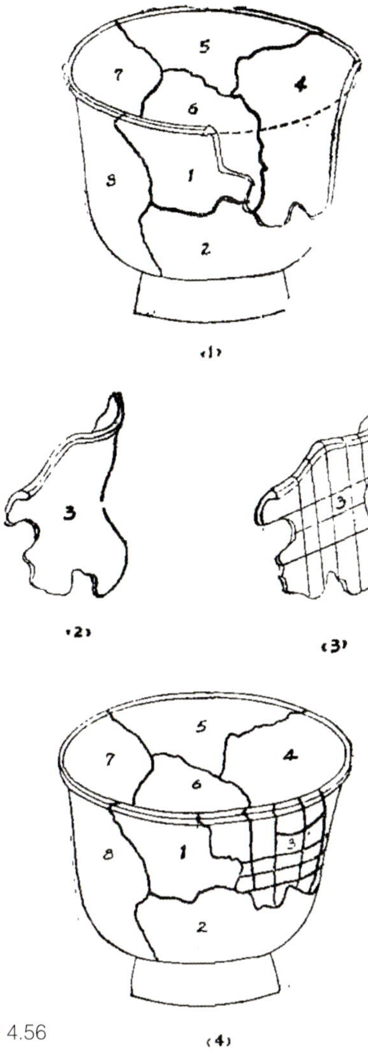

图 4.56

图 4.57

图 4.58

图 4.59

对全部碎片，找到影响对接的变形处，再继续施以锯解，直至所有碎片能够组合为完好的器物造型（图 4.59），随后再连接碎片。这种在传统修复工艺中被称为“绝活”的技法，曾为青铜器展陈效果的提升做出了贡献，但如今看来，它对青铜器施加了过于强烈的干预，使其损坏加剧，应予慎用。

左页
图 4.55　铜舟 X 射线成像照片所见局部锯解整形后焊接

右页
图 4.56　锯解整形示意图
图 4.57　严重破碎变形的铜盆
图 4.58　锯解整形过程一
图 4.59　锯解整形过程二

第六节　传统修复工艺的整形综合处理案例

图 4.60 所示为汉代的釜、甑、盆三件套铜器。釜为两球面对接的造型，顶部有小直口，釜可坐于炉上，用于盛水煮沸，用法似锅；甑敞口，有外折平沿，其圈足套于釜的直口，底部有箅子，用法似蒸屉；盆可倒扣于甑，用作甑盖。出土后，甑与盆锈结在一起并有局部残缺，釜变形严重，上半部分已塌陷变形，叠压于腹底，整形后可使其恢复原本面貌，再现三件套器物的组合用法。甑与盆较易修复，本节主要介绍铜釜的整形。

整形前，先对铜釜表面的埋藏土、硬结物、疏松锈蚀物等进行清理。从图 4.61、图 4.62 可见器物已开裂变形。铜釜上半部凹陷处的弯折处，受到强烈挤压后发生严重扭曲，该处与器物主体仅有少量部位相连，且韧性较差。在转折处加温增强塑性后，用撬压工具稍稍抬升器物口部，凹陷的上半部器体碎片便从器物主体上脱落。如图 4.63，将凹陷的上半部器体碎片用喷火枪的外焰均匀地烘烤加热，增强金属塑性的同时又不能严重改变器表锈蚀的颜色。如图 4.64，将碎片置于弧面砧上，用锡锤锤打整形，器肩局部恢复了原造型，但大部分凹陷扭曲部位的金属，其韧性不足以承受锤打矫形的强烈拉伸，无法恢复原本弧度。将变形处锯解为七块碎片（图 4.65），对每一小碎片分别予以适度的弧度矫正后，在器物主体内堆塑油泥作为支撑物，将各个小碎片进行拼对，查看变形情况后再确定连接顺序（图 4.66）。各碎片连接过程中，不求全部断口对接完美，为了尽量减少碎片锯解的数量，可将变形分配到被分解的七块碎片及其各边断口上。

图 4.60

图 4.61

图 4.62

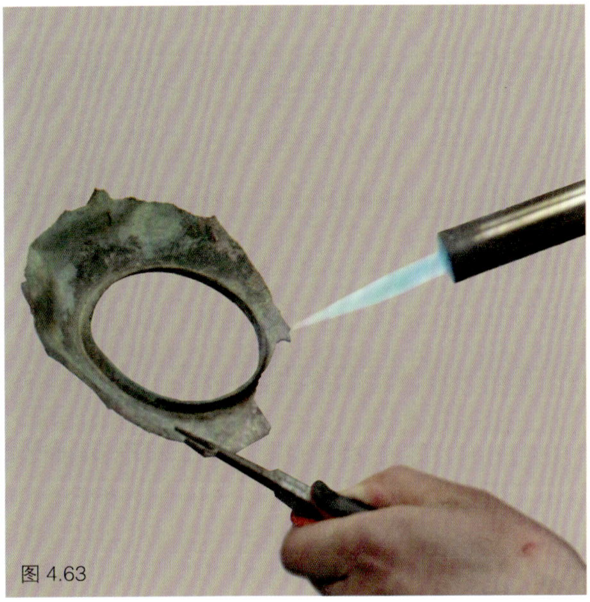
图 4.63

图 4.64

图 4.65

左页
图 4.60　汉代的釜、甑、盆三件套铜器修复前

右页
图 4.61　开裂变形的铜釜
图 4.62　铜釜顶视所见开裂变形
图 4.63　局部加温
图 4.64　锤打整形
图 4.65　锯解并锤打后

如图 4.67，首先对图中红箭头所指的两块碎片进行拼对，通过器物腹内油泥的支撑，确定两块碎片大致的连接角度后，用锡焊连接碎片（图 4.68）。为使碎片各边的断面能够与其他碎片的断口尽量对齐以减少整形范围，这两块碎片的断口并未严密对接，而是留有一定间隙，通过连接误差，分担一部分器体变形。如图 4.69，将锡焊后的碎片再次与器物主体拼对，此时仅有红箭头所指处的局部有明显变形，需要矫正，其余的断口边缘也可以通过保留连接误差的方式，分担一部分器体变形。如图 4.70，在明显变形处用钳口夹持后施加向外的扭力。再次拼对碎片后，变形改善（图 4.71）。

如图 4.72，在刚刚连接的两块小碎片右侧，再继续锡焊两块碎片，焊接后与器物主体对接，查看断口对齐情况。对接误差过大处，可一边用电烙铁熔开焊点，一边调整碎片间角度，移开烙铁后即重新形成固定。如此反复地对接、调整碎片连接角度，直至图 4.73 红箭头所指的各处断口都可以平滑过渡，而用于分摊误差的断口间隙，后续可用环氧树脂黏合剂补全。图 4.74 所示碎片，底部断口可以和器物主体严密对接，而红箭头左侧所指较大的间隙，也用于分摊整体误差，后续用环氧树脂黏合剂补全即可。

如图 4.75 ～图 4.78，将各个小碎片与器物主体断面通过点焊方式连接。最后将器口所在的一块大碎片与上文所述的器体残件对接，如图 4.79，确保红箭头所指的断口边缘能够与器物整体过渡平顺。利用在各个断口上分摊误差的方式，每个断口都允许有微小的误差，最后仅选取无法回避整形的部位进行标记，然后用工具施加扭力以矫正（图 4.80、图 4.81）。如图 4.82，将器口所在的较大

图 4.66

图 4.67

图 4.68

图 4.69

图 4.70

图 4.71

图 4.72

图 4.73

图 4.74

左页
图 4.66　拼对观察以确定连接顺序
图 4.67　优先焊接的碎片
图 4.68　焊接碎片

右页
图 4.69　碎片焊接后固定在预计位置观察变形局部
图 4.70　局部用工具整形
图 4.71　局部整形后
图 4.72　焊接另外一部分碎片
图 4.73　碎片与器物主体对接情况
图 4.74　焊接前的碎片固定

碎片与器物主体点焊固定，确保二者间的弧面能顺滑过渡（图 4.83 红箭头所指处），最后用油泥承托缺口，涂挂环氧树脂黏合剂补全残缺（详见本书第五章相关内容）。经表面着色处理后，铜釜修复后效果如图 4.84，三件套器物组合使用的展示效果如图 4.85。

通过这个整形案例，可见整形过程对器物的干预较为强烈。当前有了 3D 扫描、逆向工程和 3D 打印等新兴技术（参见本书第七章），为器物原始状态的复原提供了新途径。可以尝试对变形器物进行虚拟复原，利用 3D 打印件的组合，实现图 4.85 所示的器物复原效果，展现器物原状，阐释其原始组合使用方式。器物的变形残缺，若没有对器物的安全长久保存构成威胁，可将其按照出土后的状态原状保存，这样做对器物干预更小，也更有利于未来对器物的研究和再处理。

图 4.75

图 4.76

图 4.77

图 4.78

图 4.79

图 4.75　锡焊后
图 4.76　选择焊接点
图 4.77　继续焊接
图 4.78　口沿碎片与主体连接前
图 4.79　口沿碎片与主体合拢后确定变形局部

图 4.80

图 4.81

图 4.82

图 4.83

图 4.84

图 4.85

图 4.80　局部变形的工具矫形
图 4.81　局部矫形
图 4.82　铅锡合金点焊
图 4.83　整形和碎片连接完毕
图 4.84　器物修复后
图 4.85　三件套器物修复后组合展示效果

第七节　随形修复

上节内容可见整形过程对器物本体实施了较强的干预，为了减少对器物材质的干预，需要在一定程度上牺牲对器物完美造型的追求，控制器物整形的程度，为此可采取随形修复的方法。随形修复并不试图将变形部位完全矫正，即便碎片间无法顺滑过渡，也可采用补全材料对碎片断面间的落差进行随形处理。将器物随形修复成完整而依然变形的状态，有利于断面的封闭和腐蚀速率的降低，也便于器物的保管和展示。

图 4.86

图 4.87

图 4.88

图 4.86 所示为一件超大尺寸的汉代铜盆修复前的状态，各碎片皆存在扭曲变形。对最大一块碎片采用前文图 4.31 ～图 4.33 所示方法进行了适度的模具整形，其他两块小碎片也进行了扭曲部位的矫正及最低限度的整形，然后将各碎片按照本书第三章“碎片连接”图 3.30 ～图 3.33 所示方式连接。连接后各碎片仍有变形，或断口之间有间隙，但并不妨碍器物恢复完整，用环氧树脂黏合剂将缝隙补全，最终修复后效果如图 4.87 所示。各碎片顺着变形趋势连接起来，虽然器物依然呈扭曲变形的状态，但并不妨害其展示和收藏，还有利于器物材质的保护。展览时，将器物角度调整至扭曲变形表现不明显即可（图 4.88）。

图 4.89 所示是广西桂平出土的

一件汉代铜釜修复前的状态，对碎片初步拼对，较大的几块口沿碎片皆有变形（图中虚线所示为其原本形状），与器物本体无法严密对接。当碎片左侧与器物断口严密对接，则碎片右侧错位严重（图4.90）；而碎片右侧与器物断口严密对接，则碎片左侧错位严重（图4.91）。此处采取随形修复的方式，减少过度整形给器物碎片造成的损伤。如图4.92，将碎片两端对接于器体断面，误差被分配于碎片中央部分，可见碎片与器体断口间有较大间隙，用PSI胶临时粘贴固定碎片。如图4.93，用油泥承托碎片间隙处。如图4.94，从器物另一侧涂挂环氧树脂黏合剂，补全断口间隙。环氧树脂凝固后效果如图4.95红箭头所指，此局部完成随形修复后再拆除PSI胶固定块。

图4.89

图4.90

图4.91

左页
图4.86　变形铜盆修复前
图4.87　随形修复后效果
图4.88　另一视角所见随形修复效果

右页
图4.89　破碎变形的铜釜
图4.90　口沿碎片变形局部一
图4.91　口沿碎片变形局部二

图 4.92

图 4.93

图 4.94

图 4.95

如图 4.96，将器物倒扣，以油泥造型临时支撑，将各碎片摆放于油泥表面进行拼对，了解碎片变形情况，调整各碎片的拼接角度，采取随形修复的处理方法，将误差分摊于各碎片。虽然每两个碎片间的对接都不完美，但也都没有过大的误差。最后仅对误差最大、无法回避整形的两块碎片，进行加温后的工具扭压整形（图 4.97 ~ 图 4.99）。图 4.100 所示碎片进行了加温整形后，表面仅可见图中红箭头所指的一处新增裂隙，而从图 4.101 的器物 DR 成像照片中红箭头所指处，可见碎片内新增了许多细微裂隙，它们的存在无疑会加快器物的腐蚀。这也是牺牲少数、保全多数的处理办法。从这个案例可见整形对器物内部结构和机械强度的影响，因此，应尽可能减少修复过程中对器物的整形处理。

图 4.96

图 4.97

图 4.98

图 4.99

图 4.100

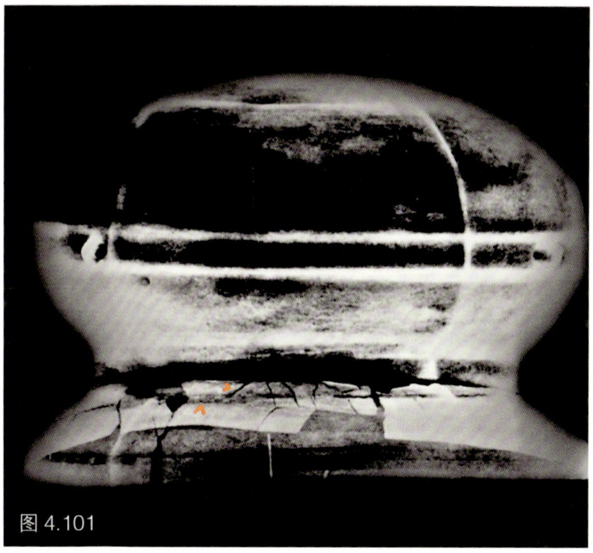

图 4.101

左页
图 4.92　使用 PSI 胶自制临时固定夹具
图 4.93　油泥承托
图 4.94　填充环氧树脂黏合剂
图 4.95　粘接并补全接缝后

右页
图 4.96　口沿碎片的油泥支撑
图 4.97　变形较严重的碎片
图 4.98　碎片加温后整形
图 4.99　采用误差分摊后的各碎片对接情况
图 4.100　整形后的碎片表面状态
图 4.101　整形后的碎片在 DR 成像下所见细微裂纹

图 4.102

图 4.103

调整碎片相对位置期间，需不断调整油泥的高低形状，使其为碎片提供支撑，保证各碎片得以准确定位，然后向断口内注胶粘接，待其固化后再将残缺部位补全，完成随形修复（图4.102、图4.103）。

图4.104所示器物，是另一套釜、甑、盆三件套器物中的釜，器物底部变形（参见第一章图1.39～图1.41），局部被压扁，修复时未对其变形部位进行整形处理，仅采用随形修复的方法补全残缺，在无法顺滑过渡的断口之间，用补配件随形连接。操作时，使用塑性良好的白色雕塑泥作为造型材料，在图4.104红箭头所指区域塑造补配件泥质模型，只需确保泥料与器物断面对接严密即可。如图4.105，翻制两扇石膏模具，提取器物残缺处造型。如图4.106、图4.107，去除泥质模型，用石膏模具承托器物残缺处，向石膏模具内壁喷涂分型剂后，填充PSI胶片补全残缺。如图4.108，待PSI胶片硬化定型，拆开石膏模具，可得到残缺处的随形补配件，再用刮刀修整（图4.109）。器物经表面着色处理后，效果如图4.110～图4.112所示，虽然变形部位未经整形处理，但随形修复后，器物的机械强度、稳定性提升，断面得以封闭，有效降低了器物腐蚀速率。图4.113为此件铜釜修复后与铜甑（铜甑修复前状态见本书第一章图1.42、图1.43）组合陈列的效果。器物虽保留变形的形态，但并不妨碍其稳定及展示。

左页
图 4.102　器物随形修复后效果一
图 4.103　器物随形修复后效果二

右页
图 4.104　白色雕塑泥随形塑造残缺部位
图 4.105　残缺部位石膏翻模
图 4.106　石膏模具承托缺口
图 4.107　器内壁所见石膏模具
图 4.108　PSI 胶片补全后
图 4.109　补配件打磨刮削

图 4.104

图 4.105

图 4.106

图 4.107

图 4.108

图 4.109

图 4.110

图 4.111

图 4.112

图 4.113

图 4.110　器物修复后效果
图 4.111　器物修复后底部效果
图 4.112　另一视角所见器物修复后效果
图 4.113　甑、釜随形修复后组合展示效果

第五章 — 补全

第一节
自由锻造铜皮补配

第二节
冲压与钣金成形

第三节
冲压与钣金配合焊接

第四节
铜皮补配件上錾刻花纹

第五节
棒材弯曲成形

第六节
翻模铸造补配

第七节
雕塑模具后铸造补配

第八节
熔模精密铸造补配

第九节
PSI 胶棒快速修补

第十节
瞬干胶配合颜料粉的简易补全法

第十一节
环氧树脂补全

青铜器残缺部位的复原，传统修复工艺中有两种常见方法，即打料补配和铸造补配。打料补配，是锤打铜片补配在铜器上的残缺处，再焊接或粘接于器物断口上。如果缺失的部位形状特别，不易打制成形，通常使用铸造的方法获得补配件，即铸造补配。传统的铸造补配所用的翻模方法有黏土翻模、沙翻模、石膏红砖粉混合翻模、石膏翻模等，用前三种方法翻制的模具可浇铸铜质器物，多用于铜器复制与仿造，这里不做介绍。而铜器修复多使用锡、铅或锌、锑等低熔点合金进行铸造补配，因此石膏翻模法最为常用。石膏翻模的优点是工序简单，工具、材料、原料易得。当代青铜器修复工艺多使用环氧树脂等高分子材料进行残缺部位的补全。

第一节　自由锻造铜皮补配

锻造是一种历史悠久的金属成形工艺，是利用开放式或封闭式模具，通过反复锤锻热金属坯料来加工特定的形状。使用平面模、弧面砧、锤等工具的开放式模具锻造，也叫作自由锻造；使用封闭式模具锻造，通过将金属挤入模具型腔来加工金属，也叫作闭模锻造或模锻，用于加工复杂精细的造型。锻造后的金属坯料会发生塑性变形，使金属颗粒沿一定方向排列，产生异常的强度重量比，减少转角处的应力集中，所得成品没有接缝、孔眼等缺陷。

中国青铜器传统修复工艺中的打料补配，通过“收抛活”等技法制作补配件，即为锻造中的锤锻成形。“收”为收缩之意，“抛”即抛出，使金属延展之意。收抛活工艺需要使用钣金锤，在铁棍砧、羊角砧、弧面砧或錾花胶板上进行抛、借、收、点、錾等加工手法，制作成弧度、形状合适的补配件。

出土青铜器上的一些面积较小的残缺，可使用红铜板，经自由锻造制成合适的弧面造型，再剪切、磨锉成一定的形状，匹配到铜器的残缺部位，最后焊接或粘接固定。如图 5.1，将一块略大于铜器残缺处且厚度略薄于铜器壁厚的铜板，用喷火枪高温灼烧，直至通体红赤，置于弧面砧上，用钣金锤锻打成适当弧面的坯料（图 5.2），再用其承托铜器残缺处并用钢针描下缺口轮廓（图 5.3），用铁皮剪沿轮廓线右侧剪切坯料（图 5.4），剪切不精准处用什锦钢锉精密磨锉（图 5.5），制好的补配件置于缺口后进行连接固定（图 5.6）。

右页
图 5.1　煅烧铜皮
图 5.2　锻造
图 5.3　描轮廓线
图 5.4　剪裁
图 5.5　磨锉
图 5.6　补配

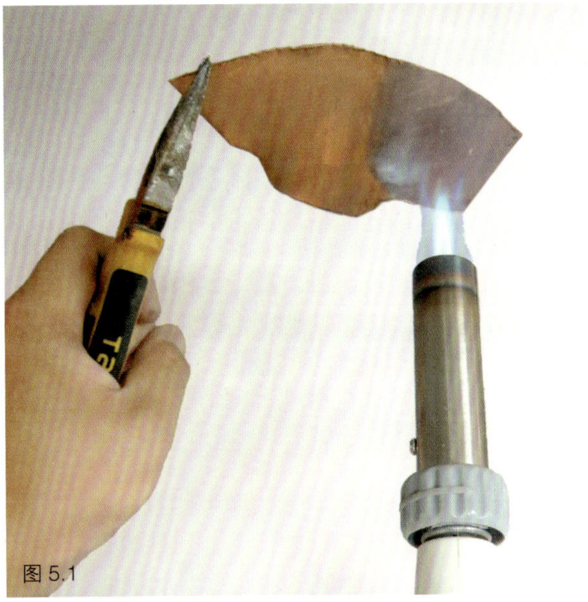
图 5.1

图 5.2

图 5.3

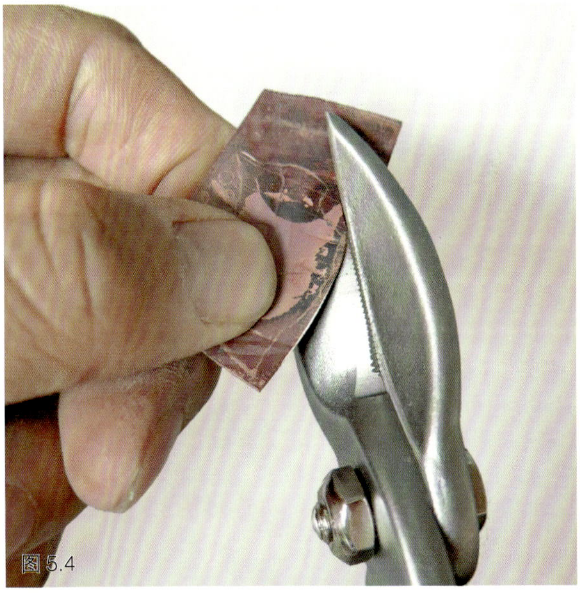
图 5.4

图 5.5

图 5.6

为了获得更精确的断口边缘形状，也用无酸白胶将纸贴于红铜坯料表面，再承托器物残缺处，用细铅芯在纸上描画出缺口轮廓，再用铁皮剪裁切（图 5.7）。红铜坯料的边缘也可用安装有合金磨头的牙科打磨机快速而精准地加工（图 5.8）。如需增加红铜坯料的厚度，可在表面镀锡。先用砂纸或圆形合金磨头在准备镀锡的坯料表层通体打磨（图 5.9），嵌入铜器缺口处检查边缘匹配度（图 5.10）。若匹配无误，在红铜补配件表面涂抹镪水后，将烧热并挂锡的电烙铁刃部接触铜片并拖动，使锡均匀镀于补配件表面（图 5.11）。镀锡时，烙铁的温度要合适，温度太低则无法将热量良好地传递到红铜补配件上；也不能温度太高，否则镀不均匀，还会产生很多黑色氧化物。镀锡后的补配件要用纯净水清洗，去除残留的镪水，以免氯离子侵蚀补配件乃至青铜器本体（图 5.12）。镀锡后的补配件表面呈拉毛的质感（图 5.13），与器表锈蚀物形态类似，再经过表面着色的旧化处理，即与青铜器的原始表面非常接近。表面镀锡的红铜补配件与器物锡焊连接后的效果如图 5.14 所示，锡焊的相关工艺参见本书第三章第二节。

有些青铜器的残缺部位呈双曲面造型，单凭自由锻造不易加工出令人满意的补配件，传统修复工艺中也有采用拼凑铜条成形的，类似于“木板圈桶”的做法，用若干铜条拼凑成合适的弧度与造型，铜条间用锡焊连接，再在铜条表面堆一层较厚的焊锡，经刮削打磨，使补配件表面光滑。第一章图 1.4 所示日本泉屋博古馆所藏一件青铜器的 X-CT 成像照片，显示了该器物的修复工艺。该器物于清代流入日本前便在中国经历过修复，当时便采取用若干铜片拼凑并锡焊制成残缺部位补配件的工艺。这种做法虽然比自由锻造补配件易于操作，但费时费力，修复效率低，补配件的强度与耐久性也稍

图 5.7

图 5.8

左页
图 5.7　沿纸样剪裁
图 5.8　牙科打磨机安装合金磨头快速加工

右页
图 5.9　去除氧化表层
图 5.10　补配件镀锡前
图 5.11　镀锡
图 5.12　清洗残留镪水
图 5.13　补配件镀锡后
图 5.14　补配件焊接到缺口处

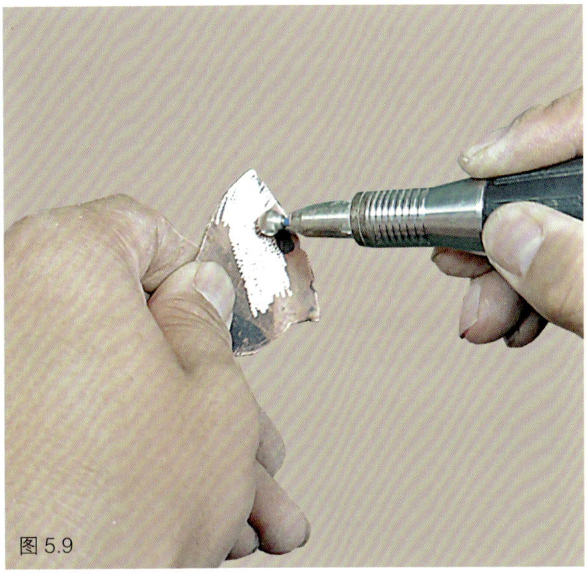
图 5.9

图 5.10

图 5.11

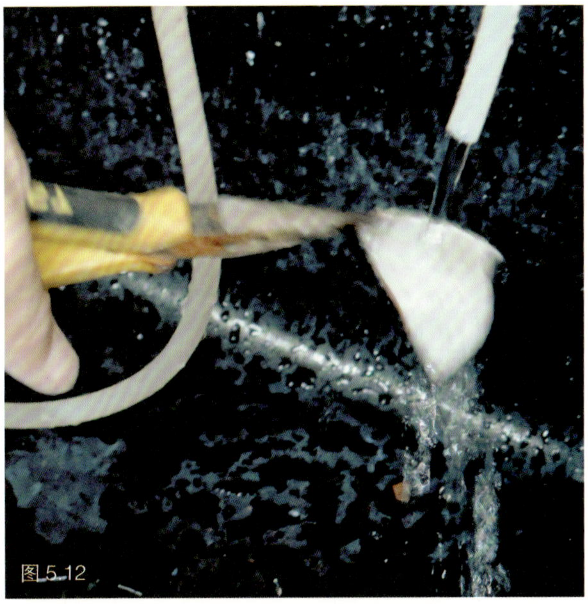
图 5.12

图 5.13

图 5.14

差。图 5.15 所示青铜尊口沿处有较大面积残缺，将若干红铜窄条拼凑固定在残缺处（图 5.16），铜条之间及铜条与器物断口之间用锡焊固定后，再在铜条表面堆积熔融的焊锡（图 5.17），随后用蜡锉或装有超硬合金磨头的牙科打磨机修整补配件表面（图 5.18），达到图 5.19 所示效果。补全部位经表面着色的旧化处理后，效果如图 5.20 所示。

图 5.15

图 5.16

图 5.17

图 5.18

图 5.19

图 5.20

一些青铜器残缺处补配件需做出锐利的转角，可用两片金属片拼接，于转角处焊接固定。如图5.21 所示铜钫，腹部转角处有较大面积残缺，先用白纸描下转角一侧的缺口形状，将纸样贴在厚度及大小合适的红铜板上，再沿轮廓线剪裁（图 5.22），所得补配件用夹具临时固定在铜钫残缺处（图5.23），再用笔描出转角另一侧的缺口形状。依上述方法裁切出补全器物所需的全部铜皮补配件，

图 5.21

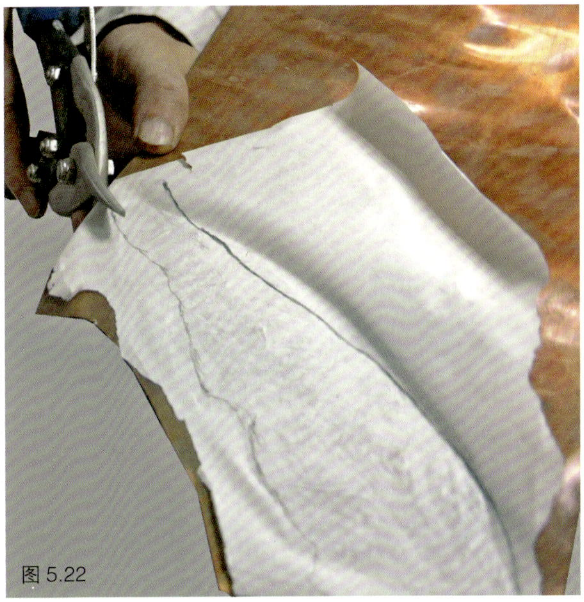
图 5.22

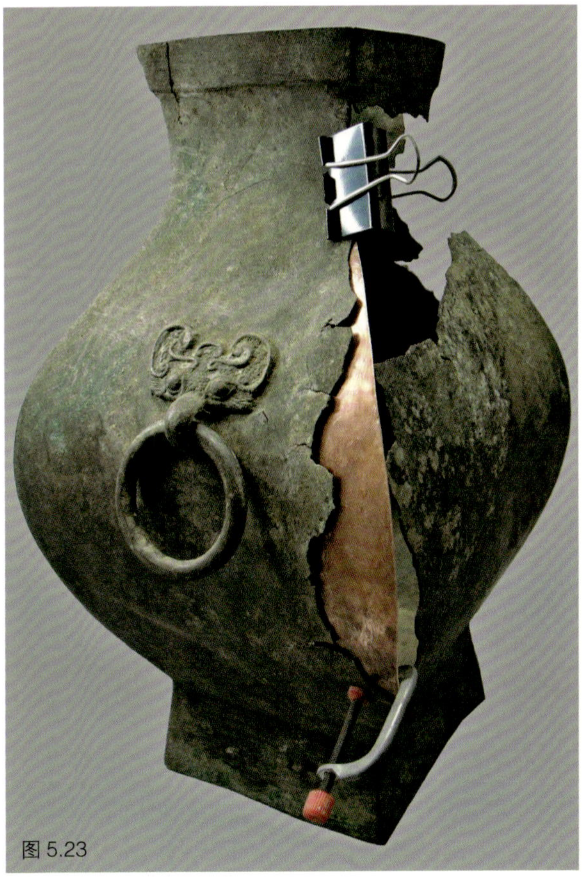
图 5.23

左页
图 5.15　口沿残缺的青铜尊
图 5.16　拼凑铜条补全残缺
图 5.17　铜条补全处表面堆积焊锡
图 5.18　打磨补配件表面
图 5.19　铜尊补全后效果
图 5.20　铜尊补全处经表面处理后效果

右页
图 5.21　描画纸样
图 5.22　沿纸样剪裁
图 5.23　局部补配件

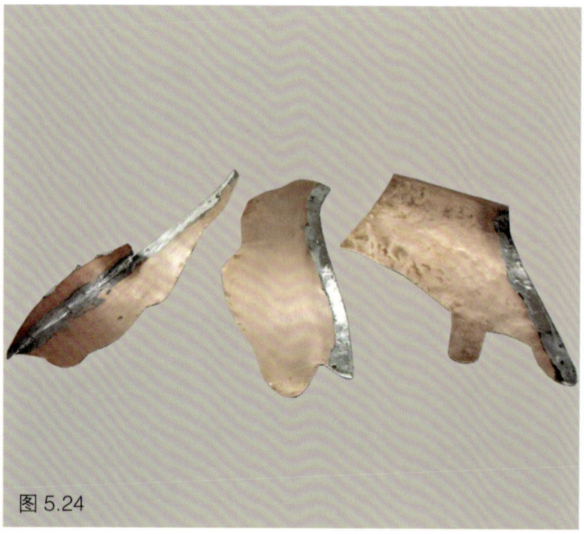

图 5.24

图 5.25

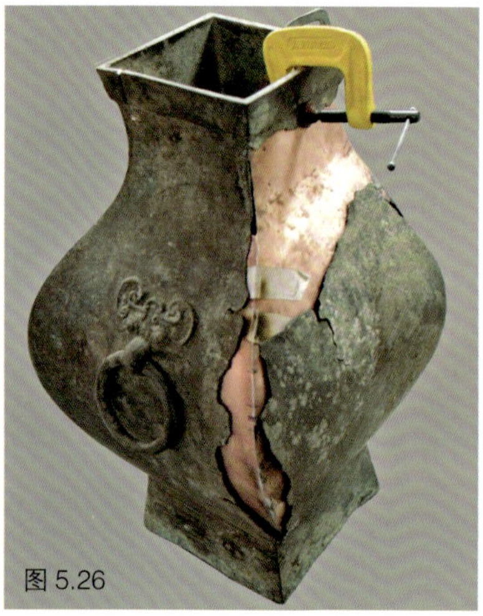

图 5.26

图 5.27

图 5.28

在边缘连接处预先镀锡（图 5.24），再拼接两块补配件，用烧热的电烙铁于转角处熔接镀锡层，使两块拼接补配件得以连接（图 5.25），再将其装配于铜钫残缺处（图 5.26、图 5.27）。如两块补配件连接角度不准确，无法与器物缺口严密对接，需用烙铁一边熔融镀锡层，一边调整补配件连接角度，最后再将锡焊为整体的补配件粘接或焊接于器物缺口。补全部位若厚度不及器物壁厚，可在其表面涂挂环氧树脂黏合剂（具体方法见后文）。补全部位经表面着色处理后效果如图 5.28 所示。

如图 5.29、图 5.30 所示汉代铜盆，最薄处仅 0.3 毫米，使用铜皮补配件才能达到良好的强度、韧性和耐久性。残缺位置在铜盆口沿处，侧壁和外侈口沿间有锐利的转角，单凭自由锻造不易成形，简便的处理办法依然是拼接补配件。首先制作侧壁补配件，裁切适当大小的薄铜皮，因其壁薄，用钢针用力刻画会使铜皮变形而无法精确取得缺口形状，可点燃蜡烛熏黑表面（图 5.31），再将其置于残缺处，用钢针轻轻描画，即可将缺口形状精确复制于铜皮熏黑的表面（图 5.32）。使用铁皮剪裁切后，用无酸纸胶带固定于铜盆残缺处（图 5.33）。随后制作口沿补配件，用平面砧和钢锤将口沿补配件坯料锤锻平整（图 5.34），锻造后的补配件坯料硬度提高，如对补配件表面平整度要求高

图 5.29

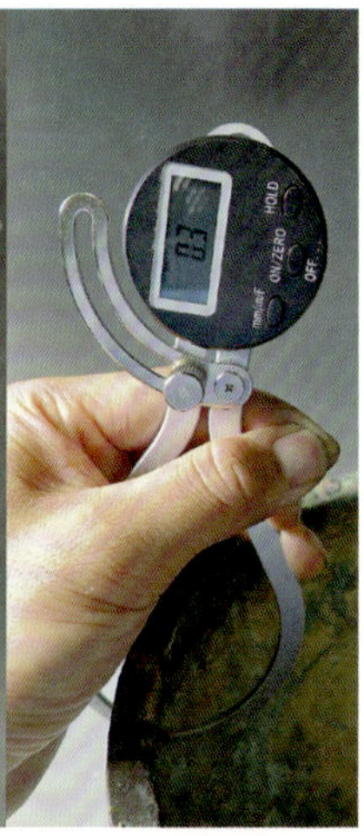

图 5.30

图 5.31

图 5.32

左页
图 5.24　补配件连接处预先镀锡
图 5.25　补配件锡焊
图 5.26　补配件拼凑后
图 5.27　补配件固定后
图 5.28　器物修复后效果

右页
图 5.29　薄壁铜盆修复前顶视效果
图 5.30　薄壁铜盆修复前效果
图 5.31　铜皮用烛焰熏黑
图 5.32　描下缺口轮廓线

（比如不可留有钢锤痕迹），可换成加工首饰用的树脂锤锻打铜皮。将锻好的口沿坯料与之前固定好的侧壁补配件，用环氧树脂黏合剂粘接在器物上（图 5.35）。此件薄壁器物疑似为锻造成形，后续会对其进行加工工艺的研究，考虑到焊接可能会影响器物金相结构，进而对后续的器物研究造成干扰，因此器物与补配件采用粘接的连接工艺。待环氧树脂黏合剂固化定型并达到最高强度后，用铁皮剪裁切口沿坯料，修整口沿补配件形状（图 5.36）。补配件厚度稍薄于器物口沿，可在补配件

图 5.33

图 5.34

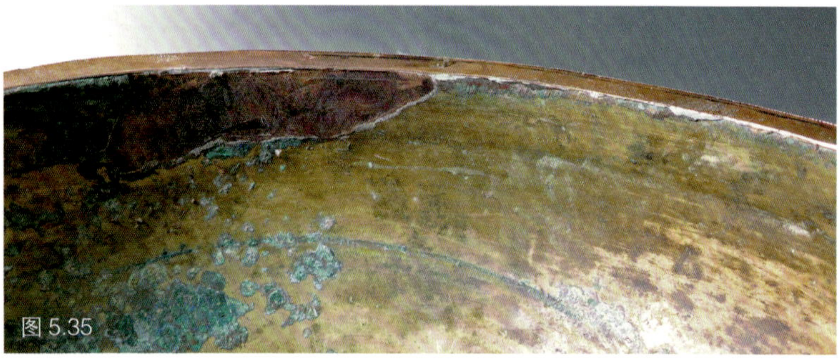
图 5.35

图 5.36

左页
图 5.33　补配件用无酸纸胶带临时固定
图 5.34　平面砧上用钢锤锻打口沿补配件
图 5.35　残缺处粘接拼凑补配件后
图 5.36　剪裁口沿多余边角

右页
图 5.37　仿形规取形
图 5.38　描下取形处轮廓
图 5.39　铜板上贴纸样
图 5.40　剪裁铜板制成造型刮板
图 5.41　磨锉刮板边缘
图 5.42　查验刮板造型准确度

表面做环氧树脂黏合剂涂挂处理。用仿形规取得器物口沿造型后描画于纸上（图 5.37、图 5.38），将纸样贴于厚铜板并裁切出造型刮板（图 5.39、图 5.40），刮板边缘需用平板锉打磨光滑（图 5.41），将制得的造型刮板与器物进行比对，检查匹配度（图 5.42）。为避免涂挂环氧树脂黏合剂时污染器表，先用无酸纸胶带遮盖器表，仅使铜皮补配件露出。将安特固双组分环氧树脂黏合剂按照 1∶1 比例调和均匀（图 5.43），用不锈钢调色刀将其涂挂于补配件表面（图 5.44），再使用造型刮板修整，

图 5.37

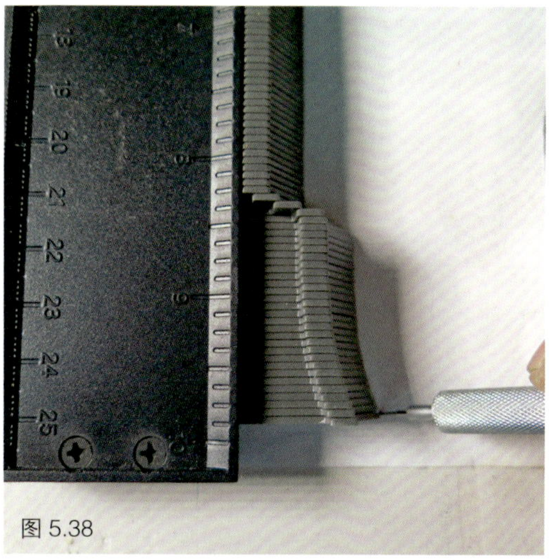
图 5.38

图 5.39

图 5.40

图 5.41

图 5.42

刮板应沿同一方向匀速滑动，避免出现停顿线（图 5.45）。待环氧树脂固化定型，揭除无酸纸胶带（图 5.46），使用细砂纸稍事打磨（图 5.47）。补配件经表面着色处理后，与器物主体在视觉感受上融为一体（图 5.48）。

图 5.43

图 5.45

左页
图 5.43　调和环氧树脂黏合剂
图 5.44　遮盖器物本体后在补配件表面涂挂环氧树脂黏合剂
图 5.45　使用刮板塑造环氧树脂黏合剂表面形态
图 5.46　环氧树脂黏合剂（黑色部分）凝固后撕去遮盖胶带
图 5.47　补配件（浅灰色部分）表面打磨后
图 5.48　补配件经表面处理后效果

右页
图 5.49　錾下补配件
图 5.50　补配件表面镀锡后
图 5.51　残缺鼎盖
图 5.52　剪裁铜坯

图 5.44

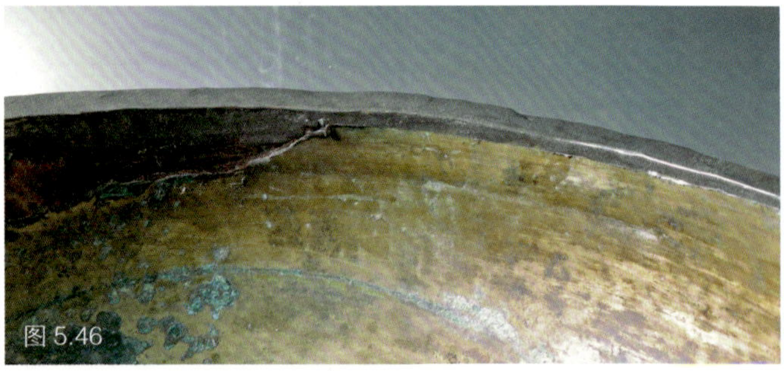
图 5.46

图 5.47

图 5.48

对于厚壁器物的补配件裁切，铁皮剪无法胜任，可使用曲线锯锯切，或使用钢錾刀錾刻。将厚铜板置于软木板或厚胶垫上，一人稳定扶持錾刀，另一人用钢锤大力锤击錾刀尾部，錾穿一段铜板后再錾相邻的一段（图 5.49），所得补配件边缘用钢锉磨平滑，表面镀锡或涂挂环氧树脂黏合剂后用以补全残缺部位（图 5.50）。

前文所述拼凑式补配件，强度和耐久性仍有待提高。一些残缺器物的补全处对强度的要求较高，则需锤锻出复杂曲面造型的红铜整体式补配件，要借助一些特殊形状的砧块配合锤打。如图 5.51 所示薄壁鼎盖，外表呈双曲面造型，鼎盖边缘有向内的折沿，需为残缺处配置一块完整的红铜补配件。先将残缺处造型的近似展开图贴在铜板上并沿描线剪裁（图 5.52），将剪裁所得坯料煅烧后置于自制的凹面砧上用钣金锤打出凹面（图 5.53）。坯料经锤锻加工会硬化，需再次烧红后再继续锤

图 5.49

图 5.50

图 5.51

图 5.52

图 5.53

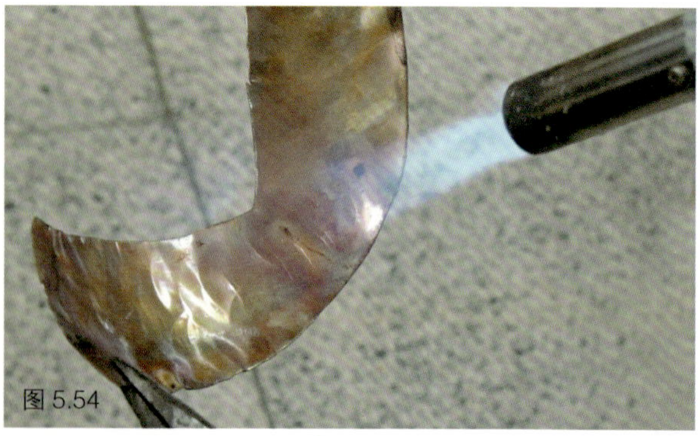
图 5.54

图 5.55

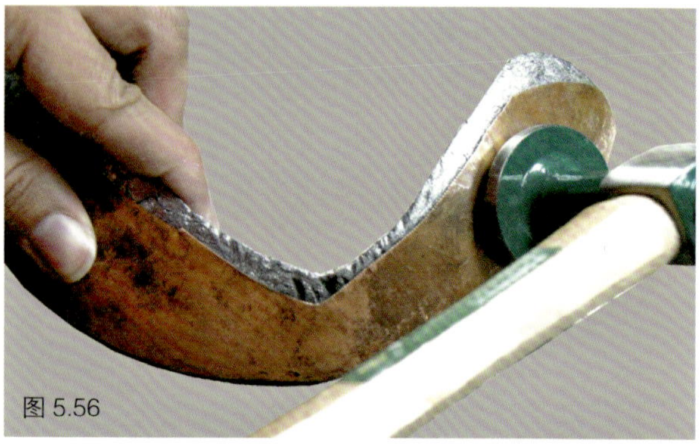
图 5.56

图 5.57

图 5.58

图 5.59

图 5.60

图 5.53　锻打坯料
图 5.54　再次煅烧
图 5.55　锻造折沿前预加工
图 5.56　配合模具锻造
图 5.57　锻造折沿
图 5.58　补配件坯料承托鼎盖残缺处
图 5.59　剪裁折沿多余边角
图 5.60　制得的铜皮整体补配件

锻（图 5.54）。锤锻折沿前，先用铁钳加工出密集的褶皱，以便铜料向内收敛（图 5.55）。借助自行翻模铸造（制法参见后文案例）的双曲面锡砧，配合钣金锤锻造出补配件的双曲面（图 5.56），再将锡砧立起，承托起红铜补配件，用锤敲打，使铜料向内收敛，锻出折沿（图 5.57）。用制得的红铜补配件坯料承托鼎盖残缺处（图 5.58），描画出缺口形状及折沿宽度，用铁皮剪裁下坯料上多余的部分（图 5.59），即制得一块完整的复杂曲面红铜补配件（图 5.60）。

第二节　冲压与钣金成形

金属冲压工艺是使用精度较高的模具，将金属板材加工成浅凹形态，一般用于批量化生产，例如在工业领域用来大量制造汽车车身、金属托盘等。冲压通常在冲床上进行，通过液压缸或机械装置将动力传递到冲头，挤压工作台模具上装载的金属坯料而成形。钣金工艺可制成效果类似于金属冲压的型材造型，但对操作者手工技能要求较高，需要掌握凹面加工、折弯成形、卷边、敲击加工等多种技术。钣金加工在汽车、航空航天工业的原型制造、预生产或小批量生产中应用广泛，一些世界知名的汽车采用这种工艺进行手工制造。采用冲压与钣金成形生产出的金属成品，韧性、强度和刚度好，而且质轻耐用。

在修复青铜器时，一些残缺位置需要配置薄壁、高韧性、高强度的带有锐利转角的复杂曲面补配件，可借助冲压工艺，但不需使用专门的冲床，只需制成凸凹模，挤压红铜板材后用锤击提供冲压的外力，再分别利用凸模和凹模，通过钣金工艺加工出锐利的转角等细节。凸凹模也不需用钢材制成，只需用低熔点的铅锡合金铸造模具，便足以应对少量红铜板材的加工。例如图 5.47 所示铜盆的另一处残缺，需为其配置一块完整的红铜补配件，并做出上腹部与口沿衔接部位的锐利转角。如图 5.61，倒置器物后用油泥将需要翻模处围合，器表喷涂分型剂后浇注石膏浆。传统的分型剂多使用医用软皂配制，将软皂削成碎屑，用开水烫开即可，水不可太多，需浓度适中。水凉后皂液凝固，下次使用时再用少量开水将其溶开即可。因传统的分型剂使用不便，当下通常用喷灌装一次性分型剂，为硅油溶解凡士林制成，操作简便，且不会危害文物。

石膏浆凝固便制得石膏凹模（图 5.62），将带着石膏模具的器物正置，重新围合油泥（图 5.63），器表及石膏分型面喷涂分型剂后浇注石膏浆（图 5.64），凝固后揭去油泥，可见两块石膏凸凹模将器物的部分造型翻制完成（图 5.65），石膏模具从器物上脱离并重新组装后效果如图 5.66 所示。如图 5.67，将石膏凸模的凸面向上放置，用油泥块遮盖凸面，油泥块的厚度即为后续将要浇铸出的合金模的厚度，需在兼顾合金材料的节省和模具强度的条件下控制油泥块的厚度。如图 5.68，用油泥围合石膏凸模及其上遮盖的油泥后，喷涂分型剂并浇注石膏浆，凝固后揭开油泥墙，效果如图 5.69，两块石膏模具拆开后效果如图 5.70。重新装配两块石膏模具并用绳捆牢，竖立放置，顶面用油泥围合，固定一楔形油泥塞，与两块石膏模具间的油泥块连为一体（图 5.71），向油泥围合区域内喷涂

图 5.61

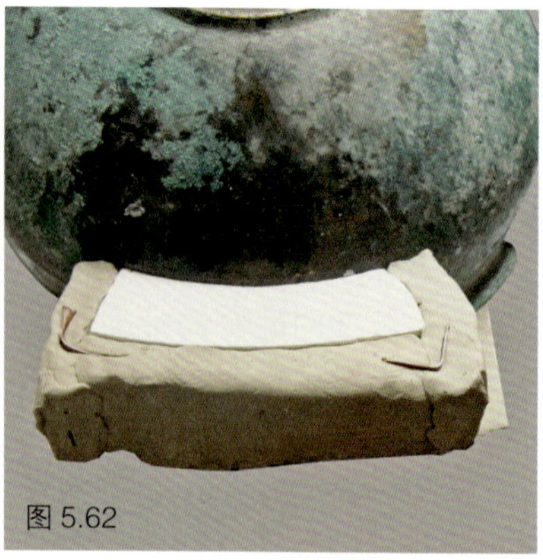
图 5.62

图 5.63

图 5.64

图 5.65

图 5.66

图 5.67

图 5.68

图 5.69

左页

图 5.61　油泥围合

图 5.62　制得石膏凹模

图 5.63　第二次油泥围合

图 5.64　第二次浇注石膏浆

图 5.65　制得两扇石膏模具

图 5.66　石膏模具从器表脱模

图 5.67　制作铸件的油泥模型

图 5.68　油泥围合并浇注石膏浆

图 5.69　得到围合的石膏模具

右页

图 5.70　打开石膏模具

图 5.71　浇制浇口杯

图 5.72　制作另一铸件的油泥模型

图 5.73　围合油泥模型后浇石膏浆

图 5.74　浇注铅锡合金金属液

图 5.75　得到铅锡合金凸凹模

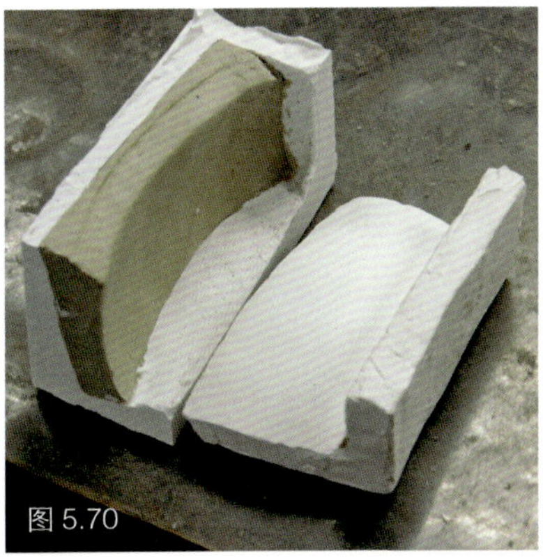
图 5.70

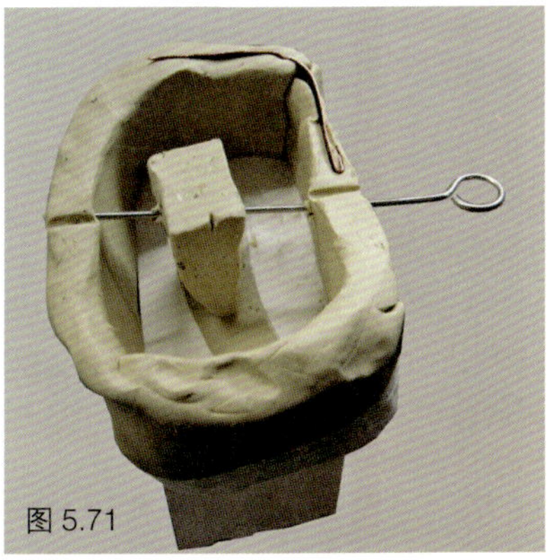
图 5.71

图 5.72

图 5.73

图 5.74

图 5.75

分型剂后浇注石膏浆，凝固后制得浇口杯。打开石膏模具去除所有油泥后再重新装配，石膏模具间便获得中空型腔，可用于铸造铅锡合金的冲压模具。石膏凹模的配套模具翻制方法与上述方法相同（图 5.72、图 5.73）。待石膏模具彻底干燥，装配严密并用铁丝捆牢后埋入沙盆，向浇口杯内浇注足量的铅锡合金金属液（图 5.74），金属冷却后打碎石膏模具，即取得铅锡合金凸凹模（图 5.75）。如需模具有更高硬度，也可用锡锑合金铸造。

如图 5.76，红铜片用喷火枪烧至通体红赤，夹在铅锡合金凸凹模之间，用铁锤或橡胶锤冲击（图 5.77），铜片出现加工硬化效应后，不可再强力冲击，以免铜片上出现死褶或撕裂。打开凸凹模取出铜片，再次火烧至塑性恢复（图 5.78），再夹于凸凹模之间冲压，如此反复数次，直至冲压出补配件坯料的大致造型。铅锡合金凸凹模硬度较低，口沿与侧壁转角处冲压效果不佳，无法取得锐利边缘，需要再配合钣金加工，以完善细节。如图 5.79，以合金凸模作为砧块，用钣金锤的尖端点击转角处，使铜料进一步拉伸和外抛。如图 5.80，再以合金凹模作为砧块，用钣金锤的弧面敲击转角处，使折线进一步锐化。交替使用合金凸凹模配合钣金锤，锤锻补配件坯料（图 5.81 ～图 5.84）。侧壁与口沿转角处仍不够锐利的，可用加工首饰的精密羊角砧配合钣金锤完善造型（图 5.85 ～图 5.87）。

如图 5.88、图 5.89，用制成的补配件坯料承托铜器残缺处，刻下轮廓线，再用铁皮剪沿线剪出补配件。剪裁后的补配件边缘会有变形，需将其置于金属模上用钣金锤再次锤打，以调整边缘形状（图 5.90）。此步骤的锤打不可用大力，以免补配件边缘变形，影响与器物断口的严密对接。加工完成的补配件如图 5.91 所示，口沿处需留出余量，与器物粘接后再用铁皮剪裁下多余部分（图 5.92、

图 5.76

图 5.77

图 5.78

图 5.79

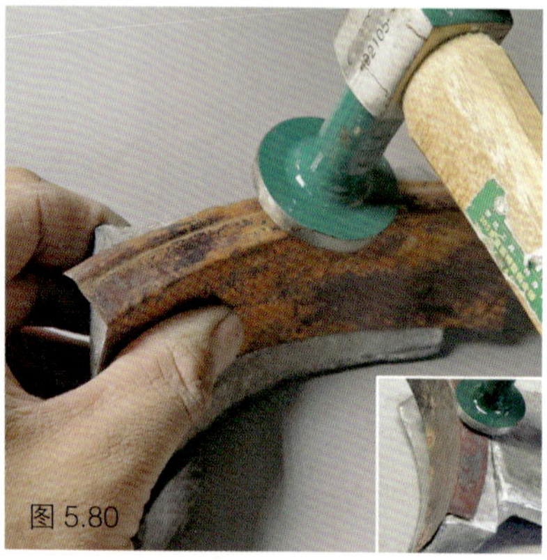
图 5.80

图 5.81

图 5.82

图 5.83

图 5.84

图 5.85

图 5.86

图 5.87

图 5.88

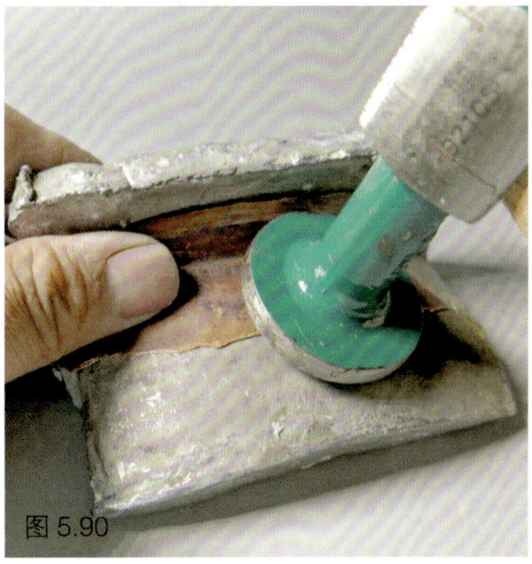
图 5.90

图 5.89

图 5.93）。参照前文所述方法，在补配件表面涂挂环氧树脂黏合剂并用造型刮板修整（图 5.94、图 5.95）。补配件外侧壁涂挂环氧树脂黏合剂后，用手指蘸取分析纯的乙醇修抹，可使补配件外表光滑（图 5.96）。待环氧树脂黏合剂涂层固化定型，用砂纸打磨飞边和毛刺（图 5.97），最后对补配件进行表面着色的旧化处理（图 5.98），器物修复后整体效果如图 5.99、图 5.100 所示。

左页
图 5.76　煅烧铜坯料
图 5.77　冲压
图 5.78　再次煅烧
图 5.79　精细锻造转角处
图 5.80　精细锻造折沿处
图 5.81　冲压模具及其铜皮冲压件
图 5.82　在凹模上精细调整
图 5.83　在凸模上精细调整
图 5.84　在凸模上调整口沿
图 5.85　首饰加工用羊角砧
图 5.86　使折沿进一步锐化
图 5.87　折沿转角处锐化加工细节

右页
图 5.88　补配件坯料表面刻轮廓线
图 5.89　得到补配件坯料
图 5.90　剪裁边缘后于凸模矫正补配件造型

图 5.91

图 5.92

图 5.93

图 5.94

图 5.95

图 5.96

图 5.97

图 5.98

左页

图 5.91　制得补配件

图 5.92　补配件用无酸纸胶带固定于器物残缺处

图 5.93　一体成形的补配件被粘接于器物缺口

图 5.94　涂挂环氧树脂黏合剂

图 5.95　造型刮板校准涂层

图 5.96　完成表面涂层处理后效果

图 5.97　补配件表面打磨后

图 5.98　补配件表面着色后效果

右页

图 5.99　薄壁铜盆修复后效果

图 5.100　薄壁铜盆修复后底部效果

图 5.99

图 5.100

第三节　冲压与钣金配合焊接

在工业领域，使用冲压或钣金配合焊接工艺，几乎可以生产出任何一种造型的金属板材。在青铜器修复过程中，当无法使用冲压成形一次性加工成完整的补配件，可以分块制作多个补配件再焊接成整体。如图 5.101 所示圆壶的口沿及颈部残缺，博物馆为了提升展陈效果，要求对其进行补全。

以同样造型的完整器作为参照，在计算机中用 Photoshop 绘图软件虚拟复原残缺部位（图 5.102），打印出与器物等大的线图，贴在木板上，切割木板制成造型刮板及器物支撑模板（图 5.103）。将器物倒置并用模板托起（图 5.104），用黏土塑造出残缺部位的大致形状，再用造型刮板刮削出残缺部位的 1/4 造型（图 5.105）。此黏土造型不便用石膏翻模，可用蜡液作为翻模材料。将蜂蜡用水浴锅熔化（图 5.106），在黏土造型表面喷涂分型剂后，用板刷将蜡液涂刷在黏土造型表面，蜡液凝固后脱模即完成取形（图 5.107、图 5.108）。按照前文所述石膏翻模原理，用蜡形翻制出石膏凸模，再向凸模喷涂分型剂翻制出石膏凹模（图 5.109、图 5.110）。在石膏凸凹模外围浇注石膏浆，制成两块敞口范，在敞口范内浇注铅锡合金液制成凸凹冲压模具（图 5.111）。将经过煅烧、延展性好的铜板夹在钣金模具之间，用胶皮锤敲击，使铜板缓慢冲压成形，数次锤击后铜板变硬，再次煅烧铜板并冲压（图 5.112、图 5.113）。如此反复数次，制成口沿铜皮补配件的 1/4 单元（图 5.114）。依照上述工艺加工出四块补配件单元，按口沿直径切割出圆形模板，将四块 1/4 补配件套在圆模板上并用整形箍圈紧固定，使其沿着图中红箭头方向依次叠压（图 5.115）。将它们套在铜壶缺口处，进一步沿箭头方向调整四个单元依次叠压的面积，使它们能够严密接触铜壶颈部（图 5.116）。用记号笔标记四个补配件单元间的相对位置（图 5.117），沿着红箭头所指位置剪去补配件单元上多余的叠压部分，使每块补配件之间能够准确对接。将四块 1/4 补配件锡焊成一体（图 5.118），制成完整的口沿补配件（图 5.119）。在制作好的铜皮补配件表面涂挂一层 PSI 环氧树脂，使补配件与器物厚度一致，PSI 环氧树脂还能起到遮盖铜皮补配件表面冲压及锤打痕迹的作用（图 5.120）。

图 5.101

图 5.102

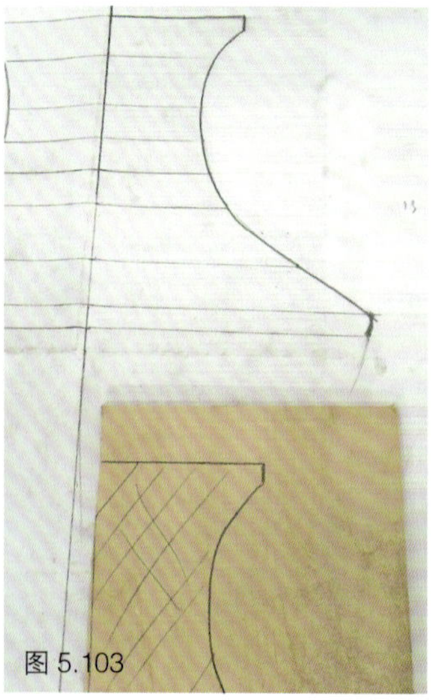

图 5.103

图 5.104

图 5.105

左页

图 5.101　残缺壶口的参照复原

图 5.102　电脑虚拟复原效果

图 5.103　制作造型刮板及器物支撑模板

图 5.104　倒立支撑残缺铜壶

图 5.105　使用刮板塑造残缺处泥模

右页

图 5.106　水浴锅熔化蜂蜡

图 5.107　泥模表面刷蜡液

图 5.108　蜡壳脱模

图 5.109　蜡壳翻制石膏模具

图 5.110　石膏凸凹模

图 5.111　铅锡合金凸凹模

图 5.112　煅烧铜坯料

图 5.106

图 5.107

图 5.108

图 5.109

图 5.110

图 5.111

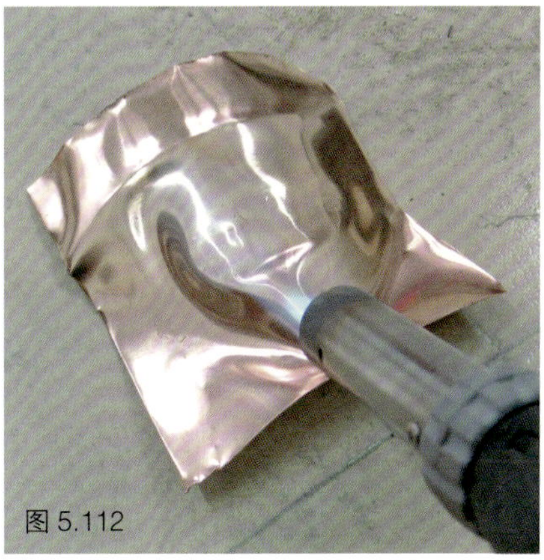
图 5.112

用蜡锉和砂纸打磨环氧树脂涂挂层，将口沿转角等硬挺锐利的部分加工成与参照器物一样的形态。制成的补配件粘接在残缺铜壶后的效果如图 5.121 所示。

图 5.113

图 5.114

图 5.115

图 5.116

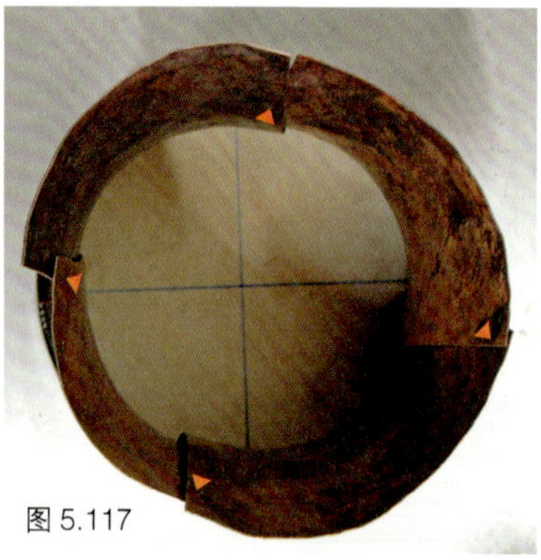
图 5.117

图 5.118

图 5.119

图 5.120

图 5.121

左页

图 5.113　凸凹模冲压

图 5.114　1/4 补配件

图 5.115　四块补配件拼合

图 5.116　补配件与器物装配调整

图 5.117　标记四块补配件重叠处

图 5.118　焊接四块补配件

图 5.119　焊接后的完整壶口补配件

图 5.120　铜质补配件表面涂挂环氧树脂黏合剂

图 5.121　铜壶口部补全后

右页

图 5.122　各种型号的錾刻刀

第四节　铜皮补配件上錾刻花纹

经过锤锻成形的铜补配件是素面的，如果缺失部位原先有纹饰，修复时还要将纹饰錾刻在补配件上。錾刻一般都在红铜片上进行，纯锡的铸件质地黏软，不易錾刻，可以在纯锡内加入10% ～ 20% 的锌或锑，锡锌或锡锑合金较为脆硬，可用刀凿刻。

錾刻所需的系列化錾刀（图 5.122），通常需要自行加工。原材料要选用高碳钢条，判断原材料是否为高碳钢的经验性办法有三种：其一是听声音，高碳钢条掉在硬质地面上，声音清脆且余音长；其二是看火花，在砂轮上打磨高碳钢条，火花明亮而长；其三是将原材料置于火焰中烧至亮红（约 800℃），再及时浸入冷水中，锉不动的是钢，锉得动的是铁。

图 5.122

将选好的钢条截成约 1 米长，一头插入炉火加热到樱桃红色（800℃ ~ 1200℃），用钳子夹出放在铁砧上锤打，使圆形截面的钢条变成方形，再加热烧红，反复锤锻尖端，其直径逐渐缩小而延长，成为锥形，在长度 6 ~ 9 厘米处截断制得錾坯。在砂轮上打磨光滑，去除錾坯上的硬棱，再用小钢锉细心地锉成所需的形状。

錾刀制成后，还需经过淬火。淬火是热处理的一种，使高温錾刀骤然冷却，达到錾刀硬化的目的。可用冷水、热水、液体油等淬火。将錾刀头部烧到亮红程度，用钳子夹出，将錾刀头部向下垂直浸入液体中，约一分钟后，待錾刀温度降低，再将錾刀全部浸入液体，而后及时夹出。

錾花胶板用于固定需要錾刻花纹的铜补配件坯料（图 5.123）。制作方法是将一份黑松香（或黄松香）加热熔化后，加入三份土粉搅拌均匀，再加 0.2 份植物油搅拌均匀，倒在石板上呈饼状，放置一天即成为硬且有韧性的錾花胶板。制好的胶板可反复使用，变干后可加热熔化再加入黑松香，冬天使用时可多加入一些植物油。

錾刻前将铜补配件坯料表面清理干净并打磨光滑，画上纹饰，新画纹饰要与原器物纹饰衔接好。用酒精漆片汁封护画好的纹饰（具体方法参见本书第六章第二节），以免錾刻过程中新画的纹饰变模糊。也可以在器物纹饰上制作宣纸拓片，并在其上密集扎出小孔（图 5.124），用喷火枪熔化錾花胶板局部，嵌入铜补配件坯料（图 5.125）。将拓片固定在坯料表面并点燃蜡烛熏黑（图 5.126），撕下拓片后即可得到纹饰线条上的若干关键点（图 5.127），沿着这些点錾刻成线。

图 5.123

图 5.124

图 5.125

左页
图 5.123　錾花胶板
图 5.124　纹饰拓片上密集扎小孔
图 5.125　铜补配件坯料嵌入錾花胶板

右页
图 5.126　熏黑拓片
图 5.127　得到纹饰关键点
图 5.128　錾刻
图 5.129　錾刻好的补配件

图 5.126

图 5.127

图 5.128

图 5.129

錾刻时，一手拿錾刀，刃部放在铜补配件坯料上，另一手用钢锤锤打錾尾，錾刻不同的纹饰要使用不同的錾刀，錾刻的深度要与原器物上纹饰的深度一致（图 5.128）。錾好纹饰后，将錾花胶板取下，表面残余的胶用热碳酸钠溶液洗净，还要将纹饰上锋利的棱角打磨光滑，使其接近器物上原始纹饰的风格。最后按前文方法剪裁补配件（图 5.129），粘接或焊接于器物缺口处。

第五节　棒材弯曲成形

一些青铜器上有诸如细小铜环等附件缺失，需要补配，可采用粗细合适的黄铜棒材，加热增强塑性后弯曲成形。黄铜材料有不同的标号，通常采用的 H62 标号的黄铜材料高温烧软后容易折弯，经加工硬化后，又具有良好的强度和耐久性。

如图 5.130 所示铜甑一侧铜环缺失，测量器物另一侧完好铜环的大小及截面直径，选取合适尺寸的黄铜棒材，高温烧红软化后用水冲凉，再使用戒指扩张器，在合适的直径上弯曲成铜环（图

图 5.130

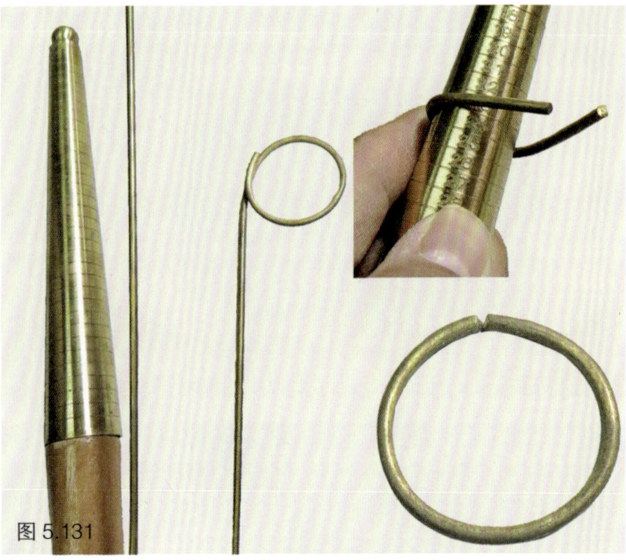
图 5.131

图 5.132

图 5.133

图 5.134

5.131）。铜环上留一开口，穿入铺首的兽鼻穿孔，然后再合拢铜环开口（图 5.132、图 5.133）。铜环经表面着色处理后效果如图 5.134 所示。

第六节　翻模铸造补配

有些残缺青铜器厚度较大，或残缺部位造型复杂，不易采用前文所述诸多方法制作补配件，可采用铸造成形工艺制作低熔点铅锡合金补配件。青铜器多为对称造型，残缺处如可在器物上找到对应的完好处，可用石膏翻制模具，用以铸造补配件。

如图 5.135 所示铜盆，侧壁有两个相对的铺首衔环附饰，其中一环缺失，另一环完好。图中可见铜环较粗，若不借助专门的折弯机械，很难将此直径的铜棍弯成圆环，因此可在完整铜环上用石膏翻模取形，再铸造一枚铜环复制件。翻模需先设计合理的分型面，确保模具可以顺利脱模而不损坏。如图 5.136，将分型面一侧的铜环埋入油泥块，露出的部分用石膏翻模。为防止石膏浆流入铺首穿孔，凝固后无法脱模，需用油泥封堵穿孔。如图 5.137，将待翻模部位用油泥围起，以待浇注石膏浆。

调和石膏浆，需根据用量的多少选取适当大小的容器，并依照合理的水粉比例。应使用表面光滑、便于清理的容器，以便清除残留在容器内的石膏，如容器未清除干净便用来调和石膏，制得的石膏浆会夹杂许多颗粒或石膏碎片，影响模具的表面质量及使用强度。残留石膏浆不可倒入下水道，以免凝固后堵塞管道。少量调制石膏浆的最佳容器是有弹性的胶皮碗，碗壁残留的石膏浆不必急于清理，待其干燥硬化，用手挤压碗壁，残留石膏便会脱落，倒入垃圾桶即可。

如图 5.138，在胶皮碗内倒入适量清水，将石膏粉均匀地倒入水中。需要较稀的石膏浆时，沉淀的石膏表面应在水面下一毫米左右；需要较稠的石膏浆时，水面上应该漂浮一层厚约半厘米的不再溶解的石膏。较稀石膏浆翻模精度高，但凝固慢，且干燥周期长；浓稠石膏浆流动性差，但固化快。翻模时可根据需要，在模具的不同部位使用适宜的石膏浆浓度。接触器表的石膏层，可调制得较稀。为防止模具表面出现气孔，可用羊毫笔蘸取稀石膏浆后，均匀而周密地点涂于器表，获得精细的模具表层，随后再浇注浓稠石膏浆作为背料层。如图 5.139，往水里倒入适量石膏粉后，立即用小勺搅拌，搅拌时要用小勺将容器底部没有溶解的石膏疙瘩全部搅开溶解，而且搅拌要顺着一个方向，不可改换方向胡乱搅动，避免石膏浆内出现大量气泡。在浇注石膏浆前，需将漂浮在石膏浆表面的气泡、杂质等用勺子撇去。

图 5.135

图 5.136

左页
图 5.130　缺失铜环的甗
图 5.131　铜环的弯曲成形
图 5.132　穿入兽鼻穿孔
图 5.133　铜环开口
图 5.134　开口闭合后

右页
图 5.135　器物一侧有完整的铜环
图 5.136　铜环的一半埋入油泥

如图 5.140，在喷涂过分型剂的油泥围合区域浇注石膏浆。为避免石膏浆内有残留气泡影响模具表面精度，可用橡胶锤轻击翻模操作台，气泡受到震动后会上浮。待石膏凝固，揭去油泥，脱去铜环，即得到半扇石膏模具。为便于模具定位，在油泥中央贴附一个半球形油泥块，翻制出的石膏模具即可形成对应的半球形卯眼（图 5.141）。也可以待石膏模具凝固，用刃部为椭圆形的不锈钢泥塑刀挖出卯眼。裁切埋有一半铜环的油泥块，使铜环露出，兽鼻穿孔仍需封堵，铜环周边需留有油泥围挡，防止翻制另一扇石膏模具时发生石膏浆泄漏（图 5.142、图 5.143）。在翻制好的半扇石膏模具分型面上喷涂分型剂后与铜环重新装配，用铁砧等重物抵住石膏模具背面，使石膏模具分型面与油泥块严密接触，向开口内浇注石膏浆（图 5.144、图 5.145），凝固后揭去油泥并脱模，得到两扇石膏模具。图 5.141 红箭头所指处可见兽鼻型腔，铸造铜环复制件时不需有此结构，待两扇石膏模具皆翻制成功，需用浓稠石膏浆填充两扇石膏模具上的兽鼻型腔，使铜环型腔贯通，再于分型

图 5.137

图 5.138

图 5.139

图 5.140

图 5.141

图 5.142

图 5.143

图 5.144

图 5.145

面上用刻刀修出铸造所用浇口（图 5.146）。

制成的石膏模具必须彻底干燥才可用于浇铸，否则高温金属液流入型腔，致使石膏内大量水分溢出并汽化，铸造后器表势必有大量气孔缺陷。石膏在干燥的环境中，根据壁厚的不同，需要数天至数周才能彻底干燥。可用电热烘箱加速干燥，但是烘干时的温度不宜超过 100℃，以免石膏酥粉化，不利铸造。

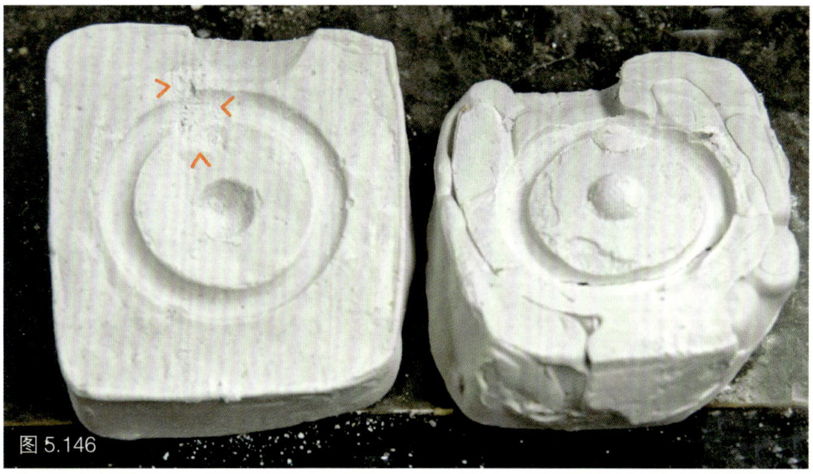
图 5.146

图 5.147

图 5.148

熔炼金属之前，需先准备沙盆，将铸造所用石膏模具捆牢后部分埋入沙盆。沙盆的作用是预防从分型面溢出或从浇口流出的高温金属液飞溅到地面或操作台上，造成安全事故乃至伤害操作人员。准备沙盆时，在盆内干沙适量加水，搅拌均匀，使沙子达到恰好可用手捏成团的状态。

可在气炉或封闭电炉上用铁锅熔化金属，待金属化成银色液体，用刮刀将金属液表面的氧化物等杂质撇出。可用大量程的测温计测量金属液的温度，也可用报纸接触金属液表面试温，如报纸立即燃烧，说明温度过高，这时浇注金属液易使石膏模具炸裂。可待金属液稍稍降温，报纸接触金属液表面时慢慢变黄，进而燃烧，说明此时温度合适。浇注金属液时要一气倒入浇口内，不能断流，否则铸件会产生“冷隔”缺陷。模具溢出的金属液流淌在沙盆里的湿沙上，很快便会凝固，便于回炉再利用（图 5.147）。铸造完成后，待石膏和金属冷却，打开石膏模具，取得合金质的圆环复制件，用锉刀磨去分型面上的飞边和毛刺，锯开一口并掰开间隙，穿入兽鼻穿孔后合拢接缝，便完成残缺铜环的补配（图 5.148），随后再对圆环进行表面着色的旧化处理。

左页
图 5.137　油泥围合铜环
图 5.138　往盛水橡皮碗倒入石膏粉
图 5.139　搅拌均匀
图 5.140　浇注石膏浆
图 5.141　获得半扇石膏模具
图 5.142　切除部分油泥
图 5.143　露出铜环
图 5.144　翻制另外半扇模具
图 5.145　浇注石膏浆

右页
图 5.146　获得两扇石膏半模
图 5.147　铅锡合金铸造
图 5.148　补配合金圆环

如图 5.149，在铸造过程中，在金属液浇注温度合适且确保石膏模具彻底干燥的条件下，许多补配铸件表面仍会有图中红箭头所指的气孔或缩孔缺陷，对此分别进行了浇注方式对比试验和模具内表面状态对比试验。如图 5.150，采用敞口范或大水平面型腔时，铸件质量差，气孔或缩孔等缺陷明显；如图 5.151，型腔竖直且浇口杯有较大压头时，铸件质量有了明显改善。如图 5.152、图 5.153，用带有螺旋型腔的石膏模具做流动性对比试验，相比未经处理的内壁，内壁熏炭黑后，金属液流动性明显改善，炭黑层起到了晶粒细化作用。这些试验所得经验，可以用来改进铸型结构和铸型表面处理工艺，进而提高补配件的铸造质量。

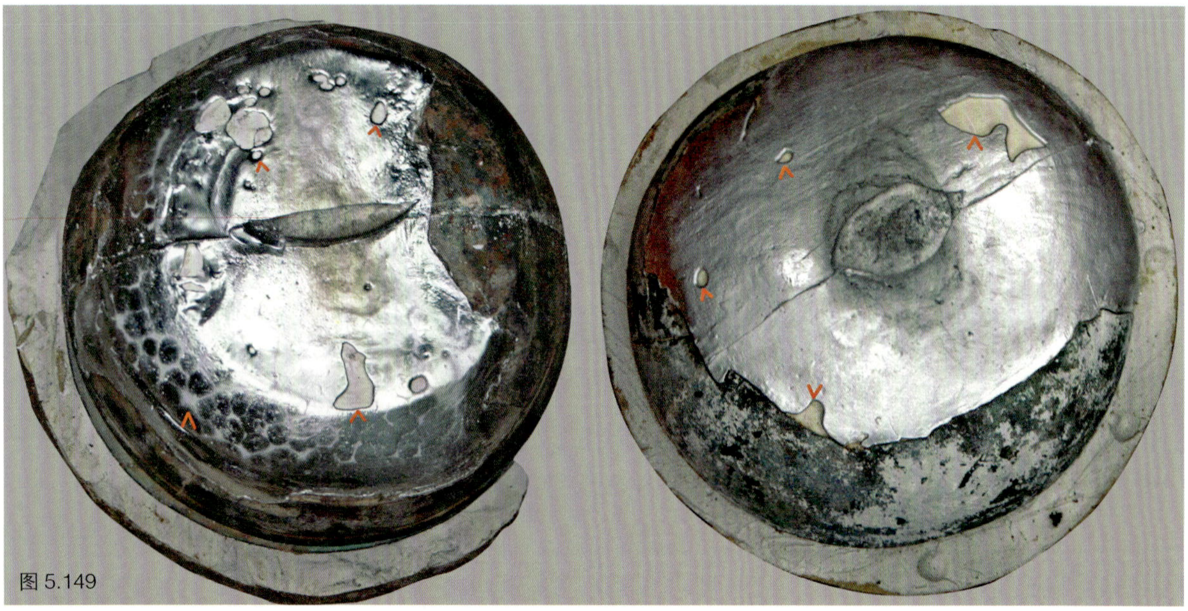
图 5.149

图 5.150

图 5.151

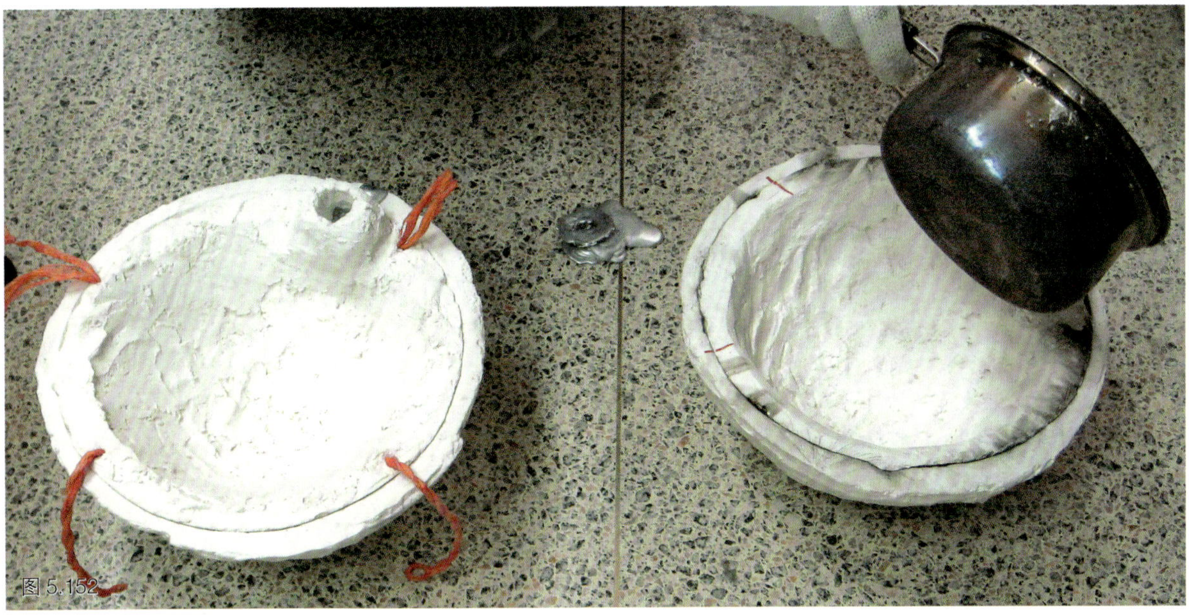

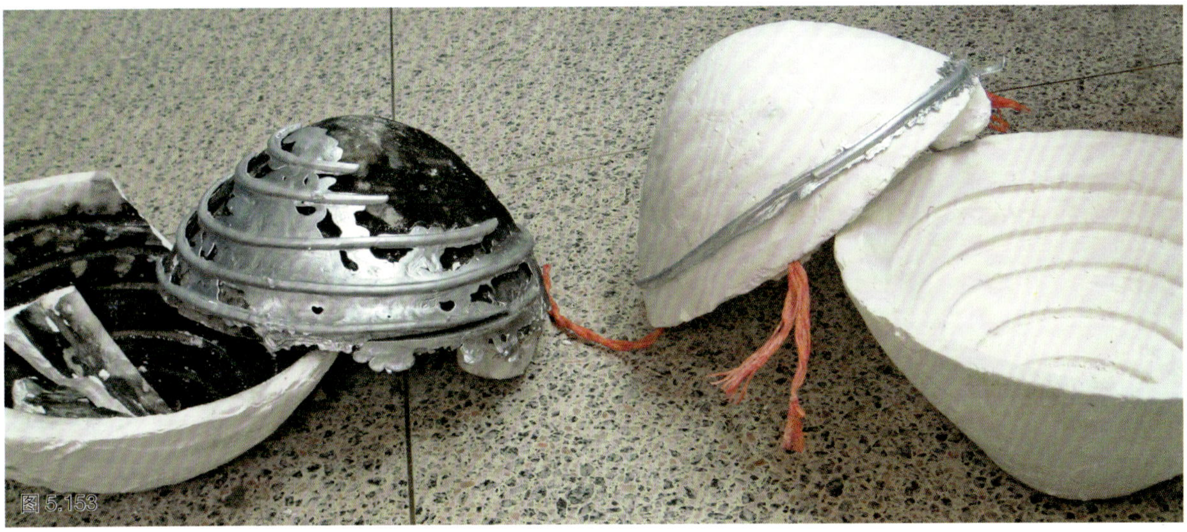

左页
图 5.149　铸造补配件的常见缺陷
图 5.150　采用敞口范或大水平面型腔浇铸补配件的缺陷
图 5.151　配置浇口杯及纵向型腔浇铸的补配件

右页
图 5.152　流动性对比试验
图 5.153　铸型内壁熏炭黑后金属液流动性显著提高

图 5.154 所示汉代铜鼎的一足残缺，需要使用更为复杂的模具完成翻模铸造补全。残缺一足与器物另外两足的造型尺寸一致，可选完整的鼎足直接翻制石膏模具。在平整的油泥块上挖出足够容纳鼎足的型腔（图 5.155），将完整鼎足嵌入油泥而只露出足背面（图 5.156）。用雕塑刀修抹油泥表面，使之与鼎腹和足背边缘衔接严密，如处理不周密，后续浇注石膏浆时便会溢出，甚至影响正常脱模（图 5.157）。在平整的油泥表面用模具压出若干半球形凹面作为定位榫型腔，油泥表面即为足背模具的分型面（图 5.158、图 5.159）。逐块搭建油泥墙，用雕塑刀修抹油泥块之间的接缝，并使油泥墙与鼎腹底密合，避免浇注石膏浆时发生泄漏（图 5.160）。用三面油泥墙圈出待翻模部位，为防止其被石膏浆冲垮，可在外部用应手的零部件加固，接合处也插入铜片加固（图 5.161）。

如图 5.162，向油泥围挡区域内喷涂分型剂，保护器物表面。向围合区域内浇注石膏浆（图 5.163），凝固后去除油泥块，可见足背石膏模具的分型面上形成数枚凸起的定位榫，用以帮助足正面的模具定位（图 5.164）。从器物上残留的范线可知，制作这件器物的汉代铸工采用正面和背面两扇范翻取足模造型，但铸工所用翻模材料为黏土，可在尚有塑性时轻易脱模。如今使用石膏模具，凝固定型后脱模，模具与足部正面的复杂曲面接触面积越大，越容易出现不当的拔模斜度而造成卡模。为

图 5.154

图 5.155

图 5.156

图 5.157

图 5.158

图 5.159

图 5.160

图 5.161

图 5.162

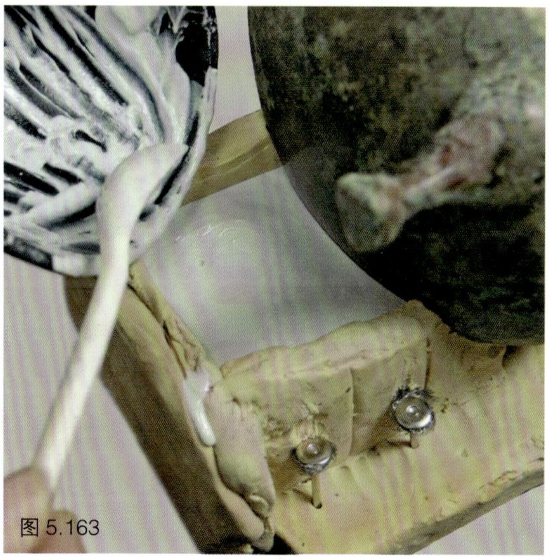

图 5.163

左页
图 5.154　一足残缺的汉代铜鼎
图 5.155　油泥块挖出足部型腔
图 5.156　完整足部嵌入油泥块
图 5.157　修整分型面

右页
图 5.158　压印定位榫型腔
图 5.159　加工完成的油泥分型面
图 5.160　油泥围合
图 5.161　油泥围合完成后
图 5.162　喷涂分型剂
图 5.163　浇注石膏浆

脱模方便并确保文物安全，足部正面需要分为两块模具。将暂不翻模的一侧用油泥遮盖，油泥块立壁位置，即为第二块石膏模具的纵向分型面位置（图 5.165）。在纵向油泥立壁上压出定位榫的凹面型腔，并用油泥围合待翻模区域，油泥墙外立壁可用支柱作为扶壁，以免被石膏浆冲垮（图 5.166）。鼎足底部和水平分型面之间还需用油泥做出一半圆台状结构，用以预留浇口。向油泥围合区域内喷涂分型剂后浇注石膏浆（图 5.167），待其凝固后拆去油泥，得到第二块石膏模具，图中可见半个圆台状黄色油泥结构，为预留的浇口位置（图 5.168）。用油泥围合足部正面的另一侧，继续翻制第三块石膏模具，用木工 F 夹夹持第二块石膏模具与油泥墙，使二者相对位置稳定，避免错位（图 5.169）。向第一、二块石膏模具的分型面及器表喷涂分型剂后，浇注石膏浆，凝固后获得第三块石膏模具。三块石膏模具脱模后效果如图 5.170 所示。

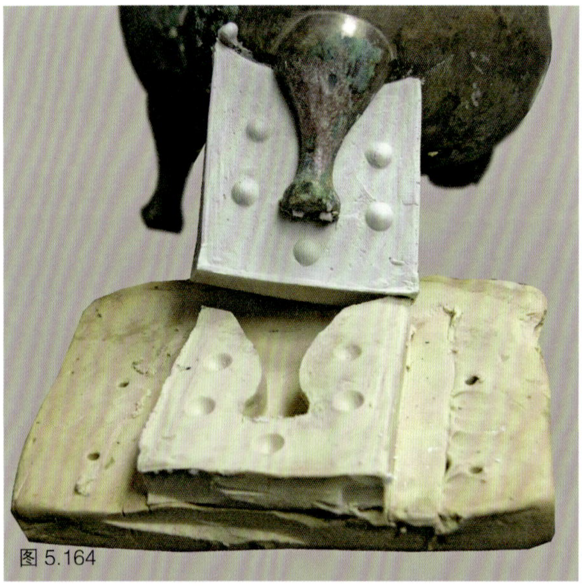
图 5.164

图 5.165

图 5.166

图 5.167

图 5.168

图 5.169

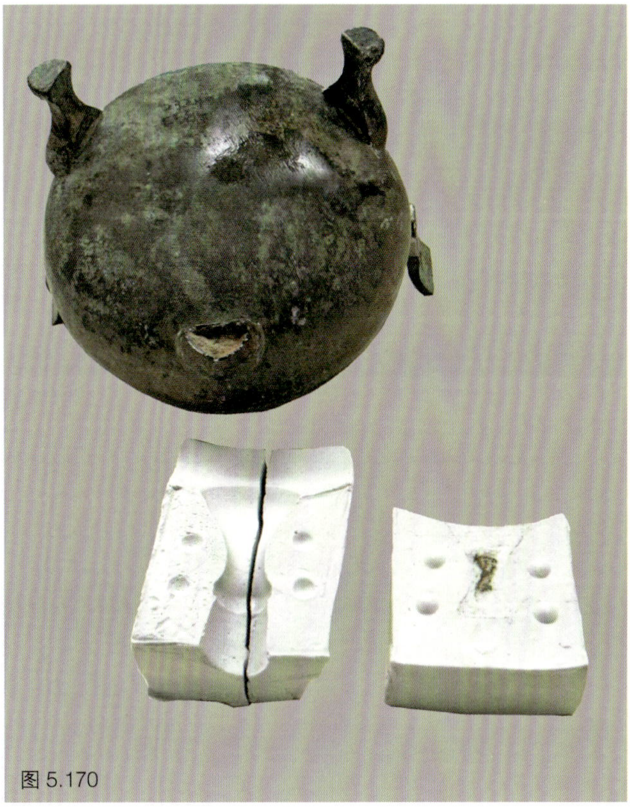
图 5.170

左页
图 5.164　获得足背石膏范
图 5.165　足部正面设置油泥分型面
图 5.166　围挡足部正面的一半造型
图 5.167　浇注石膏浆

右页
图 5.168　制得第二扇石膏模具
图 5.169　围挡足部正面的另一半造型
图 5.170　获得足部完整造型的石膏模具

若直接用这三块石膏模具浇铸足部补配件，所得补配件为实心结构，铸造时易发生铸造缺陷，且铸件自重较大，补配后会使器物重量增加较多，因此更合理的补配件结构应为空心。如图 5.171，将两块足部正面模具与残缺足部装配，用木工 F 夹固定。用圆木棍擀制一块油泥片，其厚度即为预计的空心足部的型腔厚度，油泥片裁切成适当大小后铺设于石膏模具内壁（图 5.172、图 5.173），用四棱锥状工具斜戳油泥片，以使后续制得的足部型芯表面形成芯撑（图 5.174）。用油泥块封堵足部型腔（图 5.175），向型腔内浇注石膏浆（图 5.176）。

图 5.171

图 5.172

图 5.173

图 5.174

图 5.175

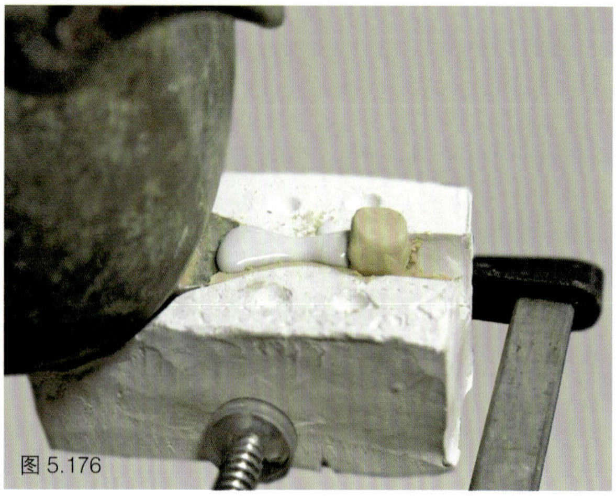
图 5.176

油泥型腔内石膏浆凝固后，打开石膏模具，揭去油泥片，可得足部型芯，其表面的四棱锥状凸起为型芯自带的芯撑（图 5.177 ~ 图 5.179）。将两块足部正面石膏模具与残缺足部再次装配，可见型芯悬浮其中，周围型腔即用以铸造空心金属足部补配件（图 5.180）。型芯自带的芯撑抵在足部模具的曲面内壁上，可确保型芯与模具的相对位置稳定。如未设置芯撑，型芯会在模具内晃动，金属液流入型腔后还会使型芯受到浮力而上浮，型芯与模具贴合处，金属液无法流经，铸造后的足部补配件便会有缺陷。古代铸工在铸造青铜器时，便开始利用芯撑以避免铸造缺陷。

如图 5.181，制作完毕的石膏模具需要用图示结构的铁丝捆扎，方可捆牢，确保石膏模具在干燥和铸造过程中不会发生错位。如图 5.182，熔炼铅锡合金，向埋入沙盆的石膏模具浇口连续浇注

图 5.177

图 5.178

图 5.179

图 5.180

左页
图 5.171　足正面石膏模具承托残足
图 5.172　裁切油泥片
图 5.173　模具内壁贴附油泥片
图 5.174　油泥片上戳出芯撑型腔
图 5.175　油泥块围合足底
图 5.176　浇注石膏浆

右页
图 5.177　脱模
图 5.178　拆去石膏模具
图 5.179　揭去油泥片获得足部型芯
图 5.180　石膏模具与型芯配合

金属液，石膏及金属冷却后打开石膏模具，得到足部补配件（图 5.183）。分型面上溢出的飞边可以很轻易地掰下，这是因为金属液从截面尺寸大的型腔涌入截面尺寸骤减的分型面薄壁缝隙时，液态金属的表面膜聚集在交界处，薄壁截面很容易断开，使飞边能够较轻易被清理掉。古代铸工也是在铸造实践中发现了这一原理，因此，在制作铸型时，通过合理的分型面设计，可以在很大程度上减少器物的铸后加工，甚至使许多铸后工艺痕迹难以辨认。

如图 5.184，将足部补配件的浇口残留压头用台钳夹持后锯下。如图 5.185、图 5.186，在补配件断面位置涂抹环氧树脂黏合剂，与器物残缺处对接（粘接工艺参见本书第三章第五节）。新补全足部的背面露出部分型芯（图 5.187），与器物原始结构一致。图 5.188 所示为补全足部并经表面着色处理之后的效果。

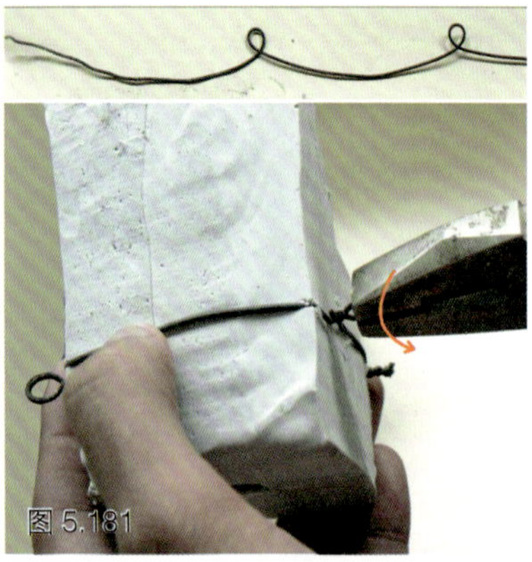
图 5.181

图 5.182

图 5.183

图 5.184

图 5.185

图 5.186

图 5.187

图 5.188

古代青铜器采用手工造型，通常情况下，器物虽然看似匀称，但器物截面的几何特征往往并不十分规整，比如许多西周圆鼎的口沿呈不规则的桃形，同一器物的多个附件（如鼎耳或鼎足）看似相同，实则都会有尺寸和造型上的误差。上述汉代铜鼎修复案例中，从完整鼎足上翻制的模具可以严密装配在残缺足部，进而铸造出匹配良好、不需多加打磨修整的补配件，是因为包括这件铜鼎在内的一些汉代青铜器制作使用了模块化的分体模，同一鼎的三足皆使用同一个足部分体模翻制附件陶范，最后再使用复合范整体铸造或与器物主体铸接，使鼎的三足尺寸、形态的吻合度高[54]。

多数残破青铜器，从器物完整部位翻模后再铸造出的新补配件，通常都会和缺口处断面有较大的误差，因此需要使用一些便于机械加工的材料，如黏土、精雕油泥或石蜡，制作出残缺部位的补全模型，然后再以石膏翻模，取得精确的石膏模具后，再用铸造成形工艺制作金属补配件。如图 5.189 所示残缺鼎盖，从其完整的双曲面处翻制出石膏模具，承托残缺处，断口边缘线不能与石膏模具密合，无法使用在原物上翻制的模具铸造出精度高的补配件，因此可用白色雕塑泥塑造残缺处造型，完成预补全（图 5.190）。若器物矿化严重、保存状态差，使用含水的雕塑泥或黏土恐对器物本体的保存不利，也可以使用更洁净且不含水分的精雕油泥进行预补全（图 5.191、图 5.192）。再用油泥围

图 5.189

图 5.190

左页
图 5.181 捆扎铸型的方法
图 5.182 铅锡合金铸造
图 5.183 铸造后的足部补配件
图 5.184 锯除足部补配件浇口残留压头
图 5.185 足部补配件断面涂环氧树脂黏合剂
图 5.186 补配件粘接至足部断面
图 5.187 补全后的足部背面
图 5.188 残缺足部修复后

右页
图 5.189 残缺鼎盖
图 5.190 白色雕塑泥补全并围合

合预补全部位，浇注石膏浆（图 5.193），凝固后去除围挡材料及预补全材料，获得的石膏模具可以和器物缺口处边缘线密合（图 5.194）。但此时尚无法用这单独一扇石膏模具铸造出鼎盖补配件，还需为其配置型芯，模与芯配合形成的型腔，才能用以铸造。修复至此，传统修复方法是用擀薄的油泥片铺设于石膏模具内壁，预补全残缺部位，再用石膏翻制型芯，正如前文图 5.172、图 5.173 所示。但采用这一方法翻制出的型芯表面通常并不光滑，且铸后补配件壁厚误差较大，补配件面积越大，这种误差也越大，这是油泥材料刮削性能不佳且容易变形的特性决定的。因此，可以使用更便于精确刮削的材料预补全残缺部位，如图 5.195，在石膏模具内壁喷涂分型剂后，用尼龙板刷蘸取熔融的石蜡液涂刷。待蜡液凝固，可用自制刮刀、手术刀等工具，对石蜡预补全部位进行精确的刮削加工（图 5.196、图 5.197）。预补全部位修整满意后，用油泥围合，再次喷涂分型剂，浇注石膏浆（图 5.198、图 5.199），凝固后脱模（图 5.200），清除石蜡获得鼎盖型芯（图 5.201）。在石膏模具与

图 5.191

图 5.192

图 5.193

图 5.194

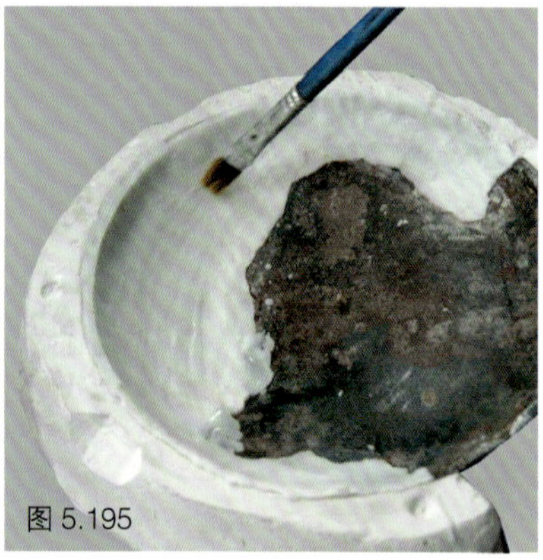
图 5.195

图 5.196

图 5.197

图 5.198

图 5.199

型芯上修出浇道，与型腔贯通，将石膏铸型与残鼎盖装配，配置浇口杯并用铁丝捆牢（图 5.202）。待模具在电热烘箱内彻底干燥，即可用铅锡合金铸造补配件。铸成的补配件，用刮刀稍做修整再用砂纸打磨，便可获得光洁的铸件表面，且合金补配件与鼎盖断面对接严密（图 5.203、图 5.204）。

图 5.200

图 5.202

图 5.203

图 5.201

图 5.204

左页
图 5.191　精雕油泥补全处的修整
图 5.192　精雕油泥补全模型
图 5.193　浇注石膏浆
图 5.194　获得残缺盖部石膏模具
图 5.195　石膏模具内壁刷蜡液
图 5.196　自制刮刀刮削石蜡预补全部位表面
图 5.197　手术刀切削石蜡预补全部位边缘
图 5.198　油泥围合
图 5.199　浇注石膏浆

右页
图 5.200　脱模
图 5.201　清除石蜡获得型芯
图 5.202　石膏铸型捆牢并配置浇口杯
图 5.203　铸后加工
图 5.204　铅锡合金盖部补配件完工

残鼎盖上缺失的双曲面部分被补全，尚缺一钮部，可从器物完整钮部翻制石膏模具，再与双曲面补配件铸铆为一体。采用此种先铸主体再铸接附件的工艺，附件发生缺陷的概率较低。如使用复合模具（参见后文图 5.322 ～图 5.327 的相关内容）试图将双曲面残缺处和钮部一次性整体铸造成形，狭小的钮部型腔内排气不畅，易产生缺陷，钮部与双曲面衔接部分也容易出现铸造缺陷。

如图 5.205，从鼎盖上的完整钮部翻制石膏模具，盖钮需要用两块对开分型的石膏模具取形，先用油泥遮挡住钮部的一半厚度，用油泥片围合待翻模的一半钮部，喷涂分型剂后浇注石膏浆（图 5.206）。依照此方法翻制另一扇模具，钮部型腔顶端用手术刀修挖出凹槽，作为浇注金属液的浇道（图 5.207、图 5.208）。浇注时，如将金属液直接浇入细小浇道，不易操作，而且浇道内的少量金属不足以给型腔内液态金属提供足够的压力和补缩，因此需要在石膏模具顶端再设置一个浇口杯，做法如图 5.209 所示，用一楔形油泥塞遮盖浇道，用油泥片围合石膏模具顶面，围合区域内喷涂分型剂

图 5.205

图 5.208

图 5.206

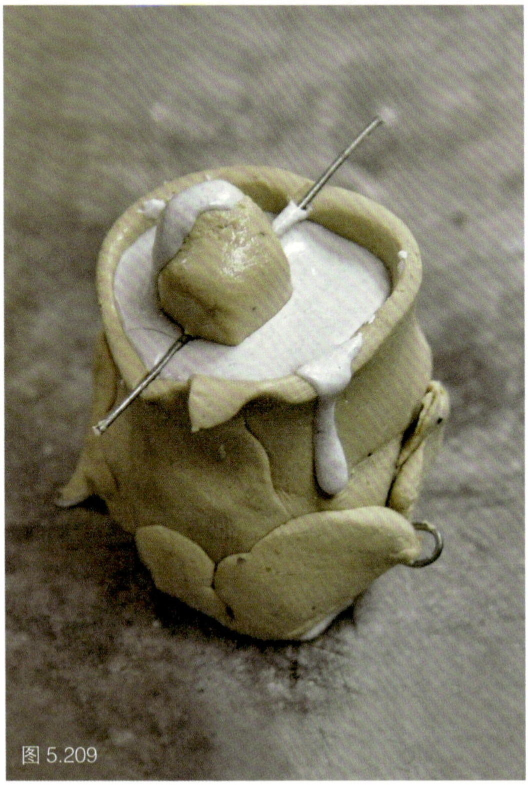
图 5.209

图 5.207

后浇注石膏浆。石膏凝固后去除油泥，得到带有浇口杯的石膏模具（图 5.210）。如图 5.211、图 5.212，用无酸纸胶带标记缺失钮部在盖体双曲面上的大致位置（顶视观看时，盖的三个钮部应分别位于等边三角形的三个顶点），打开石膏模具，摆放在钮部的预计补全位置，用记号笔描下圆形记号，记号应与石膏模具的型腔相对，在记号位置用电钻打孔（图 5.213）。

图 5.214 所示为盖体双曲面补配件上的两个圆孔，图中可见盖内壁透孔周围还磨出了倒角，此结构有利于提高后铸盖钮与盖体的连接强度，使钮部铆块的一部分嵌入盖体，连接结构更稳定。铸造之前，将钮部模具装配于盖体上的预定位置并用石膏浆密合接缝，塞住浇口以防异物掉入型腔，重新利用鼎盖石膏型芯，在图 5.215 中红箭头所指处挖出凹面，作为鼎盖内壁钮部铆块的型腔。将鼎盖型芯与鼎盖装配，确保铆块型腔与钮部型腔贯通，拔下浇口防尘塞，浇注铅锡合金液（图

图 5.210

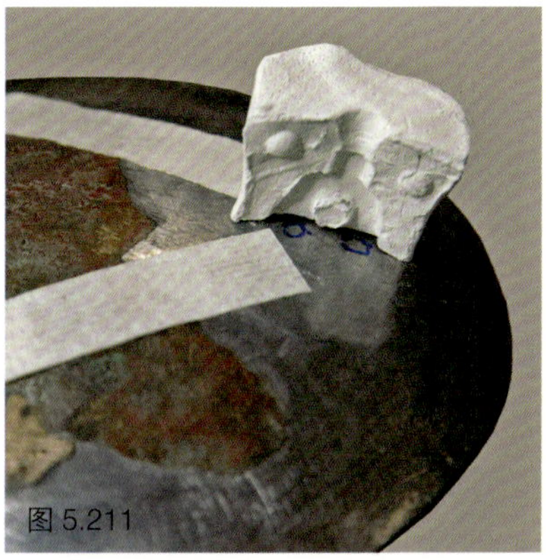
图 5.211

图 5.212

图 5.213

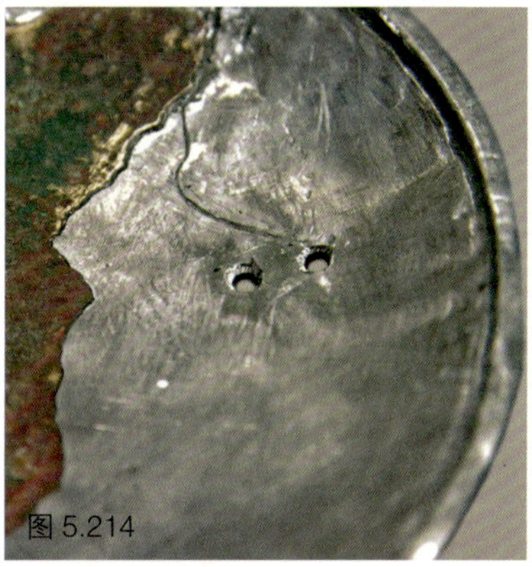
图 5.214

图 5.215

左页
图 5.205　半个钮部埋入油泥块
图 5.206　浇注石膏浆
图 5.207　获得对开分型的钮部石膏模具
图 5.208　石膏模具拼合后的浇道
图 5.209　制作浇口杯

右页
图 5.210　带有浇口杯的石膏模具
图 5.211　盖部补配件标记钮部位置
图 5.212　钮部在鼎盖上的位置
图 5.213　钮部位置钻孔
图 5.214　盖内壁圆孔磨出倒角
图 5.215　鼎盖型芯做出铆块型腔

5.216～图 5.218）。金属液凝固并冷却后，打碎石膏模具，后铸的钮部与盖体补配件铸接为一体（如图 5.219）。钮部周围有溢出金属，需要用锉刀修整（图 5.220、图 5.221）。完成补全后的鼎盖效果如图 5.222、图 5.223 所示。

图 5.216

图 5.217

图 5.218

图 5.219

图 5.220

图 5.221

图 5.222

图 5.223

第七节　雕塑模具后铸造补配

有些器物上残缺的部位形状或纹饰特殊，无法从原物上翻模取形，就需要先使用黏土、油泥、精雕油泥、石膏等造型材料重新制模，再翻模取形，然后铸造补配件。图 5.224 所示为江苏邳州东周墓出土镈钟的钟钮。出土编镈各钟体的尺寸等比例缩小，钟钮尺寸亦等比例缩小，但纹饰一致，其中一钟的钮部丢失，无法通过翻模取形，按照其他编镈的钮部尺寸变化规律推测待补全钮部的大小，并参照其他钟钮纹饰勾画图样。在石膏板上画好钟钮图样并雕刻（图 5.225）。雕好的钟钮模为单面纹饰的浮雕，在其表面刷一层稀释的酒精漆片汁进行加固，以防在后续翻模过程中被意外损坏（图 5.226）。待补全的钟钮为双面造型，需经一系列的翻模操作，制得用于铸造补配件的对开分型石膏模具。

图 5.224

图 5.225

图 5.226

左页
图 5.216　鼎盖型芯、钮范与鼎盖装配
图 5.217　浇铸钮部
图 5.218　铸造后
图 5.219　打开石膏模具完成钮部铸接
图 5.220　铸接后钮部周围溢出金属
图 5.221　打磨钮部周围溢出金属
图 5.222　完成补全的钮部
图 5.223　完成补全的残缺鼎盖

右页
图 5.224　描画纸样
图 5.225　雕刻石膏模
图 5.226　加固过表面的钟钮石膏半模

如图 5.227，用黏土翻制钟钮单面模型，钟钮纹饰间较深的穿孔处，需用油泥填堵。为防止黏土模翻转放置后变形，应将黏土背面刮平。黏土模脱模正置后，用黏土片围合（图 5.228），在围合区域内浇注石膏浆（图 5.229），待其凝固后去除黏土，得到图 5.230 所示钟钮模型的复制品。制作复件品目的在于把雕刻件留作备份，如复制品损坏，可用原件重新复制。将钟钮模型复制品浸入肥皂水煮沸 5 ～ 10 分钟[1]，以便将来再用其翻制铸造用石膏模具时，能够顺利脱模，煮过后的复制品要晾干再进行下一步操作（图 5.231）。用黏土片围合钟钮模型复制品，喷涂分型剂，浇注石膏浆，凝固后制得一扇铸造用石膏模具。将钟钮模型复制品脱出，在铸造用石膏模具内壁擦一层滑石粉以防粘，将黏土填入铸造用石膏模具内壁，刮平背面黏土，脱模后制得黏土单面钮模。再一次用黏土填实铸造用石膏模具内壁，刮平背面黏土，将之前制得的黏土单面钮模放在刚刚填实的黏土上，并用黏土围合（图 5.232），喷涂分型剂，浇注石膏浆，待凝固后分开模具，去除其内黏土，得到两扇铸造用石膏模具（图 5.233）。在分型面顶端修挖出浇口，将两扇石膏模具装配后用铁丝捆牢（图 5.234）。模具彻底干燥后埋入沙盆，熔化铅锡合金向浇口内浇注（图 5.235）。得到的钟钮补配件需要用钻头、锉刀等加工出穿孔（图 5.236）。经表面着色处理后安装于原器，效果如图 5.237 所示。

图 5.227

图 5.228

图 5.229

图 5.230

1　为防止钟钮模型石膏复制品突然浸入热水发生炸裂，需要冷水下锅，待水开后再煮 5 ～ 10 分钟。另外，石膏翻模一般只需用分型剂或皂液隔离即可，此处操作是因为要用布满细密纹饰的钟钮模型石膏复制品翻制石膏模具，二者很容易因粘连造成卡模，因此才需采取用肥皂水煮的特殊处理方式，使肥皂水被充分吸入石膏复制品的毛细孔，达到更好的防粘隔离效果。

图 5.231

图 5.232

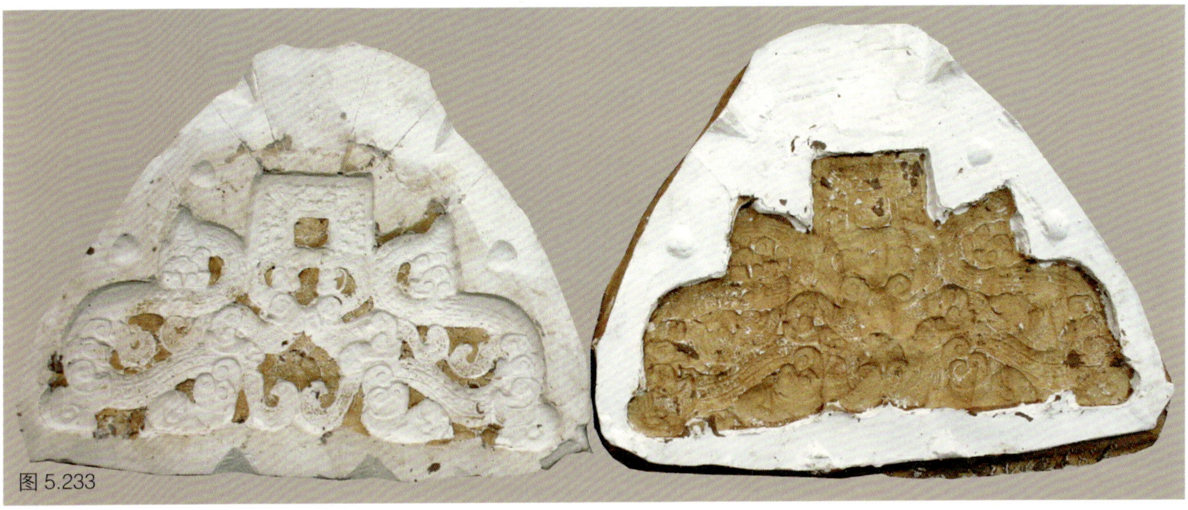
图 5.233

图 5.234

图 5.235

左页
图 5.227　雕刻模原件的黏土翻模
图 5.228　围合黏土模
图 5.229　浇注石膏浆
图 5.230　得到雕刻模的石膏复制品

右页
图 5.231　肥皂水内浸煮
图 5.232　围合铸造用石膏模具和黏土单面钮模
图 5.233　翻制出两扇石膏模具
图 5.234　捆牢铸型
图 5.235　铅锡合金铸造

图 5.236

图 5.237

左页

图 5.236　铅锡合金钟钮补配件

图 5.237　补配件表面着色后效果

右页

图 5.238　成套出土的编钟

图 5.239　甬部残缺所成透孔

第八节　熔模精密铸造补配

第六节介绍的翻模铸造补配法，补配件与器物残缺处的对接误差通常较大，往往需要数小时的刮削、打磨等后期加工，才能缩小装配误差。修复周期长，铸后加工量大，修复者操作不慎，还容易在器表留下打磨痕迹，破坏器物上历史信息的真实性。本节介绍的方法，使用石蜡作为预补全材料，经过较简便的刮削处理后，再翻制出铸造所用石膏模具，进而采用熔模精密铸造（简称“熔模精铸”）工艺制得补配件，解决翻模铸造补配精度低和铸后加工量大的问题。

熔模精铸是工业领域一种先进的“近无余量”的薄壳热成形技术，广泛应用于航空航天、仪器仪表及雕塑工艺品等的制作。其方法是先用易熔材料制成模型，在其表面涂挂耐火涂料，经化学硬化与干燥后形成一个整体模组，再从模组中熔失模型，获得中空型壳，高温焙烧后向其中浇注高温的液态金属，凝固后打碎型壳，得到铸件。所用易熔模料为蜡基材料的，称为失蜡铸造。中国古代青铜器就有采用失蜡法铸造的，明代宋应星《天工开物》还记载了蜡料的配方。青铜器修复时，可借鉴熔模精铸工艺，使用石蜡制模、石膏翻模，熔失模后用铅锡合金铸造高精度补配件。

图 5.238 所示编钟，其中一件钟的甬部缺失。几件钟造型及纹饰一致，尺寸等比例缩小。残缺小钟无法从完整大钟甬部翻模后铸造出尺寸合适的补配件，需要制作一个等比例缩小的补配件。如图 5.239，从残缺小钟顶部视角观察，甬部断口中央有一穿孔，与钟体内腔贯通。残缺甬钟修复后，需要与成组的其余编钟一起悬挂陈列，要求补配件强度高，耐老化周期长，确保补配件与钟体的连接牢固。由于器物重量较大，新制的合金补配件如采取锡焊法，无法与钟体牢固连接；如使用本书第三章第三节所述之“加强连接”结构，又会对文物本体造成更大的干预；当代青铜器修复常用的高分子材料，也无法保证补配件与沉重钟体的连接强度和耐久度。

考虑到以上因素，需要改进补配件制作工艺，以及补配件与器物的连接工艺。

图 5.238

图 5.239

图 5.240

图 5.241

图 5.242

可采用熔模精铸工艺，将补配件的铸造及其与钟体的“铆接式铸接”一次性完成。“铆接式铸接”是商周青铜器铸造技术之“后铸法”的一种，“后铸法”即先铸主体再铸接附件。“铆接式铸接”需先铸出预留有连接孔的器物主体，而后铸附件，后铸附件时，器体腹内承托带有铆块型腔的范块，浇铸附件后，金属液凝固收缩使附件及背面铆块紧贴器壁，形成牢固连接。

如图 5.240，选取同组编钟中完整且稍大的一件，翻制甬部的石膏模具，分型面上需设置定位榫卯。甬上“干”部的穿孔用油泥封堵，这样可使铸造时此部位金属液充型更快，避免出现金属内部缺陷。铸造后再钻出穿孔，确保穿孔周围金属强度良好。用两扇石膏模具取得甬部造型，翻模原理前文已述，不再赘言。将干燥的甬部石膏模具内壁喷涂分型剂后装配并倒立，熔化石蜡和硬脂酸后将蜡液注入石膏模具内（图 5.241）。待蜡液凝固，将双面石膏模具打开，即可得到甬部蜡模（图 5.242）。

石蜡是饱和族的固体碳氢化合物，是石油工业产品，略微溶解于无水酒精，不溶于水，熔点从 48℃到 66℃不等，常有白、黄两种颜色，选用白石蜡作为熔模材料。石蜡强度较好，缺点是温度接近 30℃时就软化变形，流动性、涂挂性也较差，还容易形成表面收缩，在熔融状态易起泡，一般需要加入硬脂酸（两种材料各占 50% 的质量比）后再用作熔模材料。

制得的蜡模比所需补配件的尺寸大，因此需将蜡模进行等比例缩小。通过测量同组其他六件甬钟，得到尺寸变化规律，甬部与钟体高度比约为 1∶2，据此可推测缺失甬部的尺寸。等比例缩小蜡模的方法是先在其上画好网格，每个单元约为一平方厘米，再用刻刀将单元格逐个剔薄。通过剔得的每个单元格凹槽的立壁，了解蜡模表层剔除得是否均匀，全部网格剔除完毕即可将蜡模等比例缩小一级尺寸（图 5.243、图 5.244）。

图 5.245 ~ 图 5.248 为钟体内铆块型腔的获得过程。首先用油泥封堵舞面透孔，然后在钟体内腔用泥料围筑出一个长方体空间（图 5.245），将蜡液注入长方体空间内（图 5.246），待其凝固后，清除蜡块周围泥料及舞面透孔的封泥（图 5.247）。在钟体内喷涂分型剂，浇注石膏浆，石膏浆应没过蜡块至少 2 厘米（图 5.248）。石膏凝固后将作为蜡块的模具，铸造前熔失蜡块即可形成铆块型腔。

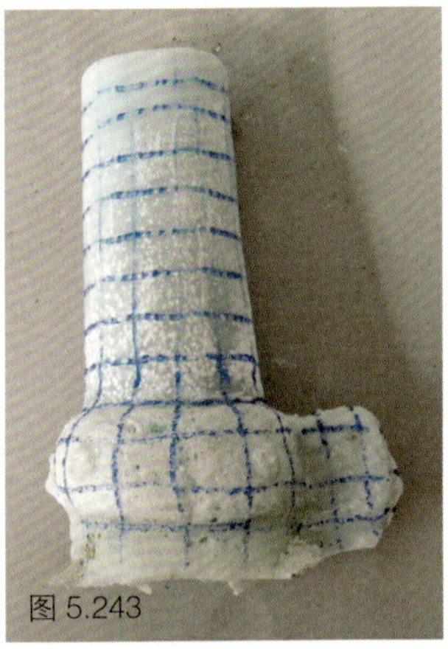
图 5.243

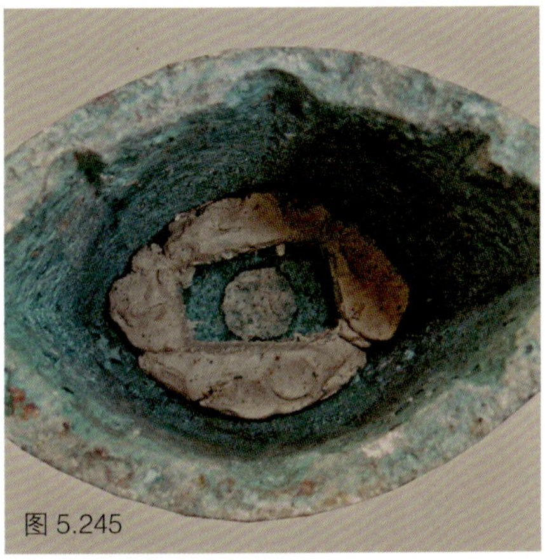
图 5.245

图 5.247

图 5.244

图 5.246

图 5.248

左页
图 5.240　完整甬钟的翻模
图 5.241　石膏模具浇注蜡液
图 5.242　制得甬部蜡模

右页
图 5.243　蜡模表面画网格
图 5.244　逐块剔薄单元格以等比例缩小模具
图 5.245　堵孔并围出长方体型腔
图 5.246　注入石蜡液
图 5.247　清除蜡块周围泥料及舞面透孔的封泥
图 5.248　浇注石膏浆

如图 5.249，从舞面中央透孔可见蜡块局部，等比例缩小后的蜡模尚未与舞面对接。如图 5.250，甬部蜡模与舞面中央断口对接后，可见二者接触面并不密合，红箭头所指处的缝隙尚需修补。如图 5.251，蜡模与舞面连接处修补前，需在蜡模中央钻一透孔，用以浇注修补蜡液。如图 5.252，蜡模（线图中斜线填充区域）对接舞面断口后，用无酸纸胶带缠绕待修补位置以防止蜡液泄漏，用注射器将蜡液（线图中红色示意处）注入蜡模顶部透孔，蜡液流入蜡模底部与舞面断口间的空隙，并与钟体内的蜡块（线图中反斜线填充区域）连通。图中“×”标记区域即为铆块石膏模具。待蜡液凝固，去除胶带，蜡模与钟体连为一起，接口残缺得以修补，如图 5.253 红箭头所指处。

如图 5.254，用胶片围合蜡模及钟体舞面并用无酸纸胶带粘牢接缝，将楔形黏土块倒立在甬部蜡模顶端，用一根细铜棒横向插入黏土块后稳妥安置于胶片顶边，此黏土块即可预留浇口的空腔。钟体舞面喷涂分型剂，向围合区域内浇注石膏浆，凝固后去除胶片及黏土块，将所得石膏模具及钟体置入沸水，直至内部的蜡全部熔失，这样即可形成连通的浇口、甬部型腔及铆块型腔。将石膏模具及钟体放入烘箱彻底干燥后埋入沙盆，熔化铅锡合金，将金属液注入浇口。金属液凝固并冷却后，打开石膏模具（图 5.255）。所补配的实心甬部通过钟体内腔铆块铸接于钟体（图 5.256），连接强度高，足以承受悬挂展示时的器物自重。用锯条、钢锉等清理浇口，补配件其余部分几乎不用打磨修整，即达到图 5.257 所示状态。相比于传统的翻模铸造补配，这种工艺提高了补配精度和修复效率，减少了铸后加工的工作量。最后用电钻及锉刀加工出“干”部的穿洞（图 5.257 红箭头所指部位），经表面着色的旧化处理，即完成修复。未来如需要将器物恢复原状，可用喷火枪熔化低熔点的铅锡合金补配件与钟体连接处，即可较方便地完成拆除。

由于铆块并非器物的原始结构，因此在器物展览时看不到的钟体内，保留其修复痕迹，不予旧化处理。铆块的铅锡合金本色，使其易于辨识，避免误导后续的器物研究者。

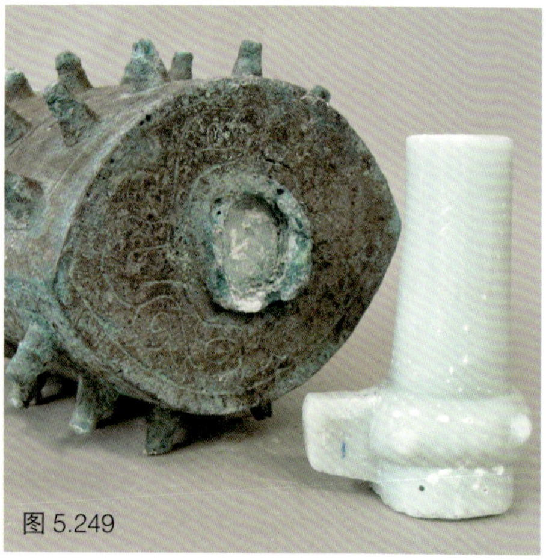
图 5.249

图 5.250

图 5.251

图 5.252

图 5.253

图 5.254

图 5.255

图 5.256

图 5.257

左页

图 5.249　尚未与器体连接的甬部蜡模

图 5.250　甬部蜡模与器体断面对接

图 5.251　甬部蜡模钻孔

图 5.252　注射蜡液以连通蜡模和钟体内加强筋蜡块

右页

图 5.253　钟甬蜡模与断面密合

图 5.254　准备制作石膏浇口杯

图 5.255　钟甬补配件铸接完成

图 5.256　钟甬补配件与器物铸接的铆块

图 5.257　钟甬补配后

图 5.258 所示为甘肃礼县一件春秋秦式鼎出土后状态，器物一足断裂，另一足和一耳残缺。断裂足部可直接连接于器体断面处完成修复，残缺的耳和足需制作补配件。为减少补配件铸后加工的工作量，也采用熔模精铸工艺制作。残缺耳部的造型可以从同一器物的完整耳部进行翻模复制。翻模前需对器表土垢及层状堆积的锈蚀进行清理，获得较为光洁的器表（图 5.259）。首先需要设计模具的分型方式，为防止卡模，将耳部穿孔用油泥封堵，使用三块范复制耳部造型，根据耳部外侧较宽、内侧较窄的横截面形状，将分型面设置在耳部外侧（图 5.260）。

图 5.261 为翻制完成的三块耳部石膏模具，模具之间有定位榫卯，以确保模具装配时相对位置准确。如图 5.262，在石膏模具内壁涂刷酒精漆片汁（具体方法详见本书第六章第二节），成膜后

图 5.258

图 5.261

图 5.259

图 5.262

图 5.260

左页
图 5.258　秦式鼎修复前
图 5.259　清除器表土垢及锈蚀
图 5.260　耳部翻模
图 5.261　耳部石膏模具
图 5.262　耳部石膏模具配置型芯

右页
图 5.263　模具套合于残缺耳部
图 5.264　浇注蜡液
图 5.265　获得耳部蜡模
图 5.266　修整蜡模

可使模具表面光滑坚固，不易被石膏浆和石蜡污损。在石膏模具内壁铺设油泥片，油泥片厚度即为铸造后补配件的金属壁厚。重新装配三块石膏模具，向空腔内浇注石膏浆，凝固后打开模具，去除油泥片，即获得耳部型芯，耳部型芯与石膏模具依靠图 5.262 红箭头所指处的榫卯定位。

如图 5.263，将耳范及其型芯安装在圆鼎缺耳处，用铁丝捆牢，用油泥封堵浇口以外的所有缝隙，以免漏液。向耳范内浇注蜡液（图 5.264），凝固后打开耳范，即可得到耳部蜡模，石膏型芯被包裹在蜡模内（图 5.265）。由于器物和范块装配时必然存在误差，图中可见蜡模与器物断面并不能严密对接。如采用翻模铸造补配法，直接浇注金属液制得补配件，就需要对金属补配件进行大量的铸后打磨刮削工作，以使补配件与器物断面对接严密。采用熔模精铸工艺制得耳部补配件的石蜡模型，则只需对硬度很低且加工性能良好的蜡模予以简便刮削（图 5.266），即可制得精度很高的耳部模型（图 5.267）。此时可将蜡模送至铸铜厂制作石英砂型壳并失蜡浇铸，制得铜质的补配件，也可在修复室以更低的成本制得强度、耐久性、辨识性符合文物修复要求的铅锡合金补配件。

如图 5.268、图 5.269，用油泥围合耳部蜡模，在蜡模顶部设置一块楔形油泥以便预留浇口。围合区域内喷涂分型剂后，浇注石膏浆，待石膏凝固，去除油泥，获得带有浇口的耳部石膏铸型。将石膏铸型置入开水煮沸片刻（图 5.270），浇口向下或侧向放置，铸型内的石蜡便会受热熔化而流出，

图 5.263

图 5.264

图 5.265

图 5.266

浮在水面上（图 5.271）。将铸型从水中取出，浇口向下，使铸型内残留蜡液排出，这时便可获得铸型内中空的型腔。将石膏铸型和器物置于烘箱彻底干燥（图 5.272），图 5.273 中的红箭头所指即为浇口，其内连通中空的耳部型腔。最后将铅锡合金液通过浇口向铸型内浇注，金属液凝固并冷却后打碎石膏铸型，即可获得铅锡合金补配件（图 5.274）。由于采用熔模精铸工艺，制得的补配件无须进行任何刮削和打磨加工便可准确对接于器物缺口。将耳部补配件中央穿孔残留的石膏型芯挖去，在补配件和器物残缺部位断口上涂环氧树脂黏合剂，将二者粘接为整体。

补配件经过矿物颜料表面着色后，与器表质感和色泽近似（图 5.275）。为方便未来的器物研究人员辨识修复部位，需在展览中不易被观看到的口沿下部，保留有较强的识别度，如在图 5.276 红箭头所指处，可轻易看到补配件与器物原始面的交界。图 5.277 为器物另一侧完整的原始耳部，对比图 5.276 的新补全耳部，可见熔模精铸工艺制得补配件的精度和质量良好。图 5.278 ～图 5.280

图 5.267

图 5.268

图 5.269

图 5.270

图 5.271

图 5.272

图 5.273

图 5.274

图 5.275

为另外一件秦鼎采用熔模精铸工艺制作的鼎耳补配件，与器物断面的装配精度高，补配件的形态与原件相似度高，未来黏合剂老化致补配件脱落，仅需重新粘接即可完成器物的再修复，补配件具有很好的耐久性。

图 5.276

图 5.277

图 5.278

图 5.279

图 5.280

左页
图 5.267　蜡模与原器缺口密合
图 5.268　准备制作浇口杯
图 5.269　制作浇口杯
图 5.270　开水煮蜡
图 5.271　蜡液流出
图 5.272　烘干
图 5.273　获得中空模具
图 5.274　补铸的铅锡合金耳部
图 5.275　补配件表面着色后效果

右页
图 5.276　补全耳部折沿底部可辨识
图 5.277　器物另一侧原始耳部
图 5.278　不需铸后加工的失蜡铸造补配件
图 5.279　补配件表面着色后效果
图 5.280　熔模精铸的耳部补配件安装前后

图 5.258 所示秦鼎残缺一足，从器物的完整足部进行石膏翻模取形，制得两扇足壁石膏模具（图 5.281），以及一块足底模具，三者之间通过定位榫卯确保准确装配。需要再为足部模具配置型芯，才能铸造出薄壁的空心合金足部补配件，减小补配件的自重。由于足部模具内壁弧度较大且空间狭小，像前文所述耳部模具那样贴附油泥片后翻制石膏型芯的工艺较难准确操作，且油泥片往往难以加工至均匀的壁厚，可采用在足部模具内壁涂刷蜡液而冷却结壳的方法解决上述问题。为了便于观察涂刷的蜡液是否均匀，可在蜡液内加入少量绿色颜料以增加石蜡和白石膏的区分度。将两扇足部模具内壁皆涂刷蜡液（图 5.282），待其结壳（图 5.283），如图 5.284 红箭头所指，用三棱锥在蜡壳上戳印出若干凹槽，用以在型芯上制出芯撑。如图 5.285，组装带有蜡壳的两扇石膏模具，向其间空腔浇注石膏浆（图 5.286），凝固后打开足部模具，即可获得包裹着石膏型芯的足部蜡模（图 5.287）。将石膏模具浸入开水煮沸片刻，熔失蜡模（图 5.288）。石膏型芯表面的三棱锥状芯撑将会支撑在足范内壁（图 5.289、图 5.290），帮助型芯定位，确保型芯不会接触足范内壁而导致金属

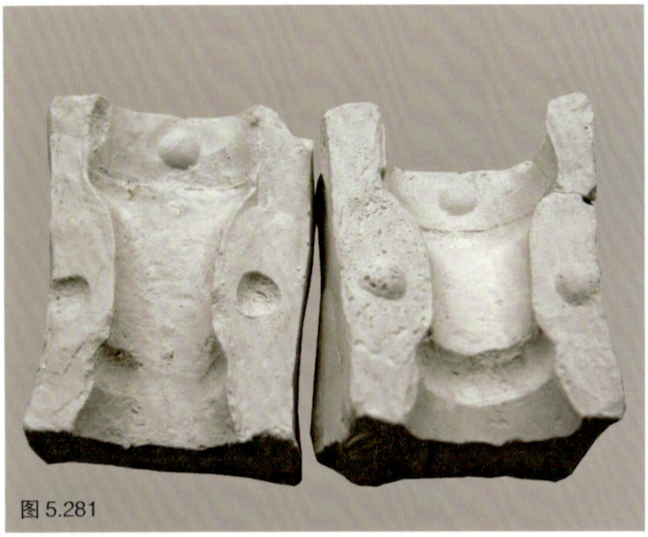
图 5.281

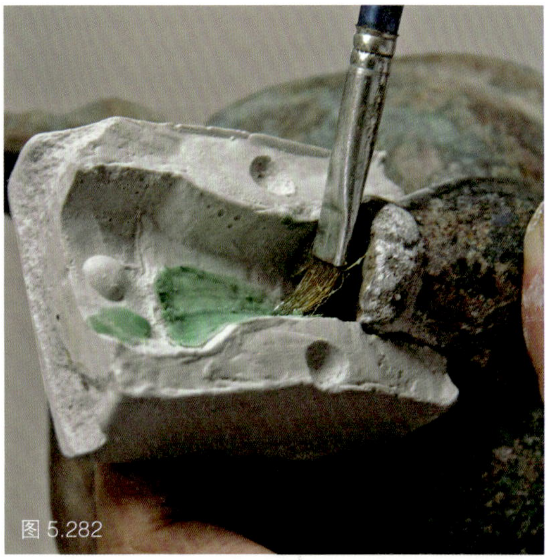
图 5.282

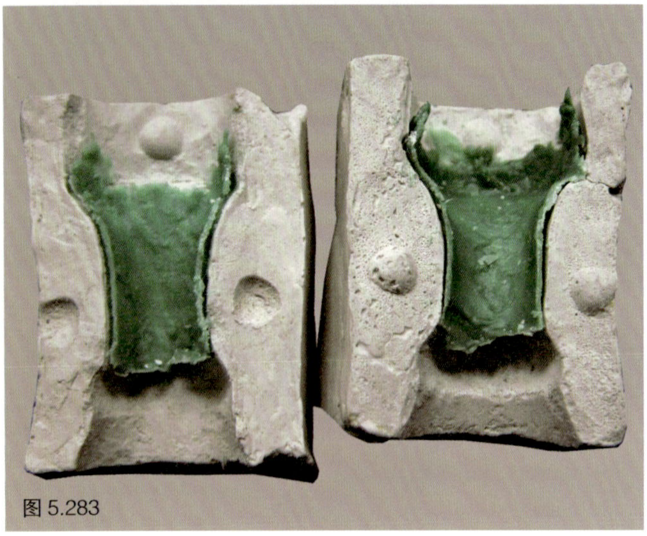
图 5.283

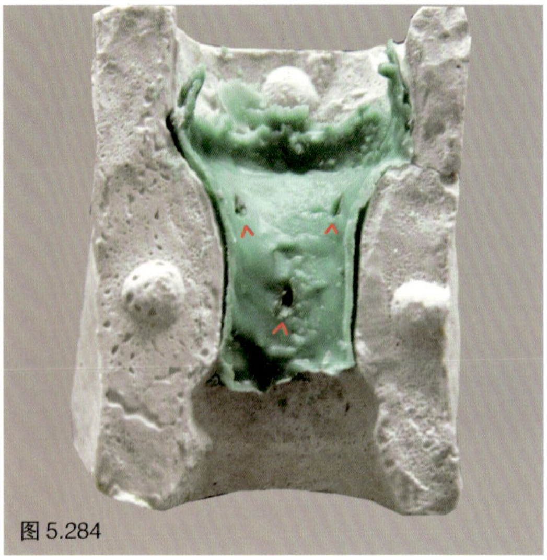
图 5.284

液不能顺利流动，造成铸造缺陷。将足部模具套于秦鼎残缺足部，浇注石蜡液获得足部补配件模型后再打磨刮削，进而重新翻制精度更高的足部石膏模具，再失蜡铸造足部补配件，方法和前文所述耳部熔模精铸一致，不再赘述。

图 5.285

图 5.286

图 5.287

图 5.288

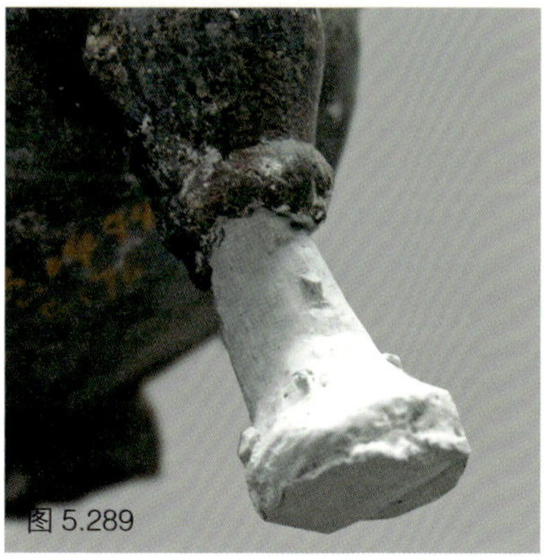
图 5.289

图 5.290

左页

图 5.281　足部模具

图 5.282　模具内壁涂刷蜡液

图 5.283　获得蜡壳

图 5.284　戳出芯撑型腔

右页

图 5.285　套接残足后捆牢石膏模具

图 5.286　浇注石膏浆

图 5.287　脱模

图 5.288　熔化蜡壳

图 5.289　获得足部型芯

图 5.290　获得足部型腔

第九节　PSI 胶棒快速修补

图 5.291 所示器物底部有小面积残缺，该残缺对器物整体的稳定性、机械强度等影响不大，使用前文所述补配方法较为烦琐，可使用 PSI 胶棒进行快速修补。PSI 胶棒是美国普施公司（POLYMERIC SYSTEMS INC，简称 PSI）研制生产的速成胶系列产品，该材料经过近二十年来在文物修复行业的广泛使用，验证其具有较好的耐久性、可靠性与安全性。该产品有速成铜、速成木、速成铝、速成钢、快速修等多个品种，速成铜的颜色近似氧化亚铜锈层，较适合于青铜器的补缺修复。

以速成铜为例，其有两种组分，如图 5.292，胶棒外层为固态环氧树脂，内芯为柔软的固化剂。使用前需确保残缺处的断面洁净无油渍，使用时切取适量胶棒（图 5.293），撕去塑料膜，将外层环氧树脂与内芯固化剂揉捏均匀（图 5.294、图 5.295），填充于需要修补的孔洞内（图 5.296），在其刚定型但尚未达到最高强度时，将多余部分切削减薄（图 5.297）。数小时后，待其强度提高，可用刮刀或砂纸精细修整表面（图 5.298），补全后效果如图 5.299 所示。该种材料固化时间短，操作环境的温度在 25℃以上时，操作时间通常为 3 ～ 5 分钟，寒冷环境中其保持塑性的可操作时间会稍长。一旦材料开始放热，很快便开始硬化。该材料可耐受 100℃以上高温，耐酸、碱、盐、油脂、酒精、酮等。操作时，为了获得平滑的补配件表面，可在环氧树脂硬化前用手指蘸水或酒精修抹。

图 5.291

图 5.292

图 5.293

图 5.294

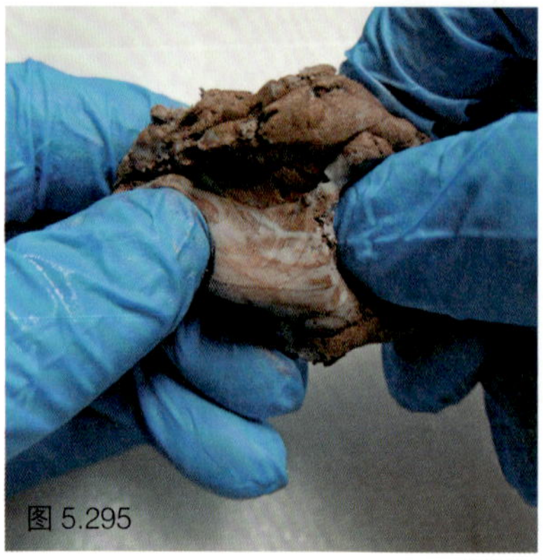
图 5.295

图 5.296

图 5.300 所示铜盆腹部残缺处面积较大，需要借助有一定强度和硬度的模具支撑，才便于使用 PSI 胶填充修补。用 PSI 胶补全后的铜盆内壁为双曲凹面，难以打磨，因此需用支撑模具承托铜盆内壁，并且要和断口边缘贴合严密，从铜盆外壁施胶补全。撤去内壁支撑模具后，即可获得光滑的补配件内表面，无须再行修整，而将打磨刮削操作留在器物外侧便于下手处。

如图 5.300，从器物完整部位翻制油泥模。在油泥模上切削出平面，以便接触桌面，稳定支撑铜盆（图 5.301）。用油泥模承托器物残缺处，并倾斜支撑铜盆，铜盆底部再用一铅块辅助支撑（图 5.302）。油泥模与铜盆外壁贴合严密，但铜盆残缺处仍凹下一层（图 5.303），用油泥将残缺处凹下的一层补全，如图 5.304 红箭头所指状态，使油泥补配处与铜盆内壁过渡平滑。铜盆内壁待翻模处喷涂分型剂后浇注石膏浆（图 5.305）。如图 5.306，石膏凝固，去除油泥，可见油泥凹面中央红箭头所指处高出一层，高出部分边缘为铜盆缺口的镜像形状，高出部分的厚度与铜盆壁厚一致。石膏模具与铜盆内壁贴合严密，可以为缺口处的补全提供支撑。在石膏模具表面喷涂分型剂（图 5.307），

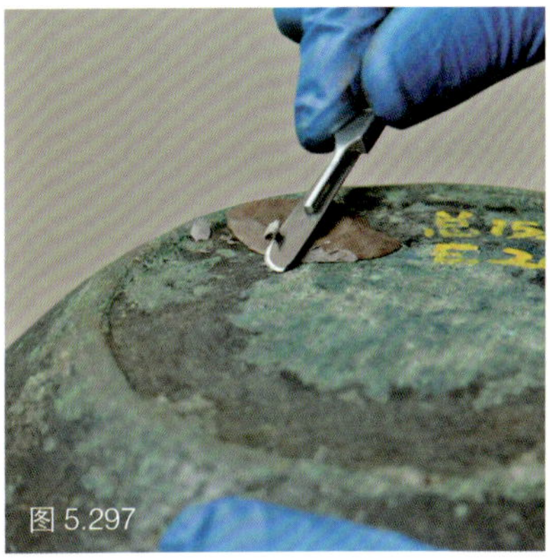
图 5.297

图 5.298

图 5.299

图 5.300

图 5.301

图 5.302

左页
图 5.291　器物底部缺口
图 5.292　PSI 速成铜胶棒
图 5.293　切取适量胶棒
图 5.294　揉捏胶棒
图 5.295　胶棒揉捏至颜色均匀
图 5.296　填充缺口

右页
图 5.297　切削
图 5.298　刮削
图 5.299　补全完成
图 5.300　器物缺口及油泥翻模
图 5.301　削出平面
图 5.302　铜盆倾斜支撑固定

将揉捏均匀的 PSI 胶贴敷在缺口处的石膏模具表面（图 5.308、图 5.309）。待 PSI 胶刚硬化定型，容易切削时，用手术刀削去补全处多出的余量（图 5.310），再移除盆内石膏模。数小时后 PSI 胶强度提高，用木工锉打磨补配件表面（图 5.311），效果如图 5.312 所示，补配件外壁与器壁过渡平滑。如图 5.313 红箭头所指，内壁补全处未经加工即可获得与器壁过渡平滑的凹面。如不使用装配严密的石膏支撑模具，凹凸不平的补配件内壁凹面，势必难以使用锉刀等打磨工具处理顺滑。

图 5.303

图 5.304

图 5.305

图 5.306

图 5.307

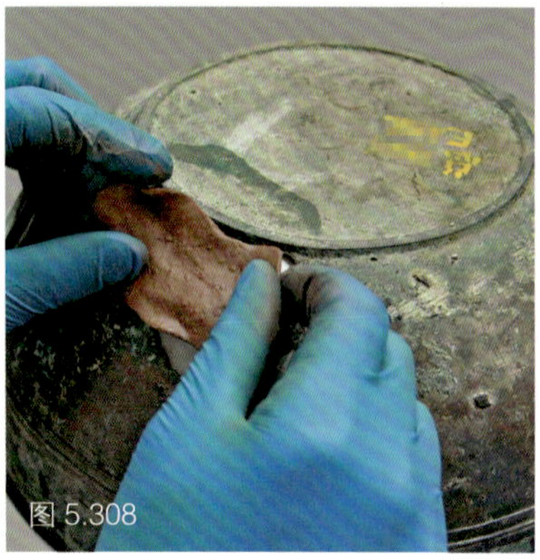
图 5.308

图 5.309

图 5.310

图 5.311

图 5.312

图 5.313

图 5.314 所示甬钟有部分残缺，需要补全。由于甬钟类似合瓦状，钟体正面的形态与背面的形态完全一致，因此对于残缺部位补全模具的制备，可从钟体另一侧完整部分进行石膏翻模取形。翻模之前先观察待翻模部位的形态，以确定合理的翻模程序和模具结构。由于两列钟枚之间存在一定角度，如果翻制整块的石膏模具，势必无法脱模。解决办法是借鉴东周编钟铸型工艺中的复合范结构，给朝向相同方向的一列钟枚制作钟枚分模具1，给朝向另一个方向的一列钟枚制作钟枚分模具2，然后再用钟体模具将两块分模具套接。

图 5.314

左页
图 5.303　油泥承托缺口
图 5.304　油泥补全缺口
图 5.305　腹内壁油泥补全处浇注石膏浆
图 5.306　油泥补配件脱模后露出石膏模具
图 5.307　石膏模具表面喷涂分型剂
图 5.308　石膏模具表面填充 PSI 胶
图 5.309　PSI 胶定型后
图 5.310　手术刀切削多余胶体

右页
图 5.311　木工锉打磨补配件表面
图 5.312　补全后的器物外壁
图 5.313　器物内壁可见平滑的补配件
图 5.314　残缺的甬钟

如图5.315，将方向相同的一列钟枚用泥板围合，在围合区域喷涂分型剂，浇注石膏浆（图5.316），待石膏凝固，去除泥板，即可制得石膏钟枚分模具1。用手术刀修整分模具1的外形，使其成为规整的梯台形（图5.317、图5.318），以便于将来钟枚分模具与钟体模具可顺利装配和拆解。如图5.319、图5.320，用同样方法制得钟枚分模具2。

如图5.321，将两件石膏钟枚分模具及需要复制的钟体部位用黏土围合，喷涂分型剂后浇注石膏浆，凝固后去除黏土，即可得到嵌有石膏钟枚分模具的钟体模具（图5.322）。如图5.323、图5.324，

图5.315

图5.316

图5.317

图5.318

图5.319

图5.320

图5.321

将石膏复合模具安装在需要进行补全的部位，在石膏模具内壁上喷涂分型剂后，将揉捏均匀的 PSI 胶棒填充在缺失部位（图 5.325）。待 PSI 胶定型，先去除钟体模具（图 5.326），再依次去除两块石膏钟枚分模具（图 5.327），即可一次性完成钟枚及钟体残缺的补配。

图 5.322

图 5.323

图 5.324

图 5.325

图 5.326

左页
图 5.315　泥片围合钟枚
图 5.316　浇注石膏浆
图 5.317　获得石膏钟枚分模具 1
图 5.318　钟枚分模具 1 梯形截面
图 5.319　围合另一处钟枚
图 5.320　获得石膏钟枚分模具 2
图 5.321　围合两块钟枚分模具

右页
图 5.322　获得钟枚与钟体复合模具
图 5.323　复合模具装配至铜器残缺处
图 5.324　复合模具承托的缺口
图 5.325　填充 PSI 胶
图 5.326　取下钟体模具

图 5.327

PSI 胶刚刚硬化后的一两个小时内，材料还没有达到最高强度，在此期间可以非常容易地对补配部位进行机械加工。由于复合模具上有接缝且石膏模具上复制的纹饰较为模糊，因此需要对补配部位进行修整和纹饰雕刻。用手术刀切削飞边和毛刺，再用木刻刀雕刻纹饰沟槽后的效果如图 5.328 所示，经表面着色处理后效果如图 5.329 所示。

图 5.328

第十节　瞬干胶配合颜料粉的简易补全法

一些小面积的残缺，还可以采用更简易的补全法。如图 5.330 所示器物上的小面积缺口，先使用油泥翻模，承托缺口处，确保油泥和器物内壁贴合严密（见图 5.331 红箭头所指处）。在缺口处滴加流动性好的 502 瞬干胶（图 5.332），趁其未凝固，迅速向滴胶处播撒石英砂（或黄土）与矿物颜料的混合粉（图 5.333）。胶剂凝固后，用毛笔扫去未被黏结的多余混合粉（图 5.334）。如补全效果不佳，可重新滴胶后再次播撒混合粉。如混合粉与器表锈蚀产物的颗粒度不一致，可使用合适目数的粉筛调整混合粉的颗粒大小。图 5.335 红箭头所指是补全后效果。补全完成后，还需去除油泥，可用棉签蘸丙酮擦拭洁净（图 5.336）。

图 5.329

左页
图 5.327　取下钟枚分模具
图 5.328　补全后的器物
图 5.329　修复完毕的器物

右页
图 5.330　器物底部小面积缺口
图 5.331　油泥承托缺口
图 5.332　油泥表面滴加瞬干胶
图 5.333　未凝固胶剂表面播撒混合粉
图 5.334　胶剂凝固后扫除余粉
图 5.335　补全后
图 5.336　蘸丙酮擦去油泥

图 5.330

图 5.331

图 5.332

图 5.333

图 5.334

图 5.335

图 5.336

第十一节　环氧树脂补全

环氧树脂等高分子材料，因其使用便利、容易加工、工艺简单，成为当前被广泛使用的青铜器补全材料。一些矿化严重、丧失金属基体的残缺青铜器，金属补配件（尤其是金属铸造补配件）由于自重大，往往给残缺铜器缺口处的锈蚀金属带来较大的剪切力，器物在日常管理、运输过程中受到挤压、震动后，自重较大的补配件往往会连带周边糟朽的器物本体材质一同脱落，造成器物的再次损坏。使用环氧树脂等高分子材料的补配件，就可以很好地解决上述问题，而且通常可以将补配件制作及其与器物断口的连接一次性完成，修复过程也不需要像焊接工艺那样磨锉焊口，对文物的干预程度较小。

本节以环氧树脂的补配成形为例，介绍高分子材料在修复补全中的应用。使用环氧树脂补全残缺铜器时，需要根据缺口面积、器物保存状态和机械强度等多种因素，选择合适的承托或翻模材料。

一、无酸纸胶带承托后补全

图 5.337 所示器物的残缺处（红箭头所指位置）用无酸纸胶带进行了粘贴，目的是为后续的流动性环氧树脂黏合剂补全材料提供承托，防止补全材料在固化前流淌滴落。对于保存状态差，表面呈酥粉状的青铜器，无酸纸胶带应具有较低黏度，防止在揭取时将器物的酥粉表层粘掉一层。在进行此操作之前，可使用 Paraloid B-72 丙酮溶液先行加固器物（详见本书第六章第一节）。补全开始之前，需要确保无酸纸胶带与断口周围的器物外壁贴合严密，这样才能使修复后的器物外壁与补配件外表面过渡平滑，减少修复后对补全部位实施的修刮、打磨等行为，以防保存状态差的器物在经受较大的外力后发生再次破损。

如图 5.338，在器物外壁贴好无酸纸胶带后，从器物内部不容易被观众察觉的内壁，将调和均匀的安特固环氧树脂黏合剂，涂挂在贴有无酸纸胶带的器物缺口处。为使补全处的内壁光滑，可用手指蘸取无水酒精，在环氧树脂尚未固化定型时予以修抹。环氧树脂固化定型后，尽快揭去器物外壁的无酸纸胶带，以防纸胶带上的黏性物质日久渗入器表，难以无损揭取或造成器表局部颜色变深。

二、油泥翻模后承托补全

如器物外壁弧度明显且缺口面积稍大，用无酸纸胶带难以承托出顺滑的双曲面，此时便需要用具有塑性且容易定型的油泥作为翻模材料来承托待补全部位。图 5.339 所示器物腹壁有一缺口，用油泥块从器物完整处按压取形后承托器物残缺处外侧，油泥片要与图 5.340 红箭头所指处的断面边

图 5.337

图 5.338

图 5.339

图 5.340

图 5.337　无酸纸胶带粘贴器物外壁缺口
图 5.338　从器物内壁补全后
图 5.339　器物上的小面积缺口
图 5.340　油泥承托缺口

缘密合。在环氧树脂黏合剂中混合少量绿色颜料粉，调和均匀后涂挂于承托残缺处的油泥表面（图 5.341）。待环氧树脂固化定型，去除器物外壁的油泥（图 5.342）。在环氧树脂黏合剂中掺入颜料粉的比例如果不当，会使固化后的环氧树脂弹性及韧性低，因此，通常只以本色的环氧树脂黏合剂补全残缺，随后进行表面着色的旧化处理（相关细节详见本书第六章），使补配件表面同器物原始面的颜色、质感相协调。

当器物上残缺面积较大而需要用油泥翻模承托时，可将油泥擀成厚约 1 厘米的油泥片（图 5.343）。油泥片有很好的塑性，可以轻易地复制出器物上完整部位的腹部造型，再将其移至残缺处以提供承托，适度调整，使图 5.344 红箭头所指油泥片与缺口周围的腹内壁贴合严密。再在器腹内壁吹胀气球或塞入塑料袋揉成的团等容易随形的填充物，支撑住油泥片，以防其移位或塌陷（图 5.345）。如图 5.346，从器物外壁观察油泥片的承托效果，必须确保图中红箭头所指处的油泥片紧贴断口周围的内壁。此器物近范线处有一处凹陷，但并不妨碍器物的稳定性及安全长久保存，故未对其进行整形，以减少修复对器物的干预程度。用油泥片承托缺口时，利用其塑性，随着凹陷部位形态做随形处理。图 5.347 所示为补全所用的安特固双组分环氧树脂黏合剂及调胶所用瓷砖片和调刀，使用时将等量的胶剂和固化剂挤在瓷砖片上，用调刀充分调和均匀至单一颜色。将环氧树脂黏合剂轻轻涂挂在油泥表面，不可用力按压，以免背后承托的油泥变形移位（图 5.348）。按照图 5.349 所示方式，用尺寸合适的不锈钢调色刀沿着一个方向匀速涂挂，最后再用手指蘸取酒精修抹出光滑的表面。待环氧树脂固化定型，去除油泥，完成补全。如图 5.350，器物内壁去除油泥后，在未经任何打磨、刮削加工的情况下，便可获得光滑的补全表面。24 小时后，补全材料达到最高强度，可使用刮刀和砂纸在补配件外壁稍事打磨修整，使其表面平滑（图 5.351）。

图 5.341

图 5.342

图 5.343

图 5.344

图 5.345

图 5.346

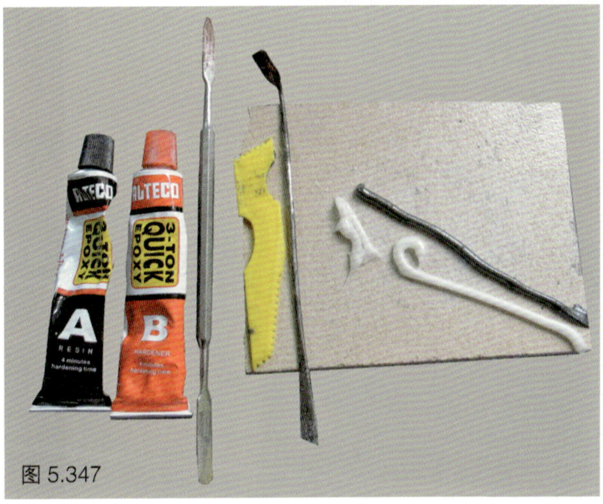

图 5.347

图 5.348

图 5.349

左页
图 5.341　器物内壁涂挂调和颜料粉的环氧树脂黏合剂
图 5.342　环氧树脂黏合剂调和颜料粉补全后效果

右页
图 5.343　擀油泥片
图 5.344　油泥片承托缺口
图 5.345　填充物固定油泥片
图 5.346　露出器物外壁缺口
图 5.347　调和环氧树脂黏合剂
图 5.348　涂挂环氧树脂黏合剂
图 5.349　修抹环氧树脂黏合剂

图 5.352 所示铜甑出土后腐蚀严重，通体矿化，保存状态很差，需补全残缺的蒸箅，才可提高器物的稳定性，避免残留的箅部再次受损。所用补全材料的密度、硬度不应大于器物本体，且补全材料应具有一定的弹性和较小的膨胀率，以免器物受到外力或保存环境温度升高后，因补全材料硬度太高或膨胀而造成器物的应力断裂。使用安特固环氧树脂黏合剂补全可达到上述要求。箅部为中心对称的造型，可使用油泥在箅部完整处轻轻按压取形。用取形后的油泥承托残缺部位，轻压油泥背部，使油泥造型与残缺处周围的外壁严密接触（图 5.353）。将调和均匀的环氧树脂黏合剂填补于油泥造型内，固化定型后去除油泥，完成补全（图 5.354）。经表面着色处理后效果如图 5.355 所示。

图 5.350

图 5.351

图 5.352

图 5.353

图 5.354

图 5.355

左页
图 5.350　补全后未经打磨的内壁
图 5.351　补全后经过打磨的外壁
图 5.352　翻制油泥模
图 5.353　油泥承托残缺部位
图 5.354　补全后
图 5.355　补全部位表面着色后效果

右页
图 5.356　牙科蜡片用于口沿翻模
图 5.357　吹软蜡片的同时用手塑形
图 5.358　获得蜡片造型
图 5.359　蜡片从器物上脱模
图 5.360　蜡片承托后涂挂环氧树脂黏合剂
图 5.361　环氧树脂黏合剂表面贴附铜皮

三、牙科蜡片翻模后承托补全

牙科蜡片原用于制作口腔软组织凸模或修复体的模型，主要成分为精炼石蜡、蜂蜡。作为牙科专用的可入口蜡产品，其质量管控严格，通常用生产食品的标准来生产。牙科蜡片可以用雕刻刀雕刻，加热软化后可按照需求随意塑造形状。当两张蜡片需要黏合时，用烧热的蜡刀将蜡烫化即可方便地黏合。牙科蜡片的安全性和综合性能，使其同样适合用于文物修复。

图 5.356 所示大型铜盆口沿处有残缺，可用牙科蜡片从完整口沿处翻模取形。如图 5.357，一边用热风枪（或电热吹风机）吹软蜡片，一边用手塑形。若一张蜡片长度不够，可用两张蜡片叠压黏合后拼接。翻模取形完成后效果如图 5.358 所示。蜡片上多余的边角，可用手术刀轻易地裁切整齐，蜡片脱模后效果如图 5.359 所示。由于取形部位弧长达 20 厘米，如使用油泥翻模，脱模后的模具势必变形，造成补配件平整度不佳。牙科蜡片则既具有良好的塑性，冷却后又有一定的刚性，取形效果优于油泥，适合解决本案例的翻模补全问题。如图 5.360，用蜡模承托残缺口沿处，用无酸纸胶带予以临时粘贴固定后，喷涂分型剂，再向残缺处的蜡模表面涂挂环氧树脂黏合剂（见图中红箭头所指处）。由于补全部位器壁很薄，单层的环氧树脂黏合剂补配件日久容易变脆而断裂，因此可在涂挂一层环氧树脂黏合剂后，在其上粘贴一层超薄的铜皮作为夹层（见图 5.361 红箭头所指处），再在铜皮上涂挂一层环氧树脂黏合剂。通过使用复合材料，兼顾了补全部位的硬度与韧性，使其更耐久。环氧树脂固化定型后撕去无酸纸胶带，去除蜡片，再对补配件进行表面着色处理。

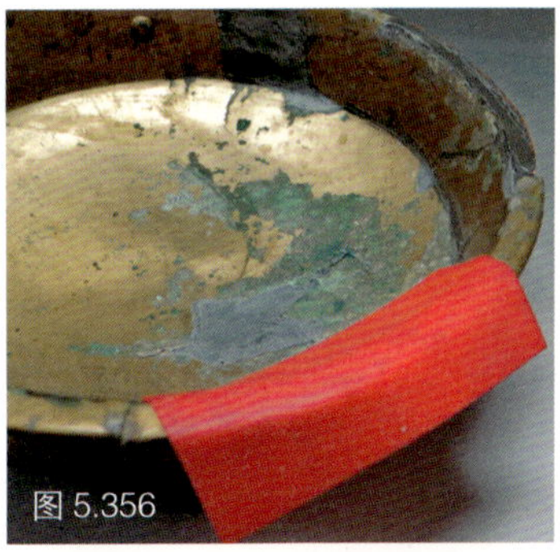
图 5.356

图 5.358

图 5.360

图 5.357

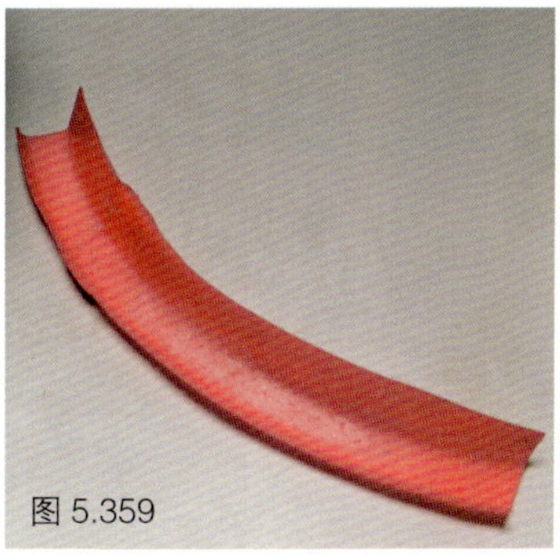
图 5.359

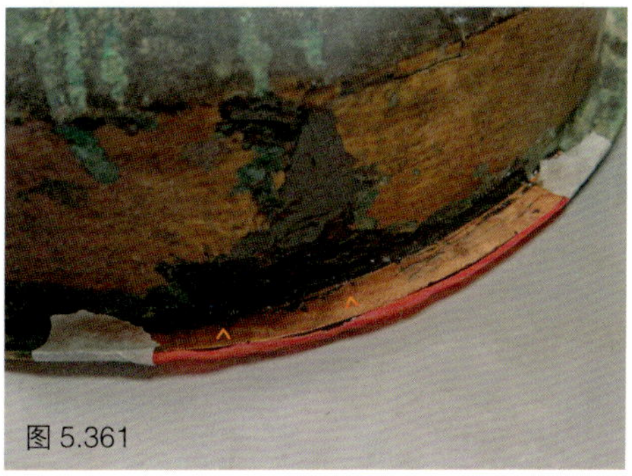
图 5.361

牙科蜡片有良好的塑性，且壁薄，容易折叠，因此也适用于翻制一些多转折的复杂造型。蜡片复印性能良好，也可以胜任纹饰的翻模提取。图 5.362 所示春秋方壶的圈足有残缺，因圈足结构较为复杂且有纹饰，可用蜡片从其完整部位翻模取形。先取一块蜡片置于待翻模部位并用热风吹软（图 5.363），再用手塑形（图 5.364）。转角部位的蜡模取形，可用热风将蜡片吹至有较强塑性，再用手指在转角处折叠、挤压（图 5.365、图 5.366）。若一张蜡片不足以翻制出所需面积的模具，可用两张或多张拼合（图 5.367、图 5.368）。

图 5.369 红箭头所指处可见转角处蜡片折叠方式的细节。蜡片脱模后效果如图 5.370 所示，可见器表纹饰得以清晰提取，器物也得以取形。如图 5.371，用蜡模承托圈足残缺处，利用蜡片塑性，可方便地调整蜡片的造型弧度，与圈足的变形部位衔接顺滑，以便采用随形修复的方式补全残缺处，

图 5.362

图 5.363

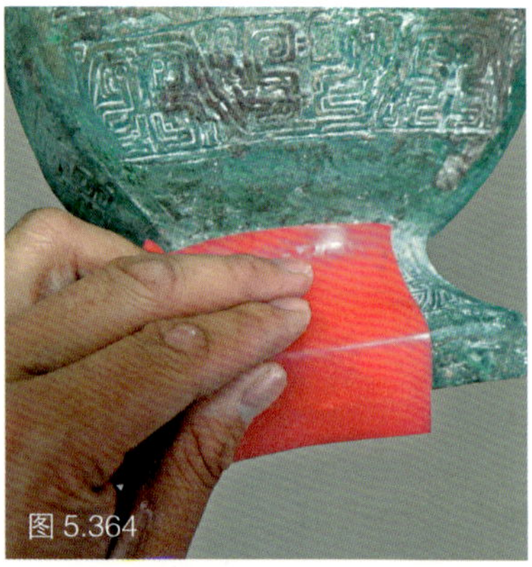
图 5.364

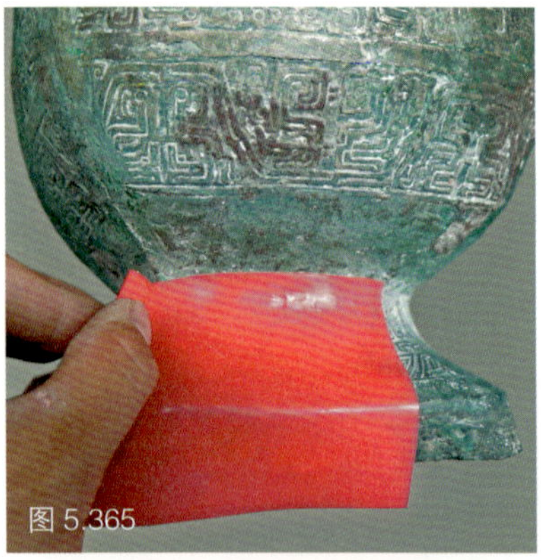
图 5.365

图 5.366

图 5.367

图 5.368

图 5.369

图 5.370

减少对器物变形处不必要的强干预式整形，图中红箭头所指部位的蜡片裁切折叠后可用以固定蜡模，使其与器物装配严密，防止移位。如图 5.372，在蜡模内壁喷涂分型剂，将调和均匀的环氧树脂黏合剂用合适形状、尺寸的不锈钢调色刀涂挂于蜡片（图 5.373、图 5.374）。涂挂完毕后，尽快用手指蘸取无水酒精将环氧树脂修抹光滑（图 5.375）。环氧树脂固化定型后揭去蜡模，可见其纹饰清晰，补配件表面毛刺可用手术刀轻易切除并用砂纸打磨（图 5.376）。

图 5.371

图 5.372

图 5.373

图 5.374

图 5.375

图 5.376

左页
图 5.362　春秋方壶的圈足完整部位
图 5.363　热风吹软蜡片
图 5.364　手工塑形
图 5.365　手指挤压转角部位
图 5.366　单张蜡片翻制出一半圈足
图 5.367　另一半圈足拼接蜡片翻模
图 5.368　圈足部分的翻模完成
图 5.369　蜡模转角部位处理细节
图 5.370　蜡片从器物上脱模

右页
图 5.371　蜡模承托残缺处
图 5.372　喷涂分型剂
图 5.373　调和环氧树脂黏合剂
图 5.374　涂挂环氧树脂黏合剂
图 5.375　环氧树脂黏合剂修抹后效果
图 5.376　蜡片脱模后完成补全

牙科蜡片也可用于翻制足部等立体造型的附件。图 5.377 所示汉代铜鼎一足残缺，可使用牙科蜡片，从该器物的完整足部翻模取形。如图 5.378，用热风吹软蜡片后，沿着图中箭头所指处按压蜡片，提取足部正面造型。用手术刀裁去足部正面蜡模边缘以外的多余蜡片，将其装配于残缺足部（图 5.379），再用蜡片裁切出足部背面模具，与足部正面蜡模拼合后用无酸纸胶带缠绕固定，形成中空的足部型腔（图 5.380）。向足部型腔内注入调好的环氧树脂黏合剂，固化定型后去除无酸纸胶带和蜡模，完成残缺足部的补全（图 5.381、图 5.382）。随后再对补配件进行表面着色处理。

图 5.377

图 5.378

图 5.379

图 5.380

图 5.381

图 5.382

左页
图 5.377　一足残缺的汉代铜鼎
图 5.378　蜡片翻模
图 5.379　切削边角后
图 5.380　蜡模套接残缺足部
图 5.381　蜡模空腔内注入环氧树脂黏合剂
图 5.382　完成足部的补全

右页
图 5.383　热风吹软精雕油泥
图 5.384　擀制精雕油泥片
图 5.385　擀好的精雕油泥片

四、精雕油泥翻模后承托补全

前文所述修复方法，使用了雕塑泥、油泥及牙科蜡片等塑性材料翻模取形。雕塑泥的缺点是含水量大且容易干燥，含水量降低后其塑性亦同步降低，难以调整造型，而使雕塑泥模保湿所用大量水分又会影响器物本体材质的安全保存。尤其对于那些疏松多孔、保存状态不佳的器物，使用雕塑泥翻模后可能加快器物的腐蚀，与修复器物的保护初衷不符。普通油泥虽然塑性较好，但容易变形，用其作为大面积残缺部位的补全材料，其自重已经使其容易变形。油泥模具一旦变形，补配件的平整度和精度受到影响，便需要重新操作或者施以大量的补全后打磨刮削工作。牙科蜡片虽然没有上述缺点，但其成品厚度薄，承托力有限，而且蜡片面积较小，用其制作较大面积的补配件模具时还需进行大量拼接，且接口处容易在补配件上留下毛刺与披缝，需要施以打磨刮削，在一些修复案例中仍然体现出不足。

相比上述在锈蚀严重且须大面积补全的残缺青铜器修复中有难以克服的性能缺陷的翻模材料，精雕油泥是一种干净精密且不含水分、可塑性佳的新型材料。精雕油泥原是一种造型材料，在工业设计模型（如汽车原型）制作、首饰加工等行业使用广泛且较为成熟。该材料在常温下质地坚硬细致，适于精细雕刻，无黏性，硬化后不收缩。其原材料主要是石蜡、滑石粉、凡士林、黄油、碳酸钙、颜料粉等，不含危害青铜器长久保存的有害物质，是一种安全的修复材料。在25℃以上的操作环境中，精雕油泥在手温下即可揉捏成各种造型，也可用热风枪或吹风机软化表面。塑形后置于室温下即可硬化而不易变形，但仍保持塑性，可以雕刻或压印纹饰。若需要重新塑造，可将其浸泡在水浴锅内或放入电饭锅软化，锅内不加水，保温半小时后即呈现黏稠的流动性状态，因此还可用来浇铸模型。

如图 5.383，将精雕油泥撕去包装膜后用热风吹软，用圆木棍擀成长片，即可用于文物局部造型的翻模提取（图 5.384、图 5.385）。将精雕油泥片置于待翻模的青铜器外壁，用热风吹软，同时用手塑造精雕油泥片外形，使其与器物贴合严密，获得准确的造型（图 5.386）。用翻制成功的精雕油泥模具承托待补全的残缺部位，并用长尾票夹、医用止血夹等固定（图 5.387）。因精雕油泥片不像普通油泥那样黏性较大，为确保其与器物缺口周围的外壁密合，可用无酸纸胶带缠绕器物（图 5.388），接着便可用调和均匀的环氧树脂黏合剂涂挂精雕油泥片内壁，以补全器物残缺。

图 5.383

图 5.384

图 5.385

图 5.386

图 5.387

图 5.388

图 5.389

图 5.390

图 5.391

图 5.389 所示鼎盖残缺，用精雕油泥模具承托残缺处后，再用医用止血夹固定，涂挂环氧树脂黏合剂（图 5.390），固化定型后用精雕油泥模具承托另一缺口处（图 5.391），再行补全。补全处边缘多余的不规则边角，可在环氧树脂定型但尚未达到最高强度时，用铁皮剪修整。用精雕油泥片承托一些器物的残缺腹部时，若无法使用医用止血夹等固定精雕油泥片，可采取图 5.392 所示方法，在精雕油泥片内壁用脱脂棉等易随形的柔性材料承托后，再用支柱撑起，利用器物的自重，确保精雕油泥片与器物内壁的贴合。

如图 5.393，将精雕油泥片裁切成长条，围合在器物残缺口沿处，用透明胶带缠绕精雕油泥片外围，使其严密贴合器物残缺口沿外侧，向精雕油泥片内壁喷涂分型剂后涂挂环氧树脂黏合剂，效果如图 5.394 所示。待环氧树脂凝固，拆去胶带与精雕油泥片，完成补全。口沿补配件外壁需要用环氧树脂黏合剂做出流畅的曲面造型时，可借助轮盘。如图 5.395，在轮盘中央贴附无酸纸胶带，以防补全所用环氧树脂黏合剂与轮盘表面黏结。在轮盘中央的圆弧定位线上等距离固定三块油泥，用以帮助倒扣的器物稳妥定位，防止其在轮盘上滑动（图 5.396）。如图 5.397，在口沿补配件外壁

图 5.392

图 5.393

图 5.394

图 5.395

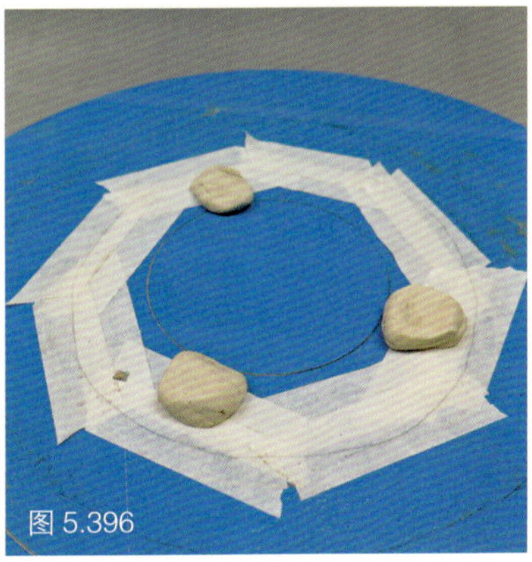
图 5.396

图 5.397

左页
图 5.386　精雕油泥片翻模
图 5.387　精雕油泥模具承托缺口
图 5.388　无酸纸胶带缠绕器物
图 5.389　医用止血夹固定模具
图 5.390　涂挂环氧树脂黏合剂补全
图 5.391　精雕油泥模具承托另一缺口

右页
图 5.392　器内精雕油泥片及填充物的固定方法
图 5.393　围合口沿
图 5.394　补全口沿
图 5.395　轮盘表面的胶带隔离
图 5.396　胶带上等距离固定油泥
图 5.397　转动轮盘修整口沿造型

涂挂环氧树脂黏合剂后，一手沿顺时针方向转动轮盘，另一手用平头雕塑刀修刮环氧树脂黏合剂涂层表面，如此可轻易获得平滑的补配件表面（图 5.398）。待环氧树脂凝固，用手术刀将其从轮盘中央的无酸纸胶带表面切下，完成器物口沿的补全。

如图 5.399，红箭头所指的耳部残缺，使用精雕油泥片翻制对侧完整耳部的半模。耳部半模装配于残缺耳部后（图 5.400），在型腔内喷涂分型剂，填充环氧树脂黏合剂，凝固后取得半个耳部补配件，脱模。重复上述操作，再于耳部半模型腔内填充环氧树脂黏合剂，并将刚才所得半个耳部补配件的背面贴于其上（图 5.401）。环氧树脂固化定型后，用热风吹软精雕油泥模具后再将其取下，完成残缺耳部补全（图 5.402）。

图 5.403 所示簋盖表面残缺，补全方法与前文所述同理，不再赘述。盖上一羊形附饰缺失，也使用精雕油泥块，利用完整羊形附饰翻模取形补全。动物造型的曲面复杂，转折较多，需要使用带有不规则分型面的多块模具，才能从原型上顺利脱模。羊形附饰的精雕油泥模具拼合后得到一羊形空腔（图 5.404），向其中注入调和均匀的环氧树脂黏合剂，凝固后脱模，得到图 5.405 所示羊形

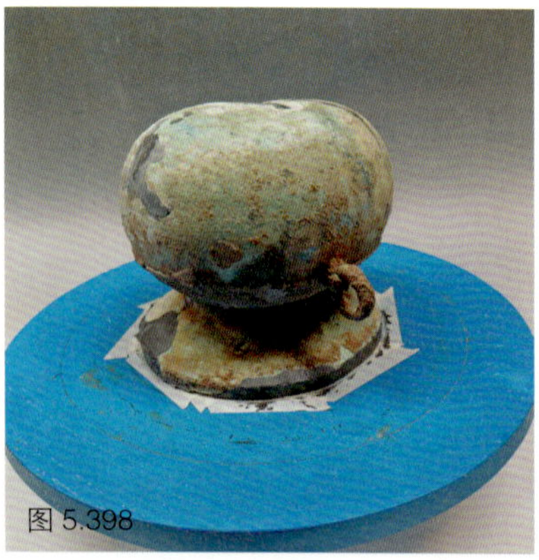
图 5.398

图 5.399

图 5.400

图 5.401

图 5.402

图 5.403

左页
图 5.398　补全完成
图 5.399　利用完整耳部翻模
图 5.400　耳部半模承托残耳
图 5.401　填充环氧树脂黏合剂补全
图 5.402　补全后耳部
图 5.403　残缺簋盖

右页
图 5.404　羊形附饰的精雕油泥模具
图 5.405　环氧树脂补配件浇铸成形
图 5.406　完成补全
图 5.407　补配件表面着色后效果
图 5.408　残缺鐎壶
图 5.409　腹部翻模

附饰的补配件，图中红箭头所指处为模具分型面处残留的飞边，可用手术刀切除。将补配件粘接于器物（图 5.406），经表面着色处理后效果如图 5.407 所示。

图 5.408 所示为广西合浦汉墓出土汉代铜鐎壶（相关信息及修复方案的制定参见本书第一章第三节），需对残缺处进行补全。在经过 Paraloid B-72 丙酮溶液加固的器物表面完整处翻制精雕油泥模具，为确保器表凸起弦纹得以清晰复制，所用精雕油泥片需较薄较软，但不能加热过度而有黏性，以免粘贴于器表，不易揭取，造成器物进一步损伤。如图 5.409，先以手指轻压塑性状态的精雕油泥片，

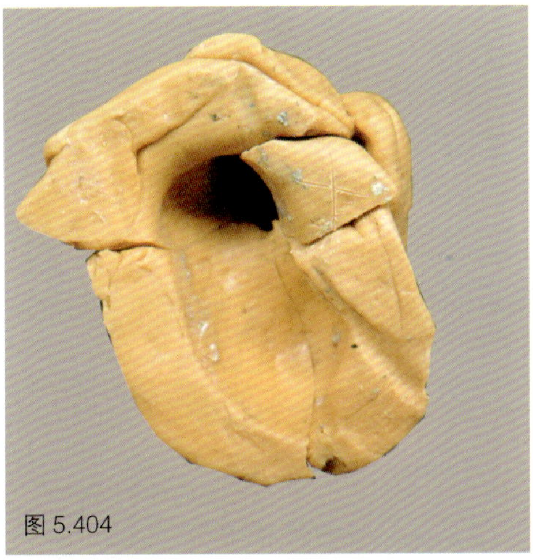
图 5.404

图 5.405

图 5.406

图 5.407

图 5.408

图 5.409

使其贴合器物外壁。随后再以图 5.410 所示手法，用指甲挤压器表凸起弦纹上下边缘处的精雕油泥。精雕油泥片脱模后，查看图 5.411 红箭头所指处弦纹型腔是否清晰、顺畅。用翻制成功的精雕油泥模承托器物残缺处，再用夹具固定（图 5.412）。向精雕油泥模内壁喷涂分型剂后涂挂环氧树脂黏合剂（图 5.413），在待其凝固定型期间，再用另一块精雕油泥片翻制器物颈肩部模具（图 5.414）。待环氧树脂固化定型，揭去精雕油泥片，补全处效果如图 5.415 红箭头所指，可见其弦纹清晰。

由于此件器物保存状态差，机械强度低，因此采取逐块翻模后逐块补全的工艺，避免因一次性翻制过大面积的复杂曲面模具而给器物施加过度按压，造成器物意外损坏。如图 5.416，用制得的器物颈肩部模具承托残缺处，用无酸纸胶带缠绕牢固后，喷涂分型剂，涂挂调和均匀的环氧树脂黏合剂。图 5.417 所示为去除肩颈部模具后的器表修复效果。所用两模具接缝处的补配件表面有凸起飞边，可用手术刀和砂纸修去。口沿处残缺再用第三块精雕油泥模具承托（图 5.418），涂挂环氧树脂黏合剂补全。

图 5.410

图 5.411

图 5.412

图 5.413

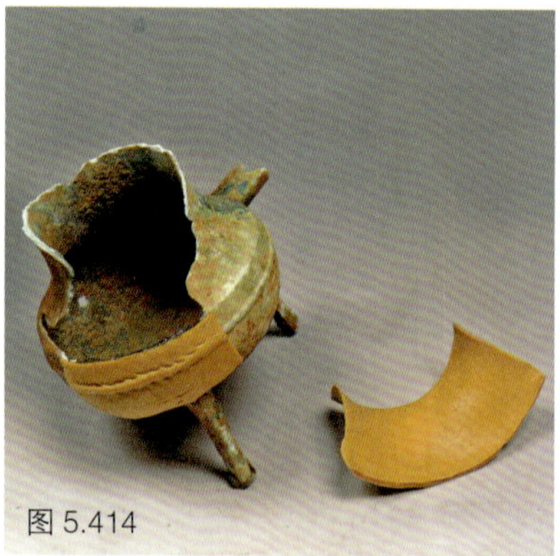
图 5.414

图 5.415

图 5.416

图 5.417

图 5.418

此类鐎壶口沿内壁通常有一圈凹陷，用以装配壶盖。这一结构无法用精雕油泥翻模制成，可用油泥做出壶口造型后，配合轮盘转动，涂挂环氧树脂黏合剂后修抹制成。首先需取得一块厚度均匀的油泥片，做法如图 5.419 所示，在操作台面平行铺设两根厚度一致的木条，用一圆筒沿着木条顶面滚动，擀压油泥即可。将厚度均匀的油泥片铺设于轮盘，倒置器物于其上，标下器口大小的记号线，沿线刻出圆形油泥片（图 5.420、图 5.421）。将器口对准油泥片放置（图 5.422），在油泥片

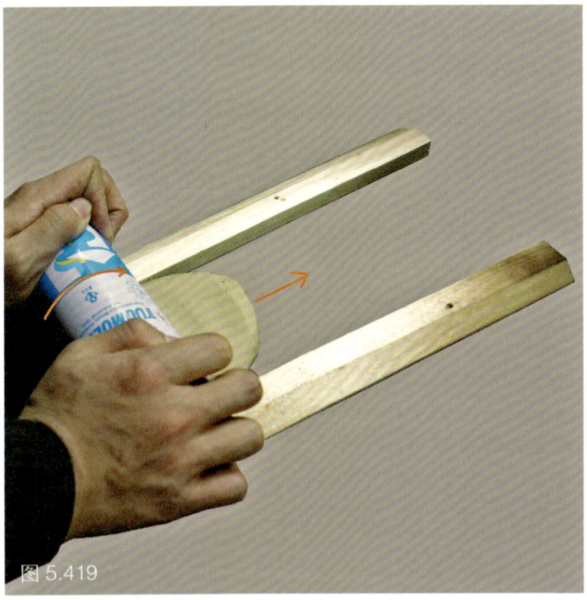
图 5.419

图 5.420

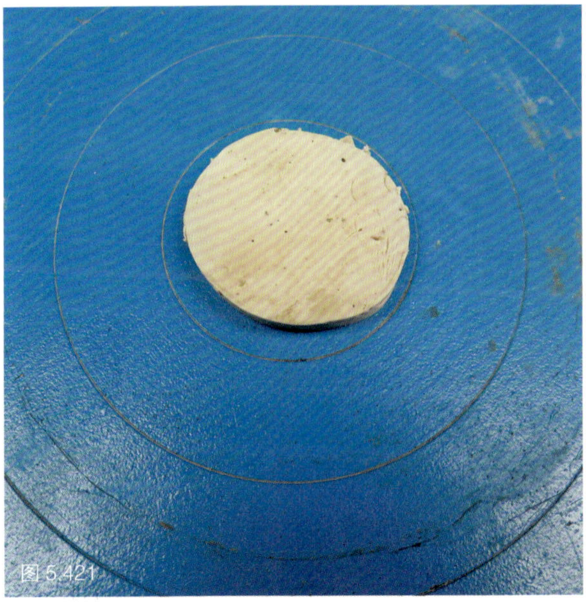
图 5.421

图 5.422

左页

图 5.410　弦纹处精确取形
图 5.411　模具脱模
图 5.412　精雕油泥模具承托残缺处
图 5.413　涂挂环氧树脂黏合剂
图 5.414　器物颈肩部翻模
图 5.415　补全后脱模
图 5.416　颈肩部模具承托残缺处
图 5.417　完成颈肩部局部补全
图 5.418　第三块精雕油泥模具承托口沿处缺口

右页

图 5.419　擀制厚度均匀的油泥片
图 5.420　油泥片上标记器口边缘
图 5.421　裁切油泥片
图 5.422　修整油泥造型

与轮盘之间贴附无酸纸胶带作为防粘层后，将带有油泥片的倒置器物对准轮盘圆心，调和环氧树脂黏合剂后涂挂于油泥和补配件表面，转动轮盘的同时，用蘸取无水酒精的手指修抹环氧树脂涂层表面，塑造出光滑的造型（图 5.423）。待环氧树脂凝固，用手术刀切下补配件（图 5.424），取下并正置器物，去除油泥圆片（图 5.425），可见补配件口沿内壁制出一圈凹陷结构（图 5.426）。用脱脂棉蘸取丙酮后擦净残留油泥，再打磨修整补配件。如图 5.427、图 5.428，粗磨补配件表面，可用下料快速的木工砂纸，为方便操作，可根据打磨位置的形状不同，在砂纸内衬以方形或圆柱形的木块，然后再用目数更高的砂纸精细打磨，去除磨痕。完成补全的器物如图 5.429 所示。

图 5.430 所示为采用精雕油泥翻模后，用环氧树脂黏合剂补全器物的工作场景。这种操作方法简便易行，且较为洁净，可将多件器物分别用精雕油泥模具承托残缺处后，批量涂挂环氧树脂黏合剂补全，修复效率高，修复效果良好。

图 5.423

图 5.424

图 5.425

左页
图 5.423　修抹环氧树脂黏合剂涂层表面
图 5.424　切下补配件
图 5.425　挖出油泥片

右页
图 5.426　完成补全
图 5.427　打磨外凸口沿的手法
图 5.428　打磨凹面的手法
图 5.429　完成补全后效果
图 5.430　对多件器物批量补全

图 5.426

图 5.427

图 5.428

图 5.429

图 5.430

五、其他注意事项

前文介绍的石膏翻模工艺，主要适用于对保存状态良好的器物进行造型提取，然后用所得模具铸造补配件。但石膏模具一般不适宜用作环氧树脂材料的浇铸成形，如图 5.431 ～图 5.433 所示，对一套未经表面处理的石膏鼎足模具，虽然在涂挂环氧树脂黏合剂前先在型腔内壁喷涂了分型剂，但脱模后石膏模具表面依然受损（见图 5.433 中“×”所指位置），而红箭头所指的环氧树脂件表面也黏结了一层难以去除的石膏。这是由于石膏材质较为疏松，而环氧树脂有较强的渗透性，即便喷涂了分型剂，也难以避免二者的黏结。因此，可使用酒精漆片汁、Paraloid B-72 丙酮溶液等对石

图 5.431

图 5.432

图 5.433

左页

图 5.431　未经表面处理的石膏鼎足模具

图 5.432　调和环氧树脂黏合剂涂挂石膏模具内壁

图 5.433　受损的石膏模具内壁

右页

图 5.434　裁切、雕刻操作持刀法

图 5.435　刮削操作持刀法

图 5.436　刮削补配件表面

图 5.437　刮削后的补配件表面

图 5.438　完成补全后效果

图 5.439　补配件表面着色后效果

膏模具进行多次渗透加固，或者使用前文所述将石膏模具浸入肥皂水煮沸 5 ~ 10 分钟以提高其防粘性能。前文所述多种翻模材料和补全工艺，各自有其优缺点和适用范围，虽然当前常用的环氧树脂补全法有其便利性，但同时也应掌握尽量全面的翻模材料和补全工艺，这样在面对千变万化的修复情况时，才能得心应手地选用最合理的材料工艺，解决修复中遇到的实际问题，最大限度确保器物安全，达到预期的修复效果。

环氧树脂补配件凝固定型后多需要修刮，使其表面平滑，与器物原始面衔接自然。手术刀刮削的精细操作方式，便于控制刮削的力度，相较于打磨机等高效机械或砂纸打磨，手术刀刮削更有利于控制刮削的范围，避免伤及文物本体（如留下划痕等）。手术刀刮削需要采取合理的操作手法，如图 5.434 所示持刀法多用于裁切、雕刻材料，刮削则要采取图 5.435 所示持刀法。刮削时，要双指夹持刀片，按照图 5.436 所示手法，刮除补配件高出的表面，所形成的碎屑要细小，如此操作可使补配件表面光洁平滑（见图 5.437、图 5.438 红箭头所指处），而且不容易造成高碳钢材质的脆硬手术刀片频繁折断。最后经过表面着色，可达到良好的修复效果（如图 5.439）。

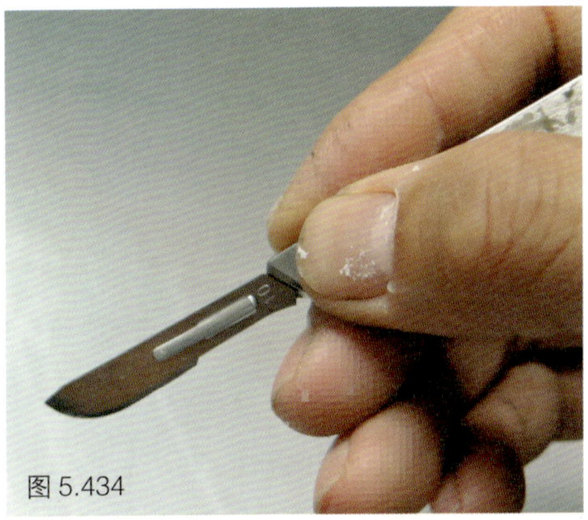
图 5.434

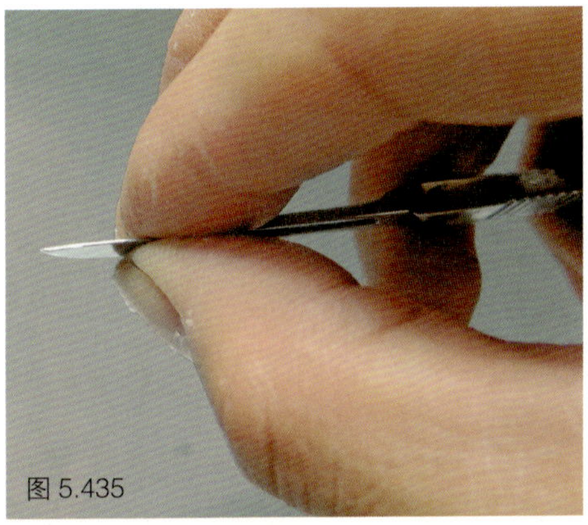
图 5.435

图 5.436

图 5.437

图 5.438

图 5.439

一些器物残缺处有弦纹，使用环氧树脂黏合剂补全后，有时需要再补刻纹饰，常见做法是使用木刻刀或篆刻刀雕刻，既费时费力，又难以达到平滑顺畅的效果（图 5.440）。可采用更易掌握且效果更好的方法，如自制纹饰刮板。如图 5.441，使用油泥翻制器表纹饰后，将轮廓描在纸上，将纸样贴于 1 毫米厚的铜板上，沿线剪裁出刮板毛坯，再用锉刀将边缘打磨光滑，即可得到图 5.442 所示纹饰刮板。如图 5.443，在器物残缺处承托油泥后涂挂环氧树脂黏合剂，用调刀大致塑造出弦纹造型后，用纹饰刮板沿同一方向匀速而缓慢地修刮出弦纹的造型（图 5.444），环氧树脂固化定型后效果如图 5.445 所示。用前文所述手术刀刮削法稍事修整，便可达到图 5.446 所示效果。补配件经表面着色处理后，如图 5.447 红箭头所指，效果良好。

图 5.440

图 5.441

图 5.442

左页

图 5.440　雕刻弦纹费时费力且难以达到平滑顺畅的效果

图 5.441　油泥取形后将轮廓描在纸上

图 5.442　制得铜刮板

右页

图 5.443　涂挂环氧树脂黏合剂

图 5.444　刮板修整

图 5.445　补全后的弦纹

图 5.446　稍事打磨后效果

图 5.447　完成修复的器物

图 5.443

图 5.444

图 5.445

图 5.446

图 5.447

六、使用综合材料补全案例

在青铜器日常修复工作中，遇到的实际问题会比上述分类讲解的情况更为复杂，这就要求修复人员掌握多样的材料，了解其性能，熟悉尽量多的成形工艺，在不同情况下，选择多样化的综合材料，解决待修复器物上多变的问题。

如图 5.448 所示广西合浦汉墓出土铜奁，出土后保存状态极差（参见第一章图 1.84），从器物断面可见其金属基体已经丧失殆尽，器表分布有密集的孔洞，器物材质的机械强度无法承受石膏翻模的强烈干预，甚至无法承受油泥翻模的按压取形操作。使用牙科蜡片可以很好地为残缺处提供承托，又不会对器物安全构成威胁。如图 5.449，将一张牙科蜡片置于器物内壁待补全部位，用热风吹软，使其与器物内壁贴合严密。用油泥条抵住蜡片底部，再用医用止血夹保持蜡片与器壁的贴合（图 5.450、图 5.451）。从器物外壁逐块进行补全操作，在蜡片表面喷涂分型剂后涂挂调和均匀的

图 5.448

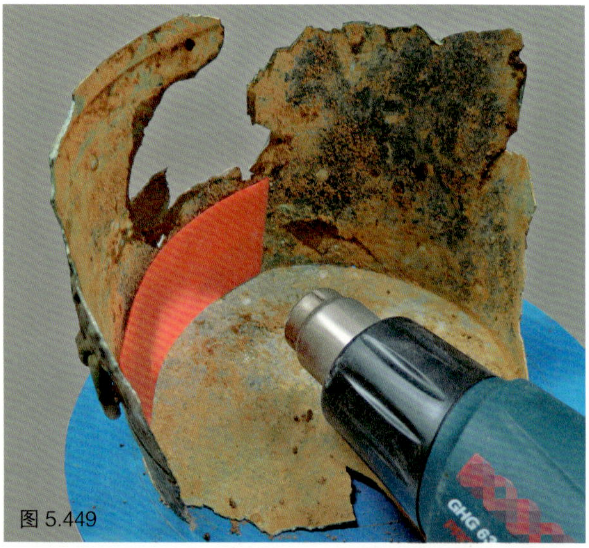
图 5.449

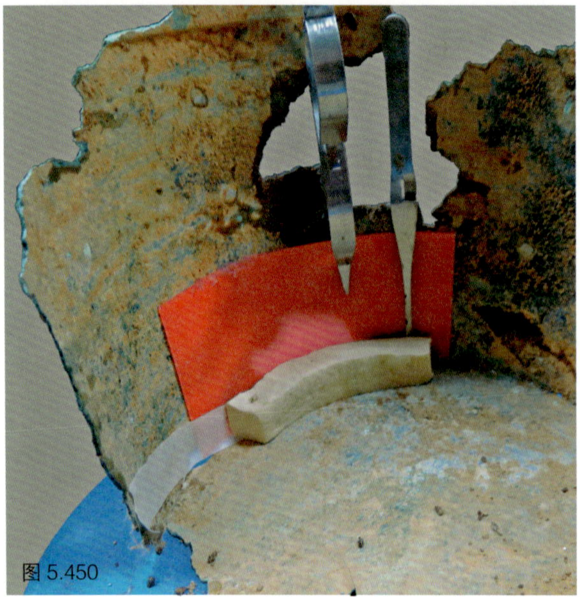
图 5.450

图 5.451

安特固环氧树脂黏合剂（图 5.452），固化定型后去除蜡片，完成局部补全。补全部位内壁光滑（见图 5.453 红箭头所指处），无须修整打磨。

图 5.454 所示残缺处面积较大，弧面较长，用精雕油泥更便于补全操作。由于该器物强度差，不宜一次性翻制面积过大的精雕油泥模具，而需采用逐块翻模、逐块补全的工艺。如图 5.455，先翻制缺口下部模具承托待补全部位，在模具内壁喷涂分型剂后涂挂安特固环氧树脂黏合剂。再在其

图 5.452

图 5.453

图 5.454

图 5.455

左页
图 5.448　合浦汉墓出土铜奁局部
图 5.449　热风吹软蜡片
图 5.450　油泥块固定蜡片
图 5.451　医用止血夹固定蜡片

右页
图 5.452　涂挂环氧树脂黏合剂
图 5.453　局部补全后的器物内壁
图 5.454　精雕油泥随形承托残缺处下部
图 5.455　涂挂环氧树脂黏合剂补全器物下部

上方翻制出带有弦纹的模具，涂挂环氧树脂黏合剂补全（图 5.456、图 5.457）。依照这一方法，逐块补全整件器物的外壁（图 5.458 ～图 5.461）。器物在埋藏前后发生过挤压变形，如今器物已经失去金属性能，锈蚀严重，若按照传统修复工艺的整形办法，势必造成器物更严重的破碎，进而只能通过重组碎片才能获得“完美”的造型。为减少修复对器物的强烈干预，修复时不对器物的挤压变形做整形处理，而是采用随形修复的处理办法。从上述补全过程可见，精雕油泥既有塑性，又具有一定的韧性，可在承托残缺部位时与器物挤压变形部位轻易地随形并接触严密，经环氧树脂黏合剂补全后达到随形复原的效果，在确保修复后器物稳定性和机械强度提高的同时，减少对器物的过度干预。

图 5.456

图 5.457

图 5.458

图 5.459

如图 5.462、图 5.463，器物口部有“外凹内凸”的折沿结构，在制作补配件上的这一结构时，难以用翻模补配法获得表面顺滑、精细的效果，可利用复合材料处理。PSI 胶呈具有塑性的固体状，便于揉捏和挤压成随形的细长条状并方便地裁切成所需宽度，适合用来制作折沿结构。将适量 PSI 胶揉捏均匀后大致搓成长条，置于喷涂过分型剂的瓷砖表面。用另一片瓷砖片的光滑面置于 PSI 胶条上方，前后往复地轻搓，使得胶条成为逐渐加长的细圆柱形（图 5.464 ~ 图 5.466）。在其表面喷涂分型剂后，用家用压面机加工成所需厚度的长条形薄片（图 5.467），置于瓷砖表面，裁切成

图 5.460

图 5.461

图 5.462

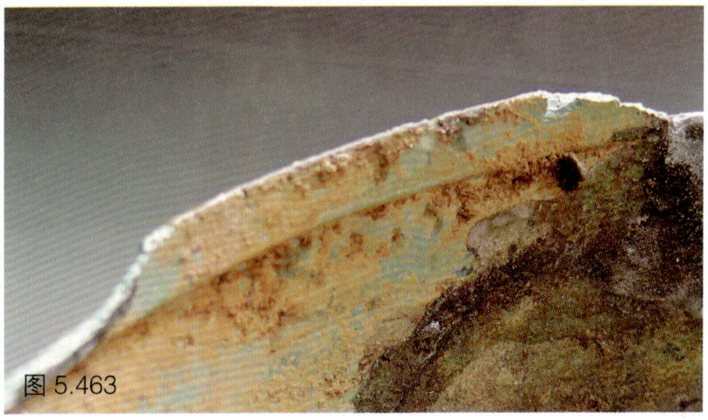
图 5.463

左页
图 5.456　精雕油泥随形承托残缺处中部
图 5.457　涂挂环氧树脂黏合剂补全器物中部
图 5.458　补全器物上部
图 5.459　粘接文物碎片

右页
图 5.460　补全器物口部
图 5.461　长尾票夹固定精雕油泥片
图 5.462　残缺折沿
图 5.463　折沿处内壁形态

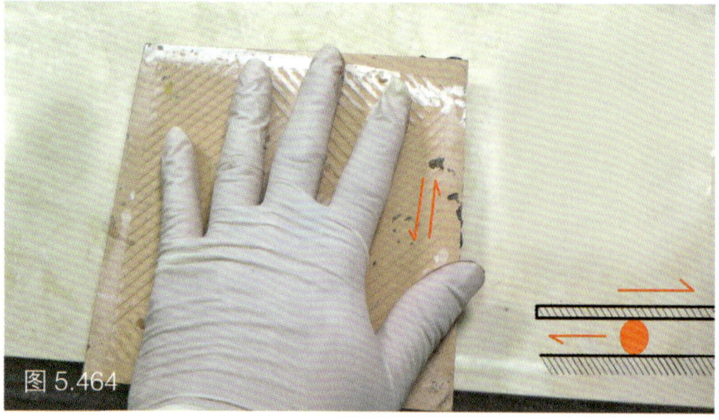
图 5.464

图 5.465

图 5.466

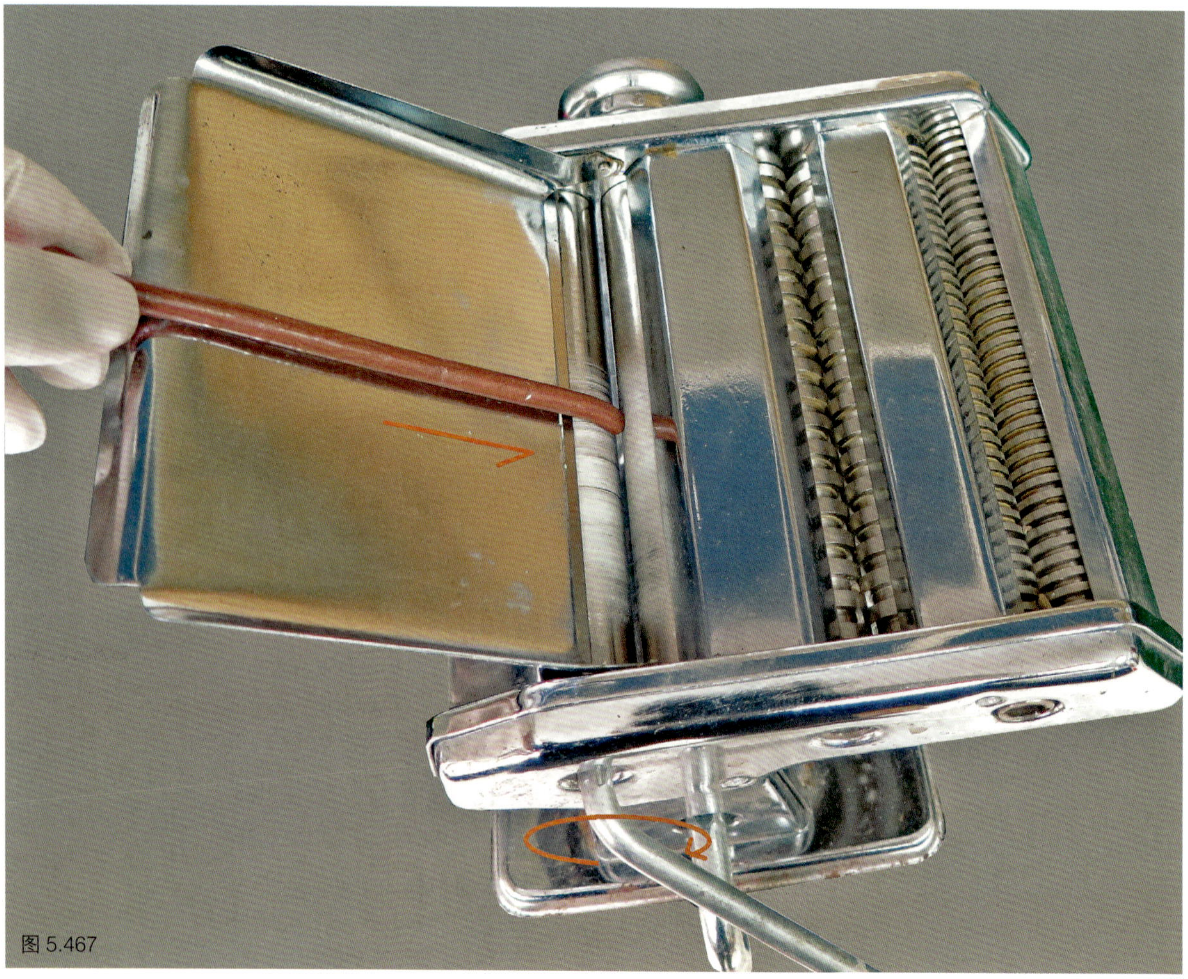
图 5.467

所需宽度，并用直尺矫正为笔直的胶条（图 5.468）。待胶条稍稍发热、开始变硬而又尚且具有韧性、可随意弯曲时，将其用环氧树脂黏合剂粘接于器物口部待复原折沿处，用弹力较小的夹具密集固定胶条（图 5.469），既要防止胶条从器壁起翘而粘贴不严密，又要防止夹具在胶条表面留下夹痕。图 5.470 红箭头所指可见补全后折沿结构的成形效果。

图 5.468

图 5.469

图 5.470

左页
图 5.464　瓷片搓 PSI 胶条
图 5.465　胶条成为所需直径的圆柱形
图 5.466　加工成粗细均匀的胶条
图 5.467　家用压面机压扁胶条

右页
图 5.468　裁成宽度合适的扁长胶条
图 5.469　环氧树脂黏合剂粘接胶条后用夹子临时固定
图 5.470　粘贴另一处折沿胶条

器物相对两侧有铺首衔环附饰，一侧完好，另一侧缺失，也需要借助复合材料翻模并补全。如图 5.471，参照图 5.464 ~图 5.466 工艺制得 PSI 胶细圆柱，并参照前文图 5.131 方法弯曲成大小合适的圆环，再将油泥擀压成薄片，薄片厚度即圆环和铺首上兽鼻穿孔的间距。如图 5.472，将油泥薄片包裹 PSI 胶圆环局部。如图 5.473，用热风吹软精雕油泥片，翻制出器物上的铺首模具，将包裹油泥的 PSI 胶圆环嵌入铺首模具，检查匹配度。如图 5.474，在铺首模具内壁喷涂分型剂后涂挂调和均匀的安特固环氧树脂黏合剂，兽鼻型腔内也需要涂挂，待其尚未固化定型，将 PSI 胶圆环包

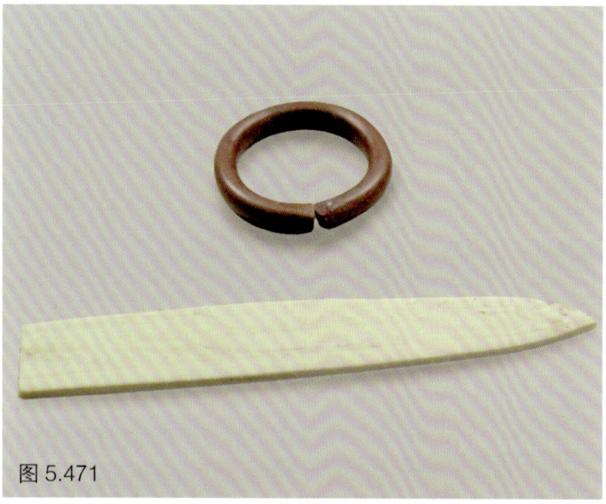
图 5.471

图 5.472

图 5.473

图 5.474

左页
图 5.471　PSI 胶制成圆环
图 5.472　PSI 胶圆环局部贴油泥片
图 5.473　嵌入兽鼻型腔
图 5.474　铺首精雕油泥模具涂挂环氧树脂黏合剂

右页
图 5.475　制得铺首补配件
图 5.476　铺首补配件背面
图 5.477　圆环套接于铺首补配件

裹油泥处嵌入兽鼻型腔。待环氧树脂固化定型，去除 PSI 胶圆环和油泥后，将黑色的铺首补配件从精雕油泥模具上脱下（图 5.475）。图 5.476 可见铺首补配件背面效果，兽鼻处形成穿孔，圆环在穿孔内可自由转动（图 5.477）。将套接了圆环的铺首补配件用环氧树脂黏合剂粘接于器壁补配件的适当位置（图 5.478），完成补全操作的器物效果如图 5.479 所示，经表面着色处理后效果见本书第一章图 1.85 ～图 1.87。

图 5.475

图 5.476

图 5.477

图 5.478

图 5.479

图 5.478　器壁补配件上粘贴铺首衔环补配件
图 5.479　完成补全后的器物

第六章 保护与表面着色

第一节
保护处理

第二节
传统的做旧方法

第三节
使用丙烯颜料的表面着色

修复后的青铜器，通常需要根据其保存环境温湿度的控制水平，决定是否采用缓蚀封护等保护措施。如果青铜器的保存或展陈环境的温湿度控制不佳（如高温和湿度大），通常需要对青铜器本体进行缓蚀封护的保护处理，以使其更加安全长久地保存。经缓蚀封护处理后的文物会有轻微的颜色和质感变化，因此通常先将文物进行保护处理，再对经过补全修复的部位进行表面着色处理。在工业领域，表面着色工艺主要是指涂覆工艺，通过喷漆、粉末喷涂、阳极氧化、电镀等工艺，将物品表面处理为所需颜色和质感。

在传统修复工艺中，表面着色处理又被称作“做旧”“全色”“补色”等，指使用对文物材质安全无害的材料，通过一定的程序方法、技术工艺来调整被补全修复过的部位，使其接近文物本体的色彩、光泽和质感肌理。传统修复工艺通常通过做旧掩盖修补的痕迹，追求“天衣无缝”的效果，力求补全部位与原器物浑然一体。当代文物修复的理念，则要求补全部位具有一定的辨识性，以便器物研究者及文物保管人员能够较为容易地辨认出器物上的原始部位与修复过的部位，同时又要兼顾器物的展示效果，因此通常将“远观一致，近看有别”作为处理标准。

第一节　保护处理

一、缓蚀

缓蚀，即减缓金属的腐蚀速率。苯骈三氮唑（BTA）是一种性能良好的青铜器缓蚀材料。将青铜器除锈和修复后，置于烘箱强制干燥，必要时还可放入带有干燥剂的干燥器内干燥数日。小件器物可浸泡于 3% 浓度的苯骈三氮唑乙醇溶液中 20 分钟（图 6.1），取出晾干。若器物过大，不便浸泡，可用毛刷涂刷在器表上。苯骈三氮唑在室温下容易升华，而在器表形成结晶，使其效力下降，因此缓蚀处理后还需要再涂刷一层封护剂。使用缓蚀剂时，需预防化学溶剂对人体的损害，要在通风橱中进行，操作人员需佩戴能过滤有机溶剂的防毒面具。

二、加固

一些青铜器通体矿化，保存状态极差，呈酥粉状，通常需要对其进行渗透加固处理。常用材料为 Paraloid B-72，其为一种丙烯酸酯类化合物，透明、低毒，耐水性、黏性、耐久性较好。将其溶解于丙酮溶液中，制成 1% ～ 2% 浓度的溶液备用。操作时，用不易脱毛的板刷蘸取 1% ～ 2% 浓度的 Paraloid B-72 丙酮溶液，在器表待加固的部位均匀涂刷（图 6.2），可见经渗透加固的部位颜色

图 6.1

图 6.2

图 6.1　苯骈三氮唑乙醇溶液缓蚀浸泡
图 6.2　对缺口周围酥粉器表进行渗透加固

图 6.3

图 6.4

图 6.5

有轻微加深，锈层表面质感和光泽度没有明显变化。涂刷加固剂时，如渗透良好，说明加固剂浓度适宜；如难以渗透，则需要降低浓度。

一些青铜器的保存状态已经差至即将解体的濒危程度，酥粉严重，使用加固剂效果有限，也会使用到丝网、玻璃纤维、半透明的日本土佐修复纸等材料，进行结构性加固。例如图 6.3 所示出土汉代铜灯，破碎严重且所有碎片的金属基体丧失，通体矿化，器物碎片轻按即碎，进行渗透加固后，强度提升不显著，因此采用半透明的日本土佐修复纸作为结构加固材料。该材料单张重量仅为每平方米 1.6 克，厚度仅为 0.02 毫米，生产工艺不使用氯漂白，而是在微碱性溶液中洗涤以获得均匀的颜色，耐久、不易老化，适合用于结构性加固。操作时，使用 5% ~ 10% 浓度的 Paraloid B-72 丙酮溶液涂刷土佐修复纸后贴于器物底面（图 6.4），待溶液干燥，器物底面基本看不出纸张对器表颜色和外观的改变（图 6.5）。器物经加固后，强度提升明显（图 6.6）。需要强调的是，这种强干预式的加固方法不可在文物上轻易应用，仅适用于状态濒危青铜器的加固，也就是说，如果不使用这一办法，濒危器物在未来数年内即可能彻底粉碎，而使用这一方法后，至少可将器物寿命延长数十年，再配合良好的保存环境，寿命延长的期限可以达到更久。

三、封护

封护的目的是在青铜器表面形成保护层，起到一定的隔绝水分的作用。常用材料也为 Paraloid B-72 丙酮溶液，一般使用 2% ~ 5% 的浓度，浓度越高，封护效果越好，但封护后器物变色、变亮也越明显，因此需要根据器物保存状态与保存环境而定，在封护效果和“不改变文物原状”的原则之间取得平衡。可以使用2% ~ 3% 的较低浓度封护，而将封护作为一项定期性、持续性的文物维护行为。操作时，使用不易脱毛的板刷，蘸取 2% ~ 3% 浓度的 Paraloid B-72 丙酮溶液在器表均匀涂刷（图 6.7），阴干后即在青铜器表面形成封护层。

第二节　传统的做旧方法

一、化学腐蚀与表面着色

传统做旧方法又可以分为化学腐蚀法和表面着色法。化学腐蚀法是使用化学材料，将新制造的青铜材料加速腐蚀出铜锈，使其看似经历过长期的地下埋藏。例如使用氨水、硫化钠、氯化铵、碱式碳酸铜、硫化钾、醋酸、盐酸、氯化钠、氯化锌等，将光亮的青铜表皮快速腐蚀出黑、红、绿等“皮壳”，也就是锈层。使用这种做法的前提是待做旧部位是和青铜器一样的青铜材质，这样才能加速腐蚀出铜锈。铅锡合金乃至环氧树脂的补配件无法通过化学材料腐蚀出铜锈。因此化学腐蚀法通常只用于用青铜铸造的文物仿造工艺品的表面处理。铅锡合金补配件，可使用三氯化铁溶液将表面加速腐蚀为深灰色（图 6.8、图 6.9）。

图 6.6

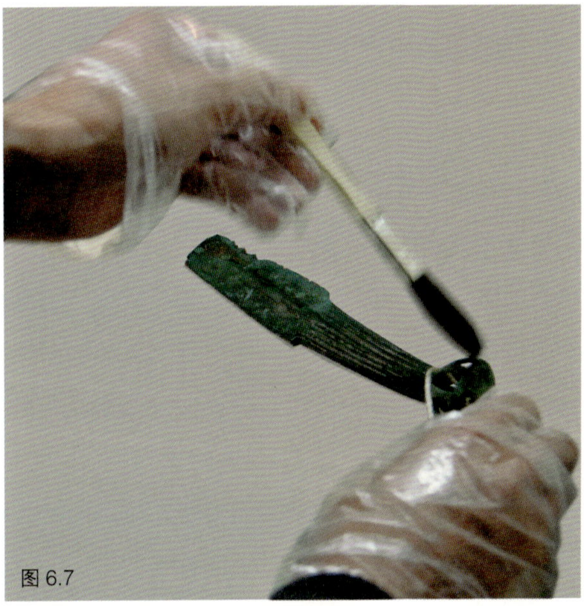
图 6.7

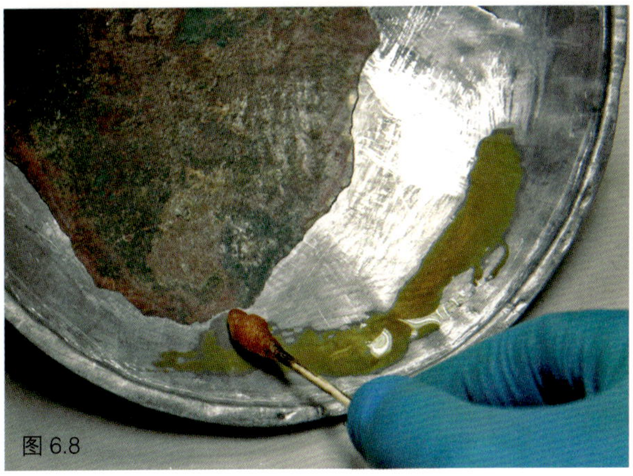
图 6.8

左页
图 6.3　铜灯修复前
图 6.4　底部碎片粘贴土佐修复纸加固结构
图 6.5　修复后的铜灯底部

右页
图 6.6　修复完成的铜灯
图 6.7　涂刷 Paraloid B-72 丙酮溶液封护器物
图 6.8　三氯化铁溶液涂抹铅锡合金补配件表面

图 6.9

化学腐蚀所用的许多材料都对青铜器的安全长久保存不利，如果将使用化学材料加速腐蚀出铜锈的补配件再装配于器物的残缺处，就可能将一些有害物带入器物本体，这也不符合通过修复来保护文物的目的。因此，对文物上修复补全过的部位通常采用表面着色的旧化处理工艺，用一定的胶剂和颜料，模拟出旧化的颜色和质感，使修复补全部位看起来与文物整体相协调。

二、表面着色的材料

传统修复工艺中所用的“表面着色”做旧方法，使用的主要材料是矿物颜料和酒精漆片汁。所用矿物颜料通常是人造矿物色，如铅丹（四氧化三铅，有毒性）、黄丹（一氧化铅，有毒性）、铅白（主要成分是碱式碳酸铅，遮盖效果好但日久氧化变黑）、铜绿（主要成分是碱式碳酸铜），其成本远远低于天然矿物颜料。当代多使用化学工业生产出的无机颜料，如钛白粉、铅铬黄、氧化铁黑、氧化铁红等。

市面上易于购得的矿物颜料及无机颜料，通常只有有限的几种颜色，为了方便修复时调色，通常需要将有限的几种颜色在研钵中混合成均匀的细粉，调配出所需的多样颜色后，分格存放在调色盒内（见图 6.14）。例如，沙绿色粉中混合不同比例的钛白粉，可调出明度不同的系列绿色；氧化铁红色粉混合不同比例的铬黄色粉，可调出橙红、橙黄色粉等（详见后文色彩理论部分）。

漆片，在我国南方地区通常称作“虫胶”，是生活在寄主植物上的紫胶虫分泌的纯天然树脂。该材料无毒、无味、黏性强、绝缘、防潮、耐紫外线、涂膜光滑，是一种热硬化性树脂，不溶于水，常温下易溶于酒精。传统修复工艺中将其用作矿物颜料的调色剂，有时也用其作为黏合剂或加固剂。制备时，将适量漆片放入玻璃瓶，倒入纯酒精，使之刚刚没过漆片，静置几小时后漆片溶解，呈浓稠状。如需使用稀释的漆片汁，取出浓稠漆片汁勾兑酒精即可。

三、表面着色的工艺

青铜器传统修复技术中的做旧工艺，将喷、弹、抹、点、拓的上色技法结合起来使用，只要做出的锈色和器物上原来的锈色协调一致即可。铜器做旧所需的技法，和油画的直接画法类似，目的是模拟特定的颜色和质感，具备绘画基础的修复人员较容易掌握做旧方法。而一些特殊的器表光泽或局部锈蚀的剥落效果，则通过“漆地磨光”“点土喷锈”等技法实现。

（一）喷、弹、抹、点、拓

在补配件表面着色之前，需用较为浓稠的酒精漆片汁，在补配件表面涂底漆层，以提高后续着色层在补配件表面的附着力，使颜料层不易脱落。如图 6.10 所示青铜扁壶上的灰色部位为新制的环氧树脂补配件，图 6.11 红箭头所指处可见补配件表面的底漆层干燥固化后的状态。

做旧时，若想要效果逼真，必须模拟器表锈色的生长层次及锈蚀产物的细微形态来处理。例如器表最底层是黑色的氧化铜锈层，其上是土红色的氧化亚铜锈层，表层是铜绿色的碱式碳酸铜锈层，做旧时也要按照这个颜色层的叠压关系分层着色。如果锈层是平均分布的颜色层，适宜采用“抹”的平涂技法；锈层细看是密集点状分布的各色锈蚀物颗粒，则要使用“喷”“弹”的着色技法。

分层着色时，要等一种颜色层彻底干燥后再着下一层色。使用绘画用喷罐（又称吹釉壶）喷涂密集的颜色点时，也要等一种颜色点全部干燥后，再换另一种颜色喷涂，这样才能做出有层次、有颗粒感的颜色。若着色时程序混乱，比如喷涂了红色锈点后未等干燥就急于喷涂绿色锈点，最后两种颜色融合起来，会调和成“肮脏”的深灰色，而无法形成红、绿色点相间的自然肌理。图 6.12 所示为本书第四章所述铜釜补配件表面涂漆片汁底漆层的效果。底漆层彻底干燥后，首先在其表面做出模拟氧化亚铜的红锈层（图 6.13），待红锈层彻底干燥，再于其上喷溅出绿色的密集锈点，等绿锈干透再喷溅蓝色的密集锈点，最后效果见本书第四章图 4.84、图 4.85，在蓝、绿相间的颗

图 6.10

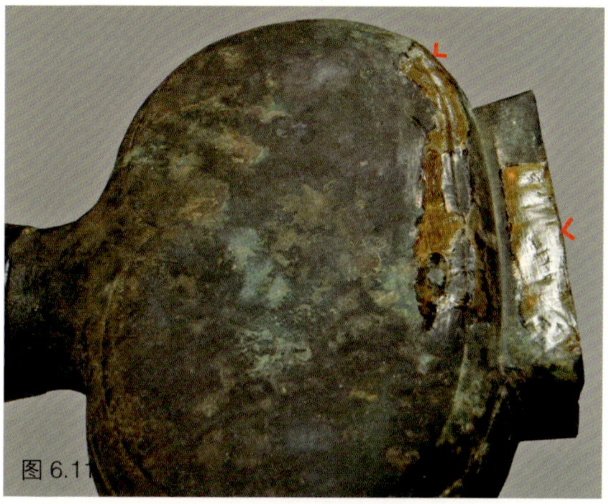
图 6.11

图 6.12

图 6.13

左页
图 6.9　铅锡合金补配件化学腐蚀变黑过程

右页
图 6.10　补配件表面涂酒精漆片汁
图 6.11　干燥后的底漆层
图 6.12　铜釜补配件表面涂酒精漆片汁
图 6.13　模拟氧化亚铜锈层着色后

图 6.14

图 6.15

图 6.16

图 6.17

粒状锈点之下，可见红色的锈层。

再如图 6.14，使用漆片汁混合红色、白色矿物颜料，调出明度较高的土红色，点涂在方壶补配件的底漆层表面，模拟氧化亚铜的红锈层（图 6.15）。待其干燥后，用硬毛的猪鬃笔蘸绿色汁，用“点”的手法着色，可获得一系列密集的绿色锈点（图 6.16）。如补配件表面需处理成平滑的颜色层，需先用砂纸抛光补配件表面（图 6.17），然后涂底漆层，干燥后再用棉布或脱脂棉蘸取色汁，均匀涂抹于补配件底漆层表面（图 6.18），干燥后效果如图 6.19 红箭头所指处。

图 6.20 所示为鼎足铅锡合金补配件做旧前原貌。先在其表面涂底漆层，干燥后用抹色法平涂氧化亚铜红锈层，最后用弹色法做出密集的绿锈点。如图 6.21，用硬毛牙刷蘸取绿锈汁，按照红箭头

左页
图 6.14　模拟氧化亚铜锈层调色
图 6.15　点涂氧化亚铜锈层效果
图 6.16　氧化亚铜假锈层干燥后再点涂绿色颜料
图 6.17　上色前打磨抛光

右页
图 6.18　棉布蘸色汁后在补配件表面抹色
图 6.19　补配件表面抹色后
图 6.20　铅锡合金足部补配件
图 6.21　弹色法
图 6.22　补配件表面的锈点
图 6.23　漆片汁调和矿物颜料粉后弹色

图 6.18

图 6.19

图 6.20

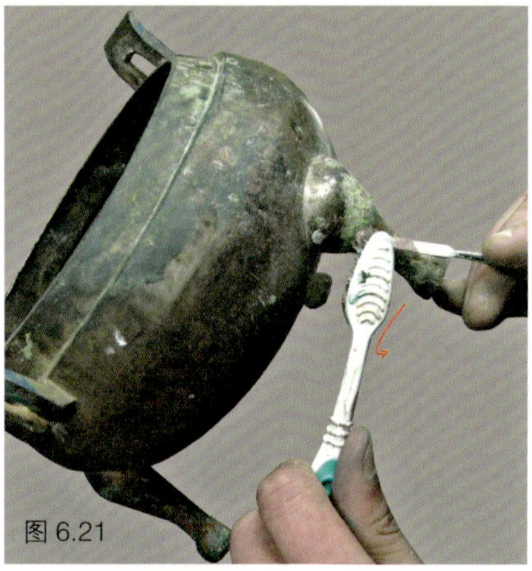
图 6.21

图 6.22

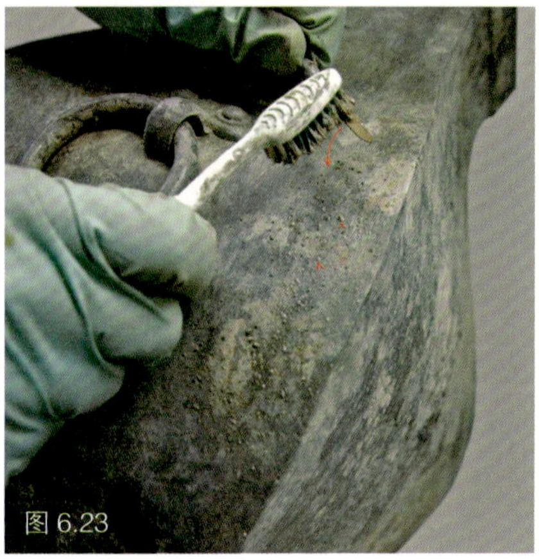
图 6.23

所指方向，在调色刀边缘反复弹拨，颜色便会喷溅到补配件表面，需要颜色点密集则使牙刷距离补配件近些，需要颜色点稀疏则远离补配件。可用纸张或无酸纸胶带遮盖原始器表，以防被喷溅的色点污染。图 6.22 是做旧完毕后的效果，红箭头所指处的颜色表面之下是铅锡合金补配件。

图 6.23 所示是弹拨锈色的另一个案例。如需拨出的锈点落到补配件表面后颗粒感更强，可用浓稠一些的漆片汁调和颗粒粗大的矿物颜料粉，也可在颜料粉中混入适当目数的石英砂。

拓色法，是用海绵、麻布、丝瓜瓤等蘸取色汁后（图 6.24），以“拓”的手法，着色于补配件表面（图 6.25），以获得自然的肌理效果。

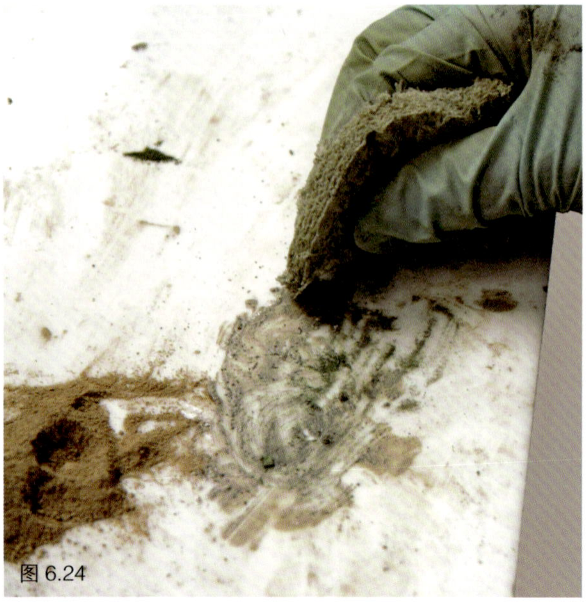
图 6.24

图 6.25

（二）漆地磨光

传统修复工艺中所称之“漆地”，就是用漆片汁做出的“地子”。所谓地子，是指铜器由于埋藏环境不同，铜质不同，经长久侵蚀，表面自然产生的不同的锈地。不同的铜器有不同的地子，如绿漆古地、黑漆古地、黄漆古微绿地、灰黑地、白黄绿地、枣皮红地、红黄绿地、水银浸地、翻铜地（又叫翻金地）、灰黑红糟地、套色地等[55]。

做旧前，先在新补配的铜片或铅锡合金补配件上涂刷一遍漆片汁，待其完全干燥后，可再涂刷一遍。漆片汁完全干燥再做假地子。漆片汁越浓越厚则干燥时间越长，一般至少要经过数小时才能干透。用较为浓稠（八两酒精浸泡五两漆片的比例）的漆片汁，调和矿物颜料后，涂刷于补配件表面，做出铜器的地子。需要地子有一定的光泽度时，用玛瑙轧刀反复磨轧假地子的表面，使其紧实、光滑，即达到磨光效果，青铜器传统修复工艺中称之为“漆地磨光”。图 6.26 所示是铜鼎盖复制件表层着色后状态，图 6.27 所示是使用玛瑙轧刀来回磨轧漆层的手法，即为“漆地磨光法”，图 6.28 红箭头所指处是局部磨光后的效果。

（三）点土喷锈

青铜器传统修复技术中的做旧工艺，为了防止弹出或喷出的假锈色遮盖住特定位置的底色，会用黏稠的泥浆遮盖不需做旧的部位，做旧完毕后将泥洗净，露出底色。此法即点土喷锈法，其效果

左页
图 6.24　海绵块蘸取色汁
图 6.25　海绵块拓色手法

右页
图 6.26　鼎盖复制件
图 6.27　漆地磨光法
图 6.28　磨光后表面
图 6.29　氧化亚铜假锈层着色
图 6.30　调制泥浆
图 6.31　假锈层表面点涂泥浆

图 6.26

图 6.27

图 6.28

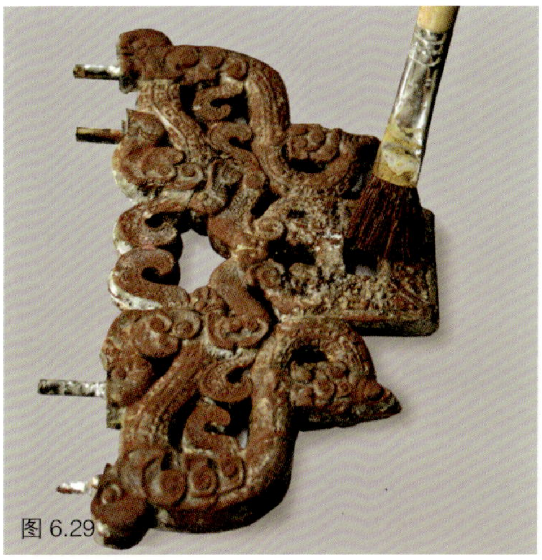

图 6.29

图 6.30

图 6.31

类似于模型涂装工艺中的“掉漆”。

图 6.29 所示钟钮补配件，先在表面涂红锈层，待其彻底干燥后，将黄土调和成糊状，用毛笔点涂于补配件的红锈层表面（图 6.30、图 6.31）。待泥浆干燥，用绘画用喷罐盛绿色汁，喷涂于补配件表面（图 6.32、图 6.33）。待绿锈层彻底干燥，用水清洗补配件，泥浆被洗去后露出底层红锈，制造出锈层剥落和分层的逼真效果（图 6.34）。

图 6.32

图 6.33

图 6.34

左页
图 6.32　钟钮补配件表面喷色后
图 6.33　假绿锈着色完成
图 6.34　采用点土喷锈法的效果

右页
图 6.35　补配件表面涂胶
图 6.36　胶液表面播撒颜料粉
图 6.37　扫除未被黏结的颜料粉
图 6.38　刮削颜料层

（四）贴锈

传统修复工艺中，为了使补配件表面假锈层的颜色、质感同器物原始表面一致，有时会将从器物上除下的锈粉用黏合剂回贴于补配件表面。如今，从文物保护的角度看，这种做法是不妥当的，如果锈粉中含有有害锈，将其回贴于修复过的器物表面，会给后续的器物保护带来安全隐患。因此，如需使用这一着色技法，可以用矿物颜料粉代替从青铜器上清除下来的锈粉。如图 6.35，用流动性好的 502 瞬干胶或乐泰 496 瞬干胶，滴涂于补配件表面，随即将调好颜色和颗粒度合适的矿物颜料粉均匀撒在胶液表面（图 6.36）。胶液凝固后，用毛刷扫去未被黏结的颜料粉（图 6.37）。如未达到所需效果，可重复上述操作。最后用手术刀刮削补配件表面粘贴的颜料层，使其平滑，获得和原始器表类似的质感（图 6.38）。

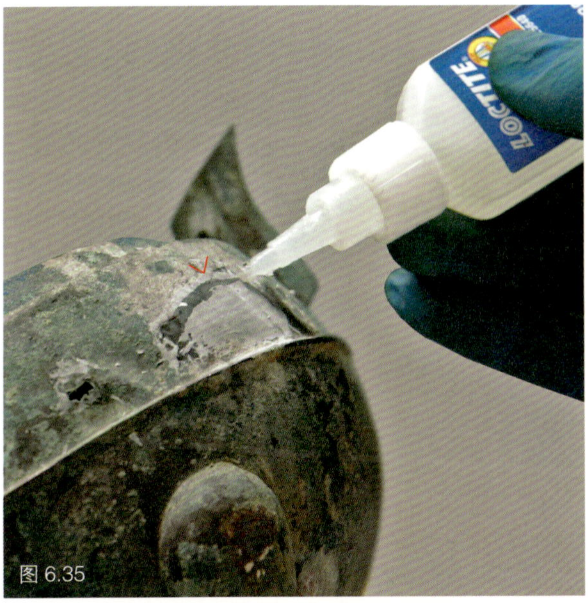

图 6.35

图 6.36

图 6.37

图 6.38

第三节　使用丙烯颜料的表面着色

一、材料与工具

丙烯颜料是20世纪才发明的新型绘画材料，因受到波普艺术家和照相现实主义画家的欢迎，而于20世纪50年代开始流行起来。这种颜料常使用聚甲基丙烯酸甲酯等丙烯酸树脂作为颜料粉的黏合剂，该黏合剂为一种合成树脂，液态时呈乳状，干燥后澄清而有弹性。丙烯颜料对绘画技巧要求不高，在室温下，10～30分钟后就可干燥，进而再次上色，可满足快速创作多层颜色画面的需要。如需稀释，可用水溶解，不需要使用有刺激性气味的溶剂，还可用松节油或酒精清洗，因此其常被用作绘画修复中的补色材料。

丙烯颜料可以黏附在几乎所有常见的画底如布、木材、纸乃至光敏树脂成形的3D打印洁净（无灰尘和油污）部件上，颜料固化后，可防水，耐日晒，耐老化。市售丙烯颜料有各种档次，练习用丙烯颜料通常较稀，遮盖力不佳，凝固后颜色通常会变浅；而艺术家级的丙烯颜料质量更好，浓度较高，性能优越，更适合用于文物修复的表面着色。

涂刷丙烯颜料时，用人造毛的板刷更合适，用后应及时用水清洗干净或暂时浸泡在洗笔罐中，如任由其放在空气中自然干燥，板结变硬后便难以再溶开洗净。使用白瓷盘作为调色盘，调和后干燥的剩余颜料可以像薄膜一样撕去，容易清理。着色用的毛笔、板刷用旧甚至刷毛开叉、卷曲，也不必丢弃，用它们蘸取黏稠的颜料后，可以在器表做出不留笔触的、非常自然的肌理，很适合模拟青铜器表面的锈蚀。图6.39是青铜器补配件用丙烯颜料表面着色的常用材料与工具。

图 6.39

二、色彩基础知识

理论上讲，使用红、黄、蓝的色料三原色，可以调和出各种颜色，再用白色提高明度。如图 6.40，品红、柠檬黄、湖蓝为三种原色。两种原色混合后得到间色：红 + 黄 = 橙，黄 + 蓝 = 绿，蓝 + 红 = 紫。两种原色混合的比例不同，所得间色也会出现色彩倾向：红（大量）+ 黄（少量）= 橙红（偏暖），红（少量）+ 黄（大量）= 橙黄（偏冷）；黄（大量）+ 蓝（少量）= 嫩绿（偏暖），黄（少量）+ 蓝（大量）= 深绿（因蓝多而偏冷）；蓝（大量）+ 红（少量）= 蓝紫（因蓝多而偏冷），蓝（少量）+ 红（大量）= 紫红（偏暖）。

间色与原色混合或间色与间色混合，得到复色，如“绿 + 红”所见是带有色彩倾向的灰色，详见图 6.41 ~ 图 6.43）。复色是经过第二次调和的颜色，纯度较低，均含有不同程度的灰色。在对修复的文物进行表面着色时，通常都是调和复色，极少使用高纯度的三原色。在设计和绘画领域，复色的使用也远比原色广泛，原色搭配后通常给人的视觉以强烈的冲击，而复色的色彩更丰富也更含蓄，符合人类视觉对色彩的复杂需求。

三原色加入白色，可提高明度：红 + 白 = 浅红（乃至粉色），黄 + 白 = 浅黄，蓝 + 白 = 浅蓝。间色与白色混合，也可得到更浅的颜色。

在图 6.40 中三原色组成的三角形色轮上，顶点与边上直接相对的颜色，称为“补色”，也就是通常所说的“对比色”，如红和绿、黄和紫、蓝和橙。补色的色块搭配在一起，通常会给人的视觉带来不和谐的感受，最典型的如民间谚语用“红配绿”来形容艳俗的穿着。需要强调的是，这只是针对色料三原色减色互补而言。色料三原色互补也称“减色混合”，色料混合后，部分光谱色光被色料吸收，光亮度降低，色料混合种类越多，纯度和明度越低。

需要说明的是，色料三原色及其减色互补，只是色彩理论中的一种。另外还有色光三原色，其加色互补也称“加色混合”，两种以上色光混合后，光亮度提高。英国物理学家麦克斯韦（James Clerk Maxwell，1831—1879）于 19 世纪中叶对这一现象进行了深入研究，其成果后来发展成为电视机屏幕等的显色原理。法国化学家谢弗勒尔（Michel Eugène Chevreul, 1786—1889）在巴黎哥白林织造厂的染色车间工作时，注意到色彩的强度不仅由色彩本身决定，还受到其与周围色彩关系的影响。他在 1839 年出版的《色彩和谐与对比的原则》一书中阐述了该理论。原色（红、黄、蓝）与两种原色调和成的间色（绿、紫、橙）在并置时显得更为强烈，他将这种色彩关系称为“同步反衬”。在纯红旁配以纯绿，会使红色看起来更红，绿色看起来更绿。法国画家德拉克洛瓦（Eugène Delacroix，1798—1863）在绘画中将对比强烈的小色块并列放置，远观画作时，画面极具张力。德拉克洛瓦对色彩的了解，影响了 19 世纪更晚些时候的很多艺术家，尤其是印象派画家。在法国画

左页
图 6.39　丙烯颜料及调色、着色工具

家修拉（Georges Seurat，1859—1891）引导下，后印象派画家所用的点彩画法，更是直接将无数纯色的小点并置在画面上，颜料虽然未经调和，但观众在远观画作时，却感觉色彩对比和谐且光感强烈。这种颜色使用方式，实为颜色的空间混合（又称“并置混合”），将不同的颜色并置在一起，当它们在视网膜上的投影小到一定程度，这些不同的颜色刺激就会同时作用到视网膜上非常邻近的部位的感光细胞，以至眼睛很难将它们独立地分辨出来，就会在视觉中产生色彩的混合。例如将红、绿的小色块并置，在一定距离远观，会产生金碧辉煌的耀眼光感。当今的彩色印刷所用的印刷网点也是这样的显色原理。青铜器表面的小锈点，通常也会有红、绿并置，正因如此，远观青铜器的锈色才会有迷人的效果，而修复做旧时，如不了解这一色彩原理，用绿色在补配件表面均匀地平涂，色彩便会突兀、死板、不和谐。

图 6.41 ～图 6.43 是三对补色混合的效果，皆可得到纯度极大降低的脏灰色。如图 6.41，绿色是蓝和黄经一次调和而成的间色，与红色按照 1 : 1 比例再次调和后得到深灰色，没有明显的冷暖倾向；绿色比例增大，成为冷灰色；红色比例增大，成为暖灰色。在调和成的各种灰色中混入白色，可提高色彩明度。

如图 6.42，橙和蓝按照 1 : 1 比例混合也得到近乎棕色的脏灰色，没有明显的冷暖倾向；蓝色比例增大，成为冷灰色；橙色比例增大，成为暖灰色。在调和成的各种灰色中混入白色，可提高色彩明度。

如图 6.43，黄和紫按照 1 : 1 比例混合也得到近乎棕色的脏灰色，没有明显的冷暖倾向；紫色比例增大，成为冷灰色；黄色比例增大，成为暖灰色。在调和成的各种灰色中混入白色，可提高色彩明度。

通过使色彩变灰，所能得到的中性灰色几乎是无穷无尽的。中性色彩的协调性较之高明度色彩的协调性更容易取得，且更加微妙，变化无穷。对器物补全部位进行表面着色时，在调色盘上调和出系列化的中性色彩，再结合喷、弹、抹、点、拓等手法，就可以在单色的补配件表面，做出变化丰富而自然的色彩，从而与器物原始表面的色彩相协调。对黑色颜料的使用应谨慎，若使用黑色颜料来加深颜色，通常会使混合后的颜色暗淡无光，犹如“黑洞”，除非上色部位真的需要表现炭黑的颜色。

色彩的呈现，还会受到光源和环境的影响。太阳光有最佳的显色效果，图 6.40 ～图 6.43 中的调色板即在晴天正午的自然光下拍摄而成，能够最真实地还原色彩。如果是在昏暗的灯光下拍摄，所看到的颜色将呈现截然不同的色泽。因此，对修复的器物进行表面着色时，最好借助自然光来调色。如果文物本体上有不耐紫外线的彩绘等附着物，则需要使用高显色指数（CRI 达 80 或以上）和色温适宜（4000K）且不含紫外光的专业照明设备。

图 6.40

图 6.41

图 6.42

图 6.43

图 6.40　色料三原色的调色方法

图 6.41　补色（红、绿）调和

图 6.42　补色（橙、蓝）调和

图 6.43　补色（黄、紫）调和

三、丙烯颜料的表面着色案例

高分子材料或铅锡合金的补配件，无法通过腐蚀法进行旧化处理，需要采用表面着色的旧化处理工艺。除了前文所述的传统修复工艺的材料与技法，也可以使用丙烯颜料进行表面着色，获得良好的旧化处理效果。青铜器表面锈色，常见的有氧化亚铜呈现的土红色、碱式碳酸铜呈现的铜绿色、有害的粉状锈呈现的石绿色等，常使用红色系和绿色系调和成中性灰，根据器表锈蚀物的颜色，酌量增加红色或绿色，成为不同的颜色倾向，再加入钛白色提亮，也常会用到柠檬黄和湖蓝色，如图 6.44 所示提梁壶底层锈色的调色方案。

图 6.45 所示提梁壶的补配件表面，先涂刷了一层漆片汁，用以提高丙烯颜料在补配件表面的附着力，然后用柠檬黄、浅绿、土红、橄榄绿等颜色，调和出变化丰富的中性灰色，用尼龙毛画笔在补配件表面点涂。

如图 6.46，待上一层颜料层干透，再调和出变化丰富的灰绿色，在补配件表面点涂。调和颜料时，不可将其调和成均匀的单一颜色，而是变化丰富的一系列灰色，毛笔点涂而不是大面积平涂，平涂后的补配件表面看起来就会死板机械。点涂就是蘸取一种灰色在补配件表面点一点，再蘸取另一种灰色在补配件另一处表面点一点，这样才能使色彩的变化丰富而自然。

如图 6.47 所示簋盖补配件的调色方案（修复过程见本书第五章图 5.403 ~ 图 5.407），使用了绿色、深棕、暗红、钛白、浅黄等几种丙烯颜料，混合成调色盘中的一系列灰色。如图 6.48，用刷毛开叉、卷曲的报废旧笔，蘸取不同的灰色，在补配件表面以划擦、点、滚等笔法着色。为了增加“旧色”的层次，稍事着色后，待颜料干燥，再用不同的灰色进一步旧化，制作出如同自然生成的效果。

图 6.44

图 6.45

图 6.46

图 6.47

图 6.48

使用颜料在器表着色时，处理范围仅限于补配件表面（见图中红线范围内），不可污染文物的原始表面。补配件表面着色时，要模拟文物原始表面的颜色和质感去调色，万不可因为调不准颜色，就将器物整体全部着色，这是错误的“作伪”行为，损害了文物的历史真实性，也会对器物原始表面后续的检测分析和研究带来不利影响。

在补配件上进行表面着色的旧化处理时，应有一定的限度，既使补全部位与器物整体相协调，又考虑到补全部位要方便辨识，有利于器物管理人员、研究人员及未来的修复人员了解器物的真实状态，能够较为轻易地知道器物的哪些部位是原始的，哪些部位是修复时添加的。这不但有利于后续研究和修复保护工作的开展，在提取、观察乃至运输文物时，也可以有意识地避免对器物上的脆弱部位施加压力或拉力，确保器物的安全。基于上述原因，可在器物上不明显的部位，如容器的腹

左页
图 6.44　提梁壶底层锈色的调色方案
图 6.45　提梁壶第二层锈色的调色方案

右页
图 6.46　提梁壶第三层锈色的调色方案
图 6.47　簋盖补配件的调色方案
图 6.48　簋盖补配件的表面着色

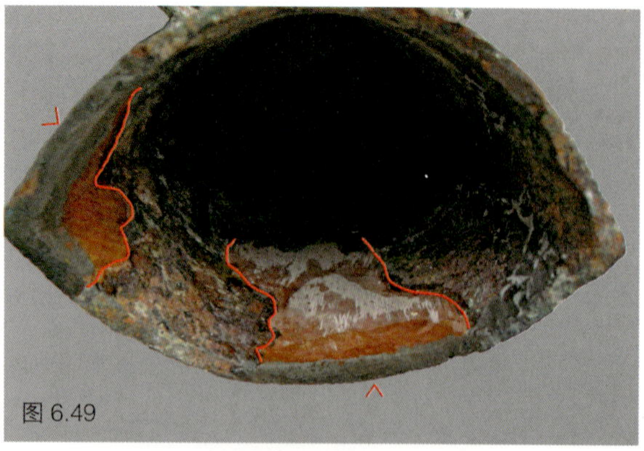

图 6.49

图 6.50

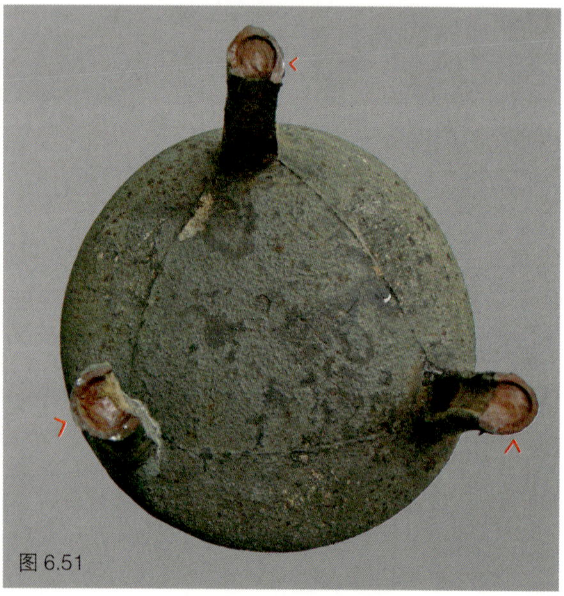

图 6.51

图 6.52

内壁、足部底面等，保留补配件的原始状态，不予旧化处理。如图 6.49 所示甬钟，本书第五章已介绍其补全过程（参见第五章图 5.314 ～图 5.329），在其内壁保留了补配件的原始状态，未予旧化处理。再如图 6.50 所示圆鼎，博物馆观众的目光所及处都进行了旧化处理，但器物足底保留 PSI 胶的原本状态（图 6.51）。后续对器物进行研究时，如需从器物上采样分析或进行无损检测，就可以准确地避开被修复的部位。

有些情况下，不但需要方便研究人员和文物管理人员轻易辨识出器物的补全部位，还需要让观众明白器物的哪些部位是后补上去的。如图 6.52 所示圆壶，本书第五章已介绍其补全方法（参见第五章图 5.101 ～图 5.121），这件器物的颈部和口部复原并无确切依据，仅仅为了展陈效果并确保上腹部断口不再继续破损，才对其进行了推测性的强行复原。在此情况下，就不应将其旧化得过于逼真，而是保持较强的识别度，让观众明白，器物的颈口部全部是后来添加上去的，器物的原始面貌可能并非如此。

图 6.49　甬钟内壁保留补配件原始表面
图 6.50　鼎足补配件侧壁的着色效果
图 6.51　鼎足补配件底面保留修复材料原貌
图 6.52　圆壶口部及颈部的高识别度

第七章 —— 可拆解式修复

第一节

封闭型容器的可拆解式修复

第二节

开放性碎片的可拆解式修复

第一节　封闭型容器的可拆解式修复

图 7.1

图 7.2

广西合浦汉墓出土青铜提梁壶破碎残缺且保存状态差，为便于其保存与展陈，需对其进行保护处理，并使用 3D 扫描、逆向工程与 3D 打印配合手工，制成内部支撑结构与外部支撑结构，将文物造型复原完整。3D 扫描采用非接触的方式提取文物造型信息，所有支撑部件与文物碎片之间不使用粘接、焊接，仅通过机械连接，可反复拆解和组装，这些使修复对文物本体的干预显著降低，也便于后续的器物研究和未来的再次保护处理。为确保器物安全，还为其设计了特定结构的包装，文物底部支撑模块上预留有多用途接口，既可用于连接包装模块，又可连接展陈支架，给后续的保管与展陈工作提供方便。

一、修复前状态

图 7.1 所示青铜提梁壶，出土于广西合浦文昌塔东汉晚期墓葬。出土后破碎残缺、通体矿化，保存状态极差。器物于 20 世纪 80 年代出土时，曾在器表涂刷蜡液进行加固，局部裂隙和小碎片曾使用 502 瞬干胶粘接，脱落后的小碎片和板结的沙土及器表蜡壳粘连为一体（图 7.2）。

图 7.1　提梁壶修复前正面
图 7.2　提梁壶修复前背面

壶上残缺链条的环内有土壤附着，器盖与口沿粘连，盖有破损，可见金属基体丧失，仅剩腐蚀产物。器物材质的强度甚至不及经高温焚烧过的骨头，呈酥粉状。因质地疏松锈蚀，器物从所在单位运抵北京进行修复保护前，进一步发生局部破损，长途运输中一些小碎片经脱落即粉碎成渣状。

二、保护处理

因器物保存状态差，为确保其在后续清理和修复过程中不受到进一步损坏，需对其进行前期保护处理。使用热风枪逐块软化早先用于加固器物的蜡壳，同时用精密镊子将软化的蜡壳逐块清除，最后用 2% 浓度的 Paraloid B-72 丙酮溶液对器物本体进行加固。依照上述方法将整件器物处理完毕，提升器物强度。清理器物内壁的疏松土壤附着物，以防其吸收并蓄积水分，不利于降低器物在保存过程中的本体劣化速率。

三、当前常规修复方法在处理本器物时的困境及改进方案

考古出土文物多破碎残缺，通常借助修复，使其便于展陈和保管。以青铜器修复为例，传统方法是通过焊接或粘接来连接青铜碎片，然后在器物本体翻制模具，以制作补配件，再将其焊接或粘接于器物主体。使用粘接、焊接方法连接器物碎片及补配件，不便拆解。以本案例所述器物为例，碎片粘接并补全后，器物成为封闭结构，不便观察其内壁。闭合空间内一旦进入潮湿空气及冷凝水，将难以排出，会加速器物劣化，且难以对其内壁进行后续的再次加固处理。但如果不对碎片进行连接，任由其以破碎状态进行保存，则不但不利于后续的保管与展陈，也易使碎片发生进一步的破损。因此，既复原器物造型的完整性，又使复原后的器物便于拆解，成为亟待解决的技术问题。

传统修复方法使用石膏、硅橡胶翻模，当代也常使用牙科蜡片、油泥片等材料翻模。然而这件青铜提梁壶保存状态差，使用上述任何一种接触式的翻模方法，都难以避免对器物进一步造成损坏。

近年来新兴的 3D 扫描与打印技术被应用于诸多领域，其也被倡导用于文物修复，方法通常是借助 3D 扫描获得文物的三维数据，再用软件虚拟复原残缺部位，3D 打印出残缺部位的补配件，但最终还是需要将补配件粘接于文物主体[56]。

若器物粘接修复并补全后成为封闭结构，不便后续观察、维护和再次处理器物内壁，因此需要借助一定的连接结构及内部支撑，将器物各碎片权宜地连接为整体，而日常维护时又要便于拆卸为碎片状态。

四、使用 3D 扫描提取器物造型信息

当前新兴的 3D 扫描技术，为获得文物造型信息提供了新途径。使用 3D 扫描仪对器物造型进行扫描，得到点云文件后，可用其进行多用途的处理。使用 Artec 3D 扫描仪采集破碎青铜器的造型

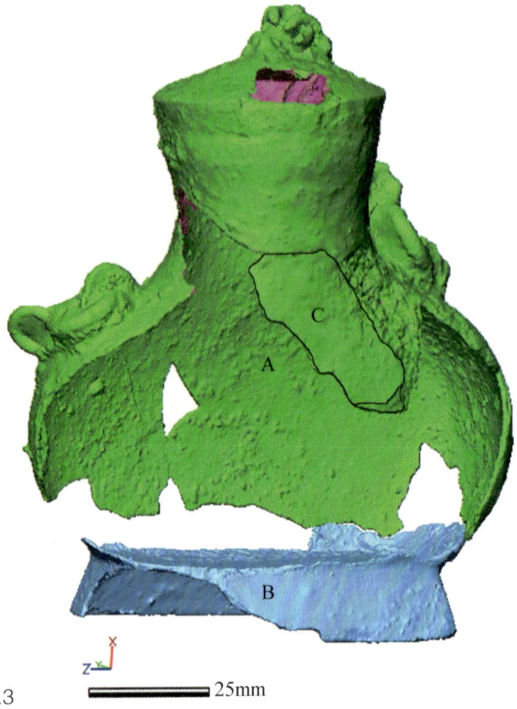

图 7.3

数据，配合 Artec Studio 11 Professional 3D 数据采集和后处理软件，得到点云数据。还可使用 CAD 软件将点云数据处理为图 7.3 所示的 STL 文件，其中 A、B、C 分别为残存的文物主体碎片、底部碎片（残缺圈足）及背部小碎片。

五、逆向工程与 3D 打印

在工业领域，逆向工程（Reverse Engineering）是将实物转化为 CAD 模型相关的数字化技术、几何模型重建技术和产品制造技术的总称。通过逆向工程，可将已有产品或实物模型转化为工程设计模型和概念模型，在此基础上对已有产品进行解剖、深化和再创造。该方法也可用于文物修复，使用逆向工程常用的 Geomagic 数据处理软件，对三维扫描所得数据进行处理，实现逆向建模。借助逆向工程，在器物内壁每间隔一定距离做出一个横切面（图 7.4），再构造曲面片，反推青铜器铸造所用内芯的造型，可按此造型制作文物碎片的内支撑结构（图 7.5 中红色结构）。为便于安装，内支撑结构设计为三个模块，能够依次放入破碎文物内并再次取出（图 7.6）。

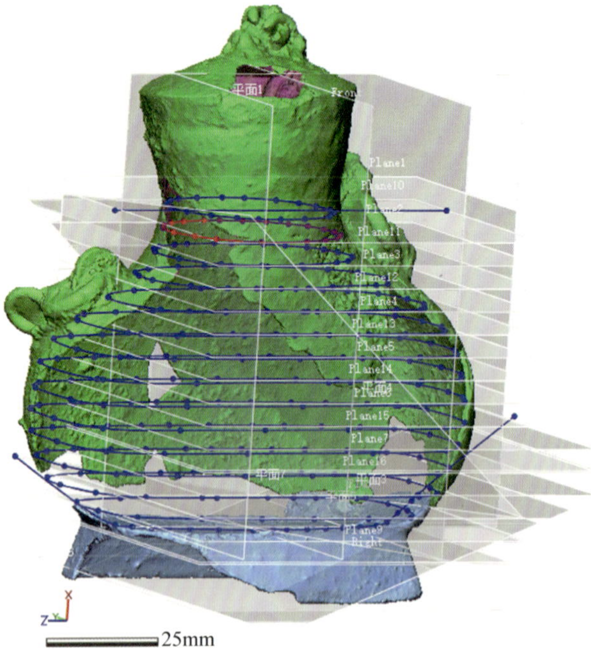

图 7.4

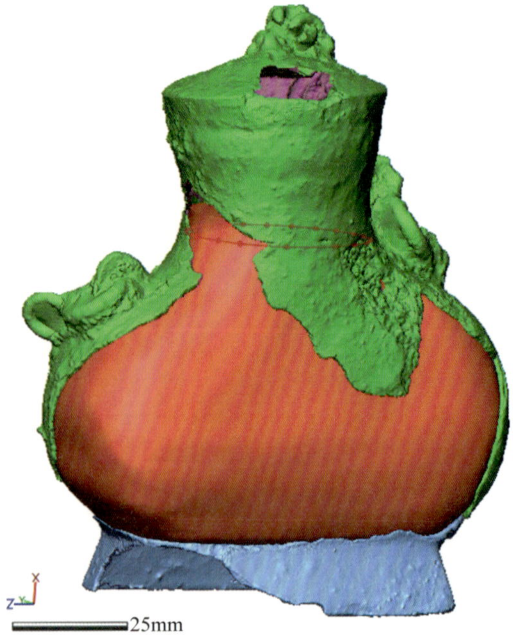

图 7.5

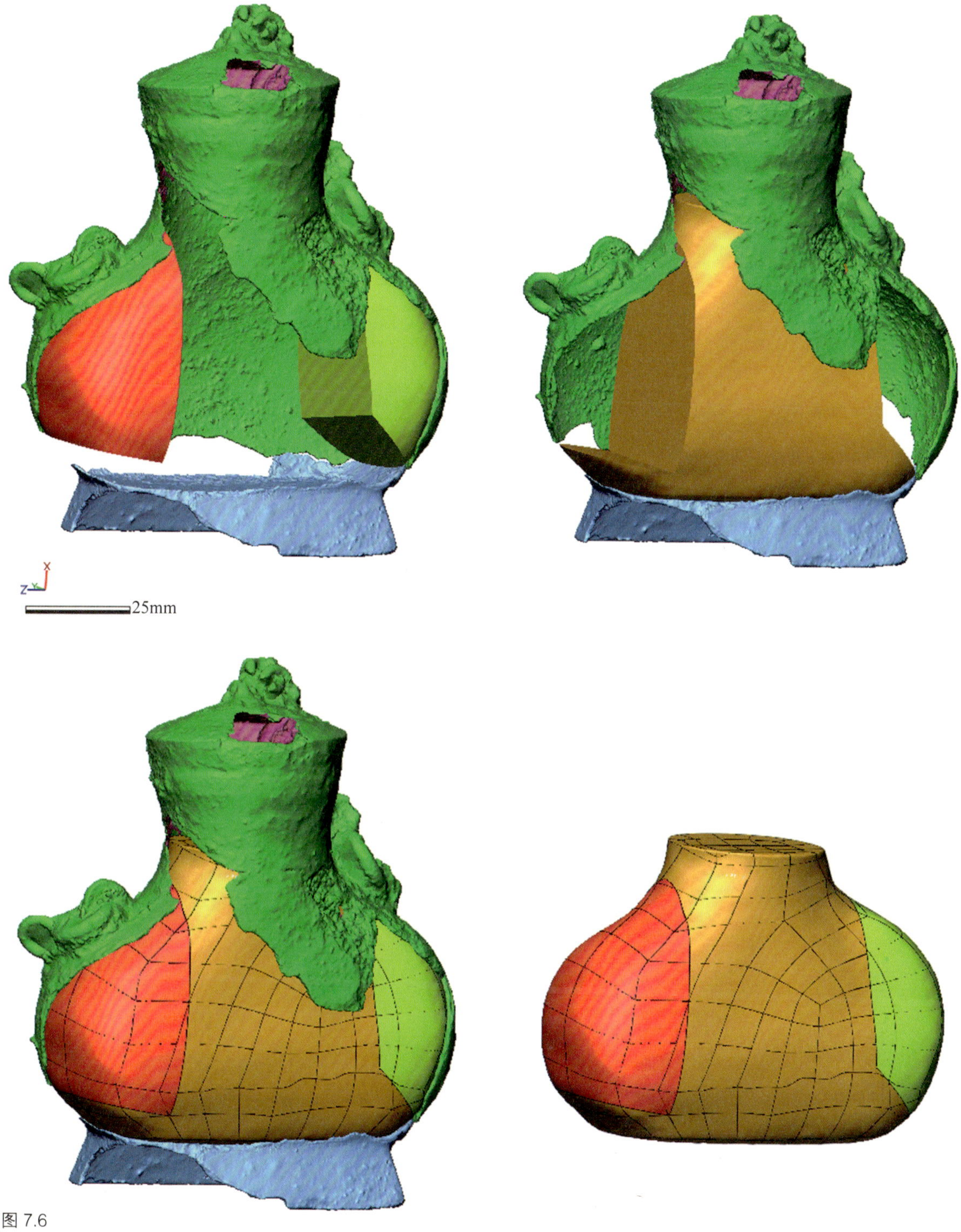

图 7.6

左页
图 7.3　文物 3D 扫描数据
图 7.4　逆向工程软件求内模过程
图 7.5　逆向工程软件求得文物内模

右页
图 7.6　软件内将整块文物内模分成三块

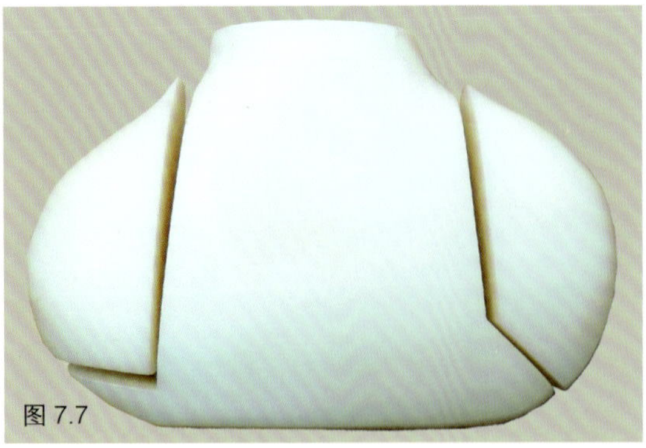
图 7.7

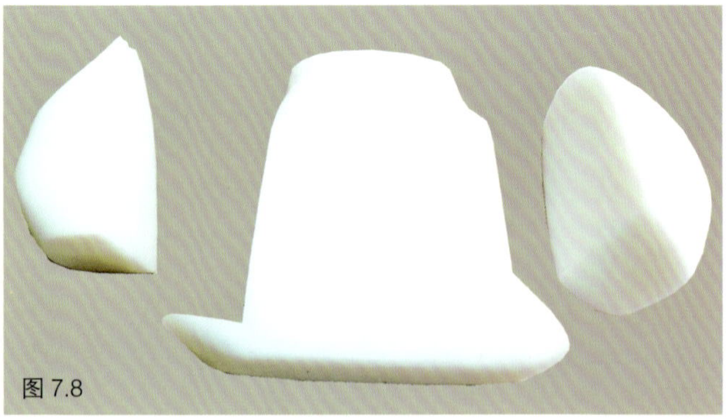
图 7.8

先将逆向工程所得三维 CAD 模型数据转换为 STL 文件，然后使用 3D 打印机配合光敏树脂叠层成形，可得到如图 7.7 所示三个内支撑模块。由于光敏树脂模块为单一材料，缺少稳定而耐久的金属连接结构，无法稳定合并为整体（图 7.8），还需为其增设螺丝螺母作为可拆卸式连接结构，以便其在青铜器内部的装配和拆卸。

六、为内支撑模块增设连接结构

如图 7.9，将三个模块拼合并用胶带捆扎牢固，在主模块（位于中央）和分模块（位于两侧）上钻孔（图 7.10）。拆除胶带，将螺丝穿过主模块底面的穿孔后装配螺母（图 7.11、图 7.12），将分模块分型面上的孔眼扩大到能够容纳螺母（图 7.13），在孔眼内注入安特固双组分环氧树脂黏合剂后（图 7.14），迅速在三个模块的分型面喷涂分型剂，将三者重新拼合并用胶带捆牢，直至环氧树脂凝固（图 7.15、图 7.16）。拆除胶带并旋出螺丝即可拆解三个模块，完成分模块上螺母的精确植入（图 7.17）。相比于单纯使用自攻钉连接三个模块，分模块上植入螺母后，螺丝与螺母装配能够保证连接结构的耐久性和稳定性，三个模块经长期、反复的拆解、组装，也不易发生连接结构损坏。在器物内安装各模块时，先装配两侧分模块，再装配主模块，用螺丝固定。观察是否有误差，如不能严密装配，还需要对模块进行局部打磨修整，直至装配无误（图 7.18、图 7.19）。

七、最小干预的修复处理

因器物通体矿化，保存状态极差，不能用器物本体翻制模具，先剪裁一块聚四氟乙烯防粘膜，

左页
图 7.7　通过 3D 打印所得模块
图 7.8　模块间无金属连接结构

右页
图 7.9　捆牢各模块并钻孔
图 7.10　钻孔后
图 7.11　装配螺丝螺母
图 7.12　螺丝螺母伸出位置
图 7.13　分模块扩孔
图 7.14　孔内注胶
图 7.15　装配主、分模块
图 7.16　胶带捆牢
图 7.17　完成螺母植入
图 7.18　先装入两侧分模块
图 7.19　装入主模块后用螺丝固定

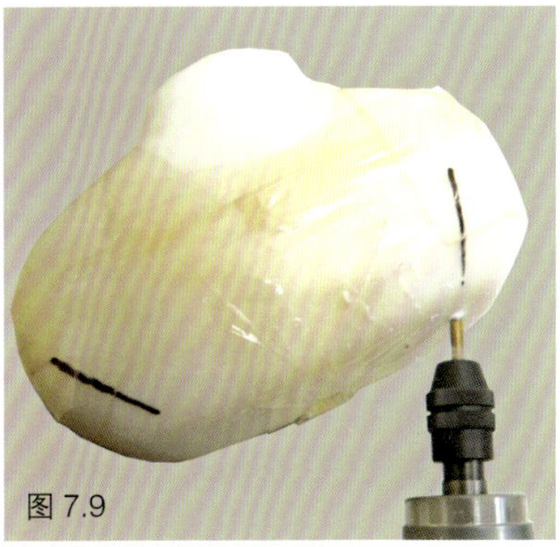
图 7.9

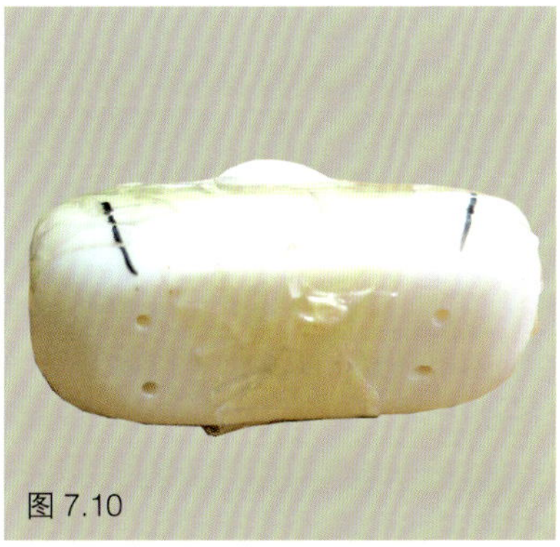
图 7.10

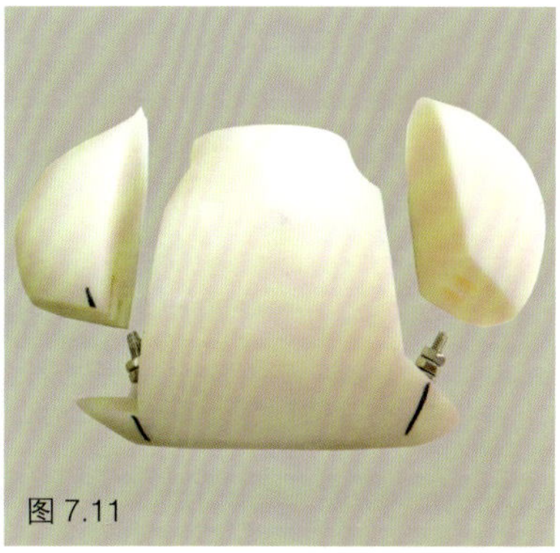
图 7.11

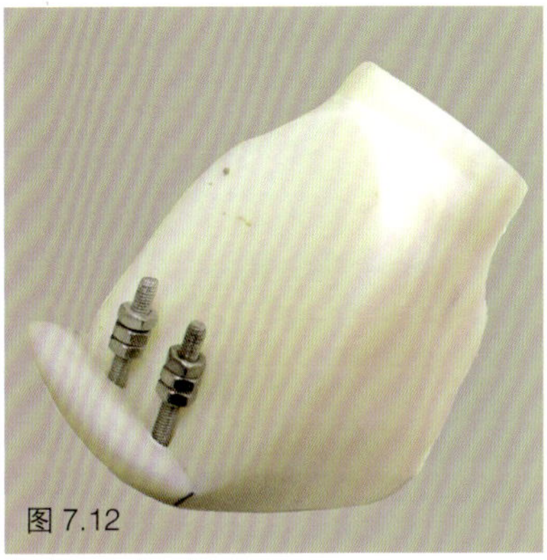
图 7.12

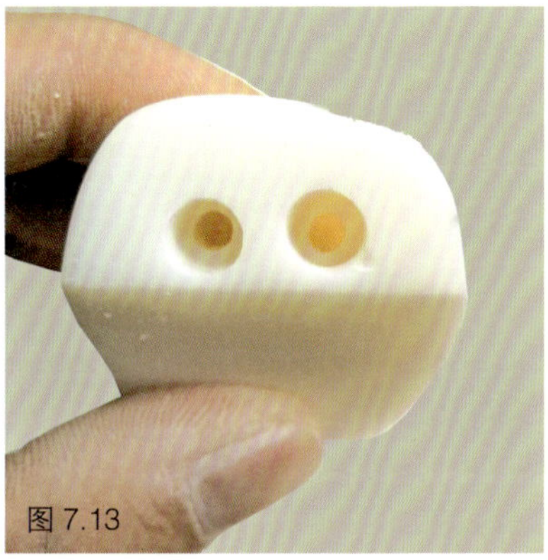
图 7.13

图 7.14

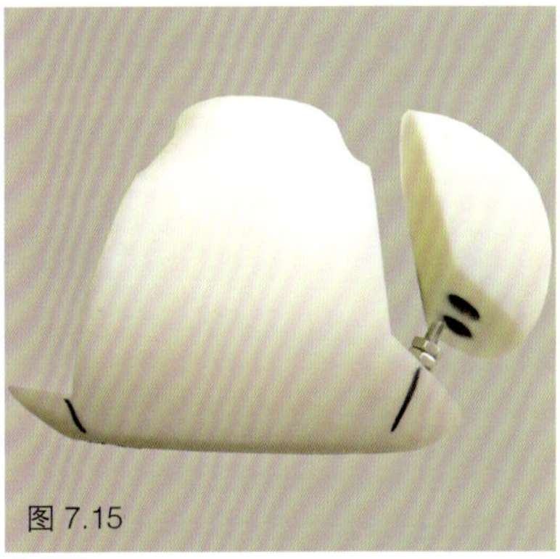
图 7.15

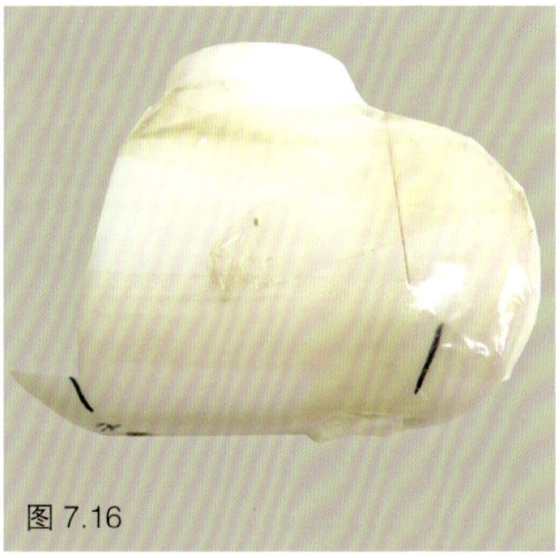
图 7.16

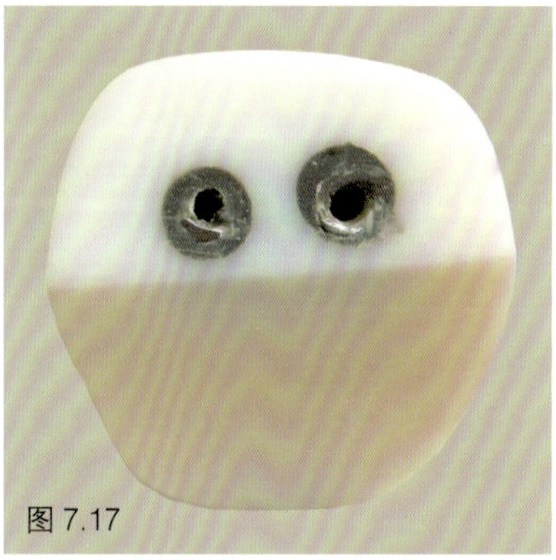
图 7.17

图 7.18

图 7.19

衬垫在器盖内壁存在残缺处，再衬垫一块牙科蜡片，翻转器物后，从器物外壁向器盖缺口处的防粘膜表面涂挂环氧树脂黏合剂。待环氧树脂凝固，用医用止血夹取出蜡片（图 7.20），再夹出防粘膜（图 7.21、图 7.22）。聚四氟乙烯材料具有良好的防粘性能，不会与凝固后的环氧树脂粘连。器盖内壁空间狭小而无从下手，且器盖质地疏松，补全材料无须打磨即可光滑平整。

如图 7.23，将器物主体碎片与三个内支撑模块装配，模块表面贴附聚四氟乙烯防粘膜，然后涂挂安特固环氧树脂黏合剂（图 7.24），待其凝固定型，将主体碎片下部开放的不规则断面予以封闭，达到局部补全和保护断面的效果。因器物主体碎片材质疏松严重，无法承受蜡片取形的操作，通过

图 7.20

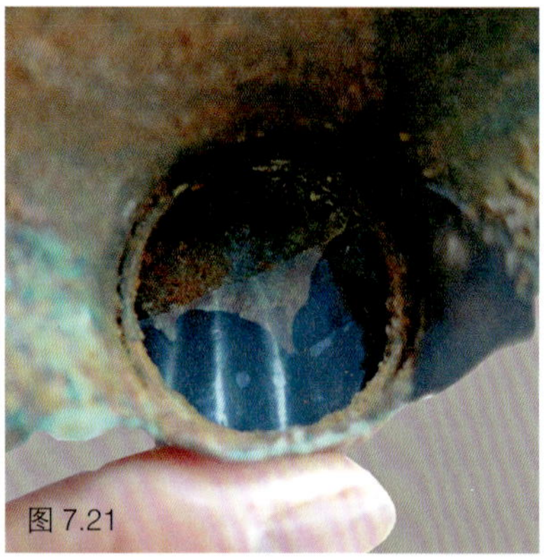
图 7.21

图 7.22

图 7.23

图 7.24

左页
图 7.20 取出蜡片
图 7.21 防粘膜位置
图 7.22 取出防粘膜
图 7.23 内支撑模具表面覆防粘膜
图 7.24 涂挂环氧树脂黏合剂

右页
图 7.25 3D 打印模具翻蜡模
图 7.26 蜡模承托残缺处后涂挂环氧树脂黏合剂
图 7.27 蜡模承托另一侧残缺处
图 7.28 脱去蜡模
图 7.29 模块表面贴防粘膜
图 7.30 涂挂环氧树脂黏合剂
图 7.31 留出器物检修口

装配成整体的内支撑模具，用牙科蜡片翻模取形（图 7.25），承托在器物主体碎片侧面，涂挂安特固环氧树脂黏合剂进行局部补全（图 7.26、图 7.27），待其凝固定型，取下蜡模（图 7.28）。将内支撑模具与器物主体碎片装配，模具表面贴附防粘膜后，继续涂挂安特固环氧树脂黏合剂进行局部补全（图 7.29、图 7.30）。内支撑模具底部设置一可拆卸的垫片，与主体碎片及内支撑模具组合，详见后文图 7.60、图 7.61。此时，器物的局部补全操作完成，腹腔留有检修口，用防粘膜遮盖检修口两侧（图 7.31）。

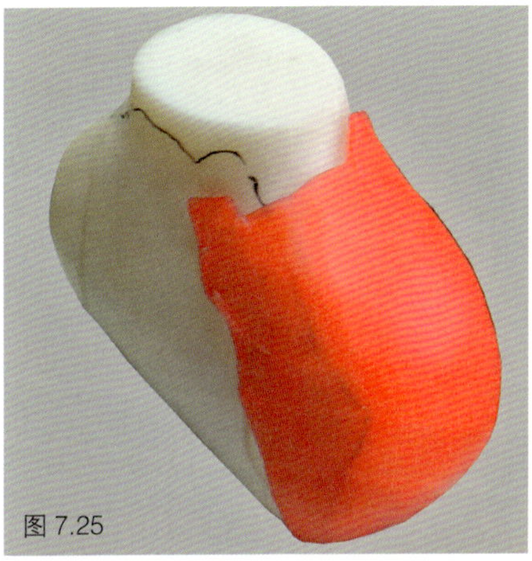
图 7.25

图 7.26

图 7.27

图 7.28

图 7.29

图 7.30

图 7.31

八、内支撑模块的手工处理

如图 7.32，用仿形规取得检修口露出的内支撑主模块的弧面造型，将弧线描画于无酸纸胶带上（图 7.33），沿线剪裁出的无酸纸胶带贴附于检修口断面，以达到遮盖和防粘效果（图 7.34），依此做法将检修口各边断面全部遮盖（图 7.35）。在操作台上铺设一张聚四氟乙烯防粘膜，切取适量 PSI 速成铜胶棒揉捏均匀（图 7.36），擀压成厚度均匀的薄片（图 7.37），铺设于检修口内露出的内支撑主模块表面，硬化定型后即贴附于主模块表面（图 7.38）。在 PSI 胶贴皮上刻出文物背部碎片的镶嵌槽（图 7.39），再用装有铣刀的牙科打磨机铣平凹槽底面（图 7.40），嵌入文物背部碎片，查看凹槽匹配度（图 7.41）。凹槽底面需做出与碎片背面随形的形状，以防碎片在保管和运输过程中受挤压时局部应力过大而再次破碎。凹槽周边形状也需修补，以提高凹槽和文物边缘的匹配度。

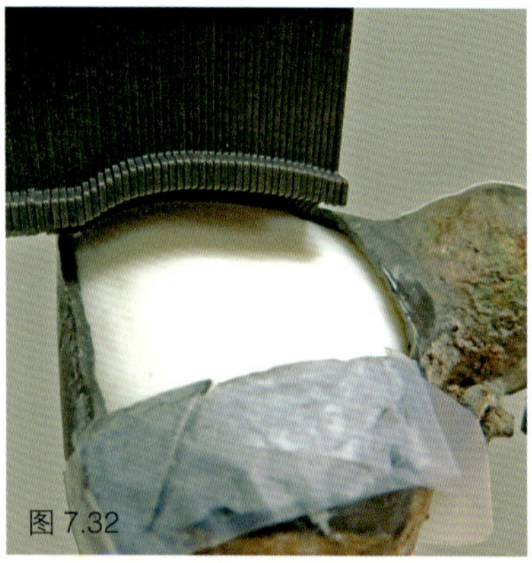
图 7.32

图 7.33

图 7.34

图 7.35

图 7.36

图 7.37

左页
图 7.32　仿形规取形
图 7.33　无酸纸胶带上描线
图 7.34　无酸纸胶带遮盖检修口断面
图 7.35　检修口四边遮盖完毕
图 7.36　PSI 速成铜胶棒揉捏均匀
图 7.37　胶棒擀成薄片

右页
图 7.38　主模块表面贴皮
图 7.39　刻槽
图 7.40　文物背部碎片的镶嵌槽
图 7.41　嵌入碎片效果
图 7.42　槽内涂挂环氧树脂黏合剂
图 7.43　覆盖防粘膜
图 7.44　嵌入碎片

如图 7.42，在凹槽底面涂挂适量安特固环氧树脂黏合剂，待其尚未凝固，在表面铺设聚四氟乙烯防粘膜（图 7.43），再嵌入文物背部碎片轻微按压，以调整防粘膜下环氧树脂黏合剂的形状（图 7.44）。

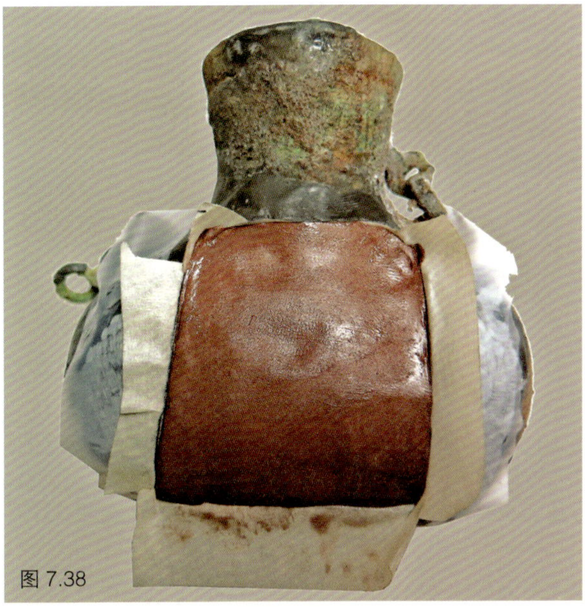
图 7.38

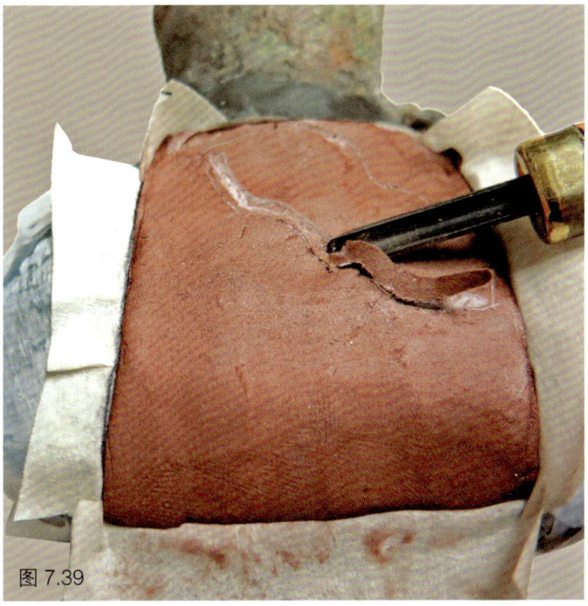
图 7.39

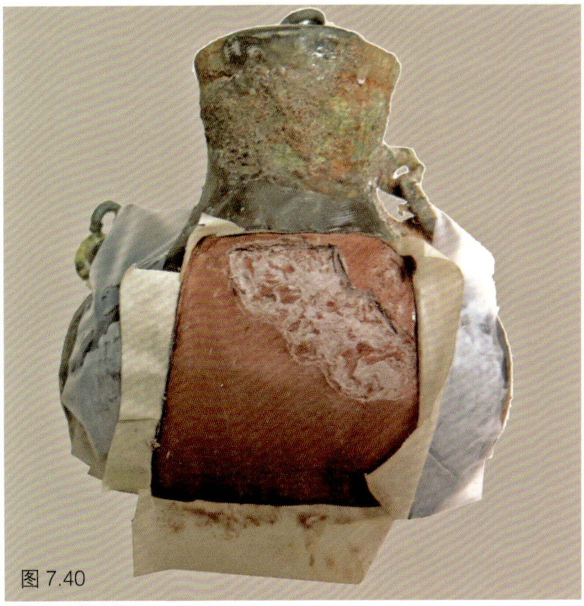
图 7.40

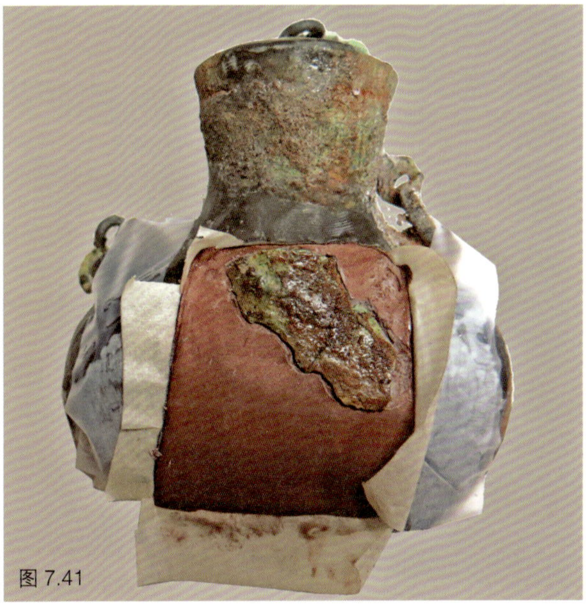
图 7.41

图 7.42

图 7.43

图 7.44

数分钟后，待环氧树脂丧失流动性而又尚未硬化时，用精密镊子夹取出碎片（图 7.45、图 7.46），再揭去防粘膜（图 7.47）。在碎片边缘粘贴一周醋酸纤维素薄膜作为防粘层（图 7.48），再将碎片嵌入凹槽（图 7.49），在碎片周边涂挂环氧树脂黏合剂（图 7.50），待其凝固后取出碎片（图 7.51），再揭去醋酸纤维素薄膜，完成文物背部碎片镶嵌槽的修整。如图 7.52 ～图 7.54，在碎片下方的镶嵌槽边缘打孔，锤锻出 L 形黄铜卡扣后插入小孔并施胶固定。如图 7.55，在碎片上部的内支撑主模块上钻孔并铣槽，加工可拆卸的黄铜卡扣并配置螺丝螺母（图 7.56），用以固定碎片上部（图 7.57）。图 7.58 为碎片上下部黄铜卡扣的连接工艺示意图。需拆解文物背部碎片时，旋松碎片上部的螺丝、旋转黄铜卡扣即可。

图 7.45

图 7.46

图 7.47

图 7.48

图 7.49

图 7.50

图 7.51

图 7.52

图 7.53

图 7.54

图 7.55

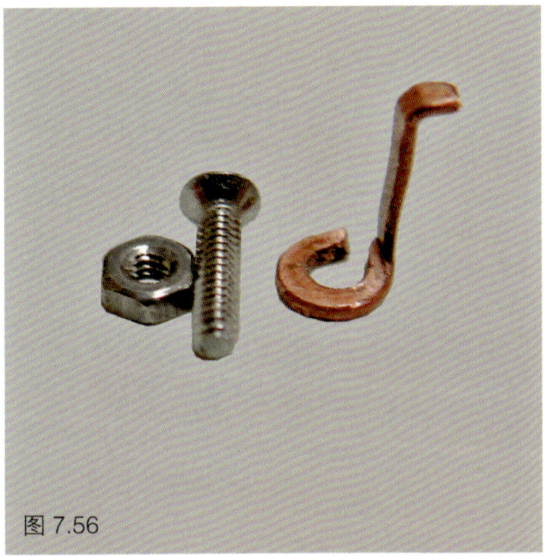
图 7.56

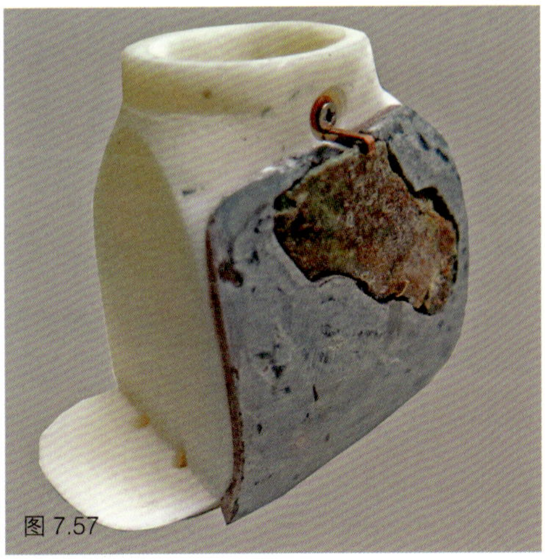
图 7.57

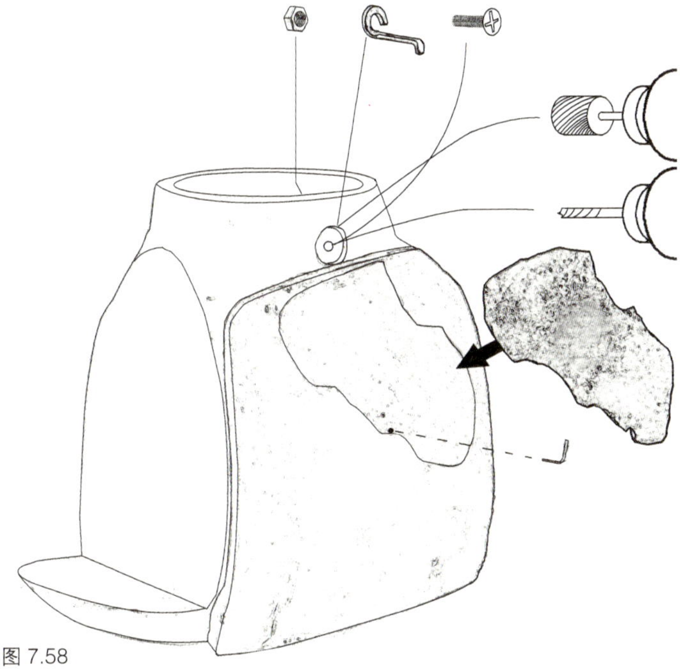
图 7.58

左页

图 7.45　取出碎片

图 7.46　环氧树脂黏合剂定型

图 7.47　取出防粘膜

图 7.48　遮盖碎片边缘

图 7.49　嵌入碎片

图 7.50　碎片周围涂挂环氧树脂黏合剂

图 7.51　取出碎片

图 7.52　钻孔

图 7.53　锤锻 L 形黄铜卡扣

右页

图 7.54　插入并固定 L 形黄铜卡扣

图 7.55　碎片上部内支撑主模块上钻孔并铣槽

图 7.56　可拆卸黄铜卡扣

图 7.57　固定背部碎片

图 7.58　背部碎片上下黄铜卡扣连接工艺示意图

如图 7.59，固定文物背部碎片的内支撑主模块与文物主体碎片装配后，可见二者间的细微接缝和碎片上下边缘处露出的黄铜卡扣的精细抓手。如图 7.60、图 7.61，采用 PSI 胶片成形后再涂挂安特固环氧树脂黏合剂修补，为内支撑主模块制作可拆卸的底部垫片，做法与图 7.38 所示在主模块上贴附 PSI 胶贴皮的方法类似，不再赘述。如图 7.62、图 7.63，文物底部碎片（残缺圈足）用牙科蜡片承托后，再涂挂安特固环氧树脂黏合剂补全，待其凝固后拆去蜡片，得到补全的圈足（图 7.64）。用防粘膜覆盖圈足的四壁及底面，将 PSI 胶片轻压贴附于四壁及底面，待其硬化定型，向中空部分填充 PSI 胶（图 7.65、图 7.66）。材料再次硬化定型后，从圈足上脱模并去除防粘膜，制得文物底部支撑模块。

图 7.59

图 7.60

左页

图 7.59　内支撑主模块及文物背部碎片固定完毕

图 7.60　制作底部垫片

右页

图 7.61　装配底部垫片

图 7.62　残缺圈足

图 7.63　蜡片承托圈足残缺处

图 7.64　补全圈足侧壁

图 7.65　覆盖防粘膜

图 7.66　填充 PSI 胶制作底部支撑模块

图 7.61

图 7.62

图 7.63

图 7.64

图 7.65

图 7.66

将文物主体碎片、三个内支撑模块、底部垫片、圈足、底部支撑模块装配为整体。为其配制两枚黄铜外支撑卡扣，外支撑卡扣的下端嵌入底部支撑模块底面预制好的凹槽内（如图 7.67、图 7.68）。外支撑卡扣上端贴合内支撑主模块处做出记号（图 7.69），在记号处钻孔并铣槽，以容纳螺母。黄铜外支撑卡扣顶端钻孔并装配螺丝螺母（图 7.70）。槽内填充安特固环氧树脂黏合剂后，装配带有螺丝螺母的黄铜外支撑卡扣（图 7.71），待环氧树脂凝固，旋出螺丝，完成内支撑主模块上的螺母植入，可用于反复拆装黄铜外支撑卡扣。

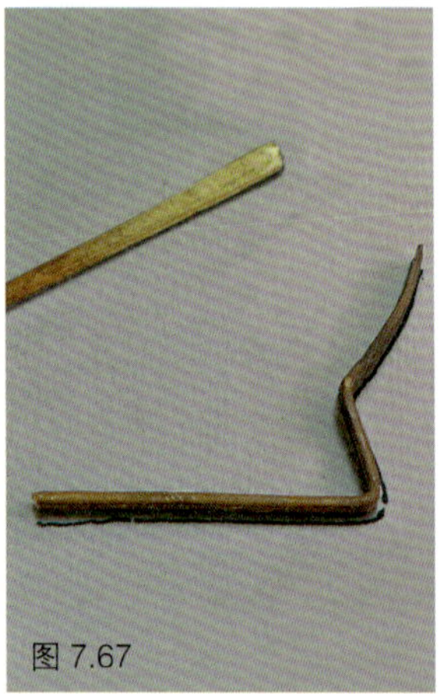
图 7.67

图 7.68

图 7.69

图 7.70

图 7.71

左页
图 7.67　加工黄铜外支撑卡扣
图 7.68　标记卡扣位置
图 7.69　标记钻孔及铣槽处
图 7.70　钻孔并铣槽
图 7.71　槽内注胶后装配带有螺丝螺母的卡扣

右页
图 7.72　文物碎片及支撑结构

九、可拆卸式修复的装配过程

文物可拆解式修复的全部部件制作完成后效果如图 7.72 所示，图中 A（文物主体碎片）、B（补全的圈足）、C（背部碎片）之外的部件，皆为新制造的支撑结构。其中 a、b、c 为 3D 打印的三个内支撑模块，b′为内支撑主模块表面的 PSI 胶贴皮，i 为连接螺丝，d 为内支撑主模块底部垫片，e 为底部支撑模块，f、g 为黄铜外支撑卡扣及其安装螺丝。

图 7.72

装配过程的第一步，将文物背部碎片 C 嵌入内支撑主模块 b 表面的 PSI 胶贴皮 b′（图 7.73），随后用前文所述可拆卸黄铜卡扣固定碎片顶部并旋紧螺丝（图 7.74 ～图 7.76）。如图 7.77，将两

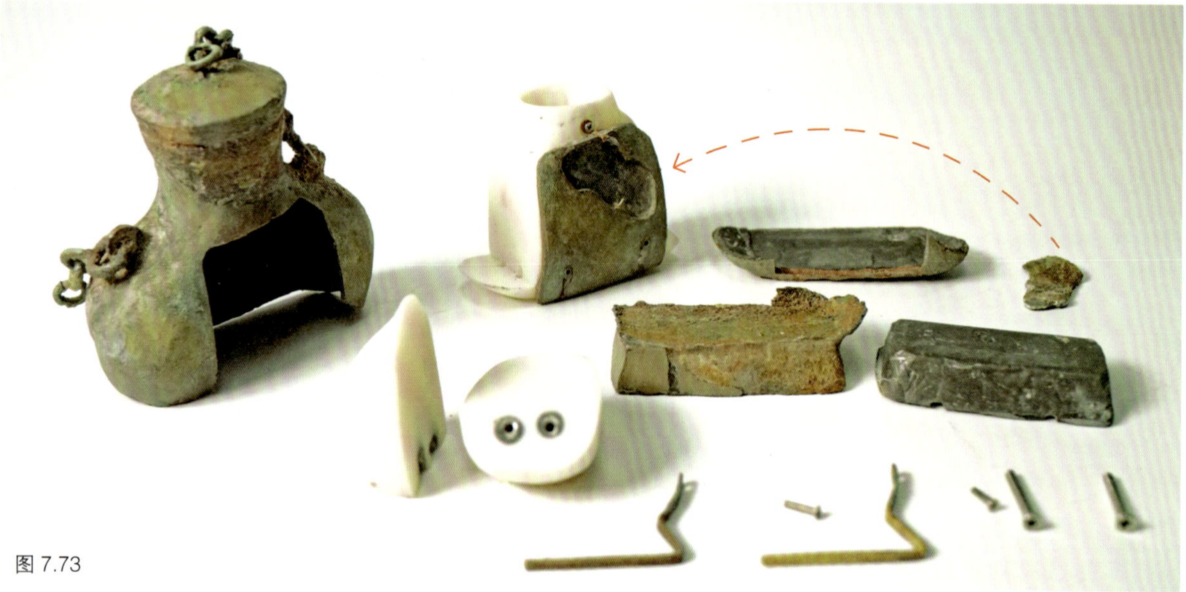
图 7.73

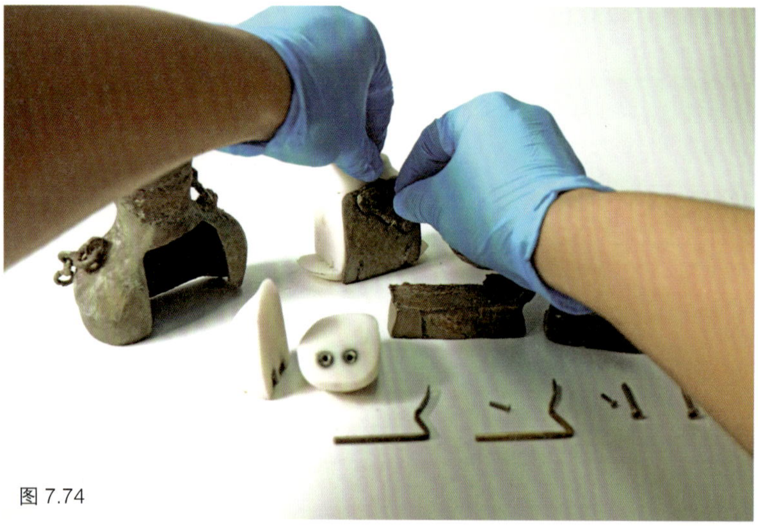
图 7.74

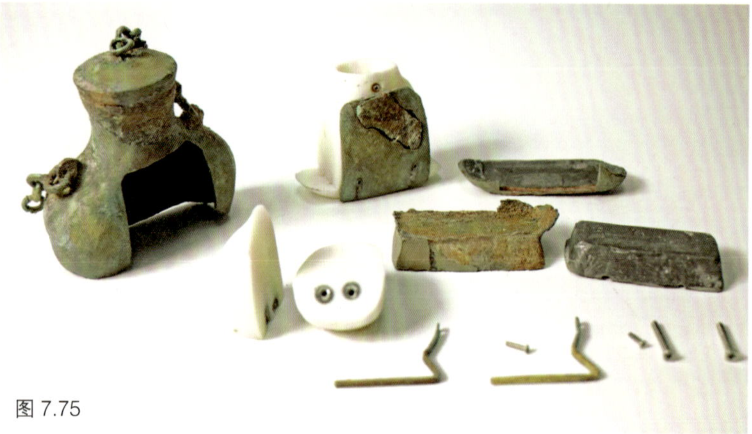
图 7.75

左页
图 7.73　内支撑主模块上嵌入文物碎片
图 7.74　安装碎片上方黄铜卡扣
图 7.75　文物背部碎片嵌入完毕

右页
图 7.76　旋紧固定螺丝
图 7.77　置入分模块
图 7.78　置入主模块
图 7.79　主模块安装到位
图 7.80　螺丝固定

侧分模块 a、c 置入文物主体碎片 A。如图 7.78 ～图 7.80，将主模块 b 插入文物主体碎片 A 检修口并将螺丝旋入任意两个螺丝孔，即可确保各模块的稳定连接。

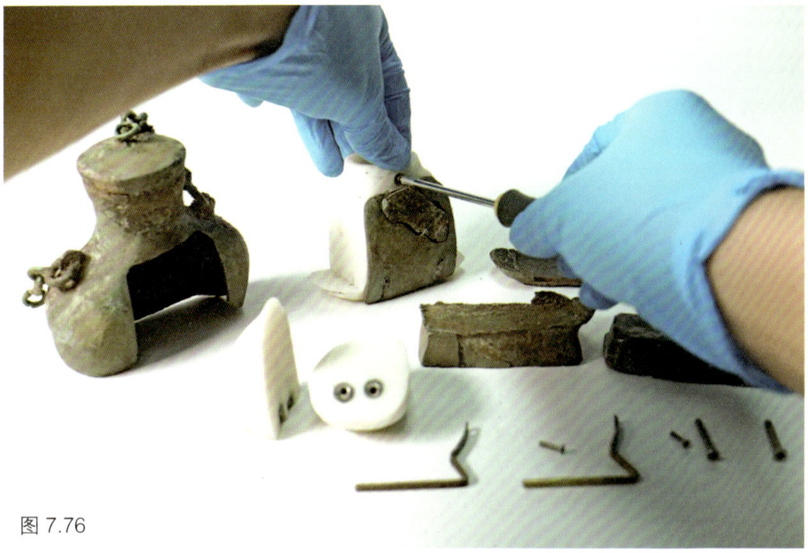

图 7.76

图 7.77

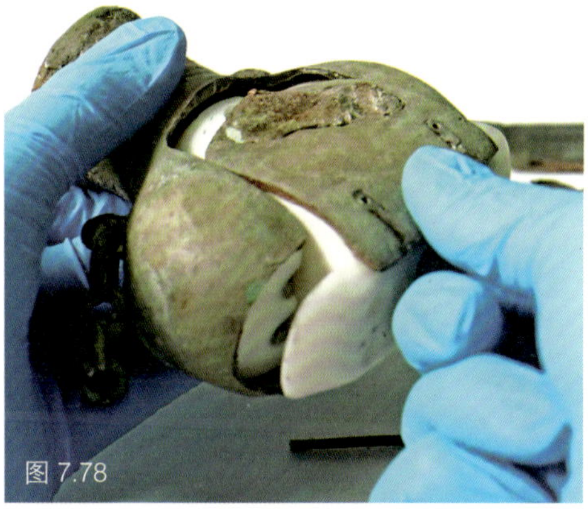

图 7.78

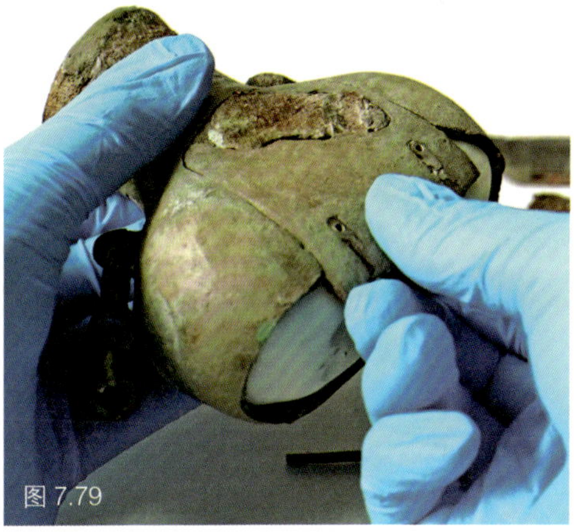

图 7.79

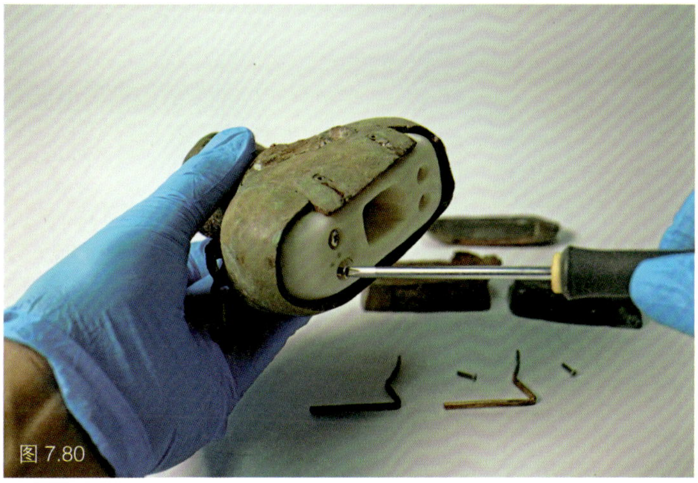

图 7.80

将底部垫片 d（图 7.81）、圈足 B（图 7.82）、底部支撑模块 e（图 7.83）依次装配。最后用两枚螺丝 g 分别将两枚黄铜外支撑卡扣 f 固定于内支撑主模块 b 背面（图 7.84 ~ 图 7.87），所有文物碎片和支撑系统成为稳定的整体，便于展陈和保管。文物碎片 A、C 及三个内支撑模块的所有重量皆被外支撑卡扣传递于展台，确保脆弱的圈足残片不会受压损坏。通过碎片支撑系统复原造型的器物背面及正面效果如图 7.88、图 7.89 所示。所有支撑部件及文物碎片可再次拆解为图 7.72 所示状态，便于后续观察研究碎片及对破碎文物进行日常维护和进一步的保护处理。

图 7.81

图 7.82

图 7.83

图 7.84

左页
图 7.81　装配底部垫片
图 7.82　装配圈足
图 7.83　装配底部支撑模块
图 7.84　安装黄铜外支撑卡扣

右页
图 7.85　螺丝固定卡扣
图 7.86　安装另一枚卡扣
图 7.87　螺丝固定另一枚卡扣
图 7.88　完成可拆解式修复的文物

背面
图 7.89　完成可拆解式修复的文物正面

图 7.85

图 7.86

图 7.87

图 7.88

图 7.89

十、重视修复后器物在展览及保管中的预防性保护

文物底部支撑模块内植入螺母，模块底面预留多用途接口。在需要文物密集陈列，需要其固定于展柜背板时，可用螺丝将黄铜支架模块和黄铜外支撑卡扣共同连接于文物底部支撑模块底面的多用途接口（图 7.90 ~ 图 7.92），再用螺丝法兰盘将黄铜支架固定于展柜背板（图 7.93、图 7.94）。需要将文物摆放于展台陈列时，可拆解黄铜支架模块（如图 7.95）。多用途接口还可连接包装底板，使文物与底板保持相对位置的固定（图 7.96、图 7.97）。再将底板嵌入可完全展开的、特定结构的包装内，便于文物的日常存放和提取（图 7.98 ~ 图 7.100）。包装为文物提供防尘和一般的防磕碰保护，并且便于储藏柜内的小件文物堆叠存放，在提高库房空间使用效率的同时确保文物安全。

图 7.90

图 7.91

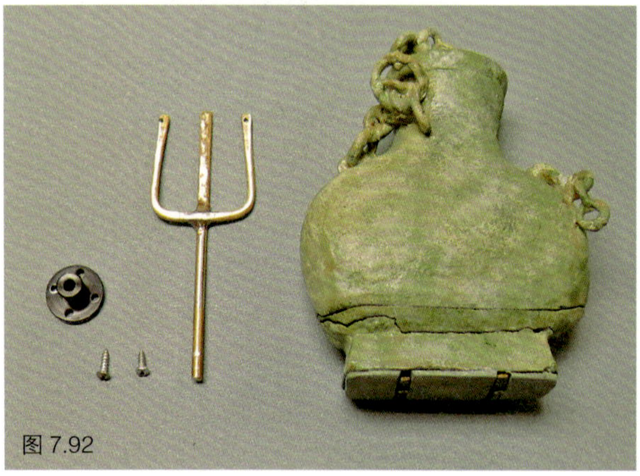
图 7.92

图 7.93

左页
图 7.90　修复后底部情况
图 7.91　连接文物展具
图 7.92　可选配的展具模块
图 7.93　文物用法兰盘固定于展墙

右页
图 7.94　文物上墙展示
图 7.95　文物摆放展示
图 7.96　多用途接口可用于固定包装底板
图 7.97　安装包装底板
图 7.98　可完全展开的文物包装

图 7.94

图 7.95

图 7.96

图 7.97

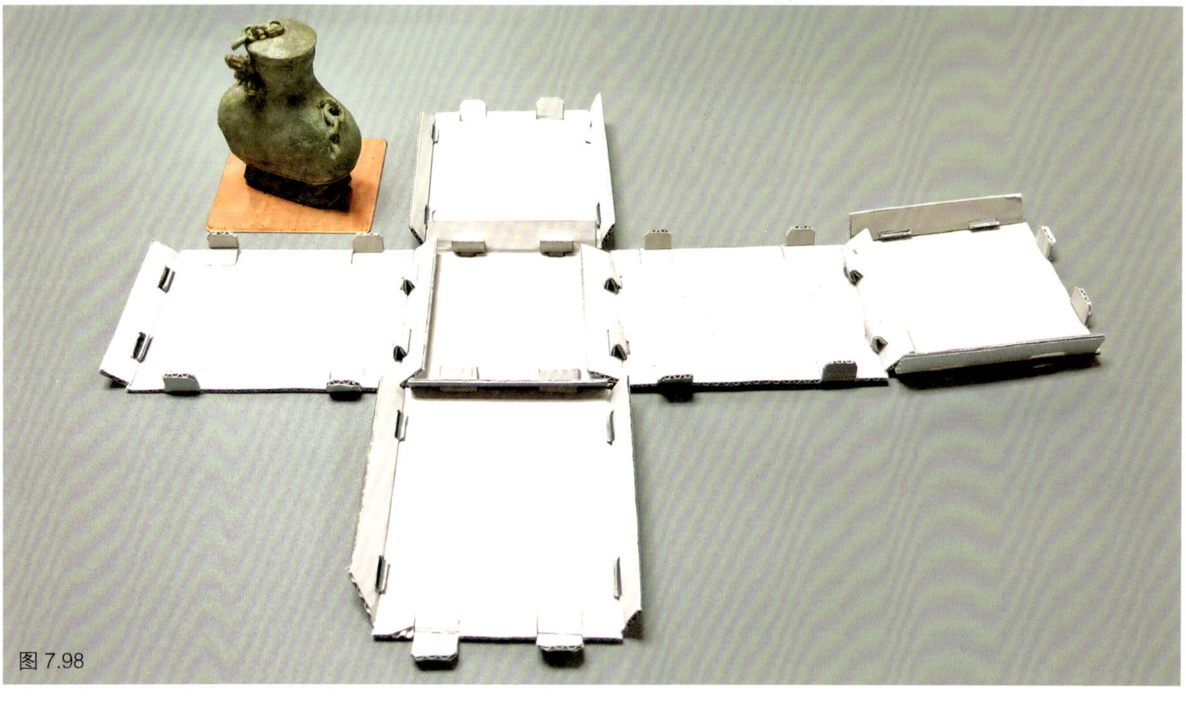
图 7.98

图 7.99

图 7.100

图 7.99　底板与包装的装配
图 7.100　文物被固定于包装内

十一、适用范围与讨论

和其他任何修复保护技术一样，本文所述的方法也有其适用范围。由于修复前需要通过 3D 扫描提取文物较大残片的内壁造型信息，再借助逆向工程完成建模，如果文物破碎严重，便难以对器物造型进行准确的虚拟复原，也就难以获得与文物碎片贴合严密的内部支撑。而对于破碎不严重、拼对较容易，且有修复后易于拆解重组需求的器物，则可尝试使用本案例所述方法。另外，一些器物修复后器盖无法打开，为便于在后续保管过程中及时了解器物内壁保存状态的变化，及时进行维护保养或器物的再处理，此案例所述方法也较为适用。

“破镜重圆”且“浑然一体”是文物修复通常追求的境界，传统修复技术无疑为我国的文物保护及展览事业做出了巨大贡献。然而，一些特殊保存状态的器物，以及器物的特殊使用和研究需求，往往会和展陈效果的追求产生冲突。为便于保管和展陈，通常需要器物被修复完整；为达到良好的审美效果，则要求弱化修复痕迹；器物研究者则希望通过破碎的器物观察到更多有价值的信息，文物保护人员也需要修复后的器物有更好的可再处理性，以便对不断劣化的器物本体做出进一步的干预。在互相冲突的多样需求下，如何在展陈效果与保护研究需求之间、文物的艺术性与历史性的两极价值之间寻求平衡，促使着修复方式的摸索与改进。在这样的背景下，本实践案例提供了一种介于文物修复与支撑式展具之间的交叉技术，使用新兴的 3D 技术及逆向工程，配合当前广泛使用的青铜器修复材料与手工工艺，所制成的支撑系统可使破碎文物的潜在统一性与造型完整性得以恢复，经过造型复原的器物还可轻易地拆解为破碎状态和再组装，既可获得较好的展陈效果，又不妨害后续的文物观察研究，也使未来对器物的再次保护处理变得更容易。对文物碎片仅进行了最低限度的补全，以期降低断面的腐蚀速率并防止进一步损坏；文物碎片之间不使用焊接与粘接，而是保留接缝；各支撑模块仅使用螺丝连接，不在文物本体进行打孔等过度干预。修复保护人员通过对器物保存状态的深入了解，将文物的预防性保护工作延伸到展陈与包装、运输中去，使工作更为系统化和集成化，最大限度地确保了文物在各个工作环节的安全。

第二节　开放性碎片的可拆解式修复

一、器物背景与保存状态

1987 年出土于广西合浦文昌塔汉墓的铜钫，出土时极残，腐蚀严重，质地酥粉，几乎已通体矿化，当时使用了蜡料加固提取。器物仅存的三块碎片内包裹着黄褐色的墓葬土，铜钫造型清晰可辨（参见第一章图 1.29），现为广西文物保护与考古研究所藏研究标本。为增强器物稳定性并减缓劣化，以便展陈和保管，广西文物保护与考古研究所委托北京大学考古文博学院及中国科学院自然科学史研究所对器物进行修复研究。文物碎片存在挤压变形现象，最大一块碎片两侧壁角度从原本的直角扩张为钝角。清理碎片内残留墓葬土并另作研究样品保留，得到图 7.101 所示一块较大的碎片及图 7.103、图 7.105 所示另外两块较小的碎片。文物底部中央白色区域材质疏松，为制作器物时铸工设置浇口处，文物底面还有一小缩孔，为铸造缺陷（见图 7.102 红箭头所指处）。图 7.103、图 7.104 可见文物碎片表面曾经涂刷的蜡料清除前后的状态，图 7.103 红箭头所指处为器物出土时涂刷过的加固蜡料，如今已经脆化，失去加固作用并妨害器物的进一步加固和保护处理，也影响了器物的外观。所有文物碎片在去除蜡层后，再使用 2% 浓度的 Paraloid B-72 丙酮溶液进行渗透加固，在一定程度上提升了文物材质的机械强度，但又不明显改变文物的颜色和质感。

图 7.101

图 7.102

图 7.103

图 7.104

图 7.105

图 7.101　文物主体碎片内壁情况
图 7.102　底部浇口的铅锡氧化物及缩孔
图 7.103　文物碎片表面的以往加固蜡层
图 7.104　文物碎片表面清理后
图 7.105　另一文物碎片的修复前状态

二、常规修复方法及其评价

欲通过修复使器物恢复造型完整，首先要将器物碎片重新连接，然后补全残缺。对于碎片连接，传统修复工艺主要使用焊接法，有高温铜焊和低温锡焊两种方式，也有将激光焊接用于青铜器碎片连接的尝试并取得了成功，然而，无论何种类型的焊接，前提是青铜碎片的材质保存状态较好，尚有金属基体。对于金属基体已腐蚀殆尽的器物，焊接无法奏效。当代粘接材料品种多样且性能优越，可用于文物碎片粘接，如在国际文物保护领域广泛使用的 Paraloid B-72、多种品牌可选的环氧树脂黏合剂等。以 Paraloid B-72 为例，溶于丙酮等有机溶剂，可再处理性、稳定性和耐老化性好，无色透明，附着力和粘接力也表现较好。但是，即便使用 Paraloid B-72 丙酮溶液做可再处理层，再次拆解粘接过的碎片时仍需凭借专用溶剂、特定工具和操作者丰富的经验，想要经常性地拆解以便对文物进行定期保养维护和分析研究并非易事，而且这样做也会显著增加文物损毁的风险。

对于残缺补全，也有采用传统修复工艺和采用当代技术两种流派。传统修复工艺是通过锤揲铜片或翻模铸造来补全，前者对手艺要求高，后者需接触文物本体进行塑形和翻模，容易在疏松多孔的锈蚀器物上残留修复材料并形成安全隐患。当代技术常使用油泥或牙科蜡片承托缺损部位，再涂挂环氧树脂黏合剂补全，残缺部位的补全及其与器物的粘接同时完成，但环氧树脂凝固后需打磨修整，对保存状态极差的器物，这种做法仍有安全隐患，而且补配件难以从器物上拆解。

三、修复保护的理念与诉求

器物修复保护的工艺、选材等需依据当代文物保护理论对“完整性”“原真性”的要求，并通过“最小干预原则”“可辨识性原则”“可再处理原则”“兼容性原则”“安全耐久原则”等予以保障。待处理文物需要复原完整造型以便保护、展陈和保存，但其同时也是重要的研究标本，修复保护后应便于再次拆解为文物碎片，方便未来对其进一步分析研究。

由于器物材质通体矿化，对其整形将使文物面临更严重的损毁，应采取随形修复，只求各碎片能够对接，不求器物恢复完美造型，以最大限度减少修复对碎片造成的过度干预。因器物材质保存状态很差，未来器物保存状态进一步恶化后，势必需要对其再次进行渗透加固，甚至贴附背衬予以结构性加固等，这些后续处理都需要当前的修复有良好的可再处理性，为未来的器物日常维护和再次修复提供便利。

为实现上述理念与诉求，可以借助逆向工程和 3D 打印获得文物碎片的内支撑模具，借鉴文物展陈支架技术，实现可拆解式修复。文物碎片之间不采用粘接、焊接等连接工艺，不干预文物的原始部位，打孔和卡扣连接仅在新制的补配件上进行。

四、逆向工程与 3D 打印

首先使用 Artec 3D 扫描仪对文物碎片进行数据采集，配合 Artec Studio 11 Professional 3D 数据采集和后处理软件，得到文物的造型数据（图 7.106）。使用 Geomagic 数据处理软件对三维扫描所得数据进行处理，实现逆向建模，所得文物内模相当于铸造所用型芯，可将其作为文物碎片的内支撑模具（图 7.107、图 7.108）。如图 7.109，将所得造型数据转换为 STL 文件后，使用 3D 打印机配合光敏树脂叠层成形，得到原型产品，也就是文物内支撑白模。为便于表述，图中三块文物碎片分别编号为 1 号、2 号、3 号碎片。

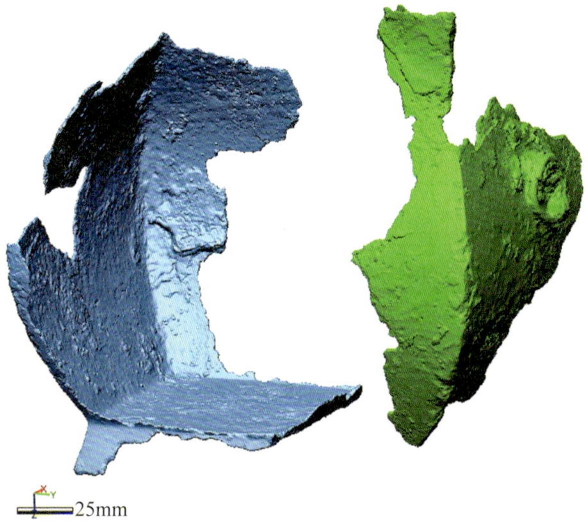

图 7.106

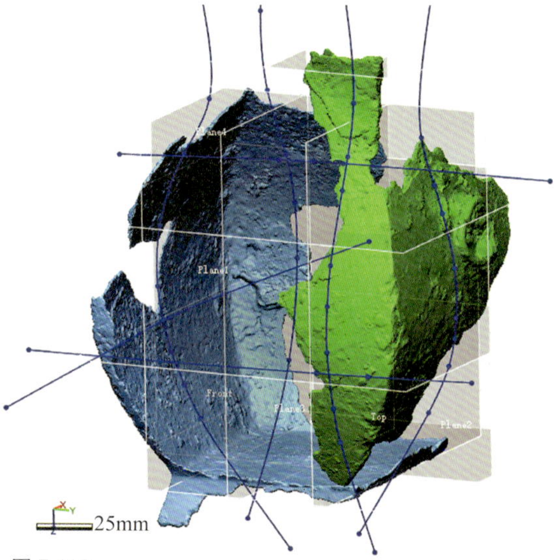

图 7.107

图 7.108

图 7.109

五、3D 技术使用效果评价及改进对策

（一）效果及评价

将 3D 打印内支撑白模与文物碎片装配，二者造型误差较大，无法贴合（图 7.110）。图 7.111：a 为圈足的造型数据，图 7.111：b 中红色标记所指为借助逆向工程所得底部支撑模块与圈足在理论上的严密贴合状态，图 7.112 中红箭头所指处可见 3D 打印所得白模与圈足的实际装配误差，二者间隙较大。

图 7.110

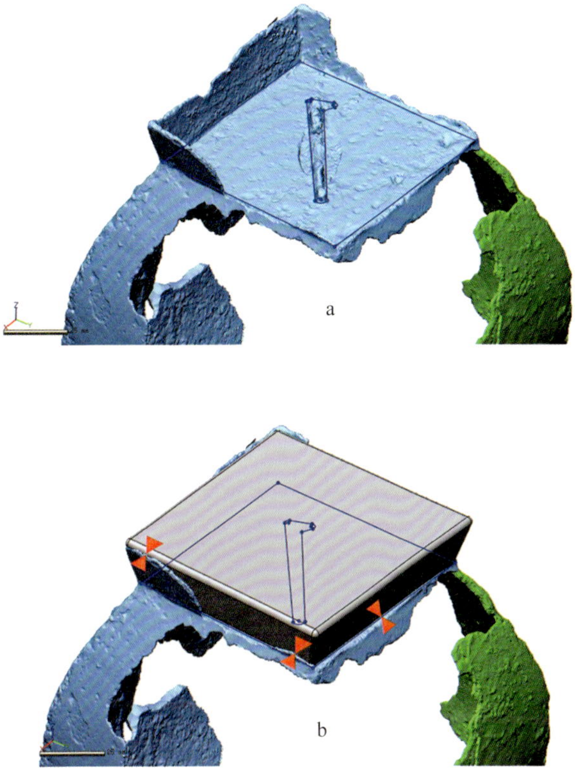

图 7.111

图 7.112

左页
图 7.106　文物碎片的 3D 扫描数据
图 7.107　逆向建模
图 7.108　逆向工程求得的内模数据
图 7.109　文物的三块碎片及 3D 打印所得内支撑白模

右页
图 7.110　文物碎片与内支撑白模间的装配误差
图 7.111　器物圈足与逆向工程所得支撑模块
图 7.112　3D 打印所得白模与器物圈足间的误差

误差较大的原因有如下几点：其一，出于文物保护的目的，3D 扫描技术用于文物有诸多限制。在工业领域，为提高扫描效率和数据精度，扫描前通常需要给被测物体喷涂白色显像剂和贴标识点，而喷涂法无法使用于文物。其二，一些吸光效应较强的文物材质如玉石、腐蚀严重而酥粉化的青铜器，扫描数据的误差较大。其三，文物表面通常不是规则且平滑的曲面，内壁也往往有疏松锈蚀物、沉积物颗粒及铸造缺陷，3D 扫描的点云数据导入逆向工程软件后，许多疏松锈蚀物和铸造缺陷被当作噪点删除，当点云数据变为三角形网格模型并进一步构造曲面片时又会损失一些表面细节。使用逆向建模生成的 STL 文件进行 3D 打印后所得到的造型，必然与器物原始造型存在装配误差，器表光滑度越差，这种误差也越大。如果直接使用 3D 打印白模支撑文物碎片，二者之间过大的间隙会造成文物碎片受力不均，一旦遭遇外力或震动，文物碎片局部受到较大应力，势必发生进一步损毁。

虽然逆向工程及 3D 打印所得内支撑白模的误差较传统修复工艺的接触式翻模大，但其具有不接触文物本体便可提取文物造型的优点，所得 3D 打印白模不能直接用于装配文物碎片，但可将其作为模具，用于辅助手工制作精度更高的文物支撑模具，使修复过程对文物的干预程度有效降低，有利于脆弱文物的严重劣化材料的保护。对于疏松多孔、质地极差的青铜器，无法进行接触式的翻模时，3D 技术便体现出优势和必要性。

（二）改进对策

将 3D 打印所得内支撑白模作为模具，配合手工进行二次造型，经过手工矫正的模具精度改善，与文物贴合度高，可用于文物碎片的内支撑。二次造型的模具制作，选择文物修复领域已经广泛使用并较长时间检验过材料安全及耐久性的高分子材料，也解决了普通的 3D 打印光敏树脂成形后容易泛黄的缺陷。

六、手工修复及内支撑模具的制作

首先对器物上的小面积缺损进行局部补全，提高器物碎片的机械强度和稳定性，确保器物碎片在后续处理过程中不会发生进一步的破碎。如图 7.113，器壁侧面铺首位置与碎片连接面积小，且有多处裂隙，连接强度极差。使用牙科蜡片承托待补全的残缺处，然后向蜡片表面涂挂安特固环氧树脂黏合剂（图 7.114），凝固定型后拆去蜡片，完成局部加固式补全。文物碎片上另外一些类似的小面积孔洞，也采用类似方法做了局部补全。

如图 7.115，将 3D 打印所得白模倾倒摆放，在其表面喷涂分型剂。依照第五章图 5.419 所示方法，将 PSI 速成铜胶棒切取适量并揉捏均匀后，擀成厚度均匀的薄片，为防止 PSI 胶片与操作台面粘连，可在台面铺设一张聚四氟乙烯防粘膜。如图 7.116，将制得的 PSI 胶片铺设于 3D 打印白模侧壁，适度按压，使胶片与白模贴合，切去多余部分，使胶片与白模边缘形状一致。在 PSI 胶片硬化定型前将其脱模，与 1 号碎片的内壁贴合，用医用止血夹临时夹持（图 7.117）。待 PSI 胶片硬化定型后，第一块内支撑模片即制作完成。重复以上做法，制得第二、三、四块内支撑模片。尚未硬化定型的

图 7.113

图 7.114

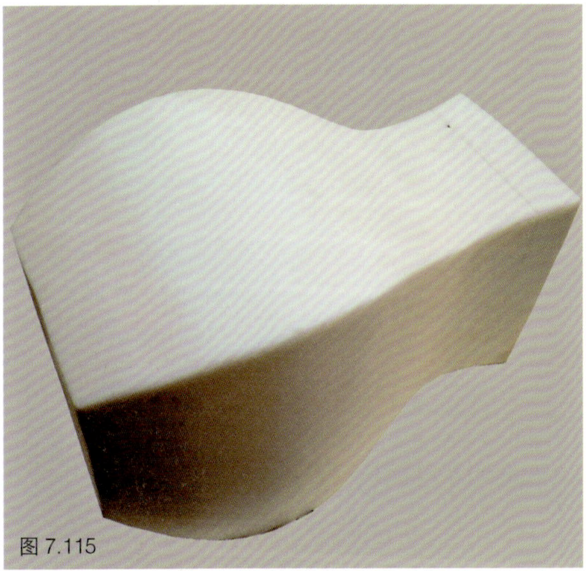

图 7.115

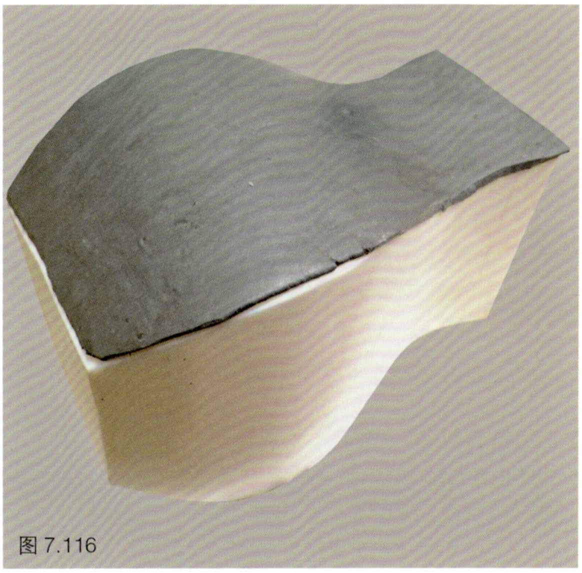

图 7.116

图 7.113　局部补全
图 7.114　补全后
图 7.115　3D 打印白模用于翻制内支撑模片
图 7.116　制作第一块内支撑模片

图 7.117

图 7.118

图 7.119

图 7.120

第三块模片贴合 2 号碎片的内壁进行造型矫正，用医用止血夹使二者严密贴合（图 7.118）。

如图 7.119，在固定第三块内支撑模片之前，需先将第一、二块模片衔接处用环氧树脂黏合剂粘接，并确保两块模片与 1 号碎片的两侧内壁均贴合良好。如图 7.120，将第三块模片与 2 号碎片的内壁贴合严密并用医用止血夹固定，再将它们与已粘接成整体的第一、二块模片拼合，调整第三块模片的角度，直到两块文物碎片的断口如红箭头所指那样对齐。再增设一医用止血夹，使第三块补全模片与另外两块模片保持相对位置的稳定，在第三块与第一块模片间涂安特固环氧树脂黏合剂粘接（图 7.121）。环氧树脂固化定型后，取下 2 号碎片（图 7.122）。用仿形规取得图中红箭头所指的第二块模片的内壁弧线（图 7.123），将弧线描画于预先做好的已经硬化定型的第四块模片上（图

图 7.121

图 7.122

图 7.123

图 7.124

左页

图 7.117　第一块内支撑模片的矫正

图 7.118　第三块内支撑模片的矫正

图 7.119　第一、二块内支撑模片的粘接

图 7.120　第三块内支撑模片调准角度后需固定稳妥

右页

图 7.121　第一、三块内支撑模片的粘接

图 7.122　已经完成的三面立壁

图 7.123　仿形规取得内壁造型

图 7.124　仿形规所得造型描画于模片上

7.124），并切下弧线外多余部分。

如图 7.125，在第二、三块内支撑模片上红箭头所指位置打孔并旋入自攻钉，用以临时固定第四块模片。最后一块内支撑模片与另外三块模片合拢时，还必须确保与文物碎片内壁贴合严密。因此，需将此步骤制得的第四块模片作为临时性支撑，在其上铺设聚四氟乙烯防粘膜（图 7.126），再于其上放置尚未硬化定型的另一模片，即第五块内支撑模片，作为第四块模片的替身。

如图 7.127，将第四块内支撑模片的边缘线描画在 3D 打印白模上。将 PSI 胶片铺在喷涂过分型剂的白模上，并沿边缘线裁切胶片，制得第五块内支撑模片（图 7.128），在其尚有塑性而未硬化定型时，将其铺设在图 7.126 所示第四块模片表面覆盖的防粘膜表面（图 7.129），并立即将 2 号碎片铺在第五块模片之上，用医用止血夹固定（图 7.130）。如图 7.131，抬升第四块模片，使其上铺设的第五块模片向红色箭头所指方向移动，贴合 2 号碎片内壁且要贴合 1 号碎片上白色箭头所指位置的内壁。在第四块模片底部与自攻钉之间填充油泥块，使第四块模片在调整后的位置稳妥固定，给第五块模片提供支撑，防止其在硬化定型过程中因重力作用而下垂变形。

另外，从图 7.130 可见，手工矫正过的内支撑模具所支撑的铜钫造型并不规则，而有挤压变形，这是器物在埋藏时受压所致。由于器物碎片丧失金属基体和弹性，对其整形必然加重其破损，故保持器物出土时的变形原状，制作内支撑模具时采用随形复原的处理办法。

图 7.125

图 7.126

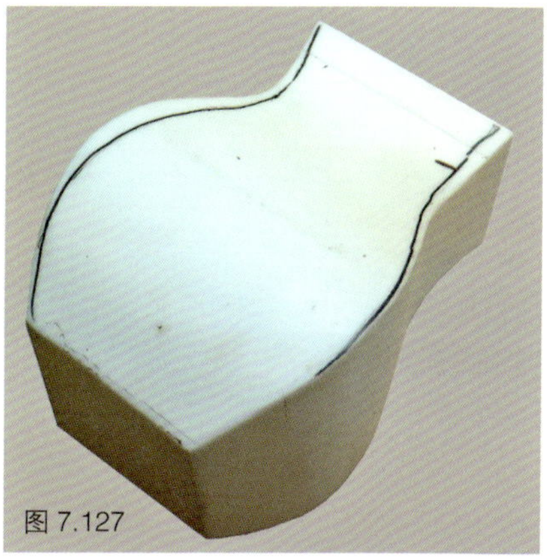
图 7.127

图 7.128

图 7.129

图 7.130

图 7.131

左页

图 7.125　第二、三块内支撑模片侧壁固定自攻钉

图 7.126　第四块内支撑模片表面覆盖防粘膜

右页

图 7.127　第四块内支撑模片边缘描画于白模

图 7.128　制作第五块内支撑模片

图 7.129　第四块内支撑模片上覆盖第五块模片

图 7.130　固定 2 号碎片以矫正模片造型

图 7.131　调整模片高度以对接其余碎片的断口

如图 7.132，第五块内支撑模片硬化定型后，将其与 2 号碎片一同拆下，脱离第二、三块模片，可见 1 号碎片内壁与第一、二、三块模片贴合严密。将第四块模片取下并去除第二、三块模片上旋入的自攻钉，在 1 号碎片内壁底面铺设聚四氟乙烯防粘膜（如图 7.133），防粘膜上再铺设一片 PSI 胶片，制得底部内支撑模片（图 7.134）。如图 7.135，重新将第五块模片与另外三块模片按照预定位置拼合，用安特固环氧树脂黏合剂粘接接缝。环氧树脂固化定型后，将图 7.132、图 7.135 红箭头所指部位的多余边角切除，最终制得完整的内支撑模具。

如图 7.136 ～图 7.139，制得的内支撑模具还需用不锈钢调色刀修抹安特固环氧树脂黏合剂填补孔洞，凝固后打磨修整，此步骤需反复数次，直至模块表面平滑。如图 7.140、图 7.141，修整后的内支撑模具需与文物碎片装配，装配误差最大处不超过 1 毫米，才能确保文物碎片在未来展示、收藏乃至运输过程中的稳定和安全。如文物碎片与内支撑模具间空隙过大，受到外力或震动时，文物碎片局部便会因应力而发生进一步的破碎。

图 7.132

图 7.133

图 7.134

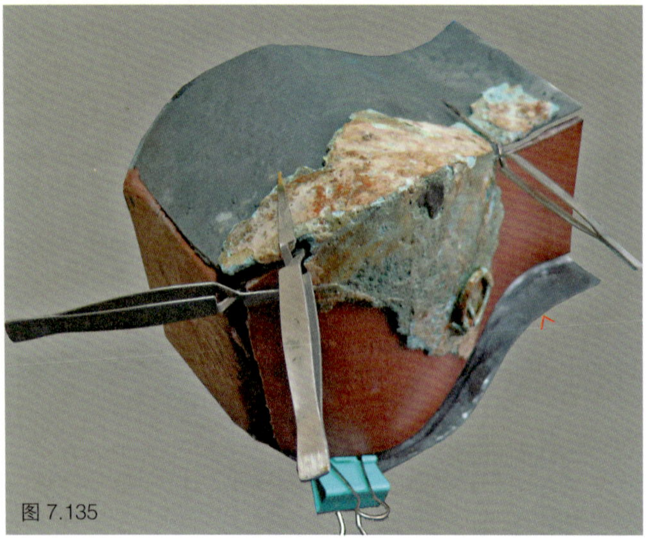
图 7.135

图 7.136

图 7.137

图 7.138

图 7.139

图 7.140

图 7.141

左页

图 7.132　内支撑模片与文物碎片贴合严密

图 7.133　1 号碎片内壁底面覆盖防粘膜

图 7.134　贴附 PSI 胶片制作底部内支撑模片

图 7.135　标记多余边角

图 7.136　修补内支撑模具

右页

图 7.137　打磨内支撑模具

图 7.138　打磨后

图 7.139　再次修整内支撑模具

图 7.140　检查内支撑模具与文物匹配度

图 7.141　检查各处贴合度

1 号碎片底部有一残缺圈足，需制作托块，以承托碎片底部。先在碎片底部及四壁铺设聚四氟乙烯防粘膜（图 7.142），再在操作台面铺设防粘膜，擀压出 PSI 胶片，铺设于喷涂过分型剂的 3D 打印圈足白模侧壁并裁切边缘（图 7.143），在硬化定型前将其贴于底部碎片的圈足四壁，用医用止血夹临时夹持，确保四壁与胶片贴合严密，直到胶片硬化定型再撤去医用止血夹（图 7.144）。

图 7.142

图 7.143

图 7.144

图 7.145

左页
图 7.142　器底覆盖防粘膜
图 7.143　3D 打印圈足白模侧壁贴 PSI 胶片
图 7.144　底部碎片四壁贴 PSI 胶片
图 7.145　防粘膜表面铺设 PSI 胶片

右页
图 7.146　器物平放于缓冲泡棉垫上
图 7.147　内支撑模具表面贴醋酸纤维素薄膜
图 7.148　固定 2 号碎片后准备制作第一块补全模件
图 7.149　准备制作第二块补全模件

在碎片底部防粘膜表面铺设一块 PSI 胶片，使文物碎片底部中央凸起的浇口残留露出（图 7.145）。待胶片硬化定型，即完成碎片底部支撑模块的制作。

内支撑模具外侧的文物碎片周围，还需制作“补全模件”。如图 7.146、图 7.147，将 1 号碎片与内支撑模具装配严密并稳定摆放在操作台上的缓冲泡棉垫上，在内支撑模具表面贴醋酸纤维素薄膜作为防粘层。用医用止血夹将 2 号碎片固定在内支撑模具表面并确保贴合严密，不会错位（图 7.148）。将土红色的 PSI 速成铜胶片铺设在 1 号和 2 号碎片断口之间，制得第一块补全模件，其厚度与文物碎片一致，边缘能够与文物碎片断面对接。操作完毕后，将器物侧翻 90 度，使 2 号碎片的另一侧壁向上，在内支撑模具表面再贴醋酸纤维素薄膜，然后可制作第二块补全模件（图 7.149）。

图 7.146

图 7.147

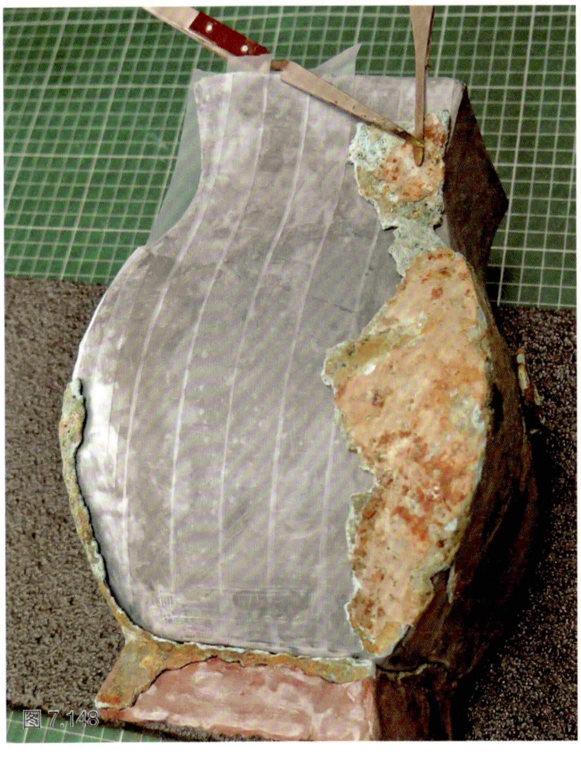
图 7.148

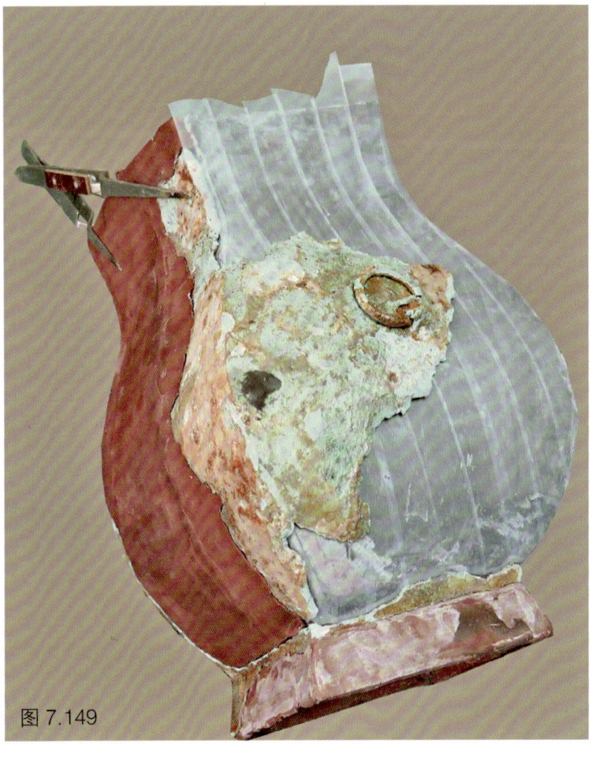
图 7.149

依照上述方法制得另外几块补全模件，模件表面不平整处可涂挂安特固环氧树脂黏合剂，凝固后再打磨平滑（图 7.150、图 7.151）。

至此，文物的全部支撑结构和补全模件制作完成（图 7.152）。5 块补全模件（图中编号为 5 号～9

图 7.150

图 7.151

图 7.152

号）与内支撑模具（4 号）为分体式，未来反复拆装时装配难度较大，因此需要对它们与文物碎片做拼装和拆解试验。不妨碍文物碎片反复拆装的补全模件，可与内支撑模具粘接为整体。

如图 7.153 ～图 7.155，在 6 号补全模件背面涂挂安特固环氧树脂黏合剂，贴在内支撑模具表面并用长尾票夹固定，确保 6 号补全模件与 1 号碎片对接严密但又不被误粘在一起。如有必要，可在对接处用无酸纸胶带隔离。依照此法，完成其余几片需要固定的补全模件与内支撑模具的粘贴。

图 7.152 所示的 5 号补全模件的拆装会影响到 2 号碎片的反复拆解和组装，因此要使这一补全模件可于内支撑模具上反复拆装。首先在图 7.156 红箭头所指位置插入并粘接黄铜销钉，并在其周围的口沿表面粘贴醋酸纤维素薄膜作为防粘层。如图 7.157，将红箭头所指的黄铜护圈套入销钉。如图 7.158，将 5 号补全模件固定在内支撑模具上的预定位置并在红箭头所指位置粘贴一圈胶带，使 5 号补全模件得以固定。如图 7.159，用无酸瓦楞纸板围合红箭头所指位置。如图 7.160，裁切

图 7.153

图 7.154

图 7.155

左页
图 7.150　制得的补全模件与文物碎片断面对接严密
图 7.151　拆去文物碎片后的状态
图 7.152　文物碎片及其支撑结构和补全模件制作完成
1 ～ 3. 文物碎片；4. 内支撑模具；5 ～ 9. 补全模件；10. 底部支撑模块

右页
图 7.153　6 号补全模件背面
图 7.154　背面涂胶后
图 7.155　粘贴 6 号补全模件

适量 PSI 胶棒揉捏均匀后搓成长条填充在瓦楞纸板内侧，并沿红箭头方向压实，黄铜护圈被埋入，PSI 胶与 5 号补全模件顶部断面粘连，操作完成后如图 7.161 红箭头所指处。PSI 胶固化定型后，可用砂纸打磨至合适厚度。揭去胶带，向上提拉 5 号补全模件，即可将其从内支撑模具上拆下(图 7.162)。

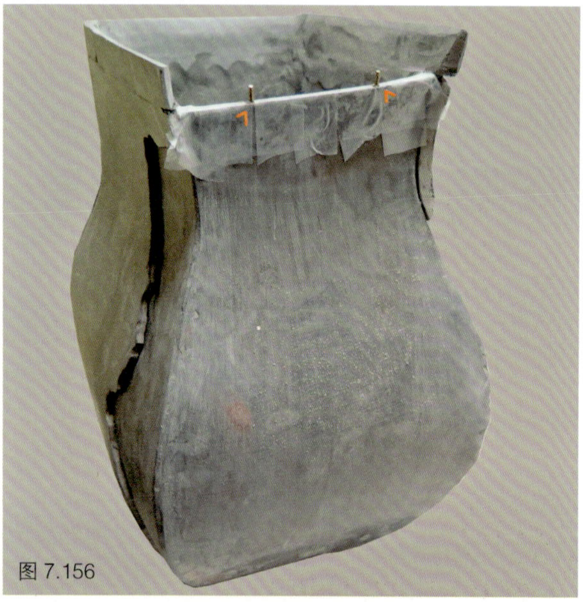
图 7.156

图 7.157

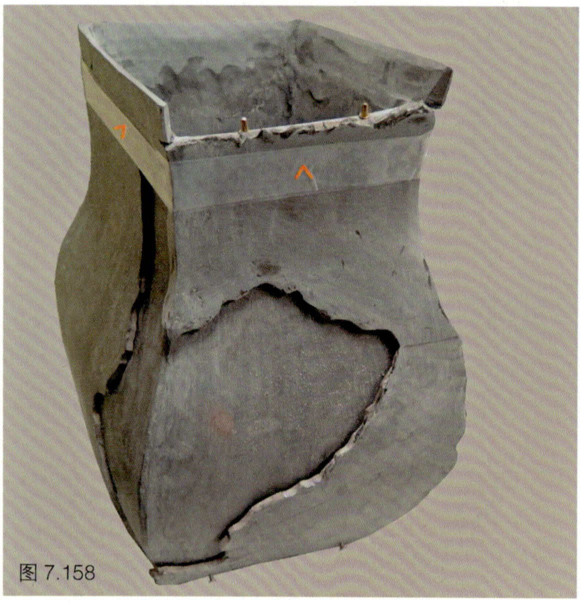
图 7.158

图 7.159

左页

图 7.156　固定销钉

图 7.157　黄铜护圈套入销钉

图 7.158　胶带固定 5 号补全模件

图 7.159　瓦楞纸板围合 5 号补全模件顶部

右页

图 7.160　填充 PSI 胶

图 7.161　完成局部口沿造型

图 7.162　5 号补全模件的安装和拆卸方式

图 7.160

图 7.161

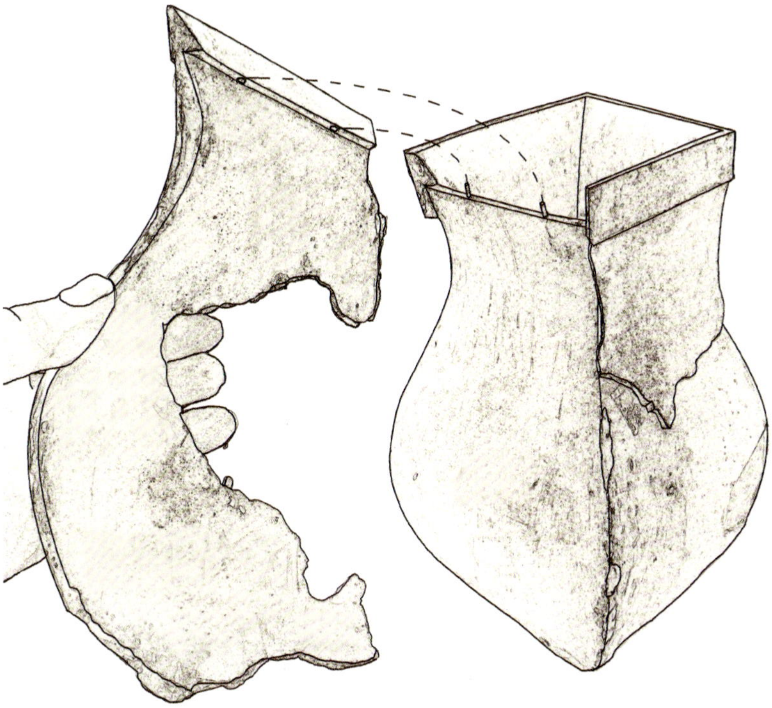
图 7.162

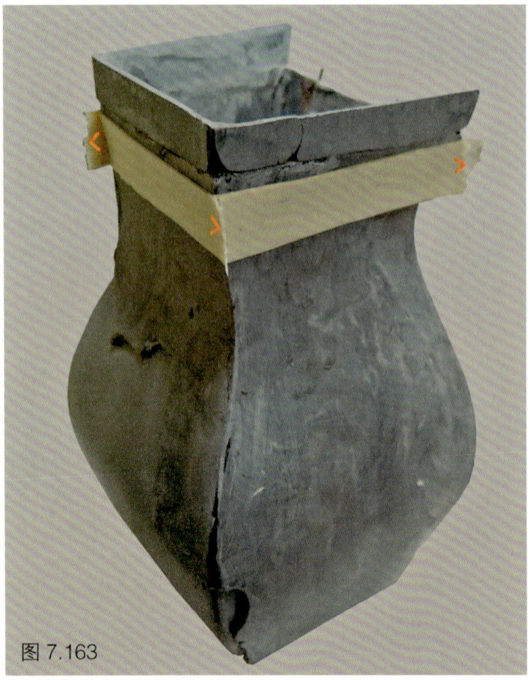
图 7.163

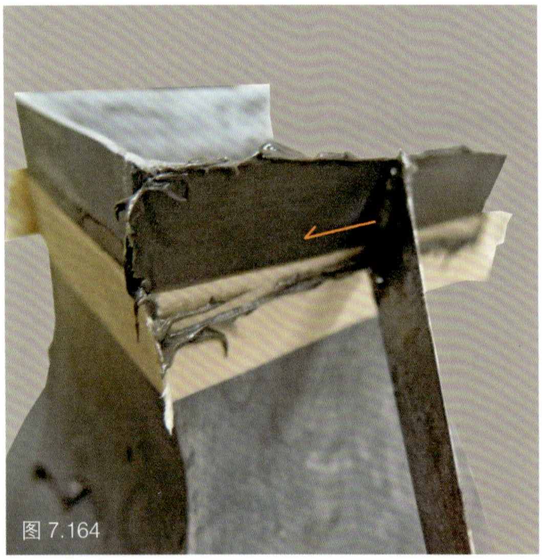
图 7.164

图 7.165

从器物碎片可见口沿处有一圈凸起的结构，需在补全模件表面塑造出这一造型特征。如图 7.163，在红箭头所示位置粘贴无酸纸胶带遮盖层，需粘贴到与口沿处预计凸起结构的厚度一致。调和安特固环氧树脂黏合剂后用平头不锈钢调色刀刮涂在遮盖层以上区域，待其凝固后用砂纸稍事打磨，再次涂挂环氧树脂黏合剂修补表面不平整处，涂挂时调色刀要沿着一个方向修抹（图 7.164、图 7.165），才能塑造出平整的表面。环氧树脂固化定型后，撕去无酸纸胶带遮盖层，即得到凸起的口沿结构（图 7.166），可用砂纸进一步打磨平滑。图 7.166 还可见补全模件边缘固定了两枚 L 形黄铜卡扣，用以卡住文物碎片，防止其脱落。

可反复拆装的补全模件与内支撑模具间的固定，需采用螺丝螺母连接。如图 7.167，以 9 号补全模件的固定为例，首先将 3 号碎片与 9 号补全模件临时固定于预定位置，选配不锈钢螺丝螺母，使用钻头在 9 号补全模件上下两端钻透孔，孔径同于螺丝横截面直径。如图 7.168，拆下 3 号碎片和 9 号补全模件，在内支撑模具上，以上一步所钻透孔为圆心铣槽，铣刀直径略大于螺母的横截面直径。如图 7.169，将 3 号碎片放回原位，将螺丝螺母装配于 9 号补全模件的内外壁，并在 9 号补全模件背面喷涂分型剂，在内支撑模具上的圆槽内填充调和均匀的安特固双组分环氧树脂黏合剂，在其固化之前，将装配了螺丝螺母的 9 号补全模件装回预定位置。数小时后，环氧树脂达到最高强度后，内支撑模具上的螺母植入成功。旋开螺丝可将 9 号补全模件拆下，旋入螺丝可将其固定于内支撑模具上。9 号补全模件安装后，3 号碎片被限位。

为了将底部支撑模块与内支撑模具连为稳定的整体，也为了避免内支撑模具、补全模件与文物碎片的总重量给文物碎片的底部和圈足施加过大的压力，造成糟朽部位的进一步意外损坏，需增设三枚黄铜外支撑卡扣，其上端与补全模件共用固定螺丝，下端插入底部支撑模块侧壁传导和传移重量。如图 7.170，用白纸制作一取形模板，其顶部钝角尖端与螺丝中心处于同一高度，底部直角尖端用记号笔画下记号，在记号位置钻孔。依照白纸取形模板锻造 H62 标号黄铜的外支撑卡扣，在黄铜卡扣顶端接触白纸取形模板顶部钝角尖端的位置打孔。图 7.171 所示为制成的三枚黄铜外支撑卡扣，

图 7.166

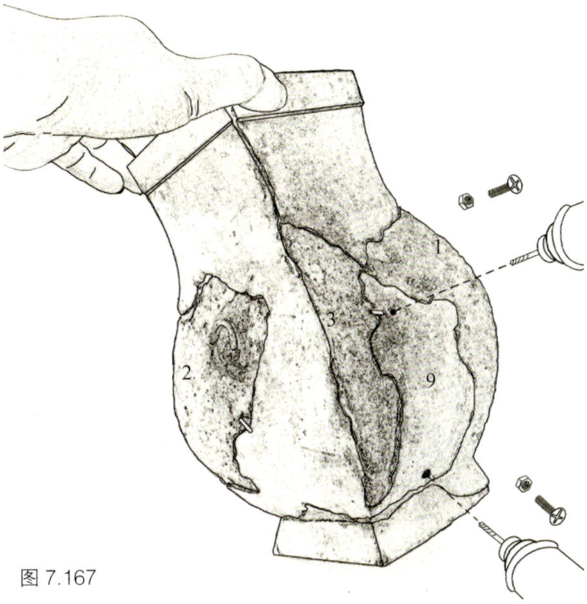

图 7.167

图 7.168

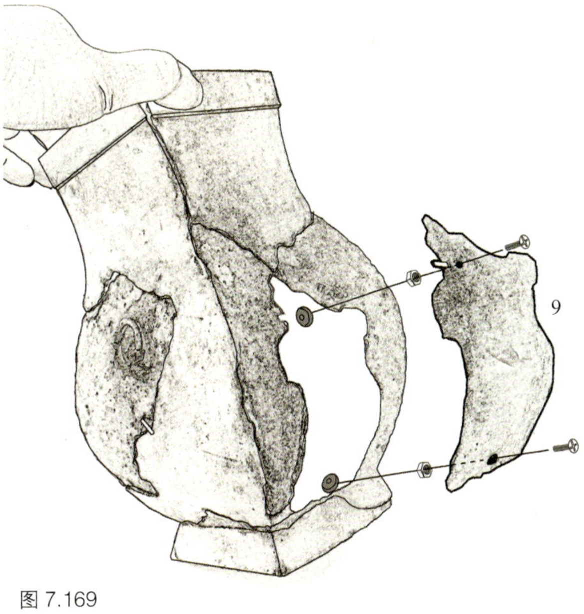

图 7.169

左页
图 7.163　粘贴遮盖胶带
图 7.164　涂挂环氧树脂黏合剂后修抹
图 7.165　完成凸起口沿的造型

右页
图 7.166　撕去遮盖胶带
图 7.167　9 号补全模件钻孔
图 7.168　内支撑模具上铣槽
图 7.169　植入螺母

需在其上标记安装位置记号，确保其装配于支撑模块上的正确部位。如图 7.172，三枚黄铜外支撑卡扣可将内支撑模具、底部支撑模块连为整体，在不装配文物碎片的情况下，底部支撑模块之外的部分依然可以被黄铜外支撑卡扣悬空支撑，内支撑模具、补全模件与文物碎片的总重量通过黄铜外支撑卡扣传导于底部支撑模块侧壁，进而传导至摆放文物的平台，不会给文物碎片的底部及圈足增加压力。图 7.173 ～图 7.175 为组装后的全部部件，包括文物碎片、内支撑模具、补全模件及底部支撑模块。最后还要对文物碎片以外的部分予以旧化涂装，使其与文物碎片的颜色和质感相协调。

图 7.170

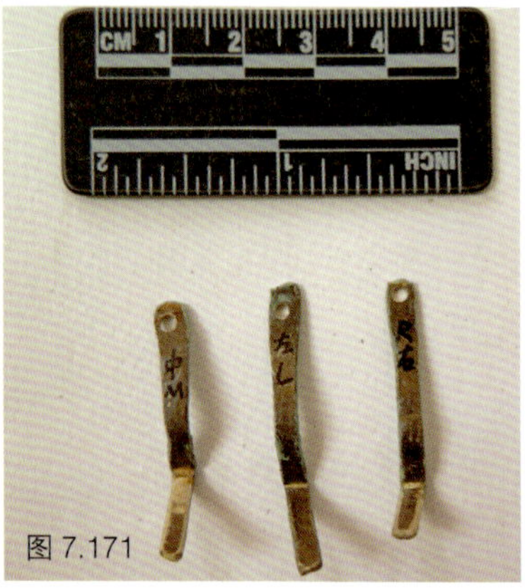
图 7.171

图 7.172

图 7.173

图 7.174

图 7.175

左页
图 7.170　外支撑卡扣的取形与矫形
图 7.171　制成的黄铜外支撑卡扣
图 7.172　黄铜卡扣将内支撑模具、底部支撑模块连为整体
图 7.173　全部部件组装后的视角一
图 7.174　全部部件组装后的视角二
图 7.175　全部部件组装后的视角三

右页
图 7.176　所修复文物全部部件拆解后状态
图 7.177　倒置内支撑模具

七、可拆解式修复的安装过程

图 7.176 所示为所修复文物全部部件拆解后的状态。安装的第一步，将图 7.176 红箭头所指的内支撑模具翻转至底部向上。图 7.177 红箭头所指为 1 号碎片，倒置 1 号碎片后与内支撑模具装配（图 7.178）。图 7.179 红箭头所指两部件为不锈钢螺丝和黄铜垫片，将螺丝穿入黄铜垫片（图 7.180），再将螺丝穿过前文图 7.102 所示文物碎片底部的缩孔，靠近螺丝头一端的螺纹处套上硅胶管，防止不锈钢接触青铜器碎片后发生电化学腐蚀。将底部支撑模块与文物碎片底部装配，再

图 7.176

图 7.177

图 7.178

图 7.179

图 7.180

左页
图 7.178　安装 1 号碎片
图 7.179　1 号碎片装配到位
图 7.180　螺丝穿入黄铜垫片

右页
图 7.181　安装底部支撑模块
图 7.182　带有黄铜垫片的螺丝旋入内支撑模具植入的螺母
图 7.183　翻转内支撑模具

图 7.181

图 7.182

图 7.183

将上一步备好的螺丝和垫片安装至底部支撑模块上的穿孔，用螺丝刀旋紧（图 7.181、图 7.182）。按照图 7.183 所示方式抓持支撑模块使其正置，将图 7.184 红箭头所指 2 号碎片固定到内支撑模具上（图 7.185、图 7.186）。再将图 7.186 红箭头所指的 5 号补全模件，按照图 7.187 红箭头所指方向悬挂安装于内支撑模具（连接结构参见图 7.162），安装后效果如图 7.188 所示。按照图 7.189 所示方式将标记有“L”和“R”的两枚黄铜外支撑卡扣安装在相应位置，连接 5 号补全模件与底部支撑模块。将图 7.190 红箭头所指 3 号碎片安装至图 7.191 所示位置并用一手扶持，另一手将 9 号补全模件安装至图 7.192 所示位置。在 9 号补全模件上部旋入固定螺丝，将标记有“M”的黄铜外支撑卡扣装配至相应位置，连接 9 号补全模件与底部支撑模块（图 7.193、图 7.194）。图 7.195 为全部部件装配完毕的效果，图 7.196 为完成修复的文物各个立面的效果图，文物的完整性得以重建，各个文物碎片与新添加的支撑结构之间的接缝未经掩饰，新添加的支撑结构表面虽经过旧化涂装，但颜色、质感仍与文物碎片有一定差别，

图 7.184

图 7.185

图 7.186

图 7.187

图 7.188

图 7.189

左页
图 7.184　正立的内支撑模具
图 7.185　安装 2 号碎片
图 7.186　2 号碎片安装到位

右页
图 7.187　一手固定 2 号碎片的同时安装 5 号补全模件
图 7.188　5 号补全模件安装到位
图 7.189　安装黄铜外支撑卡扣

图 7.190

图 7.191

图 7.192

图 7.193

图 7.194

图 7.195

左页
图 7.190　准备安装 3 号碎片
图 7.191　3 号碎片安装到位
图 7.192　安装 9 号补全模件

右页
图 7.193　螺丝固定 9 号补全模件
图 7.194　安装最后一枚黄铜卡扣
图 7.195　器物修复完成

观众可以轻易辨认出哪些部分是文物的原始部位，哪些是修复器物时新添加上去的。

青铜器的传统修复技术，讲求“天衣无缝”，以满足博物馆展陈对器物美观性的要求。然而，一些特殊状态的文物和当前的器物研究诉求，往往要求修复具有更好的可再处理性和对文物本体更小限度的干预，本修复案例就是在这样的背景和修复理念下，尝试了一种可拆解式的修复。出于保护文物碎片、便于展陈保管并使其更加安全长久地保存的目的，使用可拆解式的修复方法，仅使器物的造型完整性的恢复作为权宜之计，未来需要研究碎片或对其进一步的处理，可将器物重新拆解为碎片状态。内支撑模具、补配件和卡扣采用丙烯颜料做了旧化处理，与文物碎片在视觉感受上较为协调，整体感强，但又有较明显的色泽及质感差异，利于辨识原始碎片，符合“远观一致，近看有别”的可辨识性原则。内支撑模具、补配件、接触文物的卡扣等，均采用了广泛用于文物修复、展陈并经过长时间验证了安全耐久性的材料。文物碎片仅用 2% 浓度的 Paraloid B-72 丙酮溶液加固和对局部孔洞进行小面积补全，仅通过镶嵌、压边或卡扣固定，所有螺丝螺母连接件仅用于新制的支撑模具上，对文物本体实现当前技术水平下的最小干预，给未来的再处理留有余地。假使未来器物的保存状态进一步劣化，可以再拆解碎片做进一步的干预加固甚至贴附背衬，使文物的修复和保护行为具有可持续性，也使器物保存周期进一步延长。

图 7.196　修复后的各个立面

第八章

修复与研究的综合案例

第一节

汉代铜鼓的纹饰模印技术研究与修复工艺改进

第二节

春秋方壶的制作技术研究与修复工艺改进

青铜器修复通常被视作一项“手艺活”，“能工巧匠”“心灵手巧”等词语常被用来夸赞修复人员，青铜器修复也确实需要借助一定的手工技艺来实现恢复文物本来面貌的目标，但随着当代对青铜器研究视野和认识角度的拓宽，青铜器的价值不再局限于通过完美的造型给人以审美的享受，其作为文物的历史价值与科学价值也越来越受到重视。青铜器修复除了要使器物的造型恢复完整，也是一个深入认识器物内涵和价值的过程，正如本书第一章中的案例所表现的那样，许多青铜器在破碎状态下暴露出许多重要的历史信息，修复后这些历史信息受到干扰，或者被封存在完整器物内，再难看到。如果在修复过程中没有记录并研究清楚相关信息所蕴含的内涵和价值，一旦修复完成，相关内容便很难再有机会被有效发掘和认知。一些情况下，没有深入有效地认识器物上承载的重要历史信息，还可能导致制定错误的修复方案。因此，在当前的学术研究体系下，在青铜器修复过程中，从多角度、多学科展开研究，保护好、阐释好那些作为历史物证的文物信息，也是文物保护的重要方面。

本章选择了古代青铜器制作工艺研究的两个案例进行讨论，以期再次强调“修复是器物研究的最佳时机”的观念，同时，也讨论了器物研究对于改进修复工艺、提升修复效果的重要性。

第一节　汉代铜鼓的纹饰模印技术研究与修复工艺改进

一、铜鼓纹饰的观察研究

图 8.1 所示为广西桂平市博物馆藏东汉变形羽人纹铜鼓，修复前铜鼓腰部至足部开裂，鼓足大部分残缺，严重影响器物的机械强度和稳定性。存放过程中的受力不均和重心不稳，都使铜鼓处于易于倾倒和进一步损坏的危险状态。为了使器物恢复稳定性，达到较好的机械强度并降低腐蚀速率，需要对开裂部位进行粘接加固，并补全残缺部位。为了达到较好的展览陈列效果，残缺部位的纹饰也需要复原。

图 8.1

为了使残缺部位的纹饰得以复原，首先需要观察器表纹饰形态，研究其制作工艺，以便在补配件上采用合理的纹饰制作工艺，达到良好的修

图 8.2

图 8.3

图 8.4

图 8.5

左页
图 8.1　东汉变形羽人纹铜鼓修复前

右页
图 8.2　鼓壁纹饰细节
图 8.3　鼓面纹饰

图 8.4　鼓面纹饰细节一
图 8.5　鼓面纹饰细节二

复效果。图 8.2 ～图 8.5 所示器表纹饰单元高出器壁且纹饰单元之间呈互相叠压的状态，相同纹饰单元的细节特征一致，可以判断纹饰是采用印模在具有塑性的泥范上压印出来的。图 8.6 红箭头所指两条纹饰带的形态则与上述单元模块压印的纹饰迥异，找不到单元模块的边缘或接缝，使用印轮滚印能合理解释这一现象，但尚缺少证据。

为了深入了解铜鼓的纹饰制作工艺，笔者进一步观察研究了更多铜鼓的器表现象。图 8.7 所示为广西民族博物馆展厅所见 159 号北流型铜鼓鼓面，图 8.8 为其纹饰的细节特征。鼓面使用长条形模印工具压印的痕迹清晰可见，若干长条形纹饰单元相互叠压。使用长条形模印工具在塑性材料上压印雷纹，被打破的纹饰单元的空间位置应该更高，此为正常的层位关系。纹饰单元之间的打破关系经过铸造转印到器物上，成为镜像的形态。如果纹饰印在泥模上，再转印到泥范上，经铸造再转印一次形成器表纹饰，那么纹饰单元间的空间关系则应为正常状态。而鼓面上的纹饰单元之间呈现

图 8.6

图 8.7

图 8.8

图 8.9

左页
图 8.6　鼓壁上的二方连续图案
图 8.7　159 号北流型铜鼓鼓面
图 8.8　铜鼓纹饰单元叠压关系
图 8.9　101 号北流型铜鼓鼓面形貌及纹饰安排

右页
图 8.10　鼓面纹饰细节
图 8.11　鼓壁纹饰
图 8.12　鼓壁纹饰细节
图 8.13　弧面印模压印凹面泥范
图 8.14　平面印模

反常的空间关系，单元 2 打破单元 1，单元 2 的空间位置却比单元 1 更高，说明雷纹是在塑性状态的泥范上用长条形印模压印的，而非压印于铜鼓泥模之上。

广西民族博物馆藏品、被称为“铜鼓王”的 101 号北流型铜鼓，其鼓壁也有若干雷纹单元互相打破的现象和反常的空间关系，说明该铜鼓也是在范面上压印纹饰的。图 8.9 为鼓面形貌及纹饰安排，图 8.10 为鼓面纹饰细节，图 8.11、图 8.12 为鼓腰纹饰及其细节，拍照时的侧光从器物斜上方照向文物，使纹饰单元间的打破关系和空间关系清晰可见。与铜鼓鼓面所用近乎平面的范面不同，101 号铜鼓鼓腰范面为凹面，如果模印工具为平面，将无法在凹形范面上压印纹饰，因此，铸工制作铜鼓侧壁泥范时，应是使用了图 8.13 所示的弧面印模在凹面泥范上压印，才能形成 101 号铜鼓鼓腰上的纹饰现象。

为便于理解前文所述纹饰单元压印过程，利用模拟实验再现制作过程。159 号和 101 号两铜鼓鼓面的纹饰制作，应是使用了类似于图 8.14 所示的平面印模，图 8.15 是用其在塑性状态的黏土上从左至右依次压印的模拟实验，后形成的纹饰单元将先形成的纹饰单元打破，被打破的纹饰单元在空间位置上，比后形成的纹饰单元相对于泥面的深度更浅。如果以这个实验块作为范，铸造

图 8.10

图 8.11

图 8.12

图 8.13

图 8.14

图 8.15

图 8.16

图 8.17

出的纹饰表面，与范的表面形态呈镜像，后形成的纹饰单元高于被打破的纹饰单元。

图 8.16 所示广西桂平市博物馆藏北流型东汉雷纹铜鼓，多处纹饰密集位置有残缺，需要补全。为获得良好的修复效果，提高修复效率，并减少修复过程对器物的干预，修复前先对其进行了观察研究。图 8.17 为鼓面纹饰，中央有高凸的太阳纹，向外扩散的晕圈，器表密布雷纹，近鼓面边缘处有蛙饰附件。图 8.18 可见雷纹的细节特征，未见前文所述几面铜鼓皆有的纹饰单元压印痕迹。图 8.19 为鼓面纹饰的拓片，可见雷纹在整体上呈螺线状排列。铸工需要借助参考线，才能在如此大型的表面排列出呈规则螺线排列的纹饰单元。

如图 8.19，将拓片上清晰可辨的纹饰边缘用黑线标出，可见螺线、同心圆晕圈与太阳纹延长线的交点分布规律，据此可以复原鼓面纹饰螺线状布局的设计方法。

左页
图 8.15　平面印模压印纹饰的模拟实验
图 8.16　北流型东汉雷纹铜鼓
图 8.17　鼓面纹饰

右页
图 8.18　鼓面纹饰细节
图 8.19　鼓面纹饰螺线参考线的几何作图法分析
图 8.20　求角平分线的几何作图法
图 8.21　雷纹铜鼓侧壁纹饰
图 8.22　标准纹饰单元的形态

图 8.18

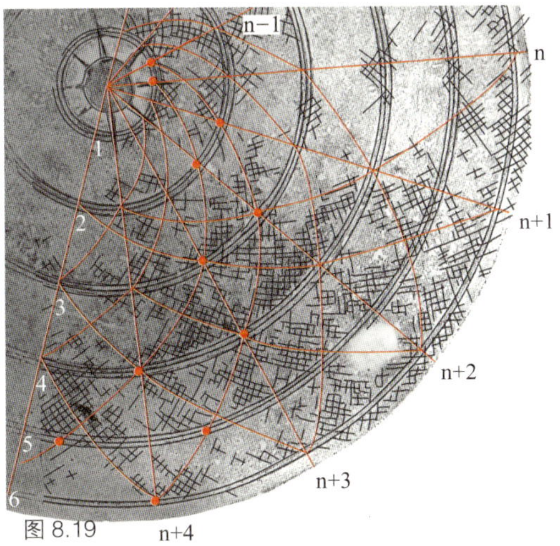

图 8.19

首先确定圆心，画出若干同心圆，用直径将圆先后等分为 2、4、8、16 份。将圆等分需要使用求角平分线的几何作图法，可能的方法如图 8.20，先于圆上画出两条垂直的直径，与圆形成四个交点，再以相邻两交点为圆心、适当长度为半径，画出两端圆弧，得到交点，其与圆心连线可将 1/4 圆平分为 1/8 圆。继续回到图 8.19，16 等分圆的直径与同心圆形成交点，即第 n−1 条直径与第 1 同心圆形成交点 a，第 n+1 条直径与第 2 晕圈形成交点 b，第 n+2 条直径与第 3 晕圈形成交点 c，第 n+3 条直径与第 4 晕圈形成交点 d，第 n+4 条直径与第 6 晕圈形成交点 e……用平滑曲线连接 a、b、c、d、e 各点，得到螺线，用纹饰印模沿着螺线形的设计线印出密布的雷纹带。

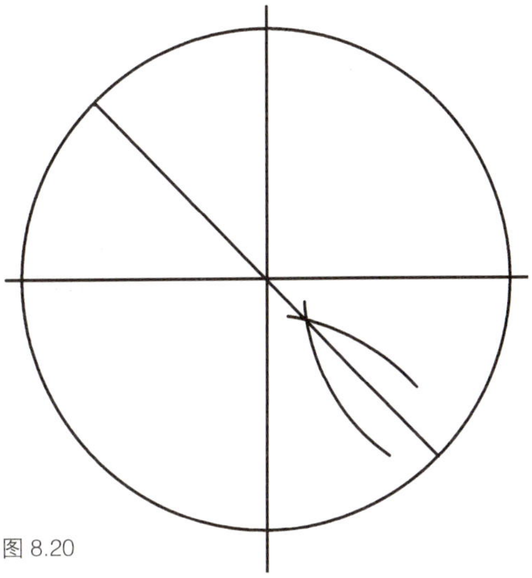

图 8.20

图 8.21 所示为此雷纹铜鼓侧壁纹饰的宏观形貌，雷纹带与弦纹带交替排列，三道弦纹之间没有纹饰，雷纹带由“回”字形图案以四方连续的方式构成。图 8.22 所示为标准纹饰单元的形态，但

图 8.21

图 8.22

图 8.23

图 8.24

图 8.25

雷纹带上很多部位都有扰乱的纹饰，包括但不限于图 8.23 ～图 8.25 所示形态，并无前文图 8.12 所示纹饰单元间的打破关系。

选取鼓腰纹饰较清晰的部位制作拓片并观察，可见雷纹带上间隔性地出现纹饰扰乱，且各处扰乱的形态不一，似无规律可循（图 8.26）。在制作铜鼓时，如果纹饰是直接雕刻在陶模或陶范上，这种纹饰扰乱的现象就不会如此高频率

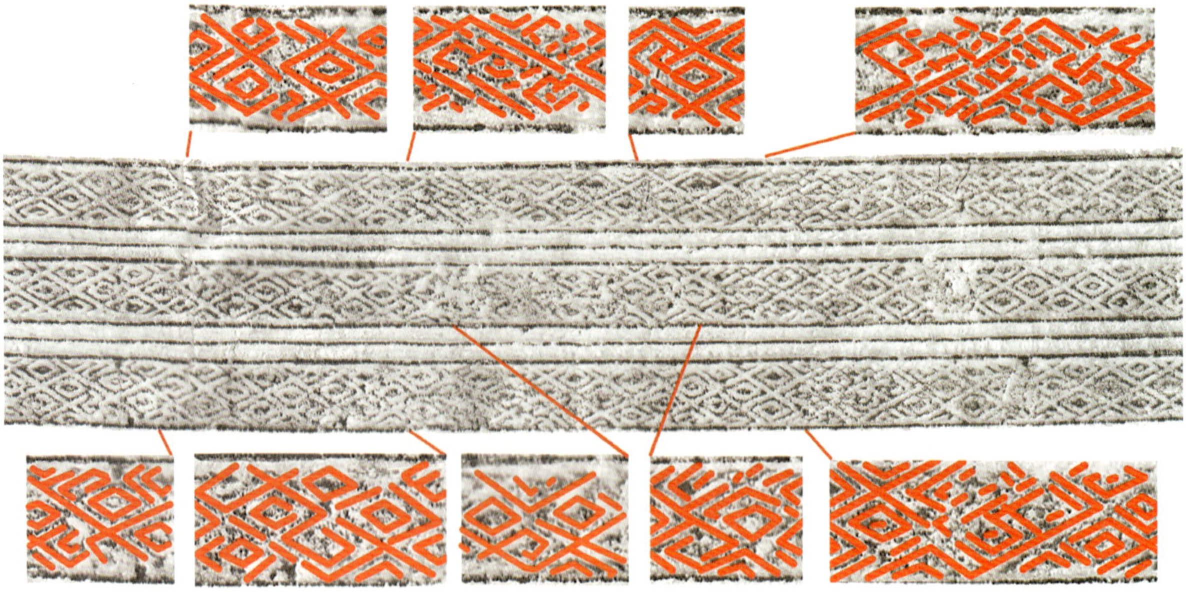
图 8.26

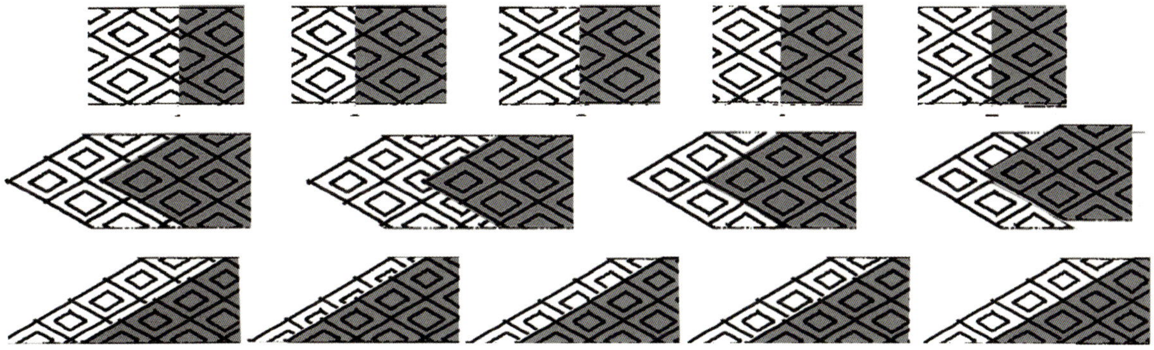

图 8.27

图 8.28

地发生。所以，这种现象的产生可能和使用模具压印纹饰有关。

使用平面或弧面印模在泥料上压印雷纹，当印模纹饰面为正方形、菱形或三角形时，一个雷纹单元被另一个雷纹单元打破后会出现图 8.27 所示各种形态，但是都有规律可循，不同于图 8.26 的纹饰局部扰乱形态。如图 8.28，使用图 8.14 所示平面印模在泥料上压印，当两次压印深度不一致时出现图 8.28 上部所示的纹饰打破形态，当两次压印深度一致时出现图 8.28 下部所示现象，都不同于器表纹饰扰乱部分的形态。由此可判断此件雷纹铜鼓使用了印轮滚印纹饰带，以下利用模拟实验予以检验。

刻制印轮，首先需要在圆柱形石料上画出几何雷纹的设计线。欲使雷纹平分圆柱表面，需要极高的测量和计算精度。图 8.29：2 所示为理想状态的圆柱形雷纹印轮的测绘线，各纹饰单元平分圆柱表面。然而，如果测量圆周及计算雷纹单元格宽度时有误差，四方连续的图案绕圆柱一周后就会形成但不限于图 8.29：3 ~ 5 中红箭头所指的各种形态的图案衔接方式。在圆柱形石料上画出的纹饰设计线如图 8.30，因测绘误差在圆柱上形成图 8.31 红线区域的错位状态。图 8.32、图 8.33 为刻制完成的印轮不同位置的细节，可见圆柱形雷纹带表面会有局部扰乱。用这样的印轮滚印，便会将扰乱的雷纹压印在泥范上。

如图 8.34，在泥范表面刻出若干平行线作为雷纹带的记号线，然后用雷纹印轮在泥范表面滚印。

左页

图 8.23　扰乱纹饰形态一

图 8.24　扰乱纹饰形态二

图 8.25　扰乱纹饰形态三

图 8.26　纹饰带上的扰乱纹饰形态及其分布

右页

图 8.27　不同边缘形状的纹饰印模压印后的纹饰打破关系

图 8.28　压印模式实验细节

图 8.29

图 8.30

图 8.31

图 8.32

图 8.33

图 8.34

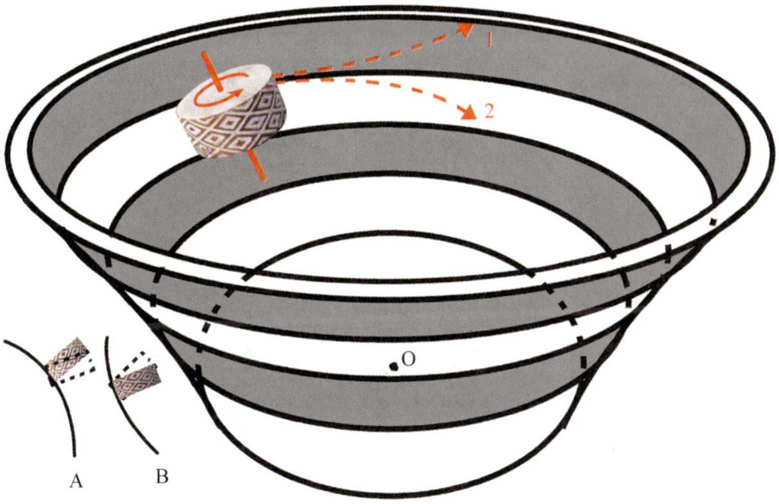

图 8.35

铜鼓侧范内壁为近似漏斗形结构的复杂曲面，印轮在其上连续滚印时，并不能在两条平行线间连续而均匀地滚动一周，而是如图 8.35：1 或图 8.35：2，每滚动一段距离，便会偏离预计的雷纹带方向。为使滚印出的雷纹带处于同一水平面，印轮每运动一段距离就必须离开范面调整滚轮的运动角度和方向，因此，即便使用纹饰衔接完美的印轮，压印出的纹饰也不能形成完美的四方连续回纹图案，局部纹饰会因反复滚印而间隔性地出现纹饰扰乱。加之图 8.33 所示印轮本身的纹饰缺陷，使得滚印后的雷纹带如图 8.36 中红箭头所指，呈现无规律可循的间隔性纹饰扰乱，这和图 8.26 所示雷纹铜鼓拓片呈现的现象是相似的。图 8.37 中红箭头所指可见纹饰带边缘线位置经常会出现偏斜，不能和弦纹限定的纹饰带位置重合，这一现象和图 8.36 也是相似的。

综合以上观察和实验，可断定广西桂平市博物馆藏北流型东汉雷纹铜鼓的鼓壁雷纹，

左页
图 8.29　雷纹设计线在圆柱上首尾相接的几种形态
图 8.30　完美的雷纹设计线
图 8.31　测绘误差所致设计线首尾不相接
图 8.32　雕刻后的印轮
图 8.33　印轮上首尾不相接的局部扰乱纹饰

右页
图 8.34　塑性材料上滚印纹饰
图 8.35　印轮在双曲面上的自由运动轨迹

系采用刻有纹饰的圆柱形印轮在泥范上滚印而成。

铜鼓上还有其他一些重要现象，可以据之推测弦纹的加工方法及铸工使用弦纹装饰的用意。图8.38可见贯穿雷纹带的凸起线痕，为泥范在阴干过程中形成的裂隙，而弦纹打破这个凸起线痕，且弦纹层位高于线痕，说明弦纹是在泥范阴干定型后加工的，并非和雷纹带同时滚印而成。图8.39红色标记所指部位则可以看到弦纹之间的雷纹带边缘线细节。器表弦纹由三道平行线构成，绝大部分区域的三道平行线之间看不到纹饰和雷纹带边缘线，这是因为用工具刮制弦纹且刮制够深时已将相应部位的痕迹清除。

如图8.40，使用以薄铜板制成的弦纹刮板，在雷纹带之间刮削，将互相平行的三道弦纹一次性加工完成。如图8.41，在雷纹带之间刮出弦纹，可以很好地掩盖雷纹带不规则的滚印边缘。铜鼓上的弦纹除了体现出特定的审美喜好和主观设计，另外也有其制作技术上的实用功能：通过刮制弦纹

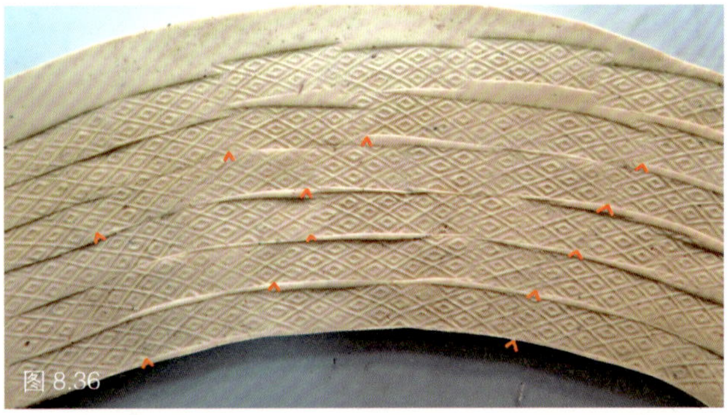
图8.36

图8.37

图8.38

图8.39

左页
图8.36　印轮在双曲面上滚印纹饰带的模拟实验
图8.37　纹饰带边缘线
图8.38　贯穿雷纹带的凸起线痕
图8.39　雷纹带边缘线与弦纹位置关系

右页
图8.40　弦纹的刮削
图8.41　制作完成的纹饰
图8.42　残缺处的石膏内衬
图8.43　精雕油泥补全缺口

图 8.40

图 8.41

巧妙地掩盖滚印加工所致不规则的纹饰带边缘痕迹。通过弦纹刮制实验可知，泥范处于塑性状态下刮制弦纹，容易因用力不均而使弦纹刮削的深度不均，并在泥范表面形成难看的停顿线（参见第一章图 1.51 及第五章图 5.444 弦纹上的停顿线痕迹）。因此，铜鼓铸工选择在泥范阴干定型后刮制弦纹，以克服上述缺陷。

二、基于器物研究的修复工艺改进

图 8.16 所示东汉雷纹铜鼓上的残缺，还需要补全修复。传统的青铜器修复工艺通常采用翻模复制或重新雕刻来复原青铜器上残缺的纹饰。这件器物表面纹饰较浅，前一种方法无法在补配件上复原出高质量的清晰纹饰；后一种方法则使得纹饰的制作效率低下，减缓修复进程且补全的纹饰形态与原器物差异较大。通过对这件器物的纹饰加工工艺的研究，可以改进密布纹饰的残缺部位补全工艺，采用印轮在精雕油泥模具上滚印纹饰。

如图 8.42，首先在器物内壁用一块石膏模具作为内衬，再于其上贴附精雕油泥片补全残缺，使精雕油泥和器物断面对接严密。精雕油泥片表面不需要做出雷纹，只需要标记出弦纹位置（图 8.43）。

图 8.42

图 8.43

图 8.44

图 8.45

图 8.46

图 8.47

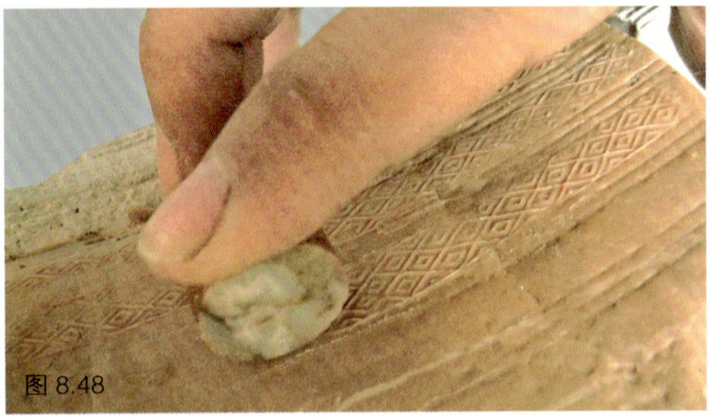
图 8.48

图 8.49

左页
图 8.44　精雕油泥翻模步骤一
图 8.45　精雕油泥翻模步骤二
图 8.46　精雕油泥翻模步骤三
图 8.47　精雕油泥模具翻石膏背衬后脱模
图 8.48　精雕油泥模具上滚印纹饰
图 8.49　精雕油泥模具上完成纹饰制作

右页
图 8.50　精雕油泥模具承托残缺处后涂挂环氧树脂黏合剂
图 8.51　残缺处补全后
图 8.52　残缺处用环氧树脂黏合剂做出范线痕迹
图 8.53　补全位置细节

使用一块软化的精雕油泥片，贴附在喷涂过分型剂的补配件表面，适度按压取形，确保精雕油泥片与补配件贴合严密（图 8.44、图 8.45）。再翻转铜鼓，使精雕油泥片所在位置沿水平面方向放置（图 8.46），于器表喷涂分型剂后，用泥板围合精雕油泥片，向围合区域内浇注石膏浆，凝固后脱模，得到带有石膏背衬的精雕油泥模具（图 8.47）。在精雕油泥模具上沿着弦纹的平行线标记滚印雷纹带（图 8.48），用弦纹刮板在雷纹带之间刮制出弦纹，完成精雕油泥模具的纹饰制作（图 8.49）。若纹饰沟槽中有毛刺，可用毛笔蘸取洗涤灵清扫纹饰，得到光洁的表面。

如图 8.50，拆去残缺部位的石膏内衬及精雕油泥补配件，再用精雕油泥模具承托器物残缺处，用木工 F 夹使模具和器物夹紧，避免错位，模具内壁喷涂分型剂后涂挂调和均匀的安特固环氧树脂黏合剂。由于模具带有石膏背衬，因此可确保其不会因受重力和压力而下沉、变形，而且可确保精雕油泥模具边缘和器物缺口周围的外壁贴合严密。待环氧树脂凝固，去除精雕油泥模具及其石膏背衬，完成器物补全（图 8.51），再用环氧树脂黏合剂堆塑、拉毛，做出范线痕迹（图 8.52）。图 8.53 可见补全部位与器物缺口处对接严密，不需要任何的补全后打磨刮削处理。经过补配件表面着色的旧化处理后，器物效果如图 8.54 所示，对比修复前效果（图 8.55），可见补全的纹饰与器表原始纹饰过渡自然且形态特征一致，修复效果良好。图 8.56 ~ 图 8.64 是器物另外两处残缺的补全，与上文所述原理一致，不再赘言。

图 8.50

图 8.51

图 8.52

图 8.53

图 8.54

图 8.55

图 8.56

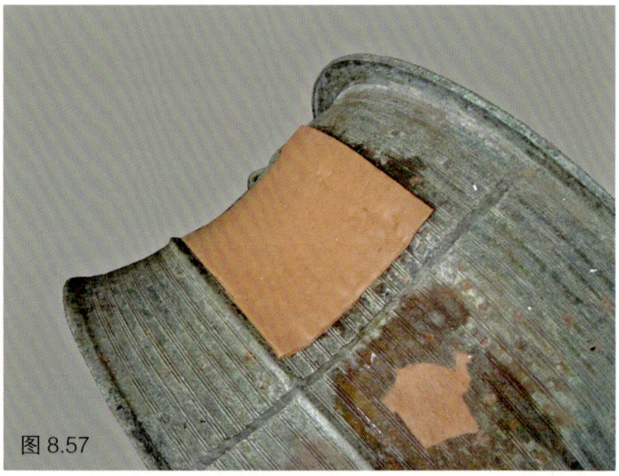
图 8.57

图 8.58

图 8.59

左页
图 8.54　铜鼓修复后
图 8.55　铜鼓修复前
图 8.56　精雕油泥补全漏洞
图 8.57　精雕油泥片翻模
图 8.58　围合精雕油泥模具
图 8.59　精雕油泥模具增设石膏背衬

右页
图 8.60　印轮加工纹饰
图 8.61　平行纹饰带
图 8.62　纹饰制作完成
图 8.63　精雕油泥模具承托残缺处后涂挂环氧树脂黏合剂
图 8.64　漏洞补全后

图 8.60

图 8.61

图 8.62

图 8.63

图 8.64

而对于图 8.1 所示东汉变形羽人纹铜鼓的补全，也需要先补出残缺处的造型，翻模后，用印模压印纹饰。鼓足部位残缺严重，但仍残留一部分可以作为复原依据。首先需要塑造出残缺部位的造型，由于这件器物体量巨大，采用雕塑泥与普通油泥补全会遇到很多难以克服的问题，而精雕油泥的诸多良好性能，使其可以有效应对这件超大型青铜器的修复。

先在鼓足的完整部位翻制出一块石膏模具，然后在其表面涂刷数层漆片汁进行防粘处理。用上述石膏模具承托鼓足残缺部位的局部(图 8.65)，将软化过的精雕油泥贴敷在石膏模具表面(图 8.66)，用调节至热风挡位的吹风机加热精雕油泥，使其进一步软化以获得良好的塑性，调整油泥块的形状，使其形状与石膏模具吻合（图 8.67）。用精雕油泥逐块完成残缺部位的补全后，油泥块之间会存在接缝，需用电饭锅熔化精雕油泥浆进行填补（图 8.68）。待材料冷却硬化后，用刮板和雕塑刀等工具进行刮削（图 8.69），使补全部位与器物外壁衔接紧密并能平滑过渡，补全材料不应遮盖器物的原始部位（图 8.70）。完成上述操作后，将器物连同精雕油泥补配件置于阴凉环境中半小时，使精

图 8.65

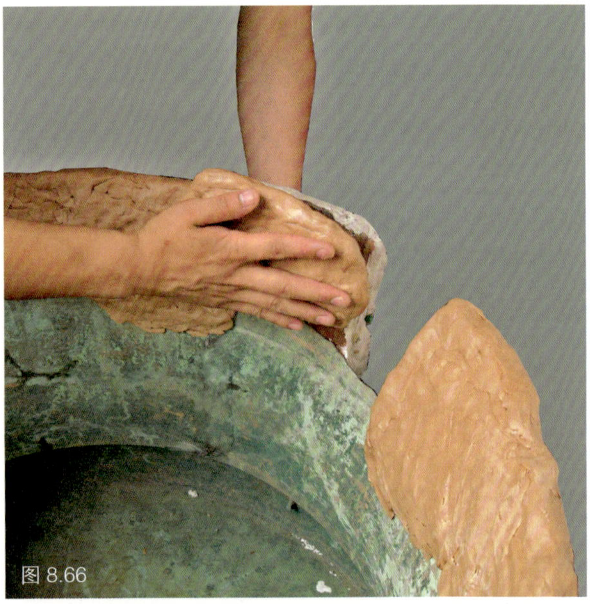
图 8.66

图 8.67

图 8.68

图 8.69

图 8.70

雕油泥在常温下硬化定型。为防止精雕油泥补配件在随后的翻模操作中因挤压而变形，还可在精雕油泥补配件内壁做出石膏背衬进行加固，精雕油泥补配件表面用 502 瞬干胶粘贴细绳作为残缺处凸弦纹的型腔标记（图 8.71）。

图 8.71

另取适量精雕油泥加温软化并加工成厚度适当的扇形薄片，将其严密贴附在已经硬化的精雕油泥补配件表面，为了防止二者粘连，在补配件表面喷涂分型剂。待贴附的精雕油泥片冷却定型后，拆去石膏背衬和精雕油泥补配件，获得精雕油泥模具，用木工 F 夹将其固定在铜鼓外壁，并用胶带缠绕，确保其与铜鼓缺口处外壁贴合严密（图 8.72）。用记号笔在精雕油泥模具上标记缺口边缘线及纹饰单元的位置，拆下精雕油泥模具，用纹饰单元印模在其上压印（图 8.73、图 8.74）。将压印好纹饰的精雕油泥模具再次贴合于铜鼓外壁，使精雕油泥片内壁的边缘记号线对准缺口（图 8.75）。精雕油泥硬化后依然可用热风吹软而局部恢复塑性，因此可以很方便地调整造型，使其与铜鼓外壁严密贴合，提高随后制作环氧树脂补配件的精度。在精雕油泥模具内壁喷涂分型剂后，涂挂调和均匀的安特固环氧树脂黏合剂（图 8.76），环氧树脂固化后的密度和强度同腐蚀状态的青铜器较为接近，材料兼容性好。再使用 PSI 速成铜胶棒在环氧树脂

左页
图 8.65　石膏模具承托鼓足残缺处
图 8.66　石膏模具贴敷精雕油泥料
图 8.67　热风吹软精雕油泥
图 8.68　修抹精雕油泥接缝

右页
图 8.69　精雕油泥补配件表面刮削光滑
图 8.70　精雕油泥补全后
图 8.71　精雕油泥补配件内壁增设石膏背衬

图 8.72

补配件的内壁进行涂挂加固，以提高补全部位的强度和支撑力。使用复合的环氧树脂材料完成补全后，拆去精雕油泥模具，效果如图 8.77 所示，补全部位的细节如图 8.78 所示。

补配件与器物的粘接面积较小，这在一定程度上影响了补全后器物整体的机械强度。为了弥补上述结构缺陷，使用白色的 PSI 速成钢胶棒制作了具有黄铜夹心的复合材料可拆卸支架。该支架圆环结构外侧凸起恰好可以嵌于鼓腰与鼓足衔接部位的转角处，支架四条足中的三条与圆环连接成整体，第四条为自由活动的

图 8.73

图 8.74

图 8.75

图 8.76

图 8.77

图 8.78

左页

图 8.72　翻制出的精雕油泥模具

图 8.73　精雕油泥模具上压印纹饰单元

图 8.74　纹饰单元印模

图 8.75　精雕油泥模具承托残缺处

右页

图 8.76　精雕油泥模具内壁涂挂环氧树脂黏合剂补全残缺处

图 8.77　补全部位内壁贴附 PSI 胶增加强度

图 8.78　补配件细节

楔形结构，通过调整其插入圆环的深度，使圆环牢固地卡在器物内壁。活动的楔形足底部安装有螺丝，调整螺丝露出足底的高度（图 8.79），可确保四条足处于同一平面。器物展示陈列时，铜鼓的重量被支架的四条足和环氧树脂补配件共同承担，既提高了器物机械结构的稳定性，又降低了补全部位所受压力（图 8.80）。

最后，使用酒精漆片和矿物颜料粉对器物补全部位进行表面着色的做旧处理，使其颜色、质感和器物整体相协调，以便获得良好的展陈效果（图 8.81）。近距离观察器表补全处，可见补配件与

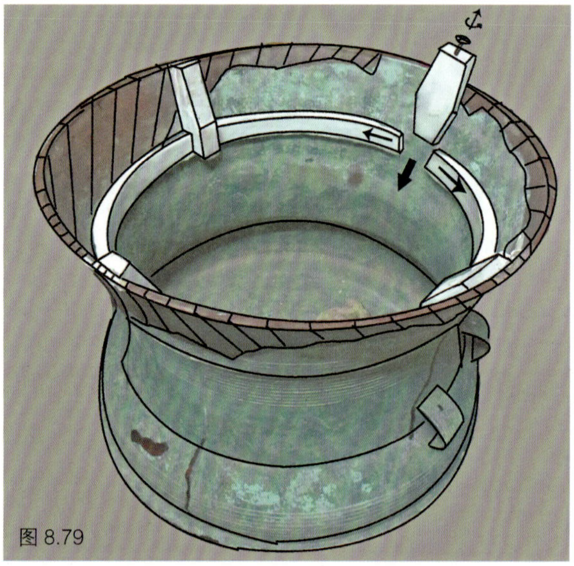
图 8.79

图 8.80

图 8.81

图 8.82

左页
图 8.79　安装腹内支架
图 8.80　支架安装后
图 8.81　器物修复后状态
图 8.82　补全部位的辨识

右页
图 8.83　A、B 两件方壶修复前

器物原始部位之间有一条极细的接缝（见图 8.82 中红箭头所示），便于器物观察研究者辨识补全部位而又不破坏器物的完整感，做到“远观一致，近看有别”。而在器物内壁，则有意提高补全部位的辨识度，以便未来的研究者能够轻易地分辨器物的原始部位和修复补全的部位，使修复后的器物既可以在观众视线所及范围内满足陈列效果和审美需求，又不彻底掩盖修复痕迹而误导研究者对器物的观察认识，使修复满足真实性的要求。

第二节　春秋方壶的制作技术研究与修复工艺改进

本节对甘肃礼县春秋秦墓出土的两件青铜方壶进行了深入系统的观察分析，在此基础上研究了器物的造型工艺，主要包括模的制作和使用方式、范和芯的制作工艺；进一步通过实验考古对所做分析进行验证，将从器物上提取的一系列静态信息转化为对当时秦国铸工生产模式的认知，认为铸工采用了分工及模块化的生产方式；阐释了器物的内涵及其历史价值和科学价值。器物的研究，也在很大程度上影响了修复：一方面，可将研究中所得的启示用于改进器物的修复工艺，提高修复效率，提升修复效果；另一方面，器物观察分析的过程也影响了修复方式的决策，如器表无害锈是否应该清除、器物的哪些残缺应该补全而哪些应保持原状、补全处的辨识度控制等。

一、器物基本情况与研究问题的提出

甘肃礼县博物馆所藏两件青铜方壶，造型、纹饰及尺寸一致，出土于礼县圆顶山地区的春秋秦墓，为方便描述，暂将其命名为方壶 A 和方壶 B。两件器物出土后皆有残缺，其中一件方壶局部变形严重，器体扭曲（图 8.83、图 8.84），器表被硬结物覆盖，无法清晰观察纹饰。

图 8.83

图 8.84

图 8.85

图 8.86

制定器物的修复方案时，利用 X 射线成像(图 8.85)，可知基体保存状态较好，照片中的两个纹饰单元相似度高，其中一个纹饰单元有类似于裁切拼接的现象。根据这些信息，尚不足以分析和研究该器物的制作技术，但可以推测该器物的纹饰制作可能使用了模印和镶嵌技术。据侯马铸铜遗址发掘报告，该遗址发现的东周时期纹饰带范“普遍采取拼接方法组成。即由预先翻制好的纹饰范块按需要拼接成一定的长度、弧度，背面用背料泥固定。估计这项工作可在一些样模（可称为装配模）上进行”，“许多纹饰范恰好从接缝处断裂，断裂处有明显的镶嵌痕迹”[57]298。由此可见，对两件出土春秋方壶纹饰制作工艺的解读，是发掘这两件器物的历史信息，进而阐释其价值的重要内容。综合以上分析，决定使用超声波洁牙机对器表硬结物予以清理（图 8.86），以显现纹饰，便于开展器物研究。另外，对器物变形处予以模具矫形。

左页
图 8.84　方壶顶视效果
图 8.85　方壶 X 射线成像照片
图 8.86　超声波洁牙机清理器表硬结物

右页
图 8.87　两件方壶各个立面的纹饰单元分布

清理后，发现器物上的纹饰主要为秦式勾连蟠虺纹，虺首、鼻、喙的形象清晰生动，纹饰较早期秦式器繁复绮丽，是春秋中期晚段秦式器较固定的纹饰组配格局，器形也与其他春秋中期晚段墓葬出土秦式方壶（如陕西宝鸡阳平镇秦家沟一号墓出土方壶）一致。由此判断这两件器物为春秋中期晚段的秦式器。考古学界通常认为秦式器做工粗糙，有典型的明器化特征。但正因如此，器表的诸多工艺现象被清晰地保留下来，未经铸工仔细打磨掩饰，这对于了解当时的青铜器制造技术是难得的观察样本。

二、器表现象的宏观观察

首先从宏观上观察器表的纹饰单元分布。为便于描述器表现象，将 A、B 两器的各立面分别用 1、2、3、4 表示，如方壶 A 四立面依次为 A1、A2、A3、A4，方壶 B 亦然。器物横截面近长方形，故 A1、A3 立面较窄，A2、A4 立面较宽，图 8.87 中填充灰色处是器物残缺。如图 8.88 的器物立面

图 8.87

图 8.88

所示，器物每个立面安排有五个纹饰单元，位于器身主体的上、中、下三个单元由宽带纹隔开，此三个纹饰单元内容相同。每个单元由较窄的宽带纹分成上下两部分，上饰秦式勾连蟠虺纹，下饰波浪形环带纹。另外，器物口沿下部斜肩为蟠虺纹的纹饰单元，底部圈足斜壁为斜角云雷纹的纹饰单元。

如图 8.89，对方壶 A 范线（图中红色标记所指处）两侧的 A1 与 A4 面纹饰单元的位置做横向比较，其上下错位，方壶 B 有同样现象。采用对照测量法对两器范线两侧的立面进行比对，发现两器所有纹饰单元相对位置基本一致，两器尺寸、造型也一致，可以判断 A、B 两器用同一模翻范；但从 A4 上与 B4 上及器物对

图 8.89

图 8.90

左页
图 8.88　方壶纹饰细节
图 8.89　两件方壶范线两侧的纹饰单元比对
图 8.90　两件方壶范线之间的纹饰单元比对

右页
图 8.91　纵向范线痕迹
图 8.92　纹饰单元边缘的范线

侧 B2 上黑色曲线标画处可见，纹饰单元内容均不一致。

如图 8.90，对方壶 A 范线（图中红色标记所指处）之间的 A1 与 A2 面纹饰单元做横向比较，其水平高度一致；方壶 B 出土时变形，对纹饰单元的相对位置稍有影响，但仍可见范线之间的 B1 与 B2 面纹饰单元的水平高度一致。这两件器物范线之间的两个器面的纹饰单元相对位置基本一致，可判断两器翻范时出自同一个模具，但每个纹饰单元内的纹饰内容又不一致。

综合图 8.89、图 8.90 所示现象，可以判断制作器物的铸工使用了素面的器身模，其上有记号线以确定纹饰单元的位置，从而使同模翻范的两器纹饰单元相对位置一致。若用器身整模翻范，使各立面纹饰单元高度一致是容易且应该做到的，不太可能有上述错位现象；若使用同一块 1/2 器身模翻制一件器物的两扇主体范，也不会有上述错位现象。综合以上分析，当时使用了两块刻有纹饰单元位置记号线的 1/2 素面器身模，用它们各翻出一扇主体范。并且推测这两件 1/2 模由两人分别设计和标记上、中、下、底的纹饰单元的位置，也就是说，在器物生产过程中存在分工操作的可能，但此推测仍需要更多证据的支持，详见后文进一步观察分析。制作第二件器物时再次使用了这两个 1/2 模，即采用一模制多器的工艺。

三、细微特征的观察分析

在方壶立面 A1（B1）、A4（B4）间及对面的 A2（B2）、A3（B3）间各有一道自上而下贯穿器身的范线（图 8.91 红箭头所指处），故两器铸型均采用对开分型的主体范。如图 8.92，纹饰单元边界处可见凸起的范线痕迹，其未在水平方向贯穿器物，也没有与器身范线贯通，范线痕迹的细节特征见图 8.93。初步判断此为纹饰分范片（后文皆简称“分范”）嵌入器身主体范形成接缝所致。

另外，在器物各纹饰单元还观察到如下现象可进一步印证铸型使用了嵌范（也称复合范）工艺：(1) 如图 8.94，有些纹饰单元内有凸起的不规则线状痕迹，通常贯穿纹饰单元，但不超出单元边界，显然是纹饰分范开裂所致。（2）图 8.95 可见圈足斜角云雷纹有断层痕迹，其不超出纹饰单元边界，

图 8.91

图 8.92

图 8.93

图 8.94

图 8.95

图 8.96

成因是分范破裂且碎块从主体范脱落，将其重新嵌入原位而固定不牢，铸造时碎块受金属液冲刷而浮动。（3）如图 8.96，B4 立面中间纹饰单元偏斜且不完整，纹饰单元下部有缺失，缺失部位的边缘如刀切般平直，而两纹饰单元间的宽带纹却很规整，这显然是分范被切割形成的痕迹。(4) 如图 8.88，器物立面中间纹饰单元有拼接痕迹，接缝贯穿纹饰单元，也证明分范存在。（5）方壶 B 四个立面的圈足纹饰皆是蟠虺纹在上，斜角云雷纹在下。如图 8.97，方壶 A 圈足纹饰单元有上下颠倒的现象，位于同一扇范（两器身范线之间）的 A1、A2 面圈足上的蟠虺纹在上，斜角云雷纹在下，而位于另一扇范的 A3、A4 面圈足纹饰出现颠倒。这显然不是刻意的纹饰安排，而是装配铸型时失误所致，使用分范才可能发生此种现象。另外，这种操作错误，也是在器物生产过程中存在分工操作才容易发生的。

综上所述，铸型使用了两扇主体范，每扇范内嵌入 10 块纹饰分范，纹饰制作于分范上。至此可以断定，铸工使用了素面无纹饰但标记有纹饰单元位置记号线的器身半模翻制泥范。

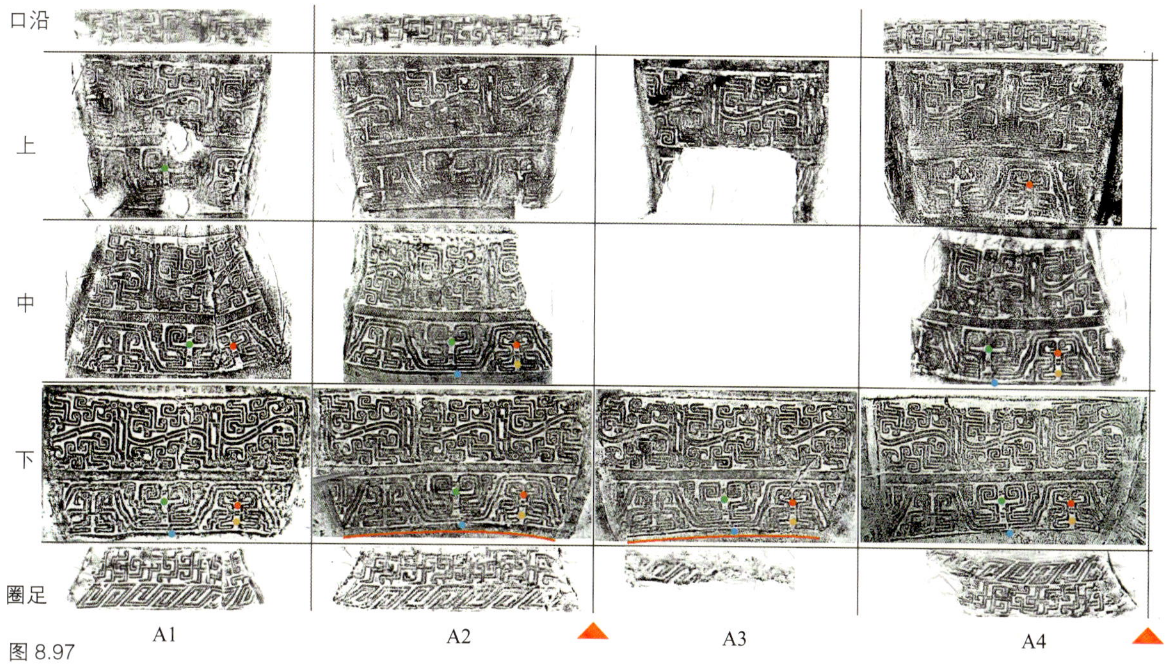

图 8.97

四、利用痕迹分析的特征点比对法确认纹饰制作工具

据图 8.97 拓片，在方壶 A 的每个纹饰单元找到至少四个典型特征点，通过特征点比对法对各纹饰单元的细节特征进行比对。如图中红色特征点处的兽头上伸出的“舌”呈一长一短不对称的现象，它在各纹饰单元反复出现且细节特征一致。又如绿、黄两个特征点处的两个长方形纹线间隙分别呈一宽一窄、一长一短，这一细节特征也在各个纹饰单元反复出现。再如蓝色特征点处，可见两条纹线叠压位置，与其上的对称纹饰未居中对齐，这一细节特征也在各个纹饰单元反复出现。将这四个特征点连线构成几何图形，通过几何连线比较法，发现各纹饰单元的特征点相对位置基本一致。再将方壶 B 上的纹饰单元与方壶 A 进行比较，发现两器纹饰单元细节特征一致。

综合这些现象，根据痕迹学的同一认定原理，当痕迹所反映出的细节特征及其组合关系本质上一致时，可以判断痕迹为同一工具所形成，即两器所有的纹饰分范都由同一模具制作而成。

另外，如图 8.97 中的 A3 下及 A4 下所示，在方壶凸起的腹部，看到纹饰变形，出现纹线伸长、弯变及纹线间隙宽窄不均的现象，使上述各特征点相对位置产生细微差别。既然所有纹饰分范出自同一模具，理应形态一致，变形一定是因分范在塑性阶段受到拉伸，下文实验考古部分将阐释其成因。某些纹饰单元还出现局部纹线模糊扁平的现象，这显然是分范背面在塑性阶段受到按压所致。

左页
图 8.93　纹饰单元边缘范线细节
图 8.94　纹饰单元内的凸起线痕
图 8.95　圈足纹饰上的断层
图 8.96　纹饰单元内装饰内容缺失

右页
图 8.97　方壶 A 各个立面纹饰细节比对

图 8.98

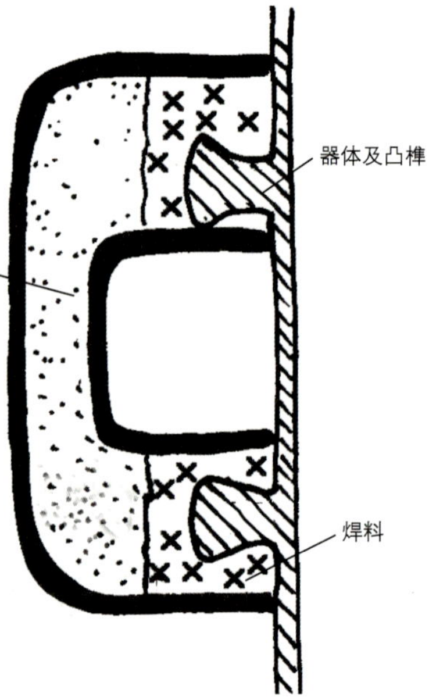

图 8.99

综上所述，两件器物的所有纹饰分范都由同一“范盒”（纹饰面被围起，如盒状，可用来方便、高效地批量翻出分范，故名）翻制而成，分范在塑性阶段受到过拉伸和按压。

五、其他工艺痕迹及铸造缺陷的观察分析

根据在方壶口沿及圈足上观察到的一些反映器物铸型结构的工艺痕迹，可见两器呈现出一些相同特征，也表现出一些差异。两器口沿边缘均有水平方向的飞边，显示了金属液在铸型内沿分型面溢出的方向，可据之判断口沿处的铸型结构。图 8.98 所示为器身上的预铸凸榫。两器在 1、3 两立面上部纹饰单元内，均各有两个外端粗、根部细的凸榫，截面略呈“亞”字形且表面类似于切削加工的形态，这并非在坚硬的青铜器上进行切削加工形成的，而是铸造前用工具在泥范上挖孔，铸造后器物上便有了预铸出的凸榫。从其他同类秦式器可见，此部位通常会连接一粗大的兽耳，耳与壶体之间通常有较大的接缝，是采用铸焊连接器体和附件所致。使用铸焊技术（图 8.99），可以将器体和附件分别独立制作模具并单独铸造，铸成耳部挖去部分泥芯，套接于凸榫后注入焊料，完成铸焊。这一工艺也使分工制作成为可能，对模具制造的精度要求低，但制成的器物耳部容易从器体上脱落。

图 8.100 中红色标记所指为方壶 B 圈足底面金属残留碴口，与底面宽度一致，原为铸型浇口或冒口位置，其细节特征见图 8.101 中红色标记所指处，另外还可见圈足底面外沿有垂直方向的飞边

左页
图 8.98　方壶颈部的凸榫
图 8.99　器体与附件铸焊

右页
图 8.100　方壶 B 器底现象
图 8.101　冒口细节
图 8.102　圈足上的浇不足缺陷
图 8.103　圈足上的缩孔缺陷

图 8.100

图 8.101

图 8.102

图 8.103

痕迹。图 8.100 中蓝色标记所指处可见圈足残缺处边缘圆滑，其细节特征如图 8.102 中蓝色标记所指处，这是器物铸造时的浇不足缺陷。圈足立壁上还有另一处缩孔缺陷（图 8.103）。观察图 8.100 中的圈足内壁，可见三角形透孔及不透空的三角形凹槽，进一步观察其微观形态，发现圈足外壁一侧的三角形面积小而内壁一侧的面积大，故这些槽和孔是底范上自带三棱台状泥支钉所致。图 8.100 的器物腹底有中央透空的集中性缩孔区，为缩松缺陷，因该处金属液最后冷却，为先于它冷却的金属补缩，导致其周围常有严重的缩松缺陷，故此处为浇口位置。三角形透孔、缩孔及腹底缩松缺陷，是有关器物制作技术的重要信息，修复时应保持原状，不做补全处理。

方壶 A 圈足上出现了与方壶 B 不同的现象。如图 8.104，方壶 A 圈足有部分断裂脱落，但圈足没有铸造缺陷，图中红色标记所指处可见圈足底面上的残留碴口呈长条形，宽度为圈足底面的一半，其细节特征如图 8.105 红色标记所指处。较之方壶 B，方壶 A 采用压边冒口的结构设计降低了铸后清理的难度，浇口或冒口易于脱落。图 8.104 蓝色标记所指位置可见圈足底面有水平方向的飞边，其细节特征如图 8.106 所示。观察图 8.104 中方壶 A 圈足内壁，只在每个立面分布两个不透空的三角形凹槽，圈足斜面上未见三角形透孔。圈足各立面厚度不均，一侧立面仅有 1 毫米厚，相对一侧的立面厚度则达到 3 毫米，可见底范与主体范间错型较大，即底范的尺寸误差较大，据此推测底范是用器身外范翻制的。另外，前文图 8.85 器物 X 射线成像照片中未发现垫片痕迹，故范与芯之间系通过芯头和芯座的配合定位。

图 8.104

图 8.105

图 8.106

根据以上痕迹信息，可知两件器物铸型结构如图 8.107 所示，中线左侧为方壶 B 的铸型结构，右侧为方壶 A 的铸型结构。方壶 B 出现浇不足缺陷，而方壶 A 铸型结构不同于方壶 B，其上便未见浇不足缺陷。对于方壶 B，图中底范头 D1 与主体范上的底范座 DZ 之间容易错位，为保证型腔厚度均匀，铸工在底范上修出自带的泥支钉；底范在阴干过程中尺寸略有缩小，使泥支钉不能顶在主体范内壁，铸造时铜水便可流过图中红色实心三角形标记处的支钉外侧，铸后器表出现图 8.100 所示不透空的三角形支钉孔痕迹；圈足斜面上的透孔，是因铸造时浇口内的金属液给底范向下的压力 f，使底范上的泥支钉牢牢顶在主体范内壁斜面上，铜液无法流经图中空心三角形标记部位，铸后器表出现图 8.100 所示透空的孔；圈足底面残留碴口则是冒口内的金属被打断所留痕迹，器物采用了明冒口，其位置在器物的最高处，显然是为了利于排气和熔渣上浮，但由于浇口位置低于冒口，金属液在圈足型腔内向上流动，既需克服型腔内壁摩擦力，又要克服重力阻

左页

图 8.104　方壶 A 器底现象

图 8.105　改进的压边冒口

图 8.106　圈足底面的飞边

右页

图 8.107　两器铸型结构差异

M、M′ 冒口，J、J′ 浇口，D 底范，D1 底范头，DZ 底范座，▽支钉透孔，▼支钉凹槽，F1 纹饰分范，FA 主体范，X 泥芯，XT 芯头，S 凸榫型腔，Q 型腔，f1 泥支钉受到主体范支撑的力，f2 底范受到主体范支撑的力，f、f′ 浇口压力

图 8.108　器身纵向宽带纹上的修抹痕迹

碍，充型变慢，底范下沉使型腔截面厚度变得更小，使得这一部位不易充满；方壶 B 冒口与型腔连接处面积很大，散热迅速，圈足型腔内的金属液会快速降温，使得浇口对该处的补缩通道被冻结，无法对圈足部位进行补缩。铸型结构的诸多不合理之处，使得方壶 B 的圈足底部出现图 8.100 所示的浇不足缺陷及腹底集中性的缩孔区。

方壶 A 的铸型则有多种工艺改进。首先是使用图 8.105 所示的压边冒口结构，冒口与型腔连接处面积变小，型腔内降温速率趋缓，使得浇口内的金属有更多时间对圈足部位进行补缩；其次，主体范已经给底范头提供了支撑力 f2，使底范不能下沉，故底范斜壁上的支钉设置是多余的，铸工便取消了这一结构，只是为了预防主体范与底范间因装配误差而使底范产生水平方向的错位，故在底范立面（图 8.107 方壶 A 的红色实心三角形标记部位）仍做出支钉，以防主体范内壁与底范贴合。方壶 A 圈足无浇不足的铸造缺陷。

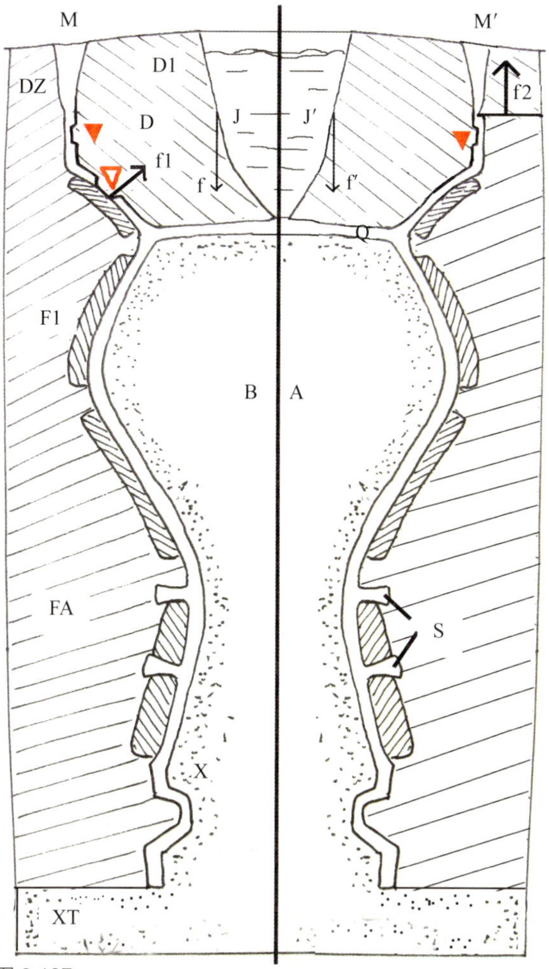

图 8.107

如图 8.108，在 A1、A2 两立面间及 A3、A4 两立面间的纵向宽带纹上未见范线，但有一道凸出器身表面的痕迹，它叠压在两纹饰单元间的宽带纹上。此痕迹是主体范表面形态的反映，在这一位置的范表面会有一道凹陷痕迹。这是因为铸工使用两个 1/4 模拼合成器物半模翻范时，两个 1/4 模拼合位置会有接缝，翻范后的对应位置会出现一道凸起的毛刺，铸工需用手指将其修磨掉，避免铸后器物的此部位出现缺肉。

图 8.108

六、用实验考古验证器物的观察研究

据前文观察研究，可知翻模时需将四块 1/4 分模拼合成两个 1/2 器身模，再用它们分别翻制一扇主体范，因此首先要制作分模。分模，即器物造型的一部分模。侯马铸铜遗址发掘报告认为分模制作比较复杂，整个造型的分块及每块模的位置、形状、分型面斜度都要有准确合理的设计和计算[57]295。两分模间分型面边缘是复杂抛物线，当时是否具有如此先进的计算和测量方法，以保证分模间分型面斜度和形状准确，值得进一步研究。通过实验考古，可知采用先塑造整模再切割分块的方式制作分模更为合理可行，不需要复杂的分型面斜度的计算和测量，也可使分模间的组装误差下降到最低程度。当时已经有成熟的玉石开料技术，切开硬度较低的黏土模具是容易办到的，例如使用沾有砂粒的细绳进行线切割，即便分割面达不到绝对平整，被切开的分模依然能严密对接。

雕塑器物泥模时，如图 8.109，先在轮盘上用黏土雕塑出大致形状，再在泥模顶面刻出规整的口部边缘线，依照边缘线精修泥模，获得规整的器物造型。侯马铸铜遗址出土的方壶残模ⅡT22H32：3，沿顶面刻出了细轮廓线（图 8.110），根据残存的圆弧分析，可能相当于壶面的1/4。将此弧四等分，沿各径线按不同比例的长度可得出转角各点[57]289。笔者曾撰文对相关作图法进行了复原，如图 8.111，据模上残存的圆弧可以求得其半径为 oa，将残存直线延长，恰好交于圆心 o。∠ cob= ∠ boa= ∠ aob‴≈ 22° 。由此可知，圆心辐射出的直线用以将圆 16 等分。残存壶模口沿呈抛物线形，壶模口沿由四条抛物线组成。欲得抛物线形，只需作出长度先递增后递减的线段 oa、ob、oc、od、oe，再用平滑曲线依次连接点 a、b、c、d、e，即可得抛物线形。使 ob=ob′ =ob″ =ob‴、oc=oc′ =oc″ =oc ‴、od=od ′ =od ″=od ‴、oe=oe′、oa=oa′，且每两条线段间夹角相等，即可求出形状相同且首尾相接的四条抛物线，构成壶口沿的截面形状[58]。在此作图过程中，求角平分线的方法参照前文图 8.20。作图工具除了规和矩，也可使用准绳。

图 8.109

泥模依照顶面边缘线精细修刮后效果如图 8.112 所示。待泥模阴干到皮革硬度[1]，用夹砂的绳在两立面转角处，将泥模锯成四块 1/4 模。为使泥模可以长期反复使用，可将其

1　黏土在干燥过程中，要经过皮革硬度阶段，此阶段黏土仍然是潮湿的，但已无塑性，此时再做挤捏，黏土便会破裂。如果继续干燥，则所有的可塑水分会全部脱去，黏土达到骨干程度。参见刘景森：《陶艺设计制作与工艺实验教程》，冶金工业出版社，2004 年，第 2 页。

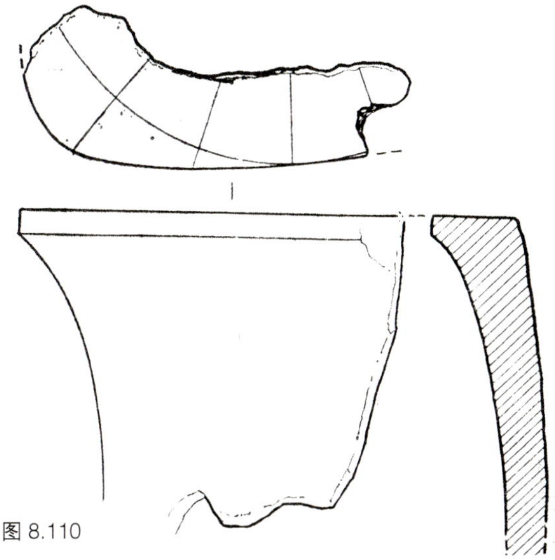

图 8.110

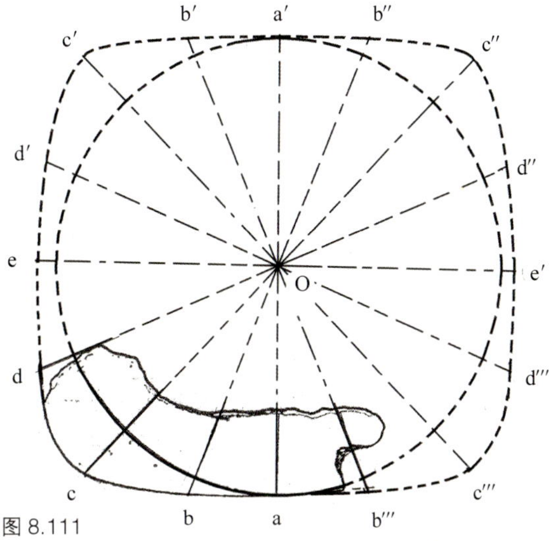

图 8.111

图 8.112

图 8.113

左页

图 8.109　制作方壶泥坯

右页

图 8.110　侯马铸铜遗址所见物证

图 8.111　边缘线求法分析

图 8.112　根据方壶顶面边缘线刮削泥模

图 8.113　方壶分体模上的纹饰单元位置记号线

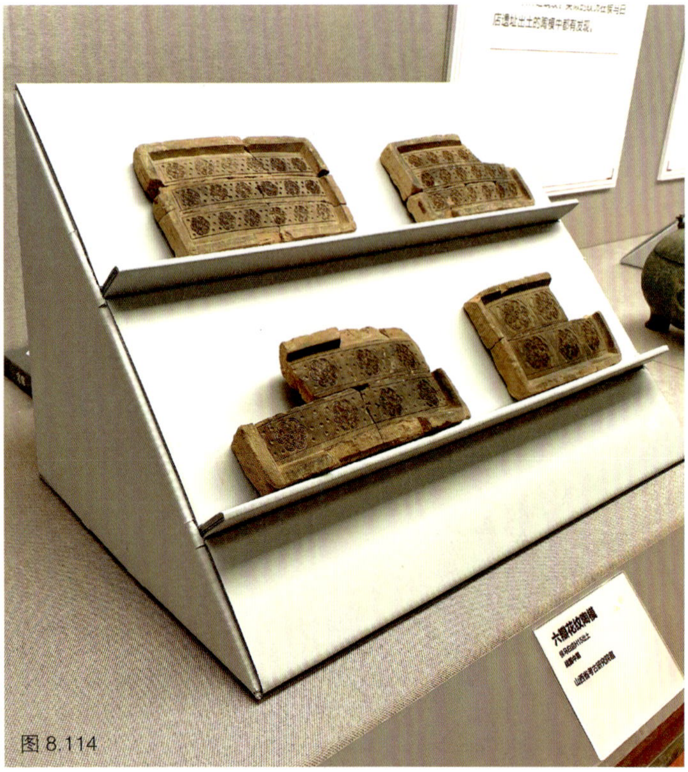
图 8.114

烧制成陶质。相邻两块 1/4 模可以组成文物半模（1/2 模），在其上标记好纹饰单元位置的记号线（图 8.113）。

侯马铸铜遗址出土了图 8.114 中类似形式的许多纹饰范盒。可以制成泥坯，用刻刀雕出纹饰（图 8.115），烧至成陶后具有良好的强度，向范盒内按压泥块使其填平，取出泥型即制成纹饰分范，如此反复可以批量复制纹饰分范（图 8.116）。所用范盒上的纹饰面积，需大于器物上的纹饰单元，翻制出的纹饰泥片铺设于 1/4 模的纹饰单元上，再裁切掉纹饰单元位置记号线之外的多余部分(图 8.117、图 8.118)。

图 8.115

图 8.116

图 8.117

图 8.118

范盒底面通常为平面，批量复制出的纹饰泥片也为平面，需要将其铺设在分体模上，轻按使其与分体模的弧面吻合，让各分范变成所需形状（图 8.119）。操作时若力度不当便会使分范受到过大挤压而出现前文所述纹饰模糊扁平或纹线间隙变窄的现象。从图 8.120 可见，方壶表面是转曲较多的“马鞍面”，尤其是腹部的双曲面，带有塑性的平面分范铺上去进行弧面矫正时，受到沿切向力方向的拉伸较大，从而出现前文所述纹饰单元变形及纹线伸长、弯变等现象。在器身分体模上铺设分范时，工匠看不到朝向器身模的纹饰面，易铺设偏斜，裁掉分范多余部分后，就会出现前文所述纹饰单元偏斜且不完整、缺失部位的边缘如刀切般平直的现象。侯马铸铜遗址出土陶“样模”[57]283-291，常可见表面刻画记号，推断其用途与本文分体模上的纹饰单元位置记号线类似。分范需铺于 1/4 模上缓慢阴干数日，达到皮革硬度便可

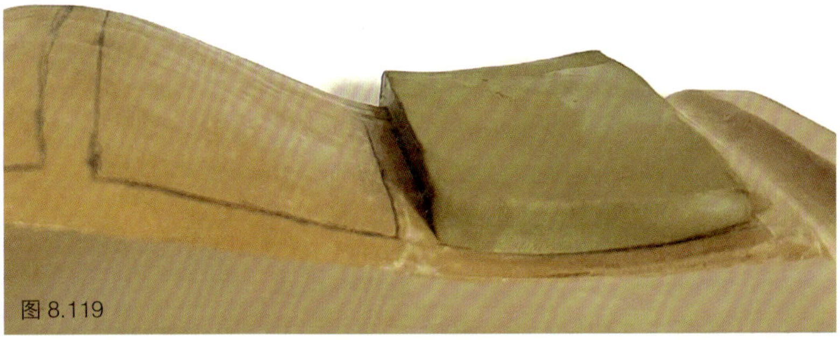

图 8.119

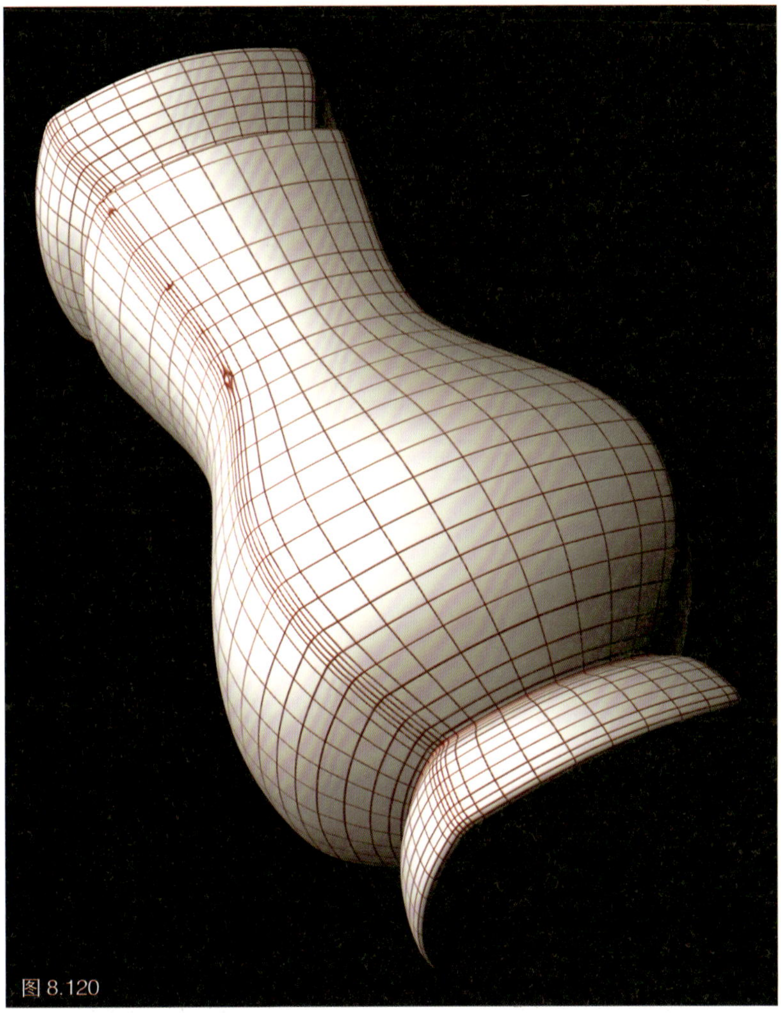

图 8.120

左页

图 8.114　侯马铸铜遗址出土范盒

图 8.115　雕刻范盒

图 8.116　范盒翻制纹饰分范

图 8.117　纹饰分范依照纹饰单元大小进行裁切

图 8.118　裁切完成的纹饰分范

右页

图 8.119　纹饰分范在方壶分体模上的弧面矫正

图 8.120　方壶表面的双曲面

图 8.121

定型。如图 8.121，四块 1/4 模水平放置，分范在阴干定型过程中才不会从模上掉落；若使用器身整模或 1/2 模，分范在阴干时势必会从模上倾斜的弧面滑落，从而因失去支撑而变形。这就是铸工矫正并阴干纹饰分范时必须使用器身的 1/4 分体模的重要原因。

从上述过程还可看出，使用四块 1/4 模，可使所有分范同时矫正并同步阴干，大大缩短了生产周期。若只做出一个 1/2 器身模，将其分为两个 1/4 模矫正分范，只有等第一批制得的 10 个纹饰分范阴干定型并取下后，才能再矫正第二批纹饰分范，这样就增加了很多等待时间，降低了生产效率。

再结合前文图 8.97，方壶 A 上，位于同一扇范的 A1、A2 面圈足上的蟠虺纹在上，斜角云雷纹在下，位于另一扇范的 A3、A4 面圈足纹饰则出现颠倒。而方壶 B 四个立面的圈足纹饰皆是蟠虺纹在上，斜角云雷纹在下。这种纹饰分范的制作失误，也是在器物生产过程中分工操作才容易发生的。如图 8.121，两个工匠共用一个范盒翻制纹饰分范后，各自利用一对 1/4 器身分体模对纹饰分范进行弧面矫正和裁切分范的操作，才容易发生纹饰颠倒的失误。也只有这样各自使用分体模分工操作的模式，才能解释前文图 8.89、图 8.90 所示现象：器身范线两侧的 A1 与 A4 面，纹饰单元位置做横向比较时上下错位，而两条器身范线之间的 A1 与 A2 面纹饰单元做横向比较，其水平高度一致。例如图 8.122 所示为铸工甲所用的一对 1/4 模，他可以轻易做到两模上的纹饰单元位置记号线左右对齐，另一铸工乙使用的另一对 1/4 模，也可以轻易做到两模上的纹饰单元位置记号线左右对齐，但当他们将各自设计纹饰单元线位置并各自使用的半模拼合后，记号线却不能左右对齐。如果铸工未用器身分体模，且由一人独立完成操作，这种错位是不会形成的。

当纹饰分范达到皮革硬度而略微定型，便可以开始复合范的制作了。两工匠同时使用各自的 1/2 器身模，分别翻制一扇主体范。每个工匠操作如下：将分模上已定型的分范取下，将两个 1/4

左页
图 8.121　1/4 分体模用于批量阴干纹饰分范

右页
图 8.122　拼合分体模时对齐纹饰单元位置记号线
图 8.123　1/2 方壶模的使用方式
图 8.124　纹饰分范嵌入器体范

图 8.122

图 8.123

图 8.124

模拼成 1/2 模（图 8.123），置于平台（平台可保证主体范分型面角度准确和平整度良好），一手将分范固定在纹饰单元位置记号线内，另一手在分范背面及周围堆贴黏土翻制主体范，分范被黏土包埋固定后，将下一分范摆在另一记号线内如法处理。如图 8.124，将图中红箭头所指分范全部嵌入黏土后，再继续堆塑黏土背料，使另一块 1/4 分体模上的全部分范嵌入器体范，完成一扇 1/2 器体范的翻制。两扇器体范都翻制完毕后，再配置型芯和器底范、浇口、浇道，即可等待铸造了。器体模可反复使用，生产第二件同型器物时可用这同一套分体模再次矫正和阴干纹饰分范，进而装配复合范。同型器的再生产不需要反复制模，因此有前文图 8.89、图 8.90 所示 A、B 两件器物纹饰单元相对位置完全一致的现象。

在复合范制作过程中，因分范已达皮革硬度而无塑性，在其背面堆贴泥块时，用力过大，分范就会破裂，出现前文图 8.94、图 8.95 所示现象。通过器表现象分析和实验考古，从工艺上证明了使用 1/4 模的合理性及必要性，也复原了使用范盒批量复制纹饰分范的方法，验证了前文的诸多痕迹分析。通过器物观察所得的一系列现象和物证，可见当时的秦国铸工在制作青铜器时，使用了分模、复合范等工艺技术及用范盒批量复制纹饰片、一模制多器的生产方式，这些方法在降低工艺难度的同时，也提高了生产效率。从这两件器物可见，制作它们的铸工在技术上并不熟练，器物制作过程中还有技术摸索的意味。在战争频繁的春秋中期，秦国可能面临着良匠难求的窘境，相应要求变革生产方式。模块化使得分工生产成为可能，分工则使得工艺难度降低，工匠只要进行较短时间的学习和练习便可掌握某项技术，他们只需要做好自己专长的那一环节的生产，从而使青铜器铸造对铸工的要求降低。

图 8.125

七、器物修复工艺的改进

对于前文图 8.87 所示器物残缺，可使用环氧树脂黏合剂进行补全。为获得良好的修复效果并提高修复效率，可借鉴器物制作技术中的“范盒”批量复制纹饰的工艺。如图 8.125，使用 PSI 胶，从器表纹饰清晰处喷涂分型剂后翻制纹饰单元模具。因待补全部位有两种不同类型的纹饰，即翻制两种不同的纹饰单元模具，在模具表面再喷涂分型剂后，可以翻制出和器

图 8.126

左页
图 8.125　PSI 胶翻制纹饰单元模具
图 8.126　纹饰单元模具翻制纹饰补全片

右页
图 8.127　纹饰补全片镶嵌于残缺处
图 8.128　逐块补全残缺处
图 8.129　牙科蜡片翻制内壁造型
图 8.130　牙科蜡片模具
图 8.131　牙科蜡片模具承托残缺处
图 8.132　花篮螺丝支撑石膏背衬

图 8.127

图 8.128

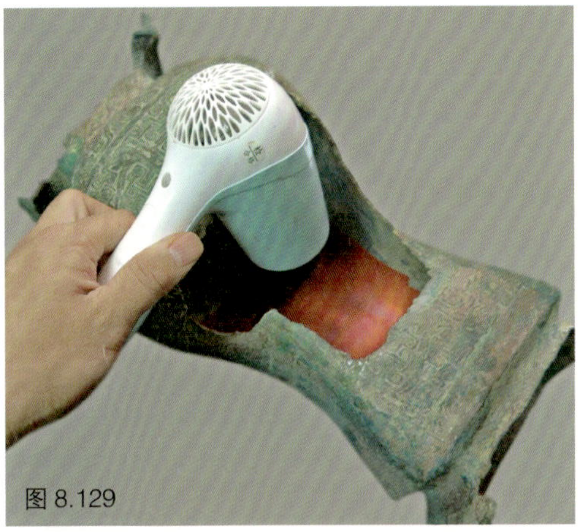

图 8.129

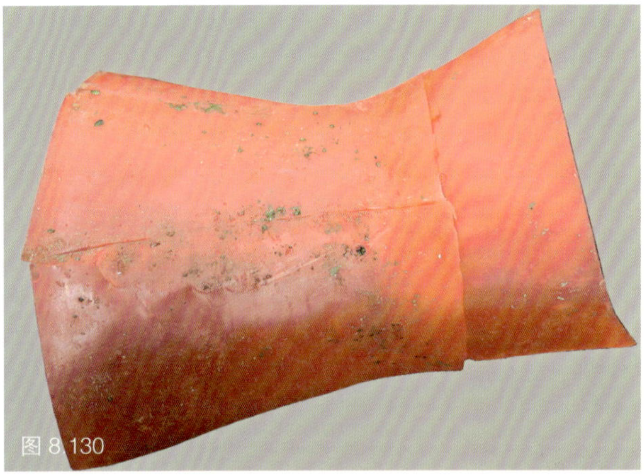

图 8.130

图 8.131

图 8.132

表纹饰一致的补全片（图 8.126）。如图 8.127，在补全片尚未硬化定型时，将其铺设于器物残缺处预先衬垫的铜片上，用刀沿图中虚线裁切，使纹饰边缘与器物纹饰单元位置边界一致。按照此方法重复操作，直至补全方壶 B 的全部残缺处（图 8.128）。

对于方壶 A 的补全，首先用牙科蜡片从器物残缺处相对的内壁翻制出造型，如图 8.129，用热风吹软蜡片，使其与器物内壁贴合，得到的蜡片模具如图 8.130 所示。用蜡片模具承托器物缺口处的内壁（图 8.131），为避免后续操作时蜡片模具变形脱落，在其背面浇制牙科石膏浆薄壳背衬，再用花篮螺丝支撑，使蜡片模具严密贴合于器物内壁（图 8.132）。

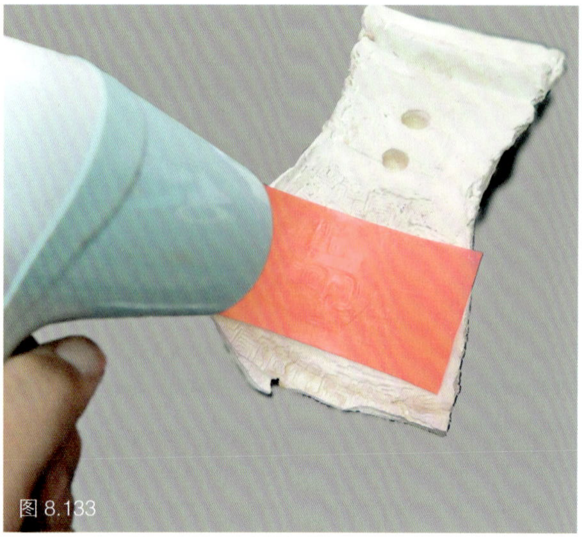
图 8.133

如图 8.133，在器物完整处喷涂分型剂后翻制石膏模具用于复制纹饰蜡片，将牙科蜡片贴合石膏模具的纹饰表面，用热风吹软后，按压取形，翻制出带有纹饰的蜡片（图 8.134）。如此反复，翻制出多片纹饰蜡片后，将其铺设在蜡片模具表面（图 8.135），裁切纹饰蜡片的多余部分，使边缘与器物断口对接严密，纹饰蜡片间的接缝用蜡刀熔接，再用刻刀将熔接处的纹饰刻通（图 8.136）。雕刻蜡模后产生的表面毛刺，用毛笔蘸取洗涤灵清扫（图 8.137），处

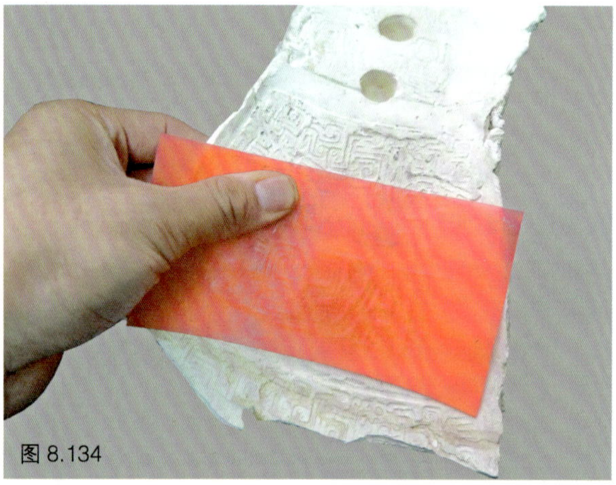
图 8.134

图 8.135

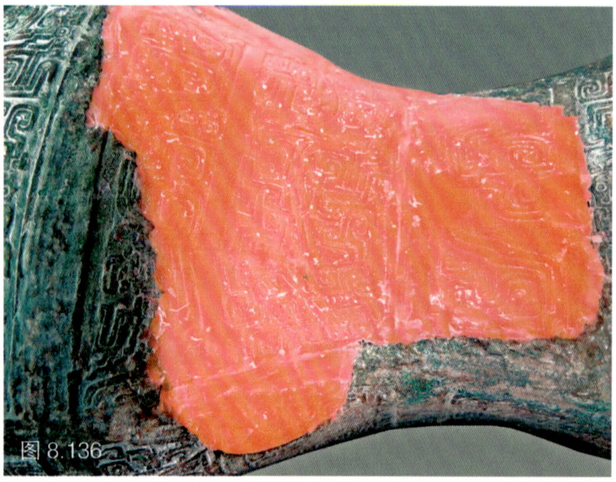
图 8.136

图 8.137

左页
图 8.133　牙科蜡片压印纹饰
图 8.134　取得纹饰的牙科蜡片
图 8.135　蜡片模具表面铺纹饰蜡片
图 8.136　纹饰蜡片处理后
图 8.137　去除纹饰蜡片表面毛刺

右页
图 8.138　器物用蜡片补全后效果
图 8.139　油泥围合补全部位
图 8.140　喷涂分型剂
图 8.141　浇注牙科石膏浆

理后效果如图 8.138 所示。

如图 8.139，用油泥片围合蜡片补全部位，围合区域内喷涂分型剂（图 8.140），浇注牙科石膏浆（图 8.141），凝固后再依照此法翻制另外一块石膏模具，石膏模具脱模后效果如图 8.142 所示。拆除器物内壁承托的蜡片模具及石膏背衬（图 8.143），补刻石膏模具上纹饰沟槽不清晰处（图 8.144）。将石膏模具表面涂刷 Paraloid B-72 丙酮溶液作为涂层（也可使用前文所述在肥皂水中浸煮石膏模具以提高其防粘性能的方法），彻底干燥后承托器物残缺处并用绳捆牢，向图 8.145 中红色箭头所指处多次喷涂分型剂，涂挂安特固环氧树脂黏合剂（图 8.146），凝固后拆去石膏模具，完成器物补全（图 8.147）。最后将补配件表面残留石膏清理干净，进行表面着色的旧化处理。修复后的器物上可看到补配件与断口衔接处的接缝（图 8.148），符合“远观一致，近看有别”的修复原则。补配件的内壁则未做任何旧化处理，方

图 8.138

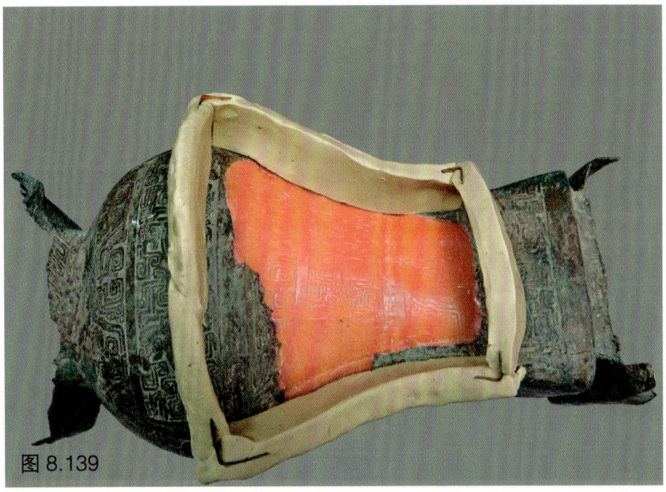
图 8.139

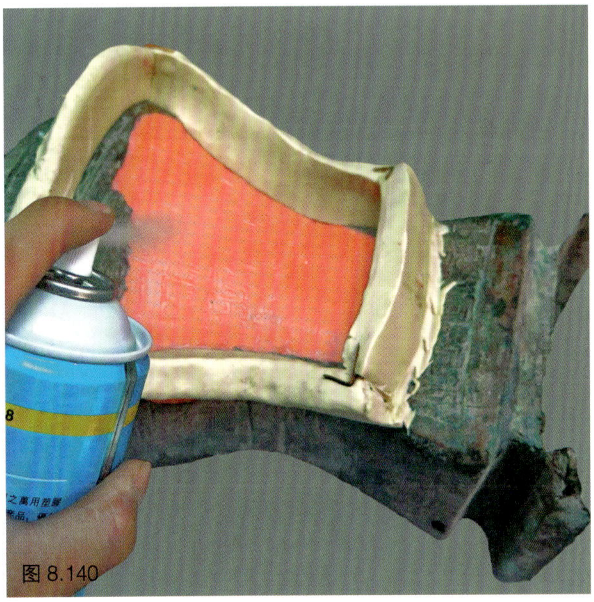
图 8.140

图 8.141

图 8.142

图 8.143

图 8.144

图 8.145

图 8.146

左页

图 8.142　石膏模具脱模

图 8.143　器物去除蜡片模具及石膏背衬

图 8.144　补刻石膏模具内壁的模糊纹饰

图 8.145　石膏模具承托残缺处并用绳捆牢

图 8.146　涂挂环氧树脂黏合剂

右页

图 8.147　脱去石膏模具后

图 8.148　残缺部位修复后效果

图 8.147

图 8.148

便后续保管、研究时对补全处的辨识。

从这件器物的纹饰制作工艺的观察研究可见，器物上的主要纹饰单元皆出自同一范盒翻制的分范，但没有任何两个纹饰单元的内容是完全一样的（参见图 8.89、图 8.97）。而在器物修复补全时，使用从器物上完整纹饰单元复制的纹饰蜡片制作器物上另一处残缺纹饰的补配件，这种在器物上新添加的图像信息，与器物原本承载的真实的制作工艺信息是不符的。假如补全部位在修复后没有任何辨识度，后续学者在观察到器表有两处纹饰单元的内容和形态完全一致，而又不知道这是修复时新添加的伪信息时，就会对器物纹饰制作工艺做出错误判断。因此，在器物修复过程中，必须平衡好器物展示效果、结构稳定性及历史真实性之间的关系，“远观一致，近看有别”的辨识度控制标准则是达成上述平衡的关键。从这个案例可见，器物研究对于合理修复方式的选择具有重要影响。

我国众多的考古文博机构中，收藏着数以万计的青铜器，而且在每年的考古新发现中都有不少的新出土器物。对于那些破碎变形的青铜器，不单单要重视器物的修复效果，以便其保管和展示，也要重视修复过程中的器物研究。文物不同于艺术品，修复文物不应单单强调文物的美感，单纯追求文物的审美效果可能反而会人为降低文物的价值，应平衡好文物的历史价值、艺术价值和科学价值之间的关系，不可偏重其一。只有在修复过程中通过科学方法将器物上承载的历史信息发掘好、研究好、阐释好，才能将文物保护好、利用好，讲出有理有据、令人信服的文物故事，真正让文物活起来，进而将文物的价值展示好，将我们的古代文明和先民的聪明智慧继承好、宣扬好。

附录

附录一：
本书所涉及 70 件青铜器修复前后效果图

附录二：
文物修复常用工具和材料

附录一：本书所涉及 70 件青铜器修复前后效果图

1

2

3

4

5

6

7

8

1. 图 1.1、图 1.2
2. 图 1.5 ~图 1.7
3. 图 1.8 ~ 图 1.10、图 3.34 ~ 图 3.41、 图 4.13 ~ 图 4.17、 图 5.356 ~图 5.361、图 5.434 ~图 5.439
4. 图 1.11 ~图 1.13
5. 图 1.14、图 1.15
6. 图 1.16、图 1.17
7. 图 1.29、图 7.101 ~图 7.196
8. 图 1.34 ~图 1.37

9

10

11

12

13

14

15

16

17

18

9. 图 1.39 ~ 图 1.41、图 4.104 ~ 图 4.113
10. 图 1.42、图 1.43
11. 图 1.44 ~ 图 1.47、图 2.28、图 2.29、图 5.352 ~ 图 5.355、图 5.440 ~ 图 5.447
12. 图 1.38、图 1.48 ~ 图 1.62、图 3.93 ~ 图 3.95、图 4.22 ~ 图 4.26、图 5.49、图 5.50
13. 图 1.63
14. 图 1.64 ~ 图 1.68
15. 图 1.70 ~ 图 1.78、图 5.258 ~ 图 5.290
16. 图 1.80、图 1.82、图 1.83、图 5.408 ~ 图 5.429
17. 图 1.84 ~ 图 1.87、图 5.448 ~ 图 5.479
18. 图 1.88 ~ 图 1.104、图 2.1 ~ 图 2.3、图 3.10 ~ 图 3.12、图 3.18

19

20

21

22

23

24

25

26

27

28

19. 图 1.105 ~ 图 1.119、图 1.122 ~图 1.127、图 2.7 ~图 2.9、图 3.13、图 3.72 ~图 3.92
20. 图 2.10 ~图 2.12
21. 图 1.19、图 1.20、图 2.13 ~图 2.22、图 3.101、图 3.102、图 5.383 ~图 5.391
22. 图 1.21 ~图 1.23、图 2.23 ~图 2.24、图 5.337、图 5.338、图 5.392 ~图 5.398
23. 图 2.25、图 2.26、图 3.14 ~图 3.17、图 3.23、图 3.24、图 3.42、图 3.43、图 4.18 ~图 4.21
24. 图 2.27、图 3.9、图 3.19 ~图 3.22、图 3.30 ~图 3.33、图 3.44、图 3.54、图 3.55、图 4.1 ~图 4.4、图 4.31 ~图 4.33、图 4.86 ~图 4.88、图 5.1 ~图 5.14
25. 图 2.30 ~图 2.32
26. 图 2.33 ~图 2.35
27. 图 2.36 ~图 2.38
28. 图 2.39

29

30

31

32

33

34

35

36

37

38

29. 图 2.40 ~ 图 2.51
30. 图 2.52 ~ 图 2.54
31. 图 3.45、图 5.135 ~ 图 5.148
32. 图 3.46
33. 图 3.25 ~ 图 3.27、图 3.47、图 6.17 ~ 图 6.19
34. 图 3.49 ~ 图 3.53
35. 图 3.56 ~ 图 3.71
36. 图 3.96 ~ 图 3.100
37. 图 4.5 ~ 图 4.7
38. 图 4.8 ~ 图 4.12

39

40

41

42

43

44

45

46

47

48

39. 图 4.29、图 4.30
40. 图 4.34 ~ 图 4.36
41. 图 1.18、图 4.37 ~ 图 4.54、图 5.21 ~ 图 5.28、图 6.23 ~ 图 6.25
42. 图 4.57 ~ 图 4.59
43. 图 4.60 ~ 图 4.85、图 6.12、图 6.13
44. 图 4.89 ~ 图 4.103、图 5.343 ~ 图 5.351、图 6.16
45. 图 5.15 ~ 图 5.20
46. 图 5.29 ~ 图 5.48、图 5.61 ~ 图 5.100
47. 图 5.51 ~ 图 5.60
48. 图 5.101 ~ 图 5.121、图 6.52

49

50

51

52

53

54

55

56

57

58

49. 图 2.6、图 5.122 ～图 5.129
50. 图 5.130 ～图 5.134
51. 图 5.300 ～图 5.313
52. 图 5.154 ～图 5.188、图 6.20 ～图 6.22
53. 图 5.189 ～图 5.223、图 6.8 ～图 6.9
54. 图 5.238 ～图 5.257
55. 图 5.291 ～图 5.299
56. 图 5.314 ～图 5.329、图 6.49
57. 图 5.330 ～图 5.336
58. 图 5.339 ～图 5.342

59

60

61

62

63

64

65

66

59. 图 5.362 ~ 图 5.376、图 6.14、图 6.15、图 8.83、图 8.87 ~ 图 8.95、图 8.97 ~ 图 8.99、图 8.104 ~ 8.124、图 8.129 ~ 图 8.148
60. 图 1.24 ~ 图 1.28、图 5.377 ~ 图 5.382、图 5.399 ~ 图 5.402
61. 图 5.403 ~ 图 5.407、图 6.47、图 6.48
62. 图 6.2
63. 图 6.3 ~ 图 6.6
64. 图 6.10、图 6.11
65. 图 6.35 ~ 图 6.38
66. 图 6.44 ~ 图 6.46、图 7.1 ~ 图 7.100

67

68

69

70

67. 图 8.1 ~ 图 8.6、图 8.65 ~ 图 8.82
68. 图 8.16 ~ 图 8.64
69. 图 8.83 ~ 图 8.87、图 8.89、图 8.90、图 8.96、8.100 ~ 8.103、图 8.107、8.109 ~ 8.128
70. 图 5.224 ~ 图 5.237、图 6.29 ~ 图 6.34

附录二：文物修复常用工具和材料（部分在正文已有图示者未再次列出）

1. 电热胶枪及配套热熔胶棒
2. 酒精灯
3. 无酸低黏度胶带及美纹纸胶带
4. 手持小型丁烷喷枪
5. 高速钢（锋钢）刻刀
6. 不同尺寸的木工锤、圆头锤
7. 可替换高碳钢刀片的手术刀柄
8. 不同尺寸的牙科超硬合金钻头（配合牙科打磨机）
9. 不同尺寸及形状的牙科打磨头（配合牙科打磨机）
10. 钢（铜）丝盘刷、鬃毛盘刷及轮刷（配合牙科打磨机）
11. 棉质、皮毡及羊毛抛光轮（配合牙科打磨机）
12. 弹簧钢切断片（配合牙科打磨机，可切割有色金属、塑料、木材等）
13. 牙科打磨机（可调速）
14. 手持多功能电磨（配有 1.0 ~ 3.2 毫米孔径的钢制筒夹组，可兼容市面常见的多种柄径的金刚石磨头、切断片、打磨轮、抛光轮、钨钒钢微型铣刀、高速钢微型钻头及清洁轮刷等［包含牙科打磨机配件］，完成抛光、切断、钻孔、雕刻、清洁、修整等多种操作。优点是兼容性好、扭力强、可搭配专用的固定架进行精准操作等；缺点是机器体量和重量大于牙科打磨机，操作灵活性较差。两种工具配合使用，可完成青铜器修复中较多种类的机械加工）
15. 银焊片
16. 铜气焊溶剂（硼砂）
17. 纯锡条及焊锡条（6∶4 比例的锡铅合金）
18. PSI 系列速成胶棒（图示为该系列产品之一“快速修”）
19. 不同尺寸及形状的曲锉（磨锉有色金属用）
20. 不同尺寸及形状的什锦锉（磨锉有色金属用）
21. 超声波洁牙机

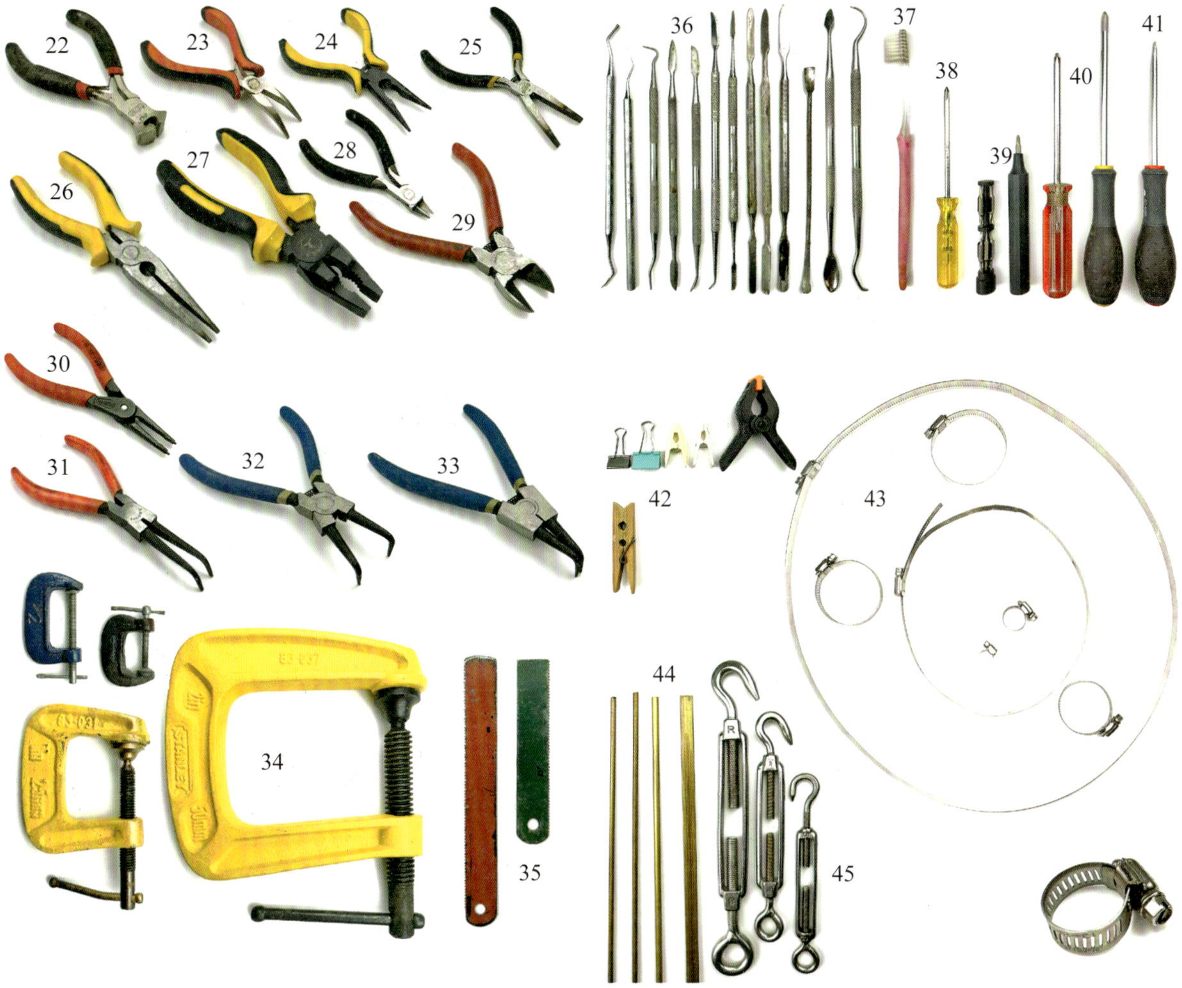

22. 高碳钢顶切钳
23. 弯嘴钳（适宜在狭窄或凹下的工作空间使用）
24. 小型尖嘴钳（用来剪切和夹持比较细小的金属制品）
25. 扁嘴钳（扁口内通常没有齿纹，可用于弯曲金属薄片、金属丝，如制作铜锔钉）
26. 大型尖嘴钳（除可用来剪切和夹持较大的金属制品外，还可用于夹持铜坯材进行煅烧和锤打）
27. 钢丝钳（又名老虎钳、综合钳，用途广泛，可切断较细的铁丝、钢丝，也可用于夹持）
28. 水口钳（常用于模型制作，一般用于精细剪切相对较软的材料，如环氧树脂、塑料、软质金属线、铝箔等，不能用来剪切钢丝）
29. 斜口钳（一般用于在特定角度下准确剪切偏硬材料，如钢丝、铁丝、电线、细黄铜丝等）
30. 圆嘴钳（钳头呈圆锥形，适宜将金属薄片或金属丝沿弧形弯折）
31. 斜嘴卡簧钳（本来用于安装簧环、垫片等，在青铜器修复中可用于局部精细整形）
32. 内弯卡簧钳（压紧钳把可使钳头夹紧，可在青铜器凹陷部位进行精细的挤压整形）
33. 外弯卡簧钳（压紧钳把可使钳头扩张，可在青铜器局部进行精细的扩张整形）
34. 不同尺寸的G形夹（又名C形夹）
35. 废锯条磨制的刮刀（可刮削铅锡合金铸件及环氧树脂补配件）
36. 牙科不锈钢工具（如粘固粉填充器、粘固粉调刀、蜡刀等，可用于青铜器表面锈蚀、沉积物及有害附着物的清理，以及环氧树脂黏合剂的调和、蜡件的熔接修整等）
37. 牙刷
38. 小号十字螺丝刀
39. 套装精密螺丝刀
40. 中、大号十字螺丝刀
41. 一字（平头）螺丝刀
42. 不同弹力和材质的夹子（长尾票夹、塑料夹、大力夹、木夹）
43. 各种尺寸的不锈钢水管箍（可连接多个水管箍，用于青铜器整形）
44. 各种尺寸的黄铜圆棒、扁棒（用于制作销钉、锔钉、支架等）
45. 各种尺寸的不锈钢花篮螺丝（可用于青铜器的顶撑整形）

46. 高硬度中心冲（用于部件钻孔前冲出凹点，以便钻头精准定位）
47. 充电钻
48. 超硬合金钻头（可在高锡青铜上钻孔）
49. 套装钻头（通常用于在木材、砖等较软材料上钻孔，注意不要和水泥冲击钻头的用途混淆）
50. 油石（磨刀石，用来将工具刃部磨锋利）
51. 万向台钳
52. 棘轮套筒扳手及万向联轴器、套筒套件和螺丝批头套件
53. 套装螺丝批头及其延长杆（可配合电动螺丝刀使用）
54. 电动螺丝刀（充电式，可装配各种螺丝批头，高效完成螺丝拆装）
55. 手钻（可在木材、环氧树脂、石膏等较软材料上精细钻孔）
56. 单面带胶的缓冲胶垫（可粘贴在各种夹具、管箍接触青铜器的位置，防止磨损青铜器表面）

57. 手工曲线锯（一般使用较细的锰钢锯条，可在木材、环氧树脂、较软金属上沿曲线切割）
58. 手持锯齿刀（一般用于切割木材、环氧树脂等材料）
59. 木工夹背锯（木工初学者也可轻易上手，进行精确锯切，缺点是难以切割厚度很大的木材，可配合传统木工锯使用）
60. 不同型号的钢锯（用于锯切金属棒材及较厚的板材）
61. 医用止血夹（又名静脉夹、血管阻断器。单人进行青铜器修复时，可用于轻薄部件的夹持固定，以便解放双手进行其他操作）
62. 户外喷火枪及配套丁烷气罐
63. 安特固双组分环氧树脂黏合剂
64. 白乳胶（可粘接木材，也可将纸样牢固粘贴于铜皮表面）
65. 加工首饰用树脂锤（可用于将薄铜板锤打平整，不会留下敲击痕迹）
66. 各种形状和大小的钣金锤
67. 拐砧（用于金属锤揲及青铜器的锤打整形）
68. 锡锤（白荣金先生自制后赠送，用纯锡浇铸而成）
69. 平面钢砧
70. 凸面砧
71. 凹面锡砧（白荣金先生自制后赠送，用铅锡合金浇铸而成）
72. 打铁砧
73. 钢针（可在铜皮表面刻出青铜器缺口的形状，也可用来雕刻较软的泥土等）
74. 大型橡胶锤（铺地砖用，青铜器修复中可用于冲击钣金模具等）

75.A 形快速夹（借助棘轮结构，可提供 15 千克左右的夹紧力，可用于结构件的快速固定和夹紧，并可快速释放）

76. 木工 F 夹（夹紧结构件后，可通过螺杆微调压力）

77. 大力钳（用于夹持，钳口可锁紧并产生很大的夹紧力，使被夹零件不会松脱，而且钳口有很多挡调节位置，供夹紧不同厚度的零件）

78. 水泵钳（与水暖工所用管钳作用类似，但比管钳更轻便，小巧易用，夹紧力不如管钳，青铜器修复中适合用于局部开裂变形部位的夹持矫正）

79. 电工剪刀（可作为小型铁皮剪使用，可剪切厚纸板、厚度不超过0.5毫米的薄铁板或铝板）

80. 直口航空剪（又名铁皮剪，用于在铁皮、厚度不超过 1.3 毫米的冷轧钢板、厚度不超过 0.8 毫米的不锈钢板、薄铜板、薄铝板上剪直线或者向左右剪弧线）

81. 左口航空剪（用于在铁皮、厚度不超过 1.3 毫米的冷轧钢板、厚度不超过 0.8 毫米的不锈钢板、薄铜板、薄铝板上剪直线或者向左剪弧线）

82. 右口航空剪（用于在铁皮、厚度不超过 1.3 毫米的冷轧钢板、厚度不超过 0.8 毫米的不锈钢板、薄铜板、薄铝板上剪直线或者向右剪弧线）

83. 重型电缆剪（又名钢筋剪，剪切力强，50 厘米长度的钢筋剪可切断直径 8 毫米的钢筋。可将较粗的黄铜棍、铁棍等直接剪断）

84. 蛇头剪（又名断线钳，刃部采用特殊合金钢材质，经过刀刃热处理，耐磨性好，可切断直径 1.5 毫米的硬钢线、4 毫米的铁线、4 毫米的黄铜线）

85. 仿形规

86. 直角尺

87. 铝直尺

88. 蛇尺（是一种任意角度的曲线尺。尺身柔软，可塑形，外层 PVC 材

质耐氧化剂、还原剂、强酸）
89. 迷你黄铜游标卡尺（用来测量各种钻头、金属棒材的直径及板材厚度等）
90. 圆规刀（又名裁圆刀，可将纸板裁切成圆形）
91. 圆规（用于画圆或尺规作图求圆心等）
92. 测厚规
93. 直口脱錾（用于将较厚的金属板斩断）
94. 各种刃口的錾刀（用于錾刻）
95. 石膏粉
96. 橡皮碗（用于调制石膏浆）
97. 样品盒（用于留存样品，也可用于在油泥分型面上戳压，以预留出定位榫的型腔）
98. 石膏调勺
99. 特氟龙调刀（具有优异的防粘性，调制石膏浆后不需表面清理即可反复使用）
100. 石膏修刀（用于修整石膏模具、切削石膏模具表面或挖出分型面定位卯眼）
101. 调色刀（原用于油画中制作特殊的色块肌理效果或刮去尚未干燥的油画颜料，文物修复中可用于调和、修抹石膏浆，也可用作大量黏合剂的调和搅拌和涂抹等）
102. 分型剂（又名脱模剂、隔离剂，自喷罐装，使用方便，主要成分为硅油，无害文物，可替代传统医用软皂隔离剂）
103. 模具硅橡胶
104. 黏土（干燥后可用水软化，反复揉捏后即可继续使用，用作造型材料）
105. 精雕油泥
106. 袋装黏土（多数袋装黏土添加了纸屑等掺合料，综合性能不如天然黏土）
107. 油泥
108. 牙科蜡片

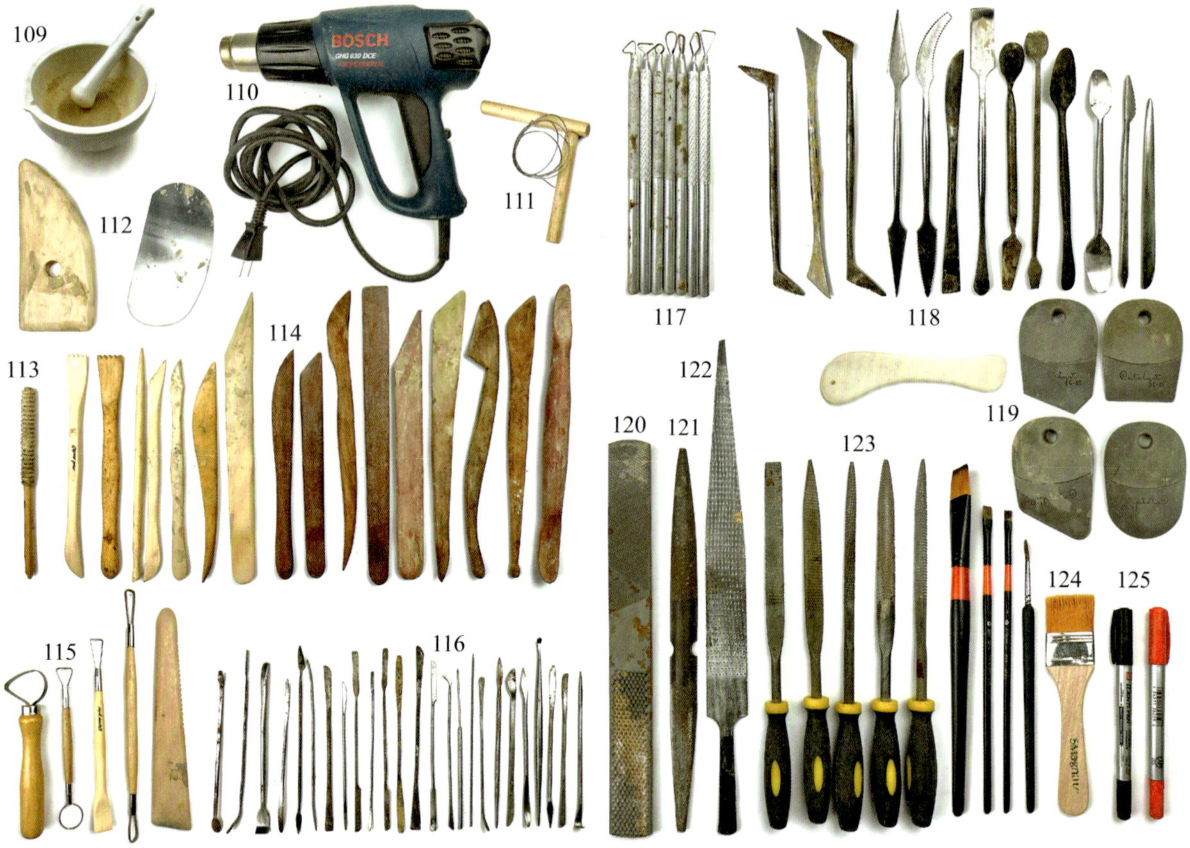

109. 研钵（用于磨细矿物颜料或土粉等）
110. 热风枪
111. 切坯钢丝（黏土加工工具）
112. 金属切割片（黏土加工工具）
113. 纹饰滚印模（黏土加工工具，在木棍表面缠绕不同粗细的麻绳制成）
114. 木质泥塑刀
115. 泥塑修坯刀及木抹刀
116. 不锈钢精细泥塑刀
117. 铝把精细修坯刀
118. 不锈钢大型泥塑刀（刃部硬度较高，也可用于雕刻干硬的黏土模）
119. 精雕油泥刮刀
120. 纹路极粗的钢制锉刀（可用作锡锉）
121. 蜡锉（可借用首饰加工专用工具）
122. 大型木工锉
123. 什锦木工锉
124. 尼龙平头毛笔、尼龙画笔、尼龙板刷
125. 不同颜色的油性记号笔

126. 篆刻刀
127. 巴林石（较软且质地细腻，适宜精细雕刻纹饰印模）
128. 多用途手工刀（刀刃厚而硬且可被稳定锁止，适合用作木材、环氧树脂坯材的切削工具）
129. 各种型号和不同刃尖角度的壁纸刀
130. 精细剪纸刀（除可以精细裁切纸张外，也适用于在石膏、黏土块表面精细剔刻）
131. 不同目数的粉筛
132. 金属精密镊子
133. 防静电镊子（聚碳纤维材质，不生锈）
134. 医用不锈钢加长镊
135. 隐形胶带（醋酸纤维素薄膜制成）
136. 弯管器（用于折弯较粗的黄铜棍）
137. 木工精细修榫刀
138. 木工修榫刀
139. 木工半圆凿和V形凿
140. 木工平头凿
141. 精细木刻刀
142. 木刻刀
143. 转盘
144. 各种孔径的黄铜护圈

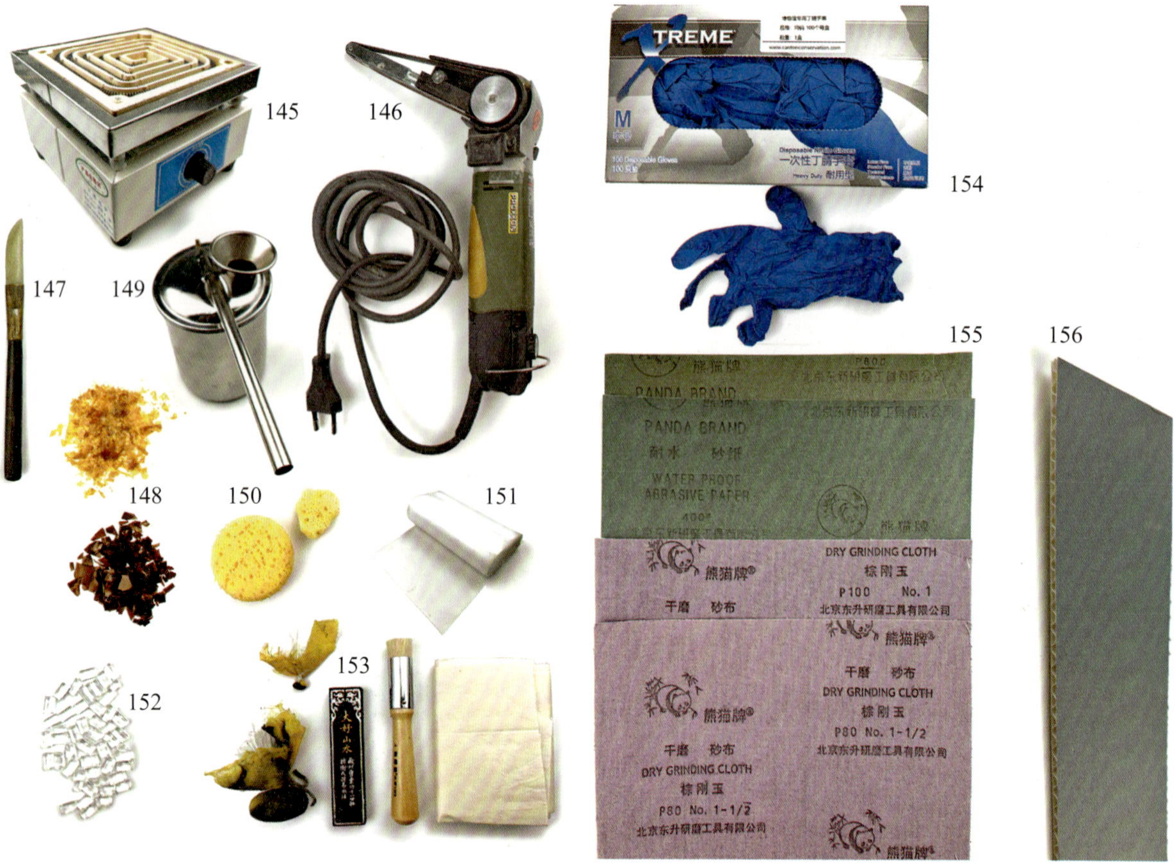

145. 电炉
146. 手持砂带机
147. 玛瑙轧刀
148. 漆片（又名虫胶。浅黄色的杂质少，质量好；稍次等的颜色较深，杂质多）
149. 绘画用喷罐（又名吹釉壶，向喷罐的长嘴吹气，可使罐内液体颜料喷出，用于青铜器补全部位的表面着色）
150. 海绵块（用于青铜器补全部位的表面着色，可制作特殊的肌理效果）
151. 聚四氟乙烯防粘膜（具有优异的防粘性能）
152.B-72 丙烯酸树脂（青铜器加固、封护材料，也可溶于乙酸乙酯，用作断面粘接前的“可再处理层”，40% 以上浓度的 B-44 或 B-48 丙酮溶液也可用作黏合剂）
153. 拓片制作工具和材料
154. 一次性丁腈手套
155. 各种目数的砂布、砂纸（通常需要 80 目 ~ 2000 目）
156. 无酸瓦楞纸板

参考文献

[1] 容庚，张维持．殷周青铜器通论 [M]. 北京：文物出版社，1984：134-135.

[2] 贾文忠．王德山与北京文物修复业 [N]. 中国文物报，1995-04-23（4）.

[3] 日本泉屋博古馆，日本九州国立博物馆．泉屋透赏：泉屋博古馆青铜器透射扫描解析 [M]. 黄荣光，译．北京：科学出版社，2015.

[4] 王文昶．铜卣辨伪 [J]. 故宫博物院院刊，1983（2）：49-52，59.

[5] 霍海俊，王五胜，李化元．京派古铜器修复技术百年发展脉络概述 [J]. 中国文物科学研究，2006（4）：78-86.

[6] 梁思成．梁思成文集 [M]. 北京：中国建筑工业出版社，1982：265-266.

[7] 林洙．建筑师梁思成 [M]. 天津：天津科学技术出版社，1996：183.

[8] 陈志华．保护文物建筑及历史地段的国际宪章 [J]. 世界建筑，1986（3）：13-14.

[9] 陈志华．我国文物建筑和历史地段保护的先驱 [J]. 建筑学报，1986（9）：21-25.

[10] 郭宏．论“不改变原状原则”的本质意义：兼论文物保护科学的文理交叉性 [J]. 文物保护与考古科学，2004，16（1）：60-64.

[11] 李军．文化遗产保护与修复：理论模式的比较研究 [J]. 文艺研究，2006（2）：102-117.

[12] 潘路．国外文物科技保护思想的思潮与发展 [J]. 中国文化遗产，2004（3）：146-149.

[13] 侯卫东．文物保护原则与方法论浅议 [J]. 考古与文物，1995（6）：10-12.

[14] 马艺蓉，田小龙，戴建国．中国与意大利青铜器修复的历史比较 [G]// 米凯利，詹长法．文物保护与修复的问题：卷一．北京：科学出版社，2005：40-59.

[15] 王赴朝．应保留古代青铜器上的历史文化信息 [J]. 文物保护与考古科学，2004，16（4）：53-57.

[16] 万俐．江苏六合程桥东周菱形纹青铜剑的修复 [J]. 文物保护与考古科学，2006，18（3）：25-29.

[17] 戴建国．青铜长柄勺的保护与修复 [J]. 北方文物，2008（1）：110-112.

[18] 方萍，杨军昌，马琳燕．城固县青铜罍的修复 [J]. 文博，2001（1）：75-78.

[19] 楼署红．战国晚期青铜扁壶的保护与修复 [J]. 东方博物，2007（4）：103-107.

[20] 陆寿麟，李化元，姜怀英，等．传统工艺与现代科技的结合与创新：“中国文物保护技术协会第七次学术年会”专家访谈 [J]. 东南文化，2012（6）：9-20.

[21] 王巍．中国考古学大辞典 [M]. 上海：上海辞书出版社，2014：12.

[22] 尤基莱托．建筑保护史 [M]. 郭旃，译．北京：中华书局，2011.

[23] 比尼亚斯．当代保护理论 [M]. 张鹏，张怡欣，吴霄婧，译．上海：同济大学出版社，2012.

[24] 沃特金．西方建筑史 [M]. 沈在红，译．北京：北京美术摄影出版社，2019：451.

[25] 罗斯金．建筑的七盏明灯 [M]. 谷意，译．济南：山东画报出版社，2012.

[26] 达比．风景与认同：英国民族与阶级地理 [M]. 张箭飞，赵红英，译．南京：译林出版社，2018.

[27] 何人可．工业设计史 [M].3 版．北京：北京理工大学出版社，2004：80.

[28] 何晓昕，罗隽．时光之魅：欧洲四国的建筑和城镇保护 [M]. 北京：生活・读书・新知三联书店，2018.

[29] 布兰迪．修复理论 [M]. 陆地，编译．上海：同济大学出版社，2016：75.

[30] 国家文物局法制处．国际保护文化遗产法律文件选编 [M]. 北京：紫禁城出版社，1993：162-165.

[31] 刘涛．里亚切铜像修复记 [J]. 世界博览，1997（2）：38-39.

[32] 詹长法，张晓彤．金属文物的保护和修复：从意大利大型青铜雕像的保护窥探现代修复技术的发展 [G]// 中国文物研究所．文物科技研究：第二辑．北京：科学出版社，2004：9-20.

[33] 宋向光．物与识：当代中国博物馆理论与实践辨析 [M]. 北京：科学出版社，2009：310.

[34] 徐为霞 . 侦查学原理 [M]. 北京：中国民主法制出版社，2007：24.
[35] 赵辉，张海，秦岭 . 田野考古学 [M]. 北京：北京大学出版社，2022.
[36] 王宏钧 . 中国博物馆学基础（修订本）[M]. 上海：上海古籍出版社，2001：254.
[37] 刘彦琪，宋培，任军润，等 . 礼县出土汉代青铜器之铺首衔环成型工艺：青铜器的功能对技术选择的影响 [J]. 陇右文博，2017（4）：53-57.
[38] 刘彦琪 . 汉代铜甑的铸型制作模拟实验及相关技术研究 [G]// 湖南省博物馆 . 湖南省博物馆馆刊：第十七辑 . 长沙：岳麓书社，2021：662-667.
[39] 刘彦琪，王刚，吕小龙，等 . 礼县出土春秋秦鼎的实验考古学研究：铸型工艺中的分体模与嵌范技术复原 [J]. 自然科学史研究，2014，33（3）：333-344.
[40] 张晓梅 . 对中国出土青铜器修复与保护方法的思考 [J]. 文物世界，2001（1）：67-70.
[41] 刘彦琪，孙向阳 . 江苏邳州戴庄九女墩出土东周铜豆的修复研究 [J]. 博物院，2018（5）：106-110.
[42] 斯考特 . 艺术品中的铜和青铜：腐蚀产物，颜料，保护 [M]. 马清林，潘路，等译 . 北京：科学出版社，2009：316-317.
[43] 马清林，卢燕玲，黄志强 . 灵台青铜器保护方法述要 [J]. 文物保护与考古科学，1997，9（2）：1-10.
[44] 叶心适，张津生，刘林西，等 . 激光焊接修复汉代青铜耳杯 [J]. 文博，2004（3）：51-55.
[45] 何堂坤，孔祥星 . 关于古镜的常见缺陷缺损及其修补技术 [J]. 中国历史博物馆馆刊，1998（2）：147-151.
[46] 高英 . 中国古代青铜器传统修复技术（一）：铜器焊接 [J]. 中国历史博物馆馆刊，1980（2）：168-193.
[47] 温廷宽 . 几种有关金属工艺的传统技术（续）[J]. 文物参考资料，1958（9）：62-64.
[48] 赵振茂 . 金银铜器的传统修复技术 [J]. 故宫博物院院刊，1994（3）：64-83.
[49] 沈芸芝，袁学洪，乐俊仪，等 . 车间空气中氯化锌（烟）卫生标准研究 [J]. 工业卫生与职业病，1995，21（4）：209-211.
[50] 张光敏，张佩琛，张茗，等 . 古代青铜器修复钎焊用钎剂与钎料的改性研究 [J]. 文物保护与考古科学，2004，16（2）：27-35.
[51] 廖原 . 青铜文物锈蚀机理及有害锈转化剂研究 [J]. 文物保护与考古科学，2003，15（2）：20-23.
[52] 高英 . 古代青铜器的腐蚀性破坏 [J]. 中国历史博物馆馆刊，1979（1）：121-134.
[53] 胡家喜 . 变形青铜器的加温矫形 [J]. 江汉考古，1986（3）：87-89.
[54] 刘彦琪 . 甘肃礼县出土扁球形附耳鼎的浑铸与水平分型技术：兼论技术对造型设计的影响 [J]. 四川文物，2023（2）：73-84.
[55] 赵振茂 . 青铜器的修复技术 [M]. 北京：紫禁城出版社，1988：24.
[56] 曲亮，高飞，刘建宇，等 . 现代科技与传统技艺结合的金属文物保护修复研究：以故宫博物院藏辽代金属面具为例 [J]. 博物院，2018（2）：119-127.
[57] 山西省考古研究所 . 侯马铸铜遗址：上 [M]. 北京：文物出版社，1993.
[58] 刘彦琪 . 中国早期青铜技术中的几何作图法 [J]. 中国国家博物馆馆刊，2019（1）：94-101.